GÉOGRAPHIE

LES DYNAMIQUES D'UN MONDE EN RECOMPOSITION

1re

Coordination

Jacqueline JALTA
Jean-François JOLY
Michaël PARDON
Roger REINERI
José RIQUIER

- **Emmanuelle BYRDY**, *Lycée La Hotoie, Amiens*
- **Charles COLLIGNON**, *Lycées François 1er et Claude Monet, Le Havre*
- **Sébastien COLIN**, *INALCO, Paris*
- **Emmanuelle DELAHAYE**, *Lycée Edouard Herriot, Lyon*
- **Marie-Christine DOCEUL**, *Agrégée de géographie*
- **Françoise DRAIN**, *Agrégée d'histoire*
- **Philippe GUIZARD**, *Académie de Montpellier*
- **Jacqueline JALTA**, *Agrégée de géographie*
- **Jean-François JOLY**, *Agrégé de géographie*
- **François MARIE-LANOË**, *Lycée Eugène Ionesco, Issy-les-Moulineaux*
- **Benoit LISBONIS**, *Lycée François 1er, Le Havre*
- **Pascale NÉDÉLEC**, *Lycée Janson de Sailly, Paris*
- **Michaël PARDON**, *Lycée Pablo Picasso, Perpignan, Espé de l'académie de Montpellier*
- **Roger REINERI**, *Agrégé de géographie*
- **Laurent RIEUTORD**, *Université de Clermont-Auvergne*
- **José RIQUIER**, *Agrégé d'histoire-géographie*

Avec la collaboration de :

- **Alain DUBRESSON**, *Université Paris Nanterre*
- **Richard D'ANGIO**, *Agrégé de géographie*
- **Judicaëlle DIETRICH**, *Université Jean-Moulin, Lyon 3*
- **Antoine FRÉMONT**, *Université Paris - Est, Marne-la-Vallée*
- **Lila HEBERT**, *Lycée Bristol, Cannes*
- **Nelly MOUCHET**, *Lycée Philippine Duchesne ITEC Boisfleury, Corenc*
- **Pascal ORCIER**, *Lycée Beaussier, La Seyne-sur-Mer*
- **Aurélie SALA DROUILLARD**, *Agrégée de géographie*

MAGNARD
www.magnard.fr

Capacités et méthodes, notions du programme

Bulletin officiel spécial n° 1 du 22 janvier 2019

Capacités et méthodes

Maîtriser et utiliser des repères spatiaux

Connaître et se repérer	• Nommer et localiser les grands repères géographiques ainsi que les principaux processus et phénomènes étudiés. • Utiliser l'échelle appropriée pour étudier un phénomène.
Contextualiser	• Mettre un événement ou une figure en perspective. • Mettre en œuvre le changement d'échelles, ou l'analyse à différentes échelles (multiscalaire), en géographie. • Identifier les contraintes et les ressources d'un événement, d'une situation géographique. • Mettre en relation des faits ou événements de natures, de périodes, de localisations différentes. • Confronter le savoir acquis en histoire et en géographie avec ce qui est entendu, lu et vécu.

S'approprier les exigences, les notions et les outils de la démarche géographique

Employer les notions et exploiter les outils spécifiques aux disciplines	• Employer les notions et le lexique acquis en géographie à bon escient. • Transposer un texte en croquis. • Réaliser des productions graphiques et cartographiques dans le cadre d'une analyse. • Savoir lire, comprendre et apprécier une carte, un croquis, un document iconographique, une série statistique…
Conduire une démarche historique ou géographique et la justifier	• S'approprier un questionnement géographique. • Construire et vérifier des hypothèses sur une situation historique ou géographique. • Justifier des choix, une interprétation, une production.
Construire une argumentation historique ou géographique	• Procéder à l'analyse critique d'un document selon une approche géographique. • Utiliser une approche géographique pour mener une analyse ou construire une argumentation.
Utiliser le numérique	• Utiliser le numérique pour réaliser des cartes, des graphiques, des présentations. • Identifier et évaluer les ressources pertinentes en géographie.

Notions et vocabulaire

(En complément des notions et vocabulaires acquis en classe de seconde qui seront remobilisés tout comme les repères spatiaux acquis.)

– Recomposition : notion transversale à l'ensemble des thèmes.

– Centralité, centre-périphérie, métropole/métropolisation, ville.

– Espace productif, entreprise multinationale, chaîne de la valeur ajoutée, flux, production, système productif.

– Espace rural, multifonctionnalité, fragmentation, périurbanisation, ruralité.

Programme de géographie - classe de Première

Les dynamiques d'un monde en recomposition

Bulletin officiel spécial n° 1 du 22 janvier 2019

THÈME 1 – La métropolisation : un processus mondial différencié (12-14 HEURES)

Questions	• Les villes à l'échelle mondiale : le poids croissant des métropoles. • Des métropoles inégales et en mutation.
Question spécifique sur la France	• La France : la métropolisation et ses effets.

Études de cas possibles :
– La métropolisation au Brésil : dynamiques et contrastes.
– Londres : une métropole de rang mondial.
– Mumbai : une métropole fragmentée.
– La mégalopole du Nord-Est des États-Unis (de Boston à Washington) : des synergies métropolitaines.

THÈME 2 – Une diversification des espaces et des acteurs de la production (12-14 HEURES)

Questions	• Les espaces de production dans le monde : une diversité croissante. • Métropolisation, littoralisation des espaces productifs et accroissement des flux.
Question spécifique sur la France	• La France : les systèmes productifs entre valorisation locale et intégration européenne et mondiale.

Études de cas possibles :
– Les espaces des industries aéronautique et aérospatiale européennes : une production en réseau.
– Singapour : l'articulation de la finance, de la production et des flux.
– Les investissements chinois en Afrique : la recomposition des acteurs et espaces de la production aux échelles régionale et mondiale.
– La *Silicon Valley* : un espace productif intégré de l'échelle locale à l'échelle mondiale.

THÈME 3 – Les espaces ruraux : multifonctionnalité ou fragmentation ? (12-14 HEURES)

Questions	• La fragmentation des espaces ruraux. • Affirmation des fonctions non agricoles et conflits d'usages.
Question spécifique sur la France	• La France : des espaces ruraux multifonctionnels, entre initiatives locales et politiques européennes.

Études de cas possibles :
– Les mutations des espaces ruraux de Toscane.
– Les transformations paysagères des espaces ruraux d'une région française (métropolitaine ou ultramarine).
– Mutations agricoles et recomposition des espaces ruraux en Inde.
– Les espaces ruraux canadiens : une multifonctionnalité marquée.

THÈME 4 conclusif – La Chine : des recompositions spatiales multiples (8-10 HEURES)

Questions	• Développement et inégalités. • Des ressources et des environnements sous pression. • Recompositions spatiales : urbanisation, littoralisation, mutations des espaces ruraux.

Sommaire

THÈME 2 Une diversification des espaces et des acteurs de la production p. 102

Sommaire

THÈME 3 Les espaces ruraux : multifonctionnalité ou fragmentation ? p. 190

THÈME 4 CONCLUSIF La Chine : des recompositions spatiales multiples p. 274

ANNEXES

LES RESSOURCES NUMÉRIQUES

Cartes et croquis interactifs

Reportages Vidéo

Chaque vidéo est accompagnée d'une fiche d'étude imprimable.

Les nouvelles épreuves d'histoire et de géographie en contrôle continu au Baccalauréat – Session 2021

Les épreuves d'histoire et de géographie dans les épreuves communes de contrôle continu

Bulletin officiel n° 29 du 19 juillet 2018

L'histoire et la géographie sont évaluées dans les épreuves communes de contrôle continu des enseignements obligatoires.

Les épreuves communes de contrôle continu comportent :

- **deux épreuves en classe de première organisées au cours des deuxième et troisième trimestres ;**
- **une épreuve en classe de terminale organisée au cours du deuxième trimestre.**

NB : pour la session 2021 du baccalauréat, les candidats passent les deux premières épreuves de la classe de première au premier et au second trimestres 2019.

Les modalités de l'épreuve de contrôle continu en géographie – classe de première

1. Une épreuve en deux parties

L'épreuve comporte **deux parties** :

- **1re partie** : réponse à une question problématisée ;
- **2e partie** : analyse d'un ou de deux document(s) ou réalisation d'un croquis.

NB : Si la première partie porte sur l'histoire, la deuxième porte sur la géographie, et inversement.

2. Les trois exercices de géographie en classe de première

Question problématisée

Il s'agit d'une réponse rédigée et construite à un sujet, avec une introduction, un développement en plusieurs parties et une conclusion. Elle est guidée par une problématique précisée en introduction.

L'analyse de document(s)

L'analyse de document(s) présentant un intérêt géographique comporte un titre, un ou deux documents. Des questions ou une consigne guident le travail du candidat.

Le croquis

Le candidat doit réaliser un croquis en réponse à un sujet à partir d'un texte (article, extrait d'ouvrage, texte élaboré pour l'exercice). Le sujet présente une situation géographique en lien avec les thèmes du programme. Il est accompagné d'un fond de carte qui peut comporter des éléments de localisation. Le texte propose de grandes orientations pour la réalisation du croquis.

PRÉPARER LE NOUVEAU BAC EN 1RE

Les sujets de contrôle continu

Analyse de document(s)

Méthode BAC p. 12

Analyser une carte et un texte

Analyser une photographie et un texte

Analyser une affiche et un texte

Analyser une photographie et une carte

Analyser un dessin de presse et un texte

Analyser deux cartes topographiques

Analyser un texte

Réaliser un croquis

Méthode BAC p. 14

Répondre à une question problématisée

Méthode BAC p. 16

METHODE BAC > Analyse de document(s)

- Au cours de vos années de lycée, vous aurez à analyser différents types de documents.
  Les principaux types de documents en géographie :
  carte • photographie • tableau • graphique • texte • dessin de presse...
- **Au Baccalauréat**, l'analyse d'un ou deux documents se fait dans le cadre d'un sujet accompagné de questions ou d'une consigne.

ÉTAPE 1 Observer le document

1. **Identifiez :**
   - la nature du document (texte, carte, photographie...) ;
   - sa date (et son contexte éventuellement) ;
   - l'auteur (personne, institution..) ;
   - la source (revue, ouvrage, rapport...) ;
   - l'espace géographique concerné par le document.
2. **Notez le thème du programme** auquel le document se rapporte.

Conseil

- Si le document est une **carte**, précisez son type.

→ *Utilisez les types de **cartes** p. 304.*

ÉTAPE 2 Analyser le document

1. **Sélectionnez** toutes les **informations** utiles pour répondre au sujet. Il s'agit d'analyser le document en fonction du sujet posé.
2. **Relevez :**
   - les **idées principales** qui se dégagent du document ;
   - les **notions** et/ou les **mots clés** présents dans le document.

Conseil

- Définissez les **notions** ou **mots clés**.

→ *Utilisez le **lexique** p. 298.*

ÉTAPE 3 Exercer un regard critique sur le document

1. Précisez **l'intérêt** du document pour la compréhension du sujet.
2. Analyser aussi les **limites** du document par rapport à la question posée par le sujet.
3. Commentez la **conception du document** : choix cartographique, lisibilité par exemple.

Conseils

- Montrez **en quoi** le document répond à la question posée par le sujet.
- Notez les aspects de la question que le document n'aborde pas.

Rédiger la réponse au sujet

Organisez la réponse :
- une phrase d'introduction pour présenter les documents ;
- deux ou trois paragraphes pour répondre au sujet ;
- une courte conclusion pour faire le bilan en rappelant les réponses que les documents apportent au sujet.

Conseils pour le travail sur le document

Ue dessin de presse (S'entraîner au Bac n° 21, p. 243)

Doc. - L'espace rural, de multiples usages

- Relevez le **titre** du dessin de presse.
- Identifiez les **différents éléments du dessin** pour les décrire et caractériser chacun d'eux.

Un texte (S'entraîner au Bac n° 19, p. 216)

Doc. - Les dynamiques des territoires ruraux chinois

> En Chine, plusieurs types d'espaces ruraux peuvent être identifiés en fonction de leur articulation aux pôles urbains.
>
> Les anciennes campagnes périurbaines, gagnées par l'industrialisation, les équipements urbains, et de plus en plus les opérations immobilières et les espaces de loisirs, sont absorbées par la ville.
>
> Thierry Sanjuan, *Atlas de la Chine*, © éd. Autrement, 2018.

- Lisez le **titre** : il donne le thème principal du texte.
- Surlignez l'auteur, la source, la date et soulignez les phrases clés.

Une carte (S'entraîner au Bac n° 3, p. 50)

Doc. - New York, métropole mondiale (2018)

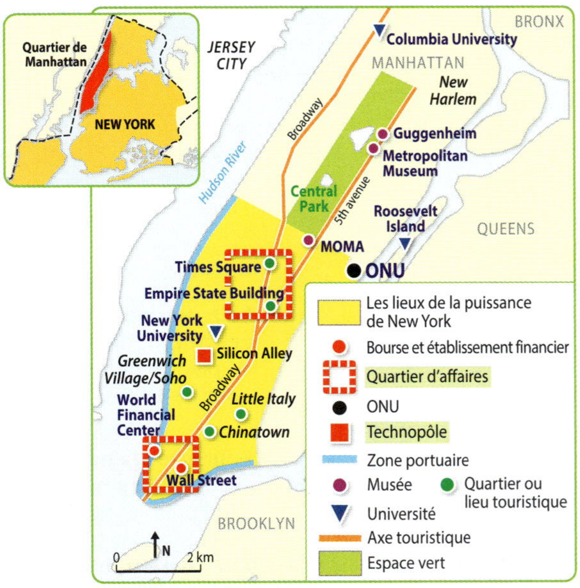

- Relevez le **thème** et la **date** de la carte.
- Entourez **les informations importantes** pour répondre au sujet.
- Étudiez la **légende** pour identifier les informations fournies par les figurés.

METHODE BAC > Réaliser un croquis

Le croquis de géographie au nouveau Baccalauréat

● **Au Baccalauréat, le candidat réalise un croquis en réponse à un sujet.** Le sujet, accompagné d'un **fond de carte** qui peut comporter des éléments de localisation, est un **texte** qui propose de grandes orientations pour la réalisation du croquis.

ÉTAPE 1 Lire le sujet et le texte d'accompagnement

1. **Lisez le sujet pour :**
   - relever les mots importants ;
   - cerner l'espace concerné ;
   - identifier le thème du programme et relever la question posée par le sujet.
2. **Lisez attentivement le texte d'accompagnement pour :**
   - noter son **titre** : il indique celui du croquis ;
   - relever les **deux** ou **trois thèmes** qui guideront **l'organisation de la légende** du croquis ;
   - identifier les informations qu'il faut cartographier pour répondre au sujet.

Conseil

● Observez le fond de croquis pour connaître les limites de l'espace à cartographier.

ÉTAPE 2 Organiser la légende et choisir les figurés

1. **Classez les informations.**
   Regroupez, dans les rubriques de la légende qui accompagne le fond de croquis, les informations relevées dans le texte d'accompagnement.
2. **Choisissez les figurés.**
   Choisissez des figurés adaptés pour représenter chacune des informations de la légende (aidez-vous du **langage cartographique** situé sur le rabat à la fin du manuel).

Des figurés par plages colorées		Pour représenter : - des massifs montagneux ; - des zones de peuplement…
Des figurés ponctuels	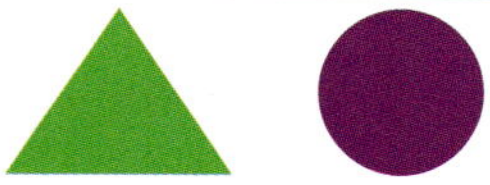	Pour représenter : - des villes ; - des ports…
Des traits, des flèches		Pour représenter : - une limite ; - des flux…

Conseil

● **Adaptez** les couleurs au type d'information.
Exemples : jaune pour un espace agricole, rouge pour un espace densément peuplé.

ÉTAPE 3 Réaliser le croquis

1. **Dessinez le croquis.**
   - Mettez en forme la légende du croquis.
   - Reportez, sur le fond de carte, les figurés traduisant les informations de la légende.
   - Écrivez la nomenclature (les noms).
2. **Vérifiez la réalisation du croquis.**
   Le croquis doit rassembler tous les éléments nécessaires à sa lecture (voir les éléments qui permettent de réaliser un **bon croquis**).

Conseils

● **Pour dessiner le croquis,** utilisez des crayons de couleurs pour les plages colorées ; des feutres pour les traits et les flèches.

● **Pour écrire la nomenclature :**
- écrivez les noms horizontalement (sauf pour les fleuves) ;
- choisissez une taille identique pour un même type d'information (exemples : Paris, Lyon ; ALPES, JURA).

Exemple de travail sur le texte d'accompagnement du sujet

Les systèmes productifs agricoles en recomposition

Un dynamisme inégal des systèmes productifs agricoles

Un vaste espace central autour de Paris s'étirant vers l'Ouest en Bretagne, le Sud au-delà de la Loire, l'Est vers la Champagne, concentre la majorité des systèmes agricoles intensifs du pays : céréaliculture, cultures industrielles, élevage…

À ce type de système productif, il faut ajouter les grandes vallées du Rhône, de la Garonne, de la Loire, spécialisées dans des cultures à hauts revenu : vignobles de qualité, cultures fruitières et maraîchères.

Les systèmes productifs agricoles français connaissent de multiples mutations.

Les espaces ruraux agricoles sont transformés par la périurbanisation qui gagne la périphérie des grandes métropoles.

Les systèmes agricoles doivent s'adapter aux nouvelles fonctions des espaces ruraux : tourisme sur les littoraux et en montagne.

Conseils

- Surlignez en vert les thèmes qui permettent d'organiser la légende.
- Surlignez en bleu les informations à cartographier pour chaque thème.

Exemple de travail sur le croquis

Croquis – Des systèmes productifs agricoles en recomposition

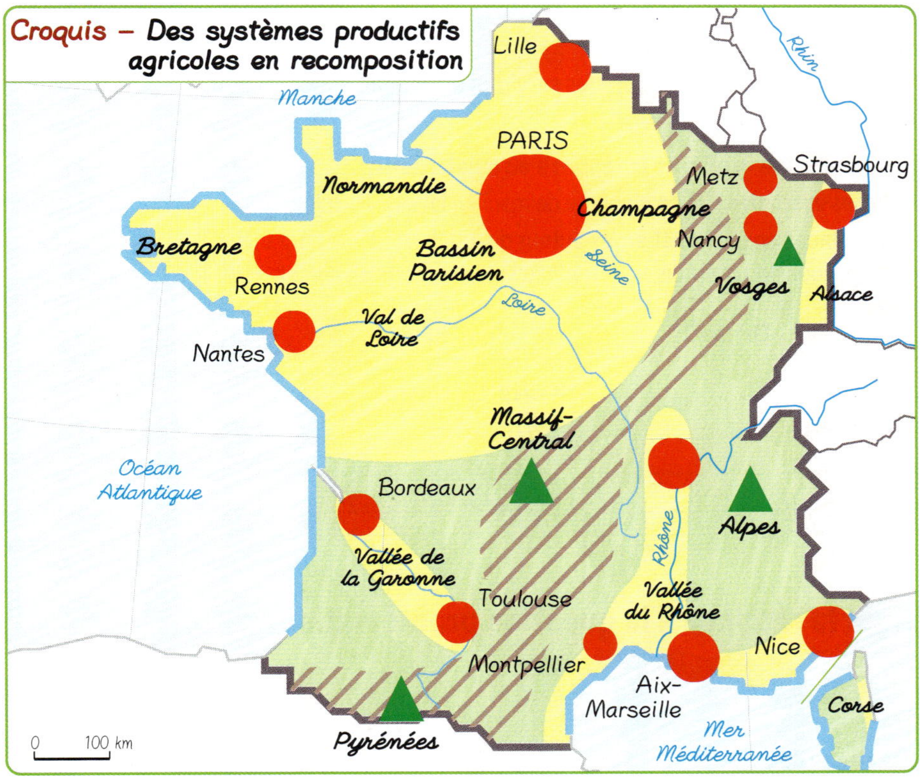

1. Les systèmes productifs agricoles

- + intensifs
- –

2. Des systèmes productifs agricoles en recomposition

- Périurbanisation
- Espaces ruraux en difficultés
- Tourisme
  - Littoral
  - En montagne (sports d'hiver, tourisme vert)

Critères d'un bon croquis

1. Un **titre** correspondant au sujet.
2. Un **nombre d'informations raisonnable** répondant au sujet.
3. Une **légende organisée**.
4. Des **figurés** et **couleurs** adaptés.
5. Une **localisation** juste.
6. Une **nomenclature** utile.
7. Une **réalisation** soignée.

METHODE BAC

Répondre à une question problématisée

- **Au lycée vous aurez à rédiger** une **réponse à une question problématisée**.
- La réponse au sujet doit être construite et argumentée.
- Vous pouvez intégrer, dans la réponse, des **schémas graphiques ou fléchés**.

ÉTAPE 1 Comprendre le sujet et définir la problématique

1. **Lire le sujet**
   - Lisez attentivement l'énoncé du sujet pour **éviter le hors-sujet** et le délimiter dans l'espace.
   - Relevez les **mots clés** et précisez leur sens.
2. **Définir la problématique**
   - Demandez-vous quelles **questions de géographie** peuvent être déduites de la formulation du sujet.
   - À partir des réponses, **reformulez la problématique du sujet** sous la forme d'une ou deux questions reprenant les informations tirées de la lecture du sujet et du sens des mots clés.

ÉTAPE 2 Mobiliser les connaissances et organiser le plan

1. **Mobiliser ses connaissances**
   Au brouillon, faites le point des **idées et des exemples** qui vous serviront à conduire la démonstration en relation avec la problématique du sujet.
2. **Classer les connaissances pour construire le plan de la réponse au sujet**
   - Rassemblez les **connaissances** et les **exemples** afin de répondre de manière logique au sujet.
   - Au brouillon, **classez** ces connaissances en **grands thèmes** autour desquels vous allez organiser le plan de votre réponse. Pour cela, vous pouvez utiliser un tableau selon le modèle suivant.

Thème 1	Thème 2	Thème 3
• *Idée 1:* .... *Exemple* .... • *Idée 2:* .... *Exemple:*	• *Idée 1:* .... *Exemple* .... • *Idée 2:* .... *Exemple:*	• *Idée 1:* .... *Exemple* .... • *Idée 2:* .... *Exemple:* ....

Conseils
- **Éliminez les connaissances** sans rapport avec la problématique.
- **N'oubliez pas** de citer des exemples.

ÉTAPE 3 Rédiger la réponse à la question problématisée

1. **Rédiger l'introduction**
   - **Présentez** le sujet.
   - Mettez en évidence la **problématique du sujet**.
   - Annoncez le **plan**.
2. **Rédiger le développement**
   - Organisez le développement en **deux** ou **trois parties**.
   - Divisez chaque partie en **paragraphes** présentant clairement les **idées** et les **exemples** retenus.
3. **Rédiger la conclusion**
   - Présentez le **bilan** du devoir.
   - Présentez les **perspectives** du sujet dans le temps et dans l'espace.

Conseils pour répondre à une question problématisée

Exemple d'introduction (S'entraîner au Bac n° 10, p. 130)

Sujet - Les espaces de production dans le monde : quels acteurs ? quelle recomposition ?

Dans le monde, la production de richesses est croissante alors qu'on assiste à une recomposition de l'espace productif.

Pourquoi les espaces productifs sont-ils de plus en plus variés?
Quelles sont les conséquences spatiales de ces nouvelles dynamiques?

Dans une première partie, on listera les facteurs qui justifient la recomposition des espaces productifs, puis dans une seconde partie on présentera la diversité de ces espaces.

- Dans la 1re phrase, présentez le contexte du sujet.
- Écrivez la problématique sous forme de question.
- Annoncez le plan.

Exemple de développement (S'entraîner au Bac n° 1, p. 46)

Sujet - Les villes dans le monde : quelle importance de la population urbaine ? quel poids des métropoles ?

L'urbanisation est inégale dans le monde: dans certains pays des Suds (Asie, Afrique) les populations rurales sont encore majoritaires.
Des mégapoles sont apparues dans les pays des Suds.
La métropolisation est forte dans les centres de l'économie mondiale: Amérique du Nord, Europe occidentale, Asie Orientale.
Dans ces territoires, les métropoles proches les unes des autres forment une mégalopole (voir le schéma).
L'Afrique est à l'écart des dynamiques de métropolisation.
Les villes mondiales sont des métropoles incomplètes: Venise par exemple rayonne uniquement grâce à son patrimoine.

- La **première phrase** introduit **l'idée clé** du paragraphe.
- Chaque idée principale est mise en évidence par un **saut de ligne**.
- Les arguments sont illustrés par des exemples.

Schéma 2 – La Megalopolis

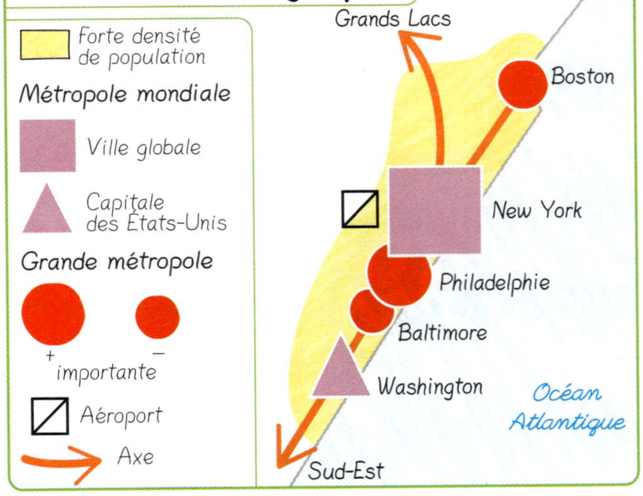

- Intégrez un ou des **schémas** (graphiques ou fléchés) dans les paragraphes afin d'illustrer les idées.

Exemple de conclusion (S'entraîner au Bac n° 9, p. 100)

Sujet - La France, un territoire inégalement métropolisé?

La France possède plusieurs métropoles qui ont des fonctions nationales importantes tandis que Paris a un rayonnement mondial.

Demeure cependant posée la question des villes et des territoires en marge de la métropolisation.

- Faîtes le bilan du devoir.
- Présentez les perspectives.

Les dynamiques

De fortes recompositions liées aux différentes transitions affectent le monde. Par recompositions, il faut entendre de nouvelles organisations des espaces de vie et de production. En Chine, ces processus sont très rapides et spectaculaires.

1 Recompositions urbaines : l'heure des métropoles mondiales

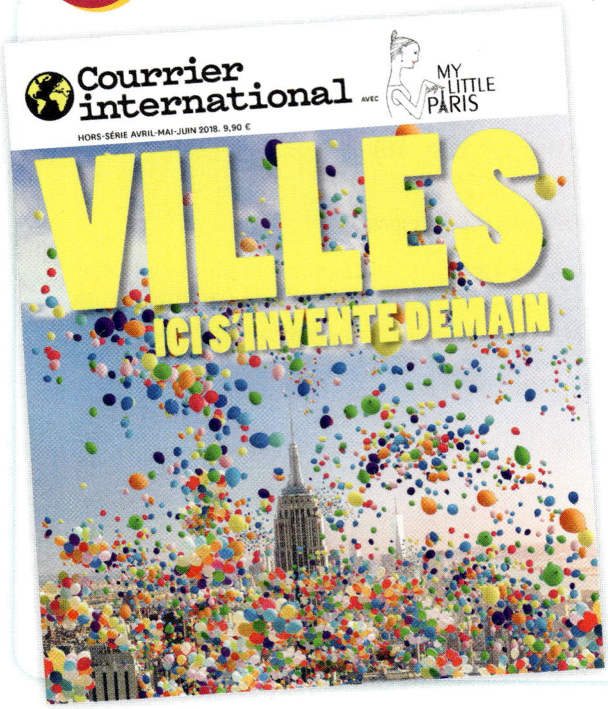

- **Les villes gagnent le monde.** Elles rassemblent une proportion grandissante de la population mondiale : **en 2050, plus des deux tiers des êtres humains seront des urbains.**
- **Les villes jouent un rôle croissant dans le travail et la circulation des hommes**. Parmi elles, les métropoles sont au cœur de l'organisation des territoires.
- **Les métropoles connaissent un dynamisme inégal** et toutes sont le théâtre de disparités croissantes au sein de leurs territoires.

La métropolisation est le processus à l'origine d'une concentration de plus en plus forte de pouvoirs dans les grandes métropoles qui affichent des ambitions mondiales.

→ Couverture de *Courrier International*, Hors-série, avril-mai-juin 2018.

2 Recompositions de l'espace productif : l'heure de la diversification

- **Les stratégies renouvelées des firmes transnationales** diversifient les espaces productifs dans **un monde de plus en plus en plus digitalisé.**
- **La montée en puissance de la Chine** et de quelques pays émergents des Suds élargit le terrain de jeu des acteurs.
- **L'explosion des flux d'échange tend à privilégier les métropoles et les littoraux** dans la recomposition de l'espace productif mondial.

Les transnationales, la révolution numérique, la Chine, autant de facteurs de recomposition de l'espace productif mondial au profit des métropoles et des littoraux.

→ La nouvelle usine d'assemblage de *Volkswagen* à Kigali, capitale du Rwanda. La sortie du premier véhicule « *Made in Rwanda* » y a été célébrée le 27 juin 2018.

d'un monde en recomposition

3 Recompositions rurales : l'affirmation de la multifonctionnalité

▶ **De près ou de loin, les espaces ruraux sont affectés par les dynamiques urbaines.**

▶ **Tous les espaces ruraux ne se confondent plus avec la seule activité agricole.** Bon nombre connaissent une diversification de leurs fonctions : cette diversification est désignée par le terme de multifonctionnalité.

▶ Comme le montre l'exemple français, les campagnes doivent relever plusieurs défis : **pratiquer une agriculture plus durable, lutter contre les inégalités territoriales et arbitrer les conflits entre les différents acteurs pour la terre.**

Les espaces ruraux connaissent des dynamiques différenciées entre renaissance et abandon. Ils se fragmentent selon la diversification inégale de leurs fonctions.

→ Couverture de *Alternatives économiques*, les Dossiers, n° 16, décembre 2018.

4 La Chine : des recompositions spatiales accélérées

▶ **En trente ans, le développement spectaculaire de la Chine** a profondément transformé l'organisation de son territoire au profit des villes et du littoral.

▶ **La Chine est devenue la seconde puissance économique mondiale** sans qu'elle se soit jamais inquiétée de l'impact de ses nouvelles activités sur l'environnement.

▶ **Aujourd'hui, la Chine recherche un nouveau modèle de développement, plus durable et plus équitable,** entre Chine côtière et Chine intérieure, longtemps délaissée. Les ***nouvelles routes de la soie*** constituent un atout pour la Chine intérieure.

Grâce au « big bang » chinois, le pays a vu son économie croître et son influence se développer. La Chine tente de remédier aux inégalités que celui-ci a engendrées sur son territoire.

→ Couverture de *Diplomatie*, n° 90, janvier- février 2018.

THÈME 1 La métropolisation : un processus mondial différencié

Réaliser la ville « intelligente » et écologique du futur : le projet *Forest City*, d'Iskandar, en Malaisie

Le projet *Forest City* d'Iskandar est situé dans le Sud de la Malaisie à 5 km de Singapour, sur quatre îles aménagées depuis 2014. Le promoteur chinois ambitionne de faire une ville intelligente et écologique. 700 000 personnes bénéficieront d'une architecture entièrement végétalisée et d'une circulation souterraine pilotée par informatique. La phase 1 est en cours de commercialisation même si le projet suscite des controverses.

Chapitres

Urbanisation et grandes villes du monde

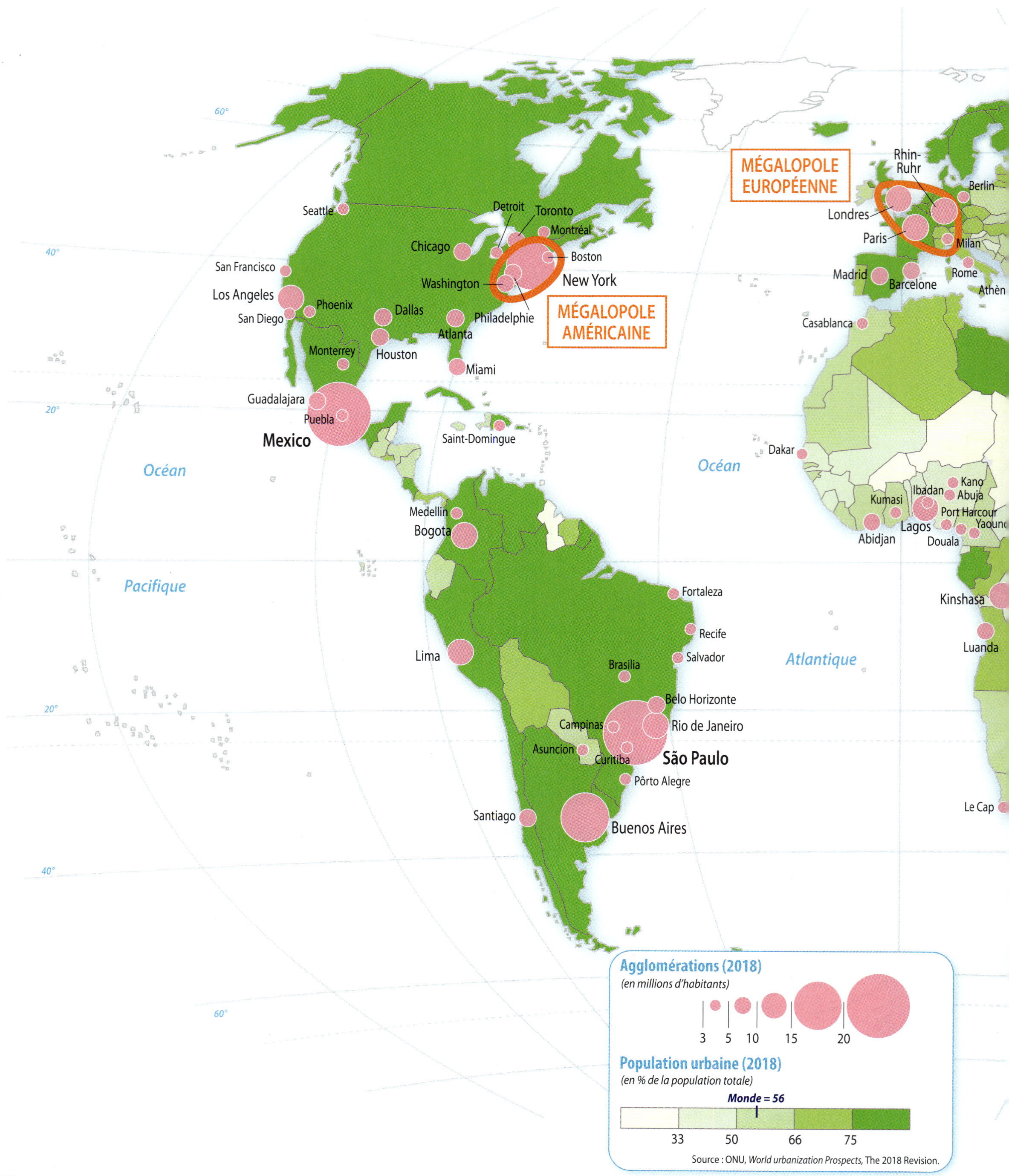

Carte interactive
www.lienmini.fr/geo1-60

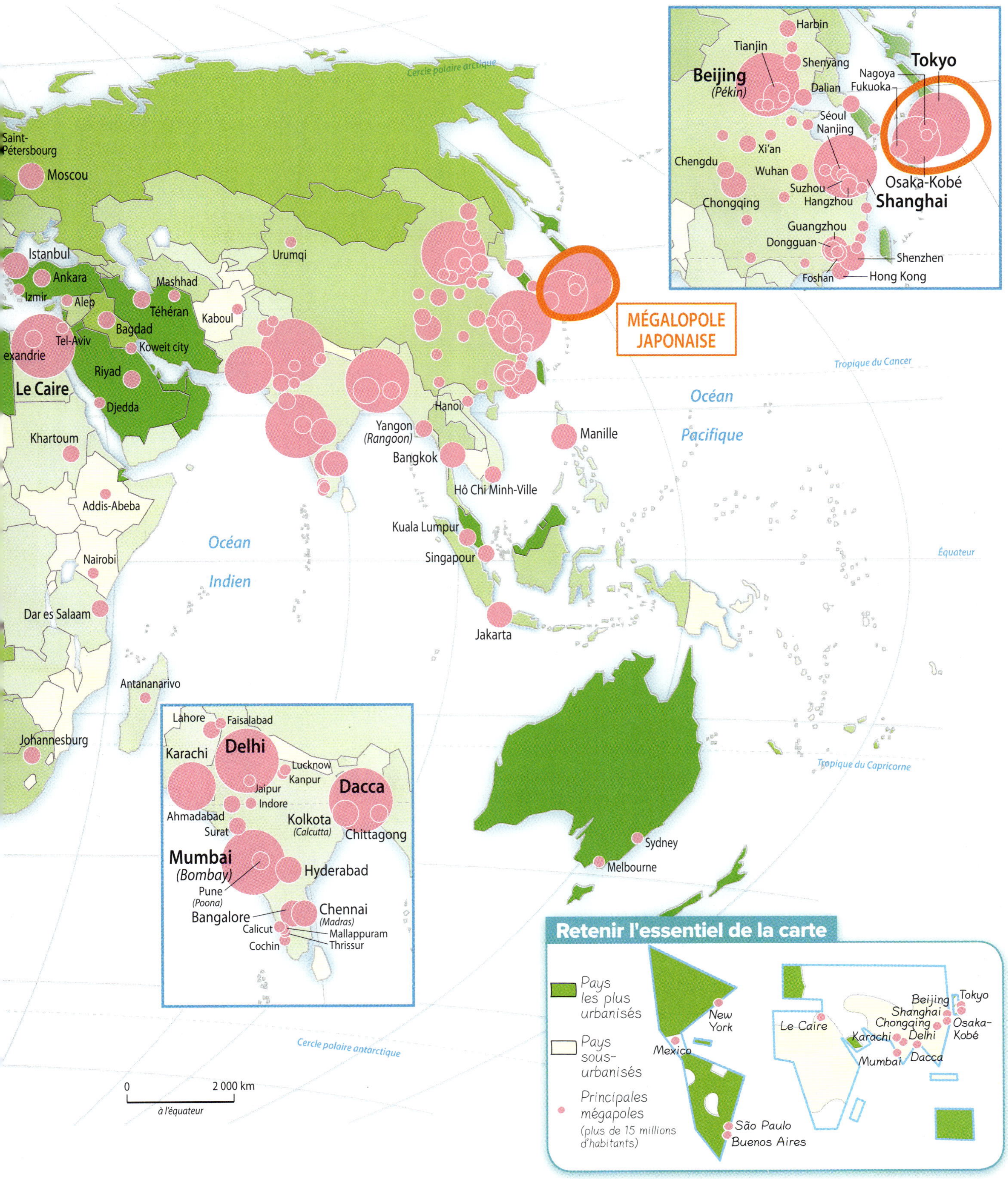

Quelles formes la

1 Les villes s'étendent dans le monde

Dessin de Chaunu, *Ouest-France*, 30 juillet 2014.
La ville dévoreuse d'espace
L'étalement urbain est souvent accentué par la métropolisation.

- **Plus de la moitié de la population mondiale est urbaine depuis 2007.** La croissance urbaine est spectaculaire dans les pays les moins urbanisés.
- **Les villes s'étalent, le nombre de mégapoles augmente,** et certaines villes se transforment en conurbations de plusieurs millions d'habitants.
- **Les villes concentrent de plus en plus la production de richesses** et la circulation des hommes et des femmes.

La transition urbaine progresse dans le monde. Les grandes agglomérations sont de plus en plus nombreuses et attirent les hommes désireux de bénéficier de l'ensemble des opportunités qu'elles offrent.

2 Qu'est-ce que la métropolisation ?

- **La métropolisation se définit comme un processus de concentration** croissante de populations, d'activités, de capitaux et de valeurs dans les métropoles.
- **Les métropoles se concurrencent** afin d'attirer de nouveaux investisseurs et renforcer leurs fonctions de commandement.
- **Pour cela, les élus locaux encouragent la construction de quartiers plus attractifs,** qui se démarquent par des tours ou autres monuments emblématiques.

La métropolisation touche essentiellement les villes regroupant des fonctions de commandement dont le rayonnement est international.

Couverture de l'étude, « Les grandes métropoles du monde en compétition », *Economist Intelligence Unit*, 2012.
Différents classements mesurent la **compétitivité des plus grandes métropoles du monde**.

3 Pourquoi la métropolisation renforce-t-elle les inégalités ?

▶ **La métropolisation renforce les inégalités entre les villes du monde.** Elle bénéficie aux métropoles déjà les plus intégrées dans les flux de la mondialisation.

▶ **Elle recompose les tissus urbains en valorisant les quartiers d'affaires** et leurs *skylines** symboliques. Elle repousse la fonction résidentielle dans des périphéries de plus en plus éloignées du centre.

▶ **L'écart se creuse entre les quartiers et entre les citadins,** accentuant ainsi les différentes formes de ségrégation et de fragmentation des villes.

L'espace des métropoles est de plus en plus fragmenté. La ségrégation socio-spatiale s'accentue, même s'il existe encore des quartiers intermédiaires ou mixtes.

→ Boutique de luxe à Wuhan, Chine, 2013.
Les inégalités sociales sont accentuées par la métropolisation.

4 Quelles formes la métropolisation prend-elle sur le territoire français ?

▶ **En France, seule la ville de Paris concentre des fonctions de commandement** à l'échelle internationale et dans tous les domaines d'activité. Elle polarise l'ensemble du réseau urbain français.

▶ **Les autres grandes villes françaises** ne sont que des métropoles secondaires au rayonnement régional.

▶ **La plupart des villes petites et moyennes** sont, quant à elles, encore plus marginalisées par la métropolisation.

La métropolisation renforce la domination de Paris sur l'ensemble du territoire français et l'inégale répartition de la production de richesses aux dépens des autres villes.

→ Couverture de la revue *Alternatives économiques*, n° 376, février 2016.
Des villes moyennes en péril
Commerces qui ferment, logements vacants, pertes d'emplois publics…

CHAPITRE 1

La ville gagne le monde

De la problématique du document...

Une croissance urbaine sans limites ?

1. Localisez et décrivez la photographie.
2. Quelles formes prend la croissance de Mexico ?
3. Quels sont les avantages et les inconvénients d'habiter dans cette banlieue ?

... aux problématiques du chapitre

> Vers une urbanisation généralisée de la planète ?

> Comment se manifeste le processus de métropolisation ?

> Quelles villes sont de véritables métropoles ?

L'étalement urbain des métropoles : lotissement de la banlieue de Mexico

Mexico est la 4e agglomération mondiale : elle compte plus de 21 millions d'habitants. Pour répondre à la demande toujours croissante en logements, le gouvernement finance les constructions par l'intermédiaire de l'Institut fédéral du logement pour les travailleurs. Ces maisons, de bonne qualité, sont construites de plus en plus loin du centre, là où les terrains sont peu chers, mais également très éloignés des emplois.

Cartes Enjeux

À quelle vitesse l'urbanisation* gagne-t-elle le monde ?

1 L'inégale croissance des villes

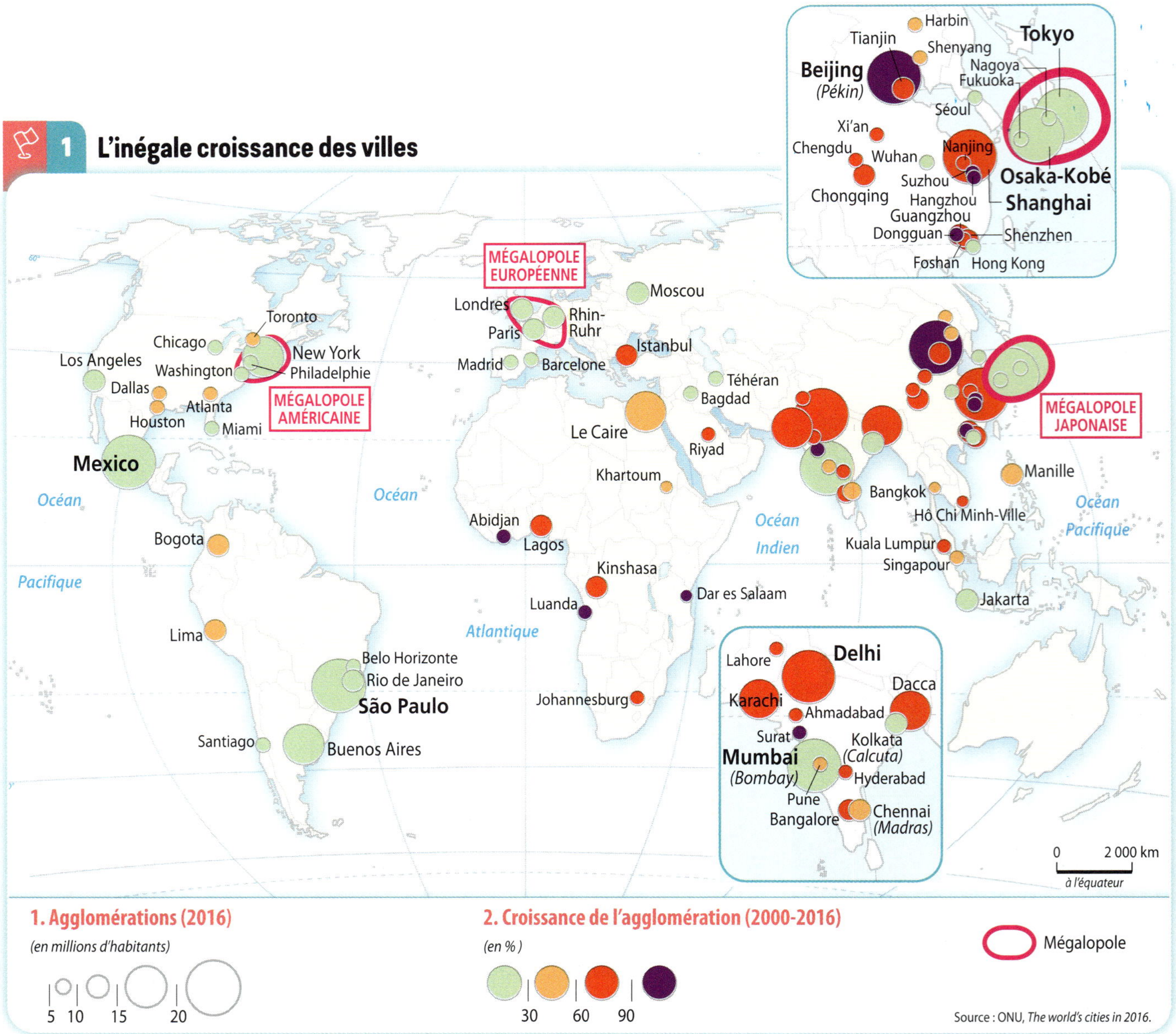

Analyser les cartes

Carte 1

1 Où la croissance urbaine est-elle modérée, voire faible, dans le monde ?

2 Quelles régions du monde connaissent une véritable explosion urbaine ?

Carte 2

3 Quels types de pays concentreront les grandes mégapoles en 2035 ?

4 Quel sera le continent des villes géantes ?

Carte 3

5 Quel pourcentage de population urbaine la grande majorité des pays du monde aura-t-elle dépassé en 2050 ?

6 Où se situeront les pays qui seront encore majoritairement ruraux ?

Mettre les cartes en relation

À partir de l'analyse de ces trois cartes, montrez en quoi le fait urbain est et sera un enjeu planétaire majeur.

Cartes interactives
www.lienmini.fr/geo1-53

2 Les grandes mégapoles du monde en 2035

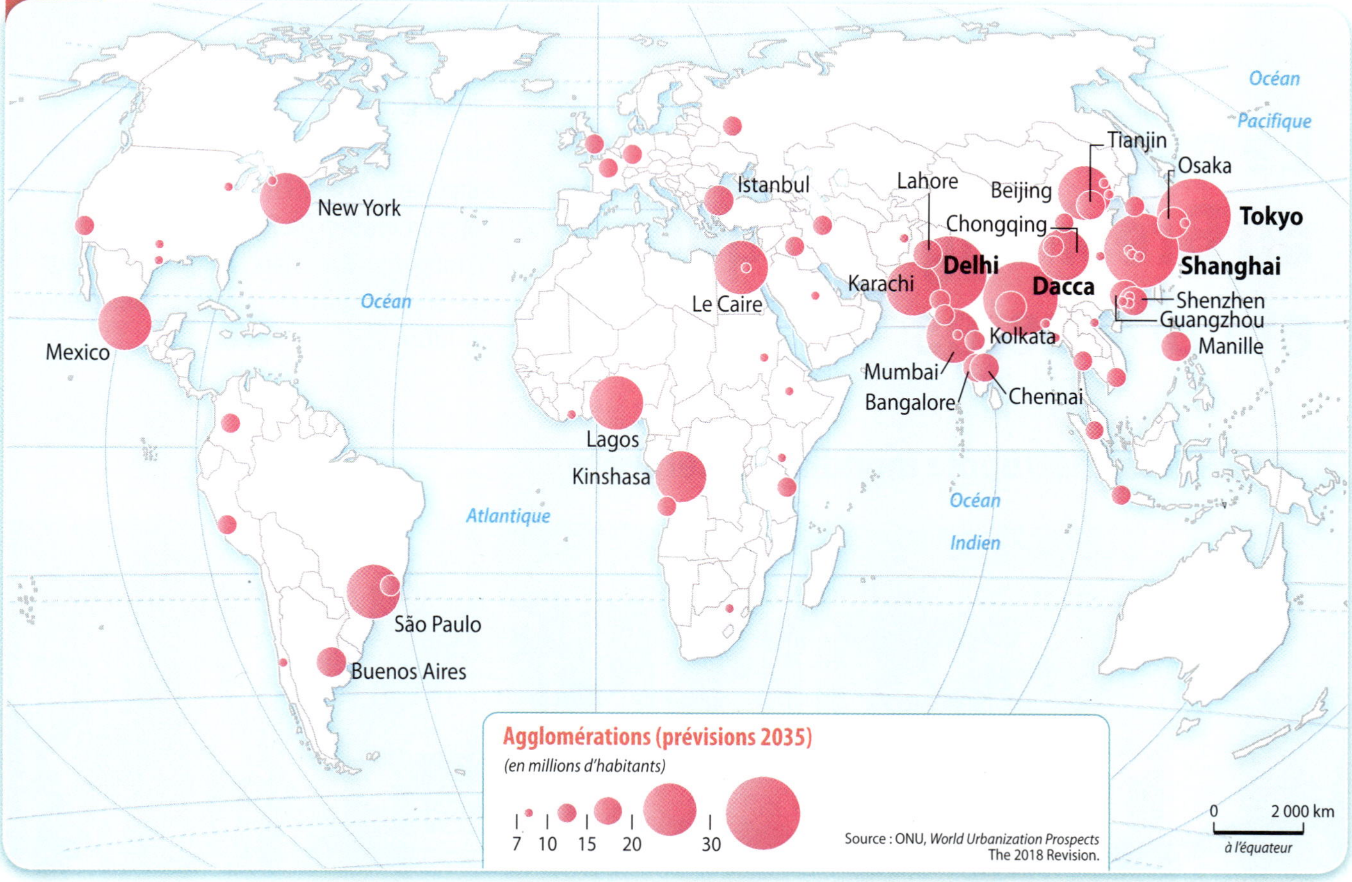

3 La population urbaine en 2050

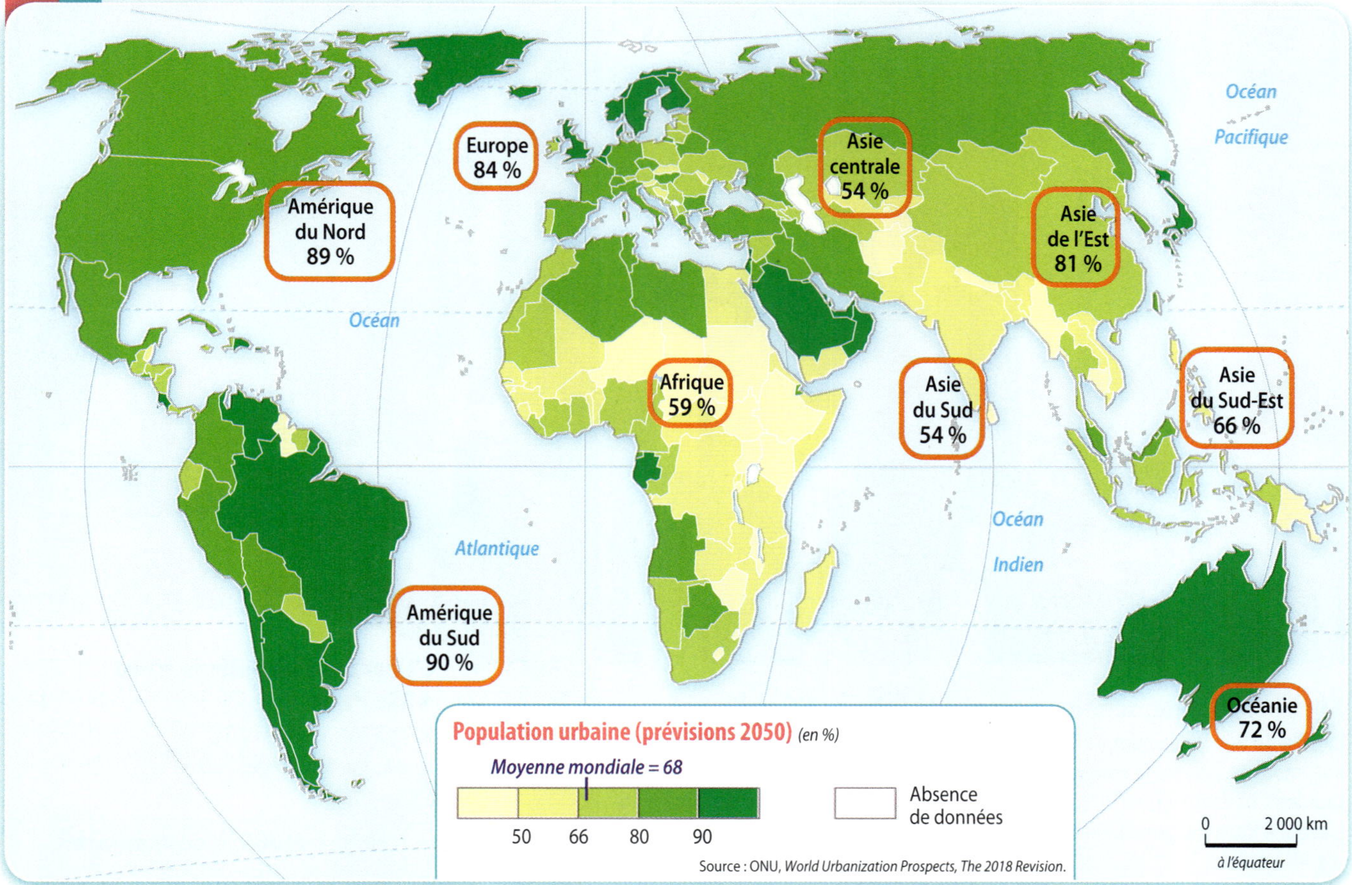

ÉTUDE DE CAS

La métropolisation au Brésil : dynamiques et contrastes

A Le Brésil est le 5e pays du monde par sa population (209 millions d'habitants en 2018, dont 86 % d'urbains). Selon l'ONU, le Brésil comprend 21 agglomérations de plus d'un million d'habitants.

B Le Brésil présente une armature urbaine singulière. Avec 21 millions d'habitants, l'agglomération de São Paulo se situe au 5e rang mondial, mais la capitale du pays est Brasilia, qui fut créée de toutes pièces en 1960.

A São Paulo, métropole mondiale émergente

1 ▶ L'hélicoptère, solution de mobilité urbaine à São Paulo ?
La ville de São Paulo compte 12 millions d'habitants et 6 millions de véhicules automobiles. Devant la congestion des axes routiers, le trafic aérien s'est rapidement développé. 700 hélicoptères sillonnent le ciel de l'État de São Paulo. L'avenue Paulista, principale artère de la ville, compterait davantage d'héliports que d'arrêts de bus.

Vidéo

Reportage

L'*Uber* des hélicoptères arrive à São Paulo
AFP, 2'16", 19 juillet 2017.
www.lienmini.fr/geo1-15

Fiche d'étude vidéo imprimable
www.lienmini.fr/geo1-16

2 ▶ São Paulo, une ville aux multiples visages

São Paulo est à sa manière une ville globale*, le laboratoire et la chaudière économique du Brésil, une ville où ne viennent pas les touristes. Telle est São Paulo : une ville de la puissance économique née de la rente caféière, une ville qui attire en conséquence les travailleurs, qualifiés ou non, venus du Nordeste ou de l'étranger, les uns et les autres confrontés à un mal logement dramatique.

Cette ville a très vite forgé les éléments de sa réussite : la création d'une université publique internationalement reconnue, l'USP, dès 1938, la verticalisation immobilière qui est à l'origine des tours de la célèbre avenue Paulista et d'opérations immobilières fort contestables ; mais aussi des éléments qui vont de pair avec les caractéristiques de « la ville créative » : le nombre de brevets, le nombre de diplômés de l'enseignement supérieur ; c'est encore le respect d'une tolérance déclinée au pluriel : tolérance envers la communauté homosexuelle, présence d'une population bohême-artiste (biennales et musées y jouent un rôle essentiel), diversité et cosmopolitisme (São Paulo est la deuxième ville italienne au monde, la deuxième ville japonaise, la deuxième ville libanaise, et les Coréens du Sud y arrivent aujourd'hui en nombre).

São Paulo, la « ville pieuvre », est d'abord une grande ville d'immigration qui intègre ceux qui y trouvent leur place comme dans peu d'endroits au monde.

Olivier Mongin, « Puissances de São Paulo », *CITEGO*, 2013.

3 ▶ Le port de Santos, interface entre le Brésil et le monde

À 70 km au Sud de São Paulo, Santos est le premier port d'Amérique latine. Il exporte les produits agricoles brésiliens comme le soja dont est chargé ce vraquier. C'est aussi un grand port à conteneurs (3,6 millions de conteneurs en 2016).

4 ▶ São Paulo, capitale des affaires et du commerce

São Paulo est la 1re place boursière d'Amérique latine et la 13e ville mondiale par les richesses qu'elle produit. *Anàlise*, 2013.

Analyser et confronter les documents

Documents 1, 2 et vidéo

1. Quelles caractéristiques de São Paulo ces trois documents présentent-ils ?

Documents 2, 3 et 4

2. Comment São Paulo s'affirme-t-elle d'un point de vue économique ?

3. Quel rôle joue le port de Santos dans la puissance de São Paulo ?

▶ CONCLURE

En quoi São Paulo est-elle une métropole mondiale émergente ?

B Une métropolisation singulière et imparfaite

5 ▶ Brasilia, capitale politique du Brésil

Brasilia est une ville nouvelle érigée selon le projet de l'architecte Oscar Niemeyer en 1960. Située à plus de 2000 km de toute autre agglomération, elle fut pensée pour symboliser l'essor et la modernité du Brésil. C'est aujourd'hui la capitale politique du pays et le 3e aéroport du Brésil, important hub aérien du fait de sa position centrale.

6 ▶ Un réseau urbain hiérarchisé

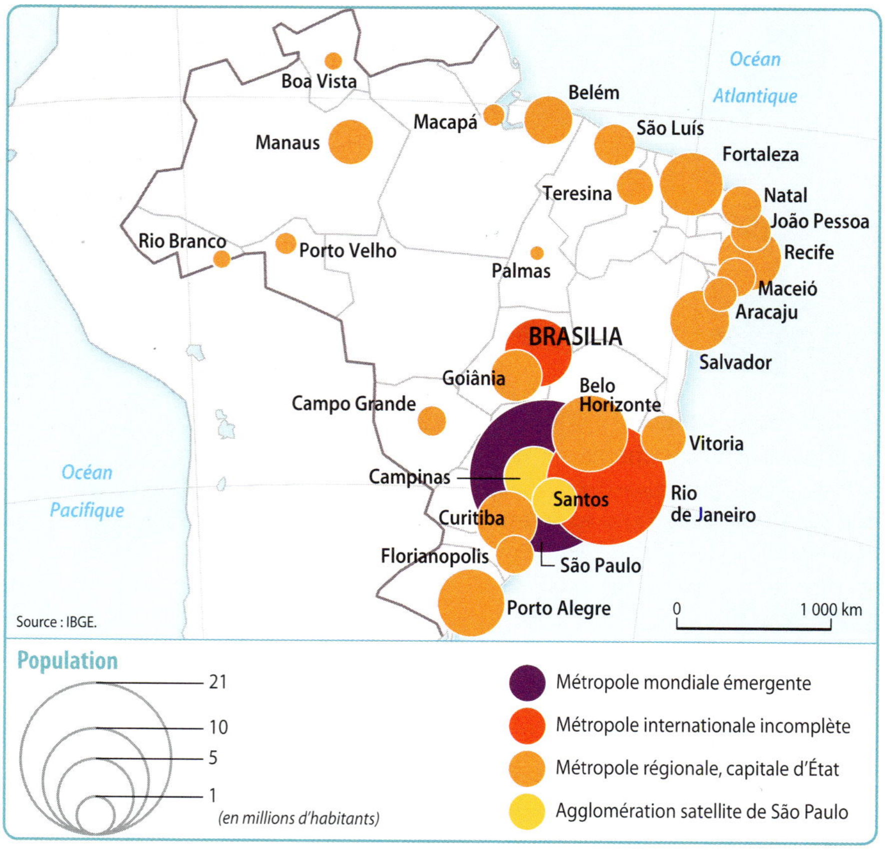

7 ▶ Rio de Janeiro, vitrine du Brésil

Aujourd'hui, même après avoir perdu son statut de capitale, Rio reste la vitrine du pays dans bien des domaines et accueille souvent les grandes manifestations de prestige. En 1992, la Conférence des Nations unies sur l'environnement et le développement (CNUCED), ou Sommet de Rio, a rassemblé des délégations de 175 pays. 20 ans plus tard, en 2012, un nouveau Sommet de la Terre, aussi appelé « Rio plus 20 », a réuni 188 pays.

Outre ce statut particulier, Rio a gardé quelques secteurs d'excellence pour lesquels elle n'a pas de rivaux, comme les chantiers navals. Elle a aussi gardé le siège de quelques très grandes entreprises : le groupe de médias Globo, la compagnie pétrolière Petrobras ou la Banque nationale de développement économique et social (BNDES).

Hervé Théry, « Rio de Janeiro, portrait géographique », *Géoconfluences*, 6 juillet 2016.

8 ▶ Le « *teleferico* » à l'abandon

Le téléphérique construit au-dessus d'une des *favelas* les plus violentes de Rio, tel un signe d'espoir pour la coupe du monde de football, le Mondial 2014, est aujourd'hui à l'arrêt. Inauguré en juillet 2011, ce système de transport digne d'une station de ski avait permis de désenclaver le Complexe d'Alemao, un ancien bastion des narcotrafiquants au Nord de Rio. Mais, à présent, les grilles du terminus situé au sommet de la *favela*, d'où l'on peut voir la célèbre baie de la ville, sont closes et on entend à nouveau siffler les balles dans ce quartier naguère pacifié par l'armée brésilienne.

L'explication de la fermeture: d'importants travaux de maintenance qui étaient nécessaires. Mais, comme Rio de Janeiro, étouffée par une crise financière, est incapable de payer certains salaires, les habitants sont plus que sceptiques: « Je ne crois pas (qu'il va repartir), pas avec la crise », estime Sonia Paulo, 34 ans, qui travaille comme femme de ménage.

Le « *teleferico* », comme l'appellent les Cariocas, n'était pas qu'un moyen de transport. Les arrêts étaient devenus des lieux pleins de vie qui hébergeaient un dispensaire médical, une poste, des services sociaux et même une bibliothèque.

Tribune de Genève, 13 avril 2017.

9 ▶ Jeux Olympiques de Rio (2016), le revers de la médaille

Dessin de Million (France), 2016. Les *favelas* laissées pour compte par les Jeux Olympiques.

Analyser et confronter les documents

Documents 5, 6 et 7

1. Quelles métropoles dominent le réseau urbain brésilien ?

2. Qu'est-ce qui fait de Rio de Janeiro une métropole mondiale ?

Documents 8, 9 et 10

3. Quels maux frappent les métropoles de Rio de Janeiro et de São Paulo ?

▶ CONCLURE

Montrez les forces et les faiblesses des métropoles brésiliennes.
La métropolisation est-elle aboutie au Brésil ?

10 ▶ São Paulo face à la pénurie d'eau

Peinture murale de l'artiste brésilien Mundano, 2015. Cette peinture murale intitulée « Désert de Cantareira » illustre la pénurie d'eau à laquelle fait face São Paulo. *Cantareira* est le système d'alimentation en eau potable de la ville.

Pour mettre en perspective à l'échelle mondiale

La métropolisation est une réalité au Brésil, mais inégale et contrastée.

- La métropolisation est-elle une dynamique mondiale? → Cours 1 et 2 p. 38 et p. 40
- Quels défis sociaux et environnementaux les métropoles doivent-elles relever? → Cours 3 p. 42

ÉTUDE DE CAS

La Megalopolis du Nord-Est des États-Unis : des synergies métropolitaines

A La Megalopolis désigne une vaste région urbanisée sans interruption sur plus de 650 kilomètres, de Boston à Washington dans le Nord-Est des États-Unis.
Elle rassemble 55 millions d'habitants, soit 17 % de la population du pays, sur 2 % du territoire.

B Premier pôle économique du pays, la Megalopolis concentre des activités industrielles et tertiaires, en particulier financières, qui lui permettent un rayonnement international. Elle est dominée par New York, la métropole la plus puissante de la planète.

A Une puissante région urbaine polycentrique

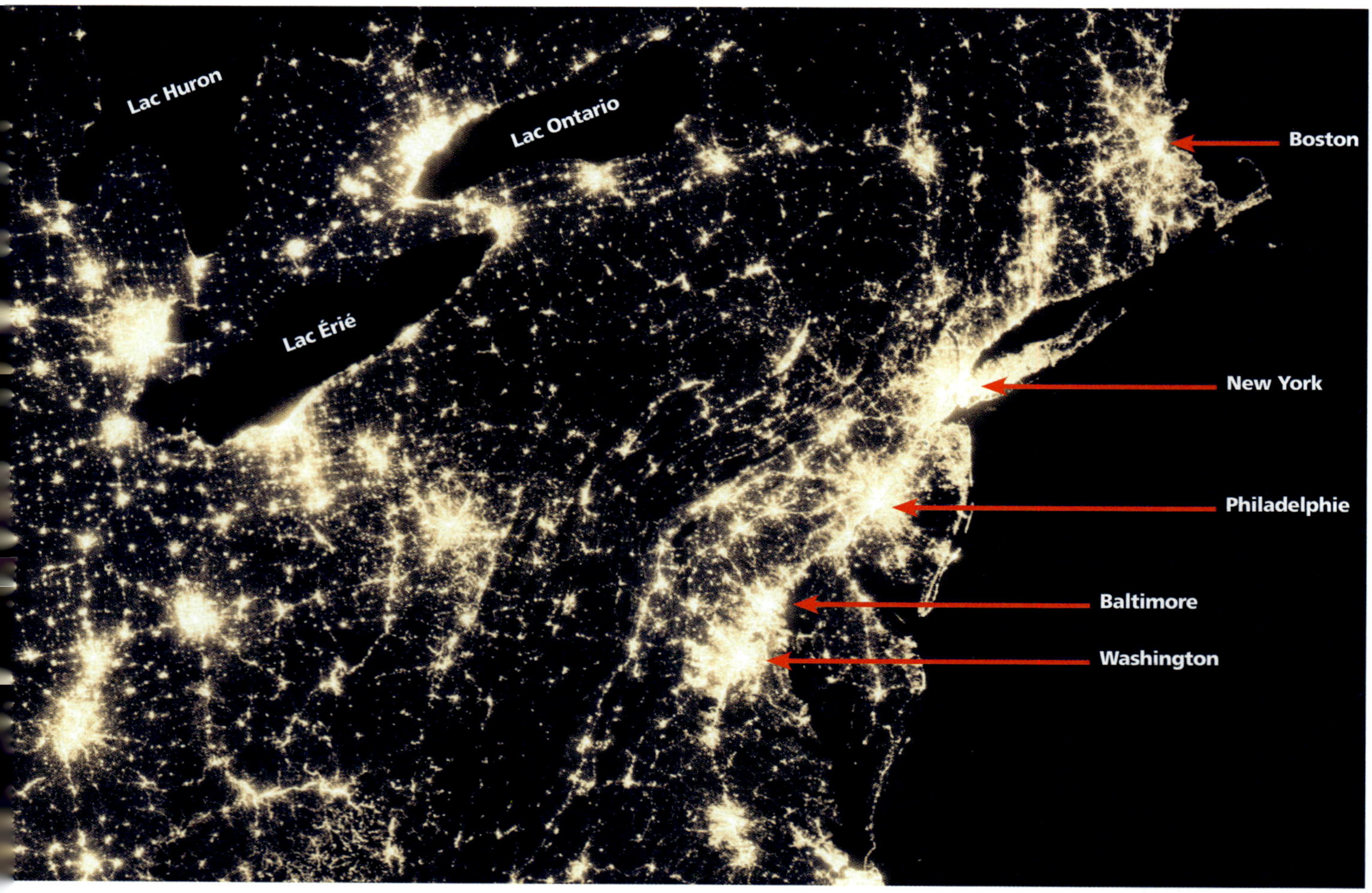

1 ▶ La mégalopole « BosWash » (de Boston à Washington)
Sur cette image satellite de nuit enregistrée par la NASA, l'intensité lumineuse des pôles urbains du Nord-Est des États-Unis contraste avec le noir absolu de l'Océan atlantique. La mégalopole « BosWash » se détache nettement car elle forme une bande de lumière ininterrompue entre Boston et Washington.

2 ▶ Washington, le National Mall : la concentration des fonctions politiques

Au centre de la capitale politique, Washington, le National Mall est une vaste esplanade, bordée par la Maison Blanche (1), siège de la présidence, le Congrès (2), siège du parlement, et une multitude de musées et de mémoriaux. Elle concentre les fonctions de commandement politique qui s'exercent sur l'ensemble des États-Unis et sur le monde.

3 ▶ Boston, un vivier de talents sans équivalent

Boston est peut-être moins branché que New York et la ville n'est pas ensoleillée de janvier à décembre comme la Silicon Valley, mais elle a un excellent orchestre symphonique, des restaurants haut de gamme et des musées de classe mondiale. Et la montagne, la forêt et la mer sont tout proches.

Mais c'est le nombre et le prestige de ses institutions dans le domaine intellectuel et médical qui attirent les entrepreneurs : plus de cent universités et des dizaines d'hôpitaux, ce qui lui assure un formidable vivier de talents. Dans un rapport du fabricant de matériel informatique Dell, Boston est classée au quatrième rang des villes « prêtes pour l'économie du futur » en raison de l'excellent niveau d'éducation et de formation de sa population.

Rebecca Knight, *Courrier International*, 22 décembre 2016.

4 ▶ La Megalopolis

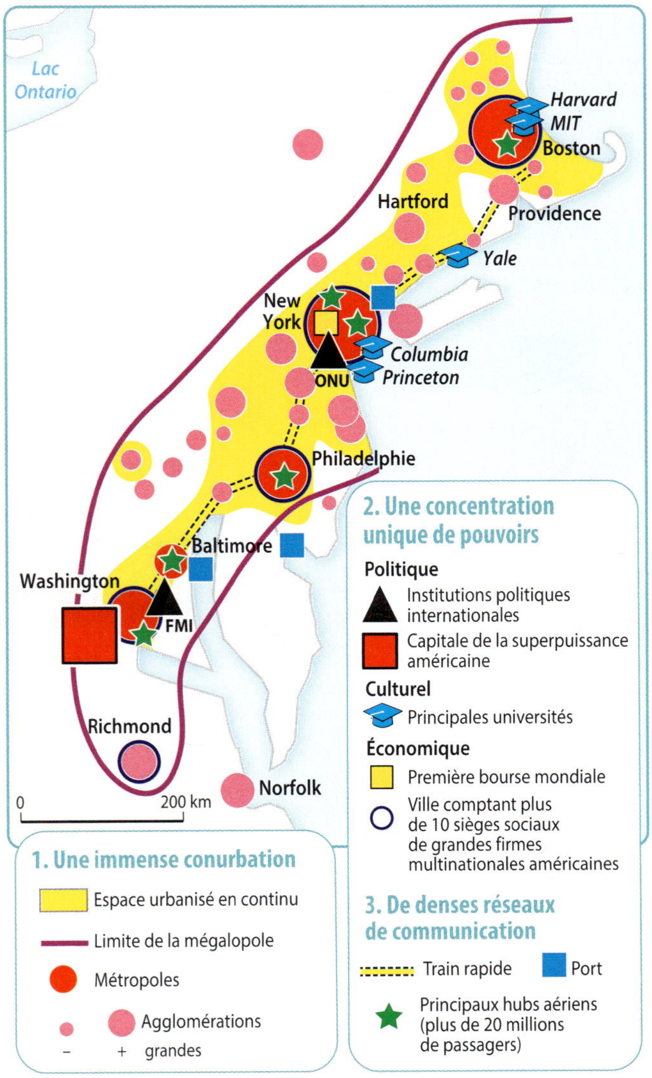

Analyser et confronter les documents

Documents 1 et 4

1. Décrivez l'organisation spatiale de la Megalopolis. Quels en sont les éléments structurants ?

Documents 2, 3 et 4

2. Quels sont les éléments de la puissance de la Megalopolis à l'échelle mondiale ?

3. Dans quels domaines Boston contribue-t-elle à cette puissance ?

▶ CONCLURE

Montrez en quoi la Megalopolis est composée de pôles complémentaires qui assurent sa puissance.

B New York, ville globale

5 ▶ New York se transforme en *Silicon Valley*

La côte Est des États-Unis est en train de muer en mini-*Silicon Valley*. Google a annoncé son intention d'investir plus d'un milliard de dollars dans un nouveau campus à New York. *Amazon* a décidé de dépenser plus de 5 milliards de dollars pour ses deux nouveaux centres de New York et Arlington, tout près de Washington. Et sans faire de bruit, *Uber* et *Facebook* s'étendent aussi dans New York.

La recherche de personnel qualifié est l'argument numéro un : New York est une source de talents de classe mondiale. *Google* emploie déjà 7 000 personnes à New York. *Amazon* et *Facebook* en comptent chacun plus de 2000, *Apple* et *Salesforce* chacun plus de 1 000. Depuis 2009, le nombre d'emplois dans le secteur technologique a augmenté de 31 %, pour atteindre 360 600, le nombre d'emplois dans la finance a progressé de 12 %, avec 475 500 employés.

Une autre motivation est citée pour expliquer cette expansion hors de Californie : se rapprocher des lieux de pouvoir financier et politique.

Anouch Seydtaghia, *Le Temps*, 19 décembre 2018.

6 ▶ New York vu depuis la France

L'Express, 2018.

L'image de la ville mondiale, avec sa célèbre *skyline*, continue de fasciner le monde.

7 ▶ New York, une ville-monde

Origine des populations immigrées *(en %)*

Total population immigrée : 3,21 millions

Source : Department of City Planning.

8 ▶ Une métropole attractive

Nombre de migrants selon le niveau de scolarité (2010-2014)

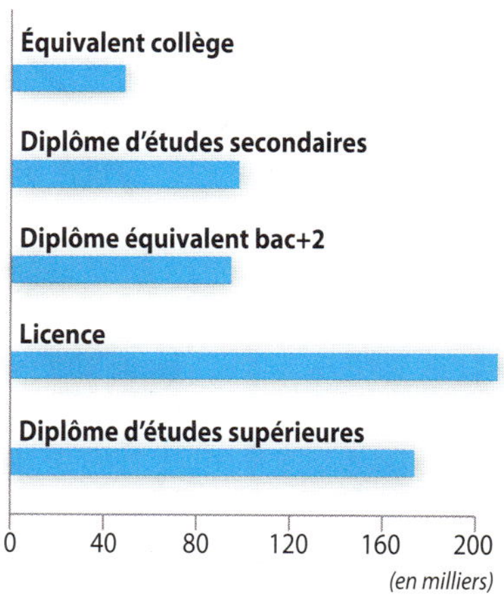

Source : Department of City Planning.

Analyser et confronter les documents

Documents 5 et 6

1. Quelles fonctions se concentrent à New York ? Pourquoi la ville devient-elle un lieu de haute technologie ?

Document 6 et vidéo

2. Décrivez la *skyline* de New York. Pourquoi est-elle choisie en couverture du magazine ?

Documents 7 et 8

3. En quoi New York est-elle une ville attractive ?

▶ CONCLURE

Qu'est-ce qui fait de New York une ville globale* à l'attractivité sans équivalent ?

Pour mettre en perspective à l'échelle mondiale

La métropolisation est une dynamique qui se développe partout dans le monde.

- **À quelles conditions une ville est-elle une métropole ?** → Cours 1 et 2 p. 38 et p. 40
- **Quelle hiérarchie des métropoles observe-t-on dans le monde ?** → Cours 3 p. 42

Reportage

Vidéo
New York, à la conquête du monde
ARTE, 4'46", 16 décembre 2017.
www.lienmini.fr/geo1-17

New York, une *skyline* incomparable

Les gratte-ciel ou tours sont aujourd'hui un marqueur emblématique des quartiers d'affaires des grandes métropoles mondiales. C'est à New York que sont nés les premiers gratte-ciel à la fin du XIXe siècle et que la notion de silhouette urbaine (*skyline*) a été inventée.

À propos du reportage

- New York est restée la plus grande agglomération du monde jusqu'au début des années 1950. Aujourd'hui classée au 9e rang avec plus de 18 millions d'habitants, elle reste la métropole la plus puissante du monde.
- Le paysage urbain du Sud de l'île de Manhattan symbolise cette puissance depuis les années 1920.
- Depuis 2012, une nouvelle génération d'immenses gratte-ciel transforme la silhouette de la ville : ils sont résidentiels, luxueux, signés par un grand nom de l'architecture mondiale, et offrent des vues panoramiques saisissantes.

Décrypter la vidéo

Réfléchir à la présentation et à l'organisation de la vidéo

1 Présentez la vidéo.
2 Comment est-elle construite ? Identifiez les différentes séquences.

Comprendre la vidéo

3 À partir de quand les gratte-ciel sont-ils construits à New York ? Que symbolisent-ils ?
4 Que signifie *skyline* ?
5 Quelle est la première grande époque des gratte-ciel à New York ? Pourquoi ?
6 Quelles sont les caractéristiques des nouvelles tours ? Leur attrait incomparable ?
7 Comment va évoluer la skyline de New York ?
8 De la puissance de quels acteurs ces nouvelles tours rendent-elles compte ?

Conclure

En quoi les gratte-ciel de New York sont-ils le reflet du mouvement de métropolisation qui gagne le monde ?

Fiche d'étude vidéo imprimable
www.lienmini.fr/geo1-18

Cours 1

Vers une urbanisation généralisée de la planète

CHIFFRES

Population urbaine dans le monde (en milliards et *en % de la population mondiale*)

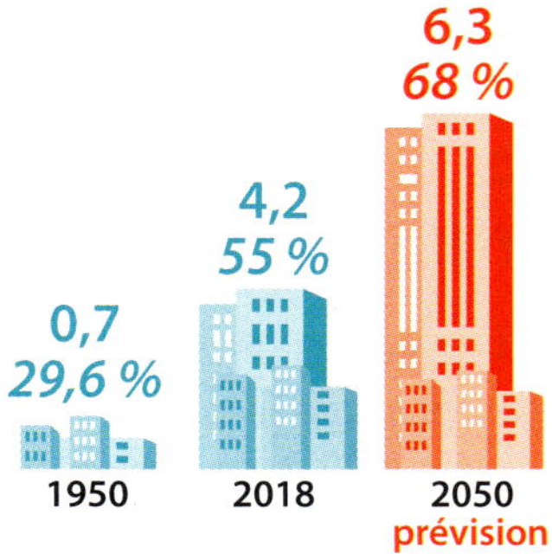

A. Une urbanisation grandissante mais contrastée

- **Depuis 2007, la population mondiale vit majoritairement en ville.** Pour la première fois de l'histoire, la population urbaine dépasse la population des campagnes [doc. 2]. En 2018, 55 % de citadins sont comptabilisés et ce chiffre devrait atteindre 68 % en 2050.
- **Cette évolution s'explique par la transition urbaine**. Ce processus est étroitement lié au niveau de développement économique et social des pays. Les taux d'urbanisation* sont donc inégaux entre pays des Nords et pays des Suds.
- **À l'échelle de la planète, de très forts contrastes apparaissent selon les pays, entre les taux d'urbanisation et les taux de la croissance urbaine.** La transition urbaine est achevée en Amérique, en Europe et dans certains pays d'Asie. Dans les pays des Suds, principalement en Asie et en Afrique, les populations rurales sont encore souvent majoritaires, même si **l'exode rural*** et la croissance naturelle font augmenter rapidement la population urbaine. → Repères spatiaux p. 22 ; carte enjeux 1 p. 28

B. Des villes qui croissent et s'étalent

- Aux Nords comme aux Suds, la **croissance urbaine s'accompagne le plus souvent d'un étalement urbain.** Des dynamiques de périurbanisation se généralisent. Apparue aux États-Unis au début du XXᵉ siècle, celle-ci concerne un siècle plus tard tous les pays du monde : une majorité de citadins vit dans des espaces périurbains [doc. 1].
- **Grâce à l'automobile, les citadins peuvent habiter de plus en plus loin des centres-villes.** L'espace périurbain se diversifie et accueille aussi bien des logements que des activités industrielles, de commerces et de loisirs.
- **La périurbanisation est dénoncée en raison de son impact sur l'environnement :** consommation excessive de terres agricoles, d'espaces naturels, d'énergie, pollution et temps perdu dans les déplacements. Elle pose aussi des difficultés dans la gestion et l'aménagement d'agglomérations de plus en plus éclatées.

NOTION

Périurbanisation

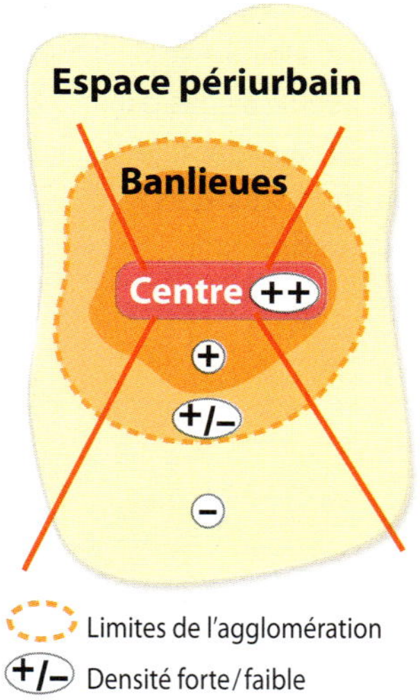

C. Des mégapoles spectaculaires mais minoritaires

- **Les mégapoles* sont le résultat de l'accélération de l'urbanisation dans les pays des Suds :** en 2018, 26 des 33 mégapoles y sont situées, dont 7 en Chine et 5 en Inde. Pourtant, à l'échelle mondiale, les mégapoles sont minoritaires : elles ne concentrent que 12 % des citadins (en 2016), contre 50 % dans des villes de moins de 500 000 habitants. Parmi les mégapoles, seules certaines sont des **métropoles*** qui concentrent des activités et des fonctions de rayonnement international. → Cartes enjeux p. 29
- **La concentration d'une très forte population urbaine représente de lourdes contraintes.** Les mégapoles font face à des défis très importants en termes de logements, de ravitaillements, de transports, d'infrastructures et d'emplois. La gestion de ces défis diffère fortement entre pays riches et pays pauvres. Au 1er rang des mégapoles avec 37 millions d'habitants, l'agglomération de Tokyo est très étendue, mais structurée par un réseau de transports très efficace. Elle s'impose comme le principal moteur de l'économie japonaise. À l'inverse, les déplacements à Dacca, au Bangladesh, sont caractérisés par la pollution, les embouteillages, la saturation et la faiblesse des transports en commun.

Définition

Transition urbaine

Passage d'une population majoritairement rurale à une population majoritairement urbaine.

* Lexique p. 298

1 ▶ Un paysage d'étalement urbain à Atlanta (État de Géorgie), aux États-Unis

L'agglomération d'Atlanta (5,2 millions d'habitants en 2016) est l'une des plus étalées des États-Unis. Ce paysage composé de petites maisons individuelles grignotant la forêt et de rues en cul-de-sac est typique de l'étalement urbain.

2 ▶ Évolutions de la population urbaine dans le monde

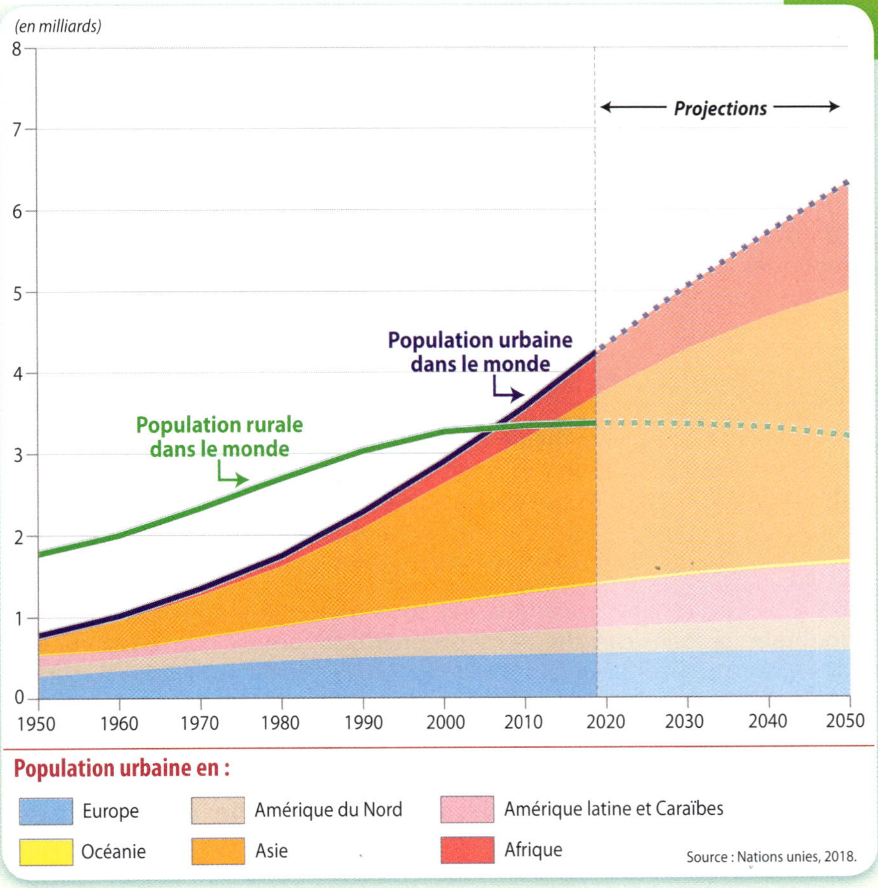

Source : Nations unies, 2018.

Doc bac

Analyse d'un graphique

Lire le graphique

1. À quoi correspondent les courbes sur le graphique ? Et les plages de couleur ?
2. Montrez l'inégale croissance du nombre d'urbains selon les régions du monde.

Comprendre le graphique

3. Observe-t-on une différence de type Nords/Suds ?
4. Quels facteurs expliquent les différences entre les régions du monde ?

Cours 2

La métropolisation, une dynamique mondiale

A. La métropolisation : un processus sélectif

- **La métropolisation est l'une des conséquences spatiales de la mondialisation***. Si les activités de production se diffusent à l'ensemble des pays de la planète, les activités de conception et de décision sont polarisées par les grandes villes d'un petit nombre de pays caractérisés par leur haut niveau de développement. Les acteurs économiques y bénéficient d'une main-d'œuvre qualifiée, d'infrastructures performantes, des avantages de la proximité spatiale d'autres acteurs et de l'effet de taille.
- **La métropolisation est un processus très inégalitaire.** Elle renforce la concentration de **fonctions de commandement*** dans les centres de l'économie mondiale : l'Amérique du Nord, l'Europe de l'Ouest et l'Asie orientale. À l'inverse, les pays et les villes les moins intégrés à la mondialisation, en Afrique notamment, sont encore davantage mis à l'écart des dynamiques métropolitaines à l'échelle mondiale.
- **Les métropoles se multiplient dans les pays des Suds** grâce à l'affirmation économique des pays émergents comme la Chine, l'Inde et le Brésil. Shanghai est ainsi devenu le premier port mondial et la 5e place boursière du monde. → Étude de cas p. 30

B. La diversité des fonctions de commandement

- **Les fonctions de commandement sont réparties dans l'ensemble des secteurs d'activité.** Les plus nombreuses et les plus importantes concernent le domaine économique et financier : **sièges sociaux des entreprises transnationales**, bourses, banques, entreprises de services financiers et d'assurances. La logistique et le transport, les domaines politique et diplomatique, culturel et scientifique sont d'autres secteurs clés de la métropolisation [doc. 4].
- **Les métropoles concentrent les lieux de pouvoir.** Elles se démarquent par leurs fonctions politiques, avec les sièges d'institutions nationales, et aussi par la présence d'instances internationales (ONU et FMI à New York, UNESCO à Paris...) et diplomatiques (consulats, ambassades). Les métropoles accueillent également les grandes rencontres internationales.

C. La métropole : un rayonnement international

- **Toutes les villes n'ont pas la même capacité à cumuler des fonctions de commandement** et donc à pouvoir être considérées comme des métropoles. Les métropoles se distinguent des autres villes par la densité et la diversité de leurs fonctions de commandement. Elles sont en mesure de contrôler et d'impulser l'innovation et la créativité par l'échelle de leur rayonnement.
- **Il n'existe pas de critères reconnus par tous pour mesurer le rayonnement métropolitain** : certains chercheurs ne prennent en compte que le secteur économique. D'autres y ajoutent le poids politique, le capital humain, la culture, la qualité de vie [doc. 3].
- **Les métropoles sont au centre des mobilités internationales.** Elles attirent, par le dynamisme et les opportunités économiques, aussi bien les travailleurs qualifiés que non qualifiés. De même, elles sont des destinations majeures du tourisme international grâce à leur patrimoine historique et architectural, et grâce à l'ampleur de leurs événements culturels. → Étude de cas p. 34

CHIFFRES

Sièges sociaux des entreprises transnationales (nombre, en 2017)

NOTION

Métropole

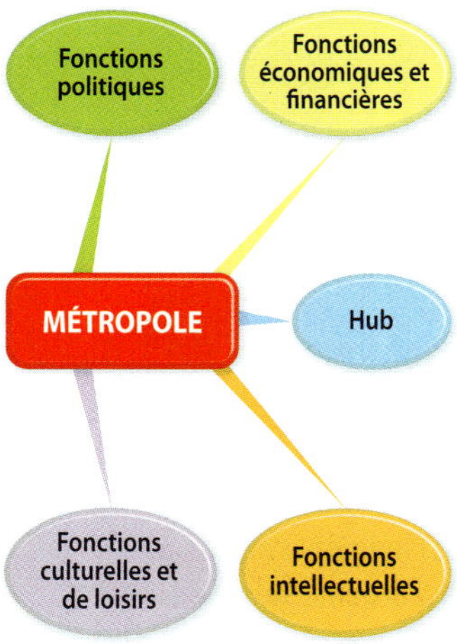

Définition

Métropolisation

Processus de concentration des hommes, des capitaux et des activités de décision, de conception et de direction dans des villes au rayonnement international appelées métropoles.

* Lexique p. 298

3 ▶ La hiérarchie des métropoles

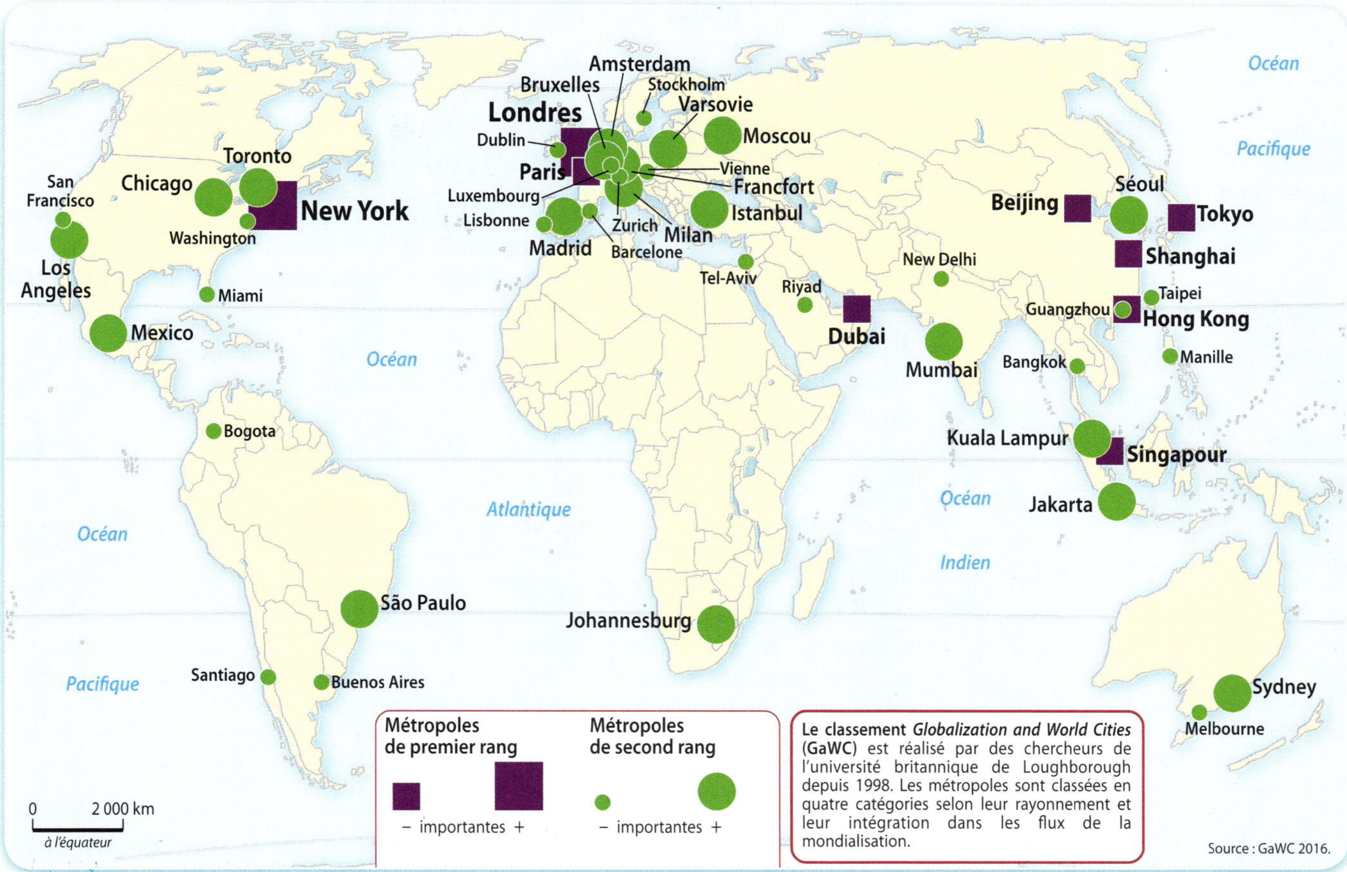

4 ▶ Typologie des fonctions de commandement et des lieux qui les incarnent

Domaines d'activité	Types de fonctions de commandement	Types de lieux
Économique	Entreprises multinationales, institutions internationales (FMI, Banque Mondiale, OCDE...)	Tours de bureaux
Financier	Bourse, banques, entreprises de services financiers (audit, consulting, assurance)	Bourse, tours de bureaux
Logistique et transport	Logistique et acheminement (de marchandises, d'aliments, de matières premières), transports aérien, routier, portuaire, ferré	Entrepôts, marchés de gros, aéroports, ports, gares
Politique	- Institutions politiques nationales - Institutions politiques internationales : organisation régionale (Union européenne...), Interpol, ONU et organes associés (FAO, OMS...) - Organisations non gouvernementales (ONG) : Croix-Rouge, Human Rights Watch...	- Résidences présidentielles, parlements, ministères - Sièges d'institutions internationales (palais, tours, bâtiments récents). - Tours de bureaux
Diplomatique	Représentations diplomatiques	Ambassades, consulats
Culturel	Musées, productions audiovisuelles, information, éducation, gastronomie	Musées, théâtres, studios de cinéma, médias, écoles d'art, restaurants étoilés, quartiers de diasporas
Scientifique	Éducation, institutions de recherche et de développement privées et publiques	Universités, centres de recherche, tours de bureaux

Doc bac

Analyse d'un tableau

Lire le tableau

1. Définissez ce qu'est une fonction de commandement.
2. Quels types de lieux concentrent le plus grand nombre de fonctions de commandement ?

Comprendre le tableau

3. Expliquez pourquoi ces fonctions permettent aux métropoles de rayonner à l'échelle internationale.
4. Recherchez, dans la métropole de votre choix, des exemples de chacune de ces fonctions de commandement.

Cours 3

Un monde de métropoles

CHIFFRES

Capacité d'influence

Palmarès des métropoles influentes

1	New York	6	Los Angeles
2	Londres	7	Singapour
3	Paris	8	Chicago
4	Tokyo	9	Beijing
5	Hong Kong	10	Bruxelles

Ce palmarès se fonde sur 5 critères : activité économique, flux d'informations, capital humain, culture, poids politique.

Rapport A. T. Kearney, 2018.

NOTION

Polarisation

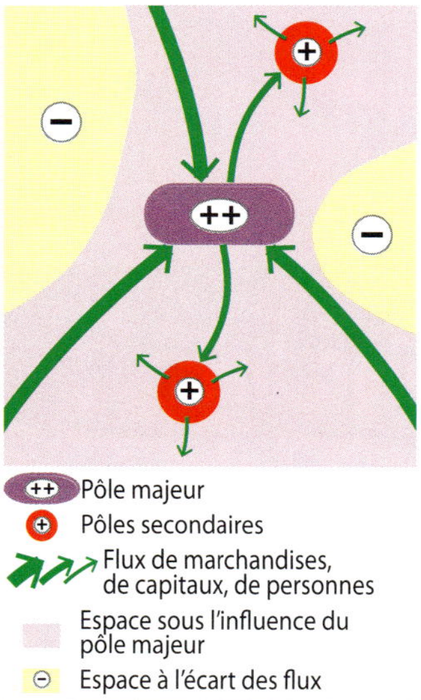

A. Les métropoles au sommet de la hiérarchie urbaine

- **Les métropoles ont le rayonnement le plus vaste et la plus forte capacité de polarisation des flux à l'échelle mondiale.** Des rapports de force s'exercent entre les villes puisqu'elles n'ont pas toute la même capacité d'influence et de domination économique, politique, ou culturelle.
- À **l'échelle nationale, les métropoles sont toujours des moteurs économiques,** même si capitale économique et capitale politique ne correspondent pas. Par exemple, Istanbul ou São Paulo sont des métropoles de rayonnement international grâce à leur concentration des fonctions économiques, même si les capitales politiques sont Ankara et Brasilia. → Étude de cas p. 30
- **La concentration de fonctions de commandement ne dépend pas du nombre d'habitants.** Ce n'est pas parce qu'une ville est très peuplée qu'elle comptera forcément des fonctions de commandement nombreuses et diversifiées. Plusieurs mégapoles des Suds ne rayonnent pas au-delà de leurs frontières : Dacca, Kinshasa... À l'inverse, **Genève** peut être qualifiée de métropole grâce à ses activités de décision dans le domaine de la diplomatie et de la coopération internationale, et à l'importance de son secteur bancaire [doc. 7].

B. Des métropoles en concurrence

- **Une compétition métropolitaine à l'échelle mondiale a lieu pour attirer les investisseurs,** les chercheurs, les cadres, les touristes. Pour capter de nouvelles fonctions de commandement ou simplement les conserver, les élus locaux mettent en place d'ambitieuses politiques d'aménagement urbain. Il s'agit de proposer des quartiers les plus adaptés aux besoins des entreprises et les plus attractifs pour la main-d'œuvre qualifiée. → Dossier p. 70
- **Le marketing territorial est utilisé pour renforcer l'attractivité et l'image de marque des métropoles.** Des campagnes de publicité vantent la ville innovante où il fait bon vivre [doc. 6]. La modernité de la métropole est symbolisée par les projets architecturaux des « **starchitectes*** » [doc. 5]. L'organisation d'événements culturels ou sportifs (Jeux Olympiques, Coupe du monde de football) au rayonnement mondial permet aussi de revendiquer le statut de métropole. → Étude de cas p. 84

C. Des métropoles incomplètes ou secondaires

- **Peu de villes cumulent l'ensemble des fonctions de commandement.** Une métropole est dite **incomplète** quand elle concentre des fonctions de commandement dans un seul domaine d'activité. Ottawa, capitale politique du Canada, centralise les fonctions administratives et diplomatiques, mais ne dispose que d'un très faible secteur économique.
- **Les villes mondiales* sont un type de métropole incomplète :** telles Venise, elles rayonnent grâce à leur patrimoine culturel et historique, mais détiennent peu de fonctions économiques ou politiques à l'importance internationale.
- **Les métropoles dites secondaires ne rayonnent qu'à une échelle nationale ou régionale.** En France, des villes comme Nantes, Bordeaux, Toulouse ou Lille sont qualifiées de **métropoles régionales***. Les métropoles secondaires se situent notamment dans les pays centralisés, où la capitale polarise toutes les fonctions de commandement.

Définitions

Marketing territorial
Actions de promotion d'un territoire, inspirées des stratégies de la publicité et de la communication, mises en place par des acteurs publics.

Polarisation
Processus de concentration et de redistribution de flux (de personnes, de marchandises, de capitaux et d'idées).

* Lexique p. 298

5 ▶ « Starchitectes » et « starchitecture »

Un des outils du marketing territorial consiste à financer un bâtiment à l'architecture spectaculaire qui permettra d'asseoir la réputation de dynamisme et d'innovation d'une métropole. Afin de renforcer la médiatisation et le rayonnement de ce type de bâtiment, les élus locaux sollicitent des architectes en vogue en raison de l'originalité, de l'audace ou de l'avant-gardisme de leur réalisation. Avec la « starchitecture », c'est plus le nom et la signature de l'architecte qui comptent que la valeur esthétique ou fonctionnelle du bâtiment construit. Il peut s'agir aussi bien d'équipements publics comme des institutions culturelles (musée, opéra, théâtre…) ou sportives, que d'infrastructures de transports (gare, aéroport, pont).

Le musée Guggenheim, à Bilbao (Espagne), peut être considéré comme l'un des prémices de cette tendance. En confiant la réalisation de ce bâtiment à l'architecte canadien Frank Gehry, la municipalité espérait relancer l'économie et transformer l'image de la ville, alors durement touchée par la désindustrialisation. Le succès fut tel qu'on parle d'« effet Bilbao » pour désigner le cercle vertueux de renouveau économique engendré par un bâtiment iconique. Bien que la corrélation entre la construction du musée et le dynamisme retrouvé de Bilbao soit très contestée, de nombreux élus sont encore convaincus de la pertinence d'un investissement dans la « starchitecture ».

Pascale Nédélec, *Géographie urbaine*, © éd. A. Colin, 2018.

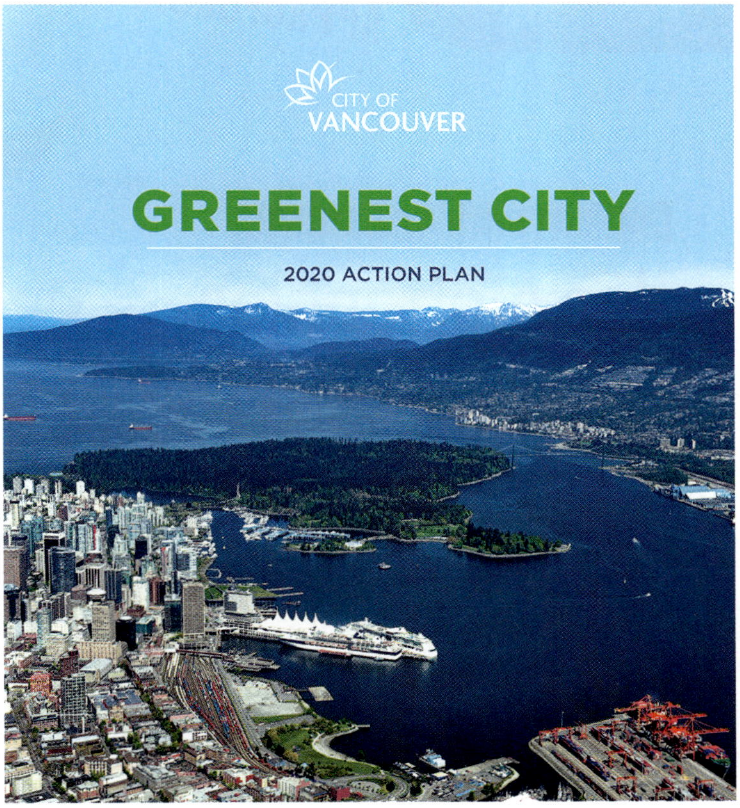

6 ▶ Vancouver se veut la ville la plus verte du monde

Document édité par la municipalité de Vancouver, *vancouver.ca*, 2015.

Doc bac

Analyse d'un texte

Lire le texte

1. Définissez ce qu'est la « starchitecture ».
2. Localisez la ville de Bilbao. Quelle construction l'a rendue célèbre ? Qu'est-ce que l'« effet Bilbao » ?

Comprendre le texte

3. Pourquoi les élus locaux pensent-ils que la « starchitecture » permettra à leur ville de rayonner à l'échelle internationale ?
4. Recherchez, dans la métropole de votre choix, des exemples de « starchitecture ».

7 ▶ Genève, capitale diplomatique mondiale : le Palais des Nations, siège européen des Nations unies

Genève (204 000 habitants) est la ville qui accueille le plus d'organisations internationales et d'organisations non-gouvernementales au monde : le siège européen des Nations unies, le Comité international de la Croix-Rouge (CICR), l'Organisation mondiale du commerce (OMC), l'Organisation mondiale de la santé (OMS).

DOSSIER

POUR APPROFONDIR

ÉMIRATS ARABES UNIS, des métropoles en quête de notoriété

- Les Émirats arabes unis, État récent créé en 1971, cherchent à s'affirmer sur la scène mondiale et à diversifier leurs sources de revenus, liés initialement à l'exportation de pétrole. Leurs métropoles Abu Dhabi et Dubaï sont au cœur de cette stratégie.
- Dubaï s'est imposé comme une métropole au rayonnement mondial en valorisant son hub portuaire et aéroportuaire, ses activités de loisirs et de tourisme. Abu Dhabi, la capitale, développe son secteur culturel.

Comment les métropoles émiraties cherchent-elles à s'affirmer dans la compétition mondiale ?

1 ▶ *Dubaï creek tower* : toujours plus haut !

Cette nouvelle tour de l'architecte espagnol Santiago Calatrava doit être inaugurée pour l'exposition universelle de 2020. Plus grande encore que la Burj Khalifa (828 m), elle dépassera le kilomètre de hauteur et dominera plusieurs tours de résidences et de bureaux dans le quartier futuriste du nouveau port, près de la réserve naturelle de Ras Al Khor.

EXPO 2020 إكسبو
دبي، الإمارات العربية المتحدة
DUBAI, UNITED ARAB EMIRATES

Logo pour l'Exposition Universelle 2020 qui se déroulera à Dubaï.

2 ▶ Les villes du Golfe, des modèles urbains ?

La réputation de Dubaï s'est construite à grand renfort de bâtiments iconiques et de démesure, avec la plus haute tour du monde, le plus vaste *shopping mall*, les hôtels les plus luxueux... À Abu Dhabi, comme en témoigne l'inauguration du Louvre Abu Dhabi conçu par Jean Nouvel, l'émirat joue une carte plus culturelle pour se différencier.

Bien sûr, l'implantation de *shopping malls* géants révèle une forme d'uniformisation qui n'épargne aucune partie de la planète. Il faudrait plutôt parler d'un patchwork de modèles urbains.

Au final, de quoi les villes du Golfe pourraient-elles être les modèles (ou anti-modèles) ? Du recours à des architectes d'exception ? De la croyance, sans doute excessive, que l'investissement dans l'urbanisation apportera un relais de développement quand les hydrocarbures n'assureront plus de rente ? De nouvelles formes de cohésion sociale qui s'accommodent (mais jusqu'à quand ?) de vives inégalités sociales et juridiques et d'un cosmopolitisme du passage ?

Antoine Loubière, Xavier Desjardins, Revue *Urbanisme* n° 409, 2018.

3 ▶ Le Louvre Abu Dhabi

Dessiné par l'architecte français Jean Nouvel, le musée universel du Louvre Abu Dhabi a été inauguré en novembre 2017. Il fait partie d'un district culturel qui regroupera d'autres établissements prestigieux comme le Cheikh Zayed National Museum, dessiné par Norman Foster, et le musée du Guggenheim - Abu Dhabi, de Frank Gehry.

4 ▶ Pourquoi choisir Dubaï ?

Dubaï s'est imposée sur la scène mondiale comme pôle de commerce international et plateforme commerciale majeure. Cette ville cosmopolite est au carrefour du monde et s'est transformée en une métropole internationale bourgeonnante. Facile d'accès et avec son infrastructure ultra-moderne et ses établissements récents, Dubaï est la ville où se rendre si l'on veut organiser des événements d'affaires.

Voici 10 raisons qui vous prouvent pourquoi...

1 Un accès facile	Une plaque tournante internationale
2 Des infrastructures de classe mondiale	Une ville d'avenir
3 Des hôtels pour tous les goûts et tous les budgets	Réservez votre séjour
4 Des lieux de réunion ultra-modernes	Une ville de rencontres
5 De nombreuses opportunités commerciales	Les avantages fiscaux
6 Une plateforme de savoir florissante	Le centre de l'innovation
7 Une ville sûre et sans danger pour tous	Un havre sûr pour les investisseurs
8 Riche en aventures et en expériences	Une ville où il est facile d'allier affaires et loisirs
9 Pléiade de restaurants et divertissements	La ville de la gastronomie
10 Un soutien expérimenté pour l'industrie	Un modèle de réussite

visitdubai.com, 2019.

Le site Internet « visitdubaï » appartient à une agence d'État chargée de la promotion de Dubaï auprès des touristes et des investisseurs.

Prolonger le cours

Documents 1, 2 et 3

1. Quels sont les symboles les plus spectaculaires utilisés pour mettre en valeur Dubaï et Abu Dhabi ?

Documents 1 et 4

2. Quels atouts font de Dubaï une métropole mondiale ?

Documents 1, 2, 3 et 4

3. Quels sont les acteurs mobilisés pour permettre l'affirmation des métropoles émiraties sur la scène internationale ?

Document 2

4. Quelles sont les limites de ce fort volontarisme ?

SYNTHÈSE

En vous appuyant sur l'exemple, de Dubaï et d'Abu Dhabi, montrez en quoi consiste le marketing territorial* et présentez ses limites.

S'ENTRAÎNER AU BAC 1

Méthode BAC p. 16-17

Question problématisée

CAPACITÉS

- Utiliser une approche géographique pour construire un argumentaire
- Produire un écrit construit et argumenté

Sujet Les villes dans le monde : quelle importance de la population urbaine ? quel poids des métropoles ?

ÉTAPE 1 Comprendre le sujet et rédiger la problématique

1. Lisez le sujet.

Les villes dans le monde : quelle importance de la population urbaine ? quel poids des métropoles ?

- Pourquoi a-t-on surligné ces expressions ?
- Précisez le sens des mots et expressions « population urbaine », « métropoles ».
- Que faut-il comprendre par « poids des métropoles » ?

2. À l'aide des réponses aux questions suivantes, définissez et rédigez la problématique du sujet.

- Quelle est l'importance de l'urbanisation dans le monde ?
- Comment la croissance urbaine se traduit-elle dans l'espace ?
- Toutes les grandes villes sont-elles des métropoles ?

Conseils

- Relevez au brouillon les mots importants du sujet.
- Dégagez la problématique à partir de laquelle vous construirez votre réponse au sujet.

ÉTAPE 2 Mobiliser ses connaissances et organiser le plan

3. Reproduisez **le tableau** et complétez les **trois thèmes** à l'aide de votre cours et du **chapitre 1** du manuel.

Thème 1	Thème 2	Thème 3
• *Urbanisation croissante :* …………………… • *Conséquences spatiales :* ……………………	• *Les métropoles, des fonctions majeures :* ……………………	• *Urbanisation inégale aux Nords et aux Suds :* …………………… • *Les métropoles, un rayonnement inégal :* ……………………

Conseil

- Notez et définissez les mots clés suivants : « périurbanisation », « métropole », « fonction de commandement », « transition urbaine »…

4. Regroupez les informations que vous avez retenues en trois parties :

- 1re partie : *Un monde de plus en plus urbanisé*
- 2e partie : *Des métropoles puissantes*
- 3e partie : *Des situations contrastées à l'échelle du monde*

ÉTAPE 3 Rédiger la réponse au sujet à l'aide des pistes suivantes

Introduction

Présentation du sujet — *Dans le monde actuel, un humain sur deux vit dans une ville. Cet essor des villes s'accompagne d'un poids et d'un rôle croissants des métropoles.* → Énoncez en suivant la problématique.

Annonce du plan — *On évoquera d'abord l'urbanisation du monde et ses conséquences, puis on décrira la place et le fonctionnement des métropoles, pour enfin dresser un bilan de l'urbanisation et de la métropolisation à l'échelle mondiale.*

1re partie — ### Un monde de plus en plus urbanisé

1er paragraphe — *La population urbaine dépasse celle des campagnes (55 % de citadins). La transition urbaine est engagée dans nombre de pays. Les taux d'urbanisation sont élevés en Amérique, en Europe et dans certains pays d'Asie.*

2e paragraphe — *La croissance urbaine se traduit spatialement par un étalement des villes. La périurbanisation est un processus généralisé.*

3e paragraphe — *Comme le montre le **schéma 1**, la croissance urbaine exige de gérer et d'aménager durablement les villes.*

Schéma 1 – L'urbanisation, un impact sur l'environnement

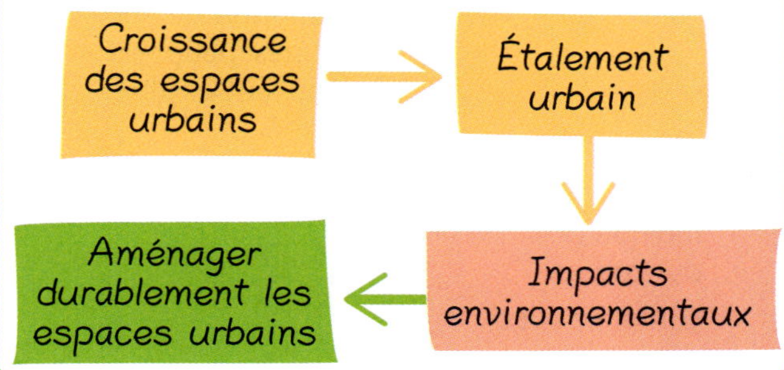

2e partie — ### Des métropoles puissantes

1er paragraphe — *La mondialisation a renforcé le poids et le rôle des métropoles.*

2e paragraphe — *Les métropoles possèdent des fonctions de commandement dans les domaines financier et économique.*

3e paragraphe — *Les métropoles ont un rayonnement international. Elles abritent :*
- *les banques* • *les bourses* • *les sièges sociaux des FTN* • *le pouvoir politique et diplomatique*
- *les institutions internationales* • *les réseaux de communications rapides* → Donnez des exemples.

3e partie — ### Des situations contrastées à l'échelle du monde

1er paragraphe — *L'urbanisation est inégale dans le monde : dans certains pays des Suds (Asie, Afrique), les populations rurales sont encore majoritaires. Des métropoles sont apparues dans les pays des Suds.* → Définissez « mégalopole » et citez des exemples en utilisant l'étude de cas p. 30.

2e paragraphe — *La métropolisation est forte dans les centres de l'économie mondiale : Amérique du Nord, Europe occidentale, Asie Orientale. Dans ces territoires, les métropoles proches les unes des autres forment une mégalopole, comme le montre le schéma 2. L'Afrique est à l'écart des dynamiques de métropolisation.* → Citez des exemples en utilisant l'étude de cas p. 34.

Schéma 2 – La Megalopolis

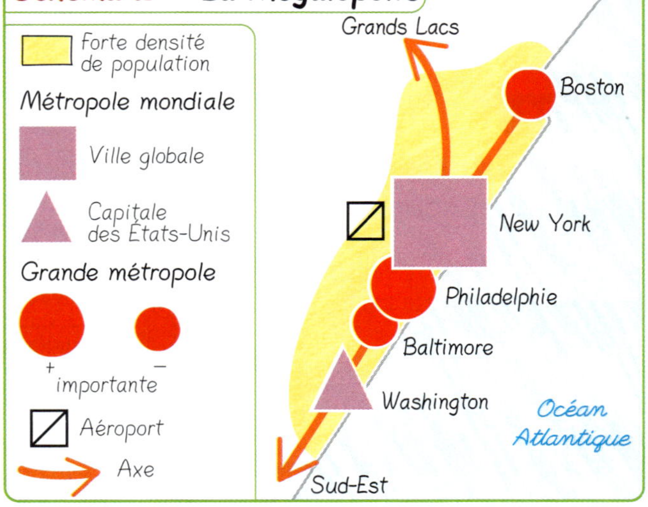

3e paragraphe — *Les villes mondiales sont des métropoles incomplètes. Par exemple, Venise rayonne uniquement par son patrimoine.*

Conclusion

Bilan — *Le monde actuel est un monde d'urbains où la place des métropoles est très importante.*

Perspectives — *Cette dynamique est une des caractéristiques majeures d'un monde en recomposition.*

S'ENTRAÎNER AU BAC 2

Méthode BAC : p. 14-15
Réaliser un croquis

CAPACITÉS

- Réaliser des productions cartographiques
- Transposer un texte en croquis

Sujet À l'aide du document, réalisez le croquis : « Les grandes villes du monde ».

Conseils

- Notez le **titre** du texte, il indique celui du croquis.
- Surlignez avec des couleurs différentes les deux thèmes fournis par le texte.

Un monde de mégapoles

La croissance de la population urbaine se traduit aujourd'hui par la formation de nombreuses mégapoles très peuplées. Ces dernières sont surtout localisées dans les pays des Suds.

Comme le montre le tableau, la croissance de la population urbaine des 20 premières grandes villes est très inégale.

Dans le classement mondial, les mégapoles des pays des Nords sont désormais dépassées par celles des pays des Suds. Ces décalages de croissance devraient se confirmer d'ici 2050, notamment pour certaines villes d'Afrique et d'Asie.

ONU, *World urbanization Prospects*, 2018.

Mégapoles	Population 2017 (en milliers)	Croissance annuelle 2010-2017 (en %)
Tokyo	38 000	0,6
Delhi	36 000	3,2
Shanghai	23 000	3,4
Mexico	21 000	0,8
São Paulo	20 800	1,4
Mumbai	20 700	1,6
Osaka	20 000	0,8
Beijing	19 500	4,6
New York	18 500	0,2
Le Caire	18 500	2,1
Dacca	17 000	3,6
Karachi	16 000	3,3
Buenos Aires	15 000	1,3
Calcutta	14 700	0,8
Istanbul	14 000	2,2
Chongqing	13 000	3,4
Rio de Janeiro	12 800	0,8
Lagos	12 700	4
Los Angeles	11 000	0,2

ÉTAPE 1
Lire le sujet et le texte d'accompagnement

1. Lisez le sujet.
- À quel territoire le sujet s'applique-t-il ?
- Quelle est la définition de « mégapole » ?

2. Lisez le texte d'accompagnement.
- Quels sont les **deux thèmes** que le croquis doit illustrer ?
- Quelles informations donne le tableau par rapport au texte ?

ÉTAPE 2
Organiser la légende et choisir les figurés

3. Classez les informations.
- Reproduisez le tableau et complétez les noms des villes à l'aide des données du tableau qui accompagne le texte.

Population (en milliers)	Nom des villes	Croissance des villes (2010-2017)	Nom des villes
+ 30 000	....	Très forte (+ 3 %)	....
20 à 30 000	....	Forte (2 à 3 %)	....
16 à 20 000	....	Moyenne (1 à 2 %)	....
Moins de 16 000	....	Faible (moins de 1 %)	....

→ *Pourquoi faut-il classer les villes en fonction de leur population et de leur croissance ?*

Croquis interactif
www.lienmini.fr/geo1-59
Croquis et légende imprimables
www.lienmini.fr/geo1-56

▶ Croquis : ....

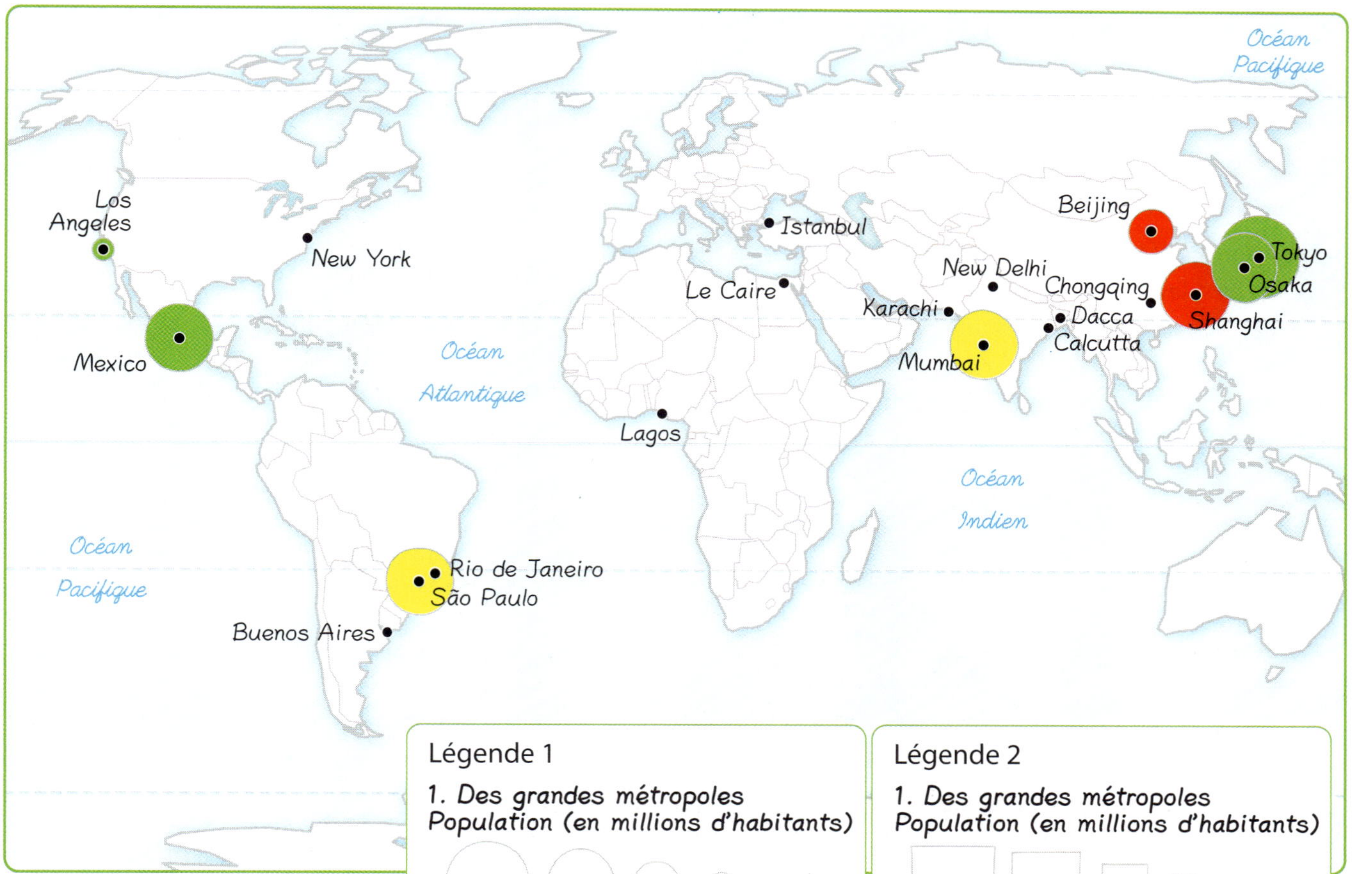

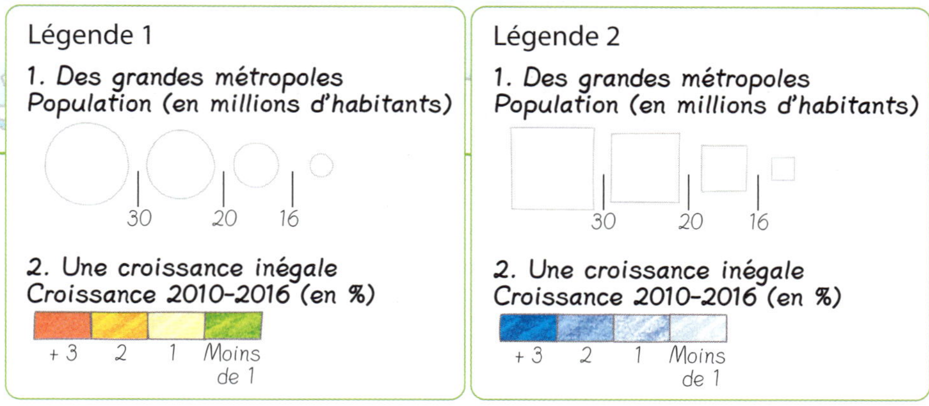

4. Choisissez les figurés.

– Dans la **légende 1**, quels sont les différents types de figurés utilisés ? Sont-ils conformes aux règles du langage cartographique ?

– Les figurés de la **légende 2** conviennent-ils aussi pour réaliser et réussir le croquis ?

Conseils

- Observez le fond du croquis pour connaître les limites de l'espace à cartographier.
- Utilisez le langage cartographique (rabat arrière du manuel).

ÉTAPE 3 Réaliser le croquis

5. Reproduisez ou téléchargez le croquis et sa légende.

6. Mettez en forme la légende et dessinez le croquis.

– Choisissez **l'une des deux légendes**, puis complétez le croquis avec les figurés de la première rubrique.

– Coloriez les figurés en fonction des informations de la seconde rubrique de la légende.

– Donnez un **titre** au croquis.

7. Vérifiez si le croquis possède tous les attributs d'un bon croquis.

→ *Aidez-vous de la **méthode** p. 15.*

S'ENTRAÎNER AU BAC 3

Méthode BAC p. 12-13

Analyse de documents

CAPACITÉS

- Savoir lire, comprendre et critiquer des documents
- Produire un écrit construit et argumenté

Analyser une carte et un texte

Sujet New York, les fonctions d'une métropole mondiale

Questions

1. New York possède-t-elle les attributs d'une métropole mondiale ?
2. Quels sont les enjeux entre les métropoles américaines ?
3. Toutes les caractéristiques d'une métropole mondiale apparaissent-elles sur le document 1 ?

Doc. 1 ▶ New York, métropole mondiale (2018)

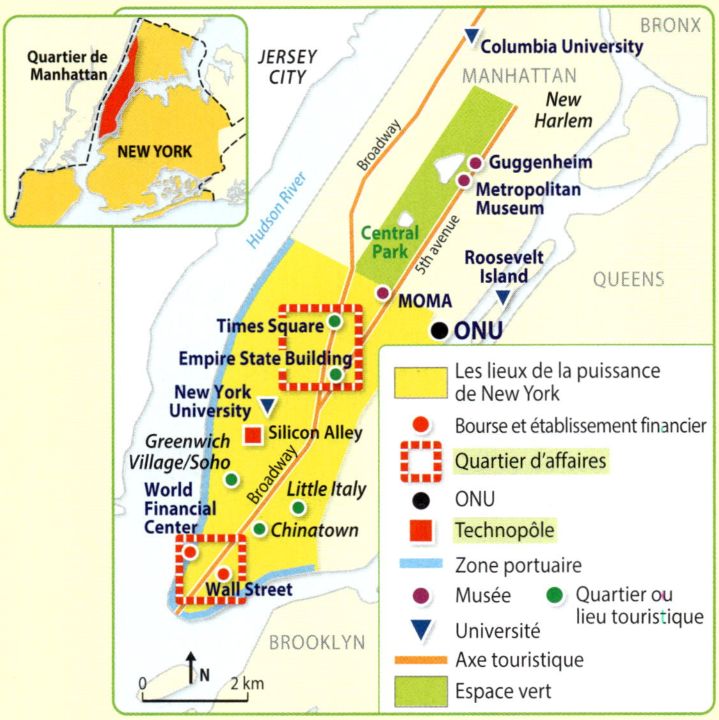

Doc. 2 ▶ New York défie la Californie

Plus de 7000 start-up sont installées à New York. La ville attire de plus en plus d'entrepreneurs ; avec sa « Silicon Alley », située en plein cœur de Manhattan, elle n'a plus rien à envier à la « Silicon Valley » en Californie.

« *Après la crise financière, New York s'est aperçue qu'elle devait se diversifier pour ne plus dépendre exclusivement de la finance* », commente une ancienne responsable chez Business France.

L'ancien maire de la ville, Michael Bloomberg, a ainsi lancé le projet d'une université spécialisée en nouvelle technologie. Une façon de concurrencer les universités Stanford ou Berkeley en Californie. Cornell Tech, un campus high-tech, a donc ouvert ses portes en 2017 sur Roosevelt Island. « Google et Facebook ont désormais des bureaux à New York, les start-up ont moins besoin d'aller à San Francisco », note le co-fondateur du club de décideurs français.

Chloé Cohen, *L'Usine nouvelle*, 28 novembre 2018

ÉTAPE 1 — Décrire les documents

1. Notez le titre, la date et la nature des documents.
2. Quelles grandes informations la légende de la carte donne-t-elle ?
3. Quel thème est évoqué par le texte ?

ÉTAPE 2 — Analyser les documents

4. **Doc. 1.** Classez, dans un tableau, les secteurs d'activités présents à Manhattan.
5. **Doc. 2.** Vers quelles activités nouvelles New York s'oriente-t-elle ? Avec quelle région des États-Unis rivalise-t-elle ? Définissez « start-up ».
→ *Utilisez le* ***lexique*** *p. 298.*

ÉTAPE 3 — Exercer un regard critique

6. Quelles fonctions caractéristiques des métropoles mondiales n'apparaissent pas dans le document 1 ? → *Utilisez le* ***cours*** *p. 42.*

Rédiger la réponse au sujet

Rédigez la réponse à l'aide du travail effectué sur les documents, en l'organisant en deux paragraphes

1er paragraphe : *New York, les fonctions d'une métropole mondiale*

2e paragraphe : *Des métropoles concurrentes*

RÉVISER POUR LE BAC

Idées clés pour répondre à une question problématisée

IDÉE 1
Vers une urbanisation généralisée de la planète

1 Une urbanisation grandissante mais contrastée
- En 2018, on compte 55 % de citadins ; en 2050, ce chiffre atteindra 68 % : on parle de **transition urbaine.**
- Il subsiste pourtant de très forts écarts entre les taux d'urbanisation.

2 Des villes qui croissent et s'étalent
- La croissance urbaine provoque un **étalement urbain**, facteur de problèmes environnementaux.

3 Des mégapoles spectaculaires mais minoritaires
- 26 des 33 **mégapoles** sont situées dans les Suds.
- Elles font face à des défis très importants : logements, infrastructures, emplois...

IDÉE 2
Une dynamique mondiale de métropolisation

1 La métropolisation : un processus sélectif
- Les activités de conception et de décision se concentrent dans les grandes villes d'un petit nombre de pays.
- Les métropoles se multiplient dans les pays émergents du Sud (Chine, Inde, Brésil).

2 La diversité des fonctions de commandement
- Les **fonctions de commandement** concernent les domaines économique et financier, la logistique, le transport...
- Les métropoles concentrent aussi les lieux de pouvoir et exercent un rayonnement international.

IDÉE 3
Un monde de métropoles

1 Les métropoles au sommet de la hiérarchie urbaine
- Les **métropoles** ont une forte capacité de **polarisation** à l'échelle nationale.
- L'ampleur de leur rayonnement est variable.

2 Des métropoles en concurrence
- La compétition pour attirer les investisseurs a lieu à l'échelle mondiale : recours au marketing territorial, projets architecturaux...

3 Des métropoles incomplètes ou secondaires
- Une **métropole incomplète** ne concentre pas des fonctions de commandement sur l'ensemble des domaines d'activité.
- Les **métropoles dites secondaires** ne rayonnent qu'à une échelle nationale ou régionale (exemple : Bordeaux).

Mots clés

À l'aide du cours p. 38 à 43, définissez les termes suivants :

- ☑ Étalement urbain
- ☑ Fonctions de commandement
- ☑ Fragmentation urbaine
- ☑ Mégapole
- ☑ Métropole
- ☑ Métropole régionale
- ☑ Métropolisation
- ☑ Périurbanisation
- ☑ Polarisation
- ☑ Transition urbaine
- ☑ Urbanisation

Schéma pour comprendre et retenir

Complétez le schéma à l'aide des mots soulignés.

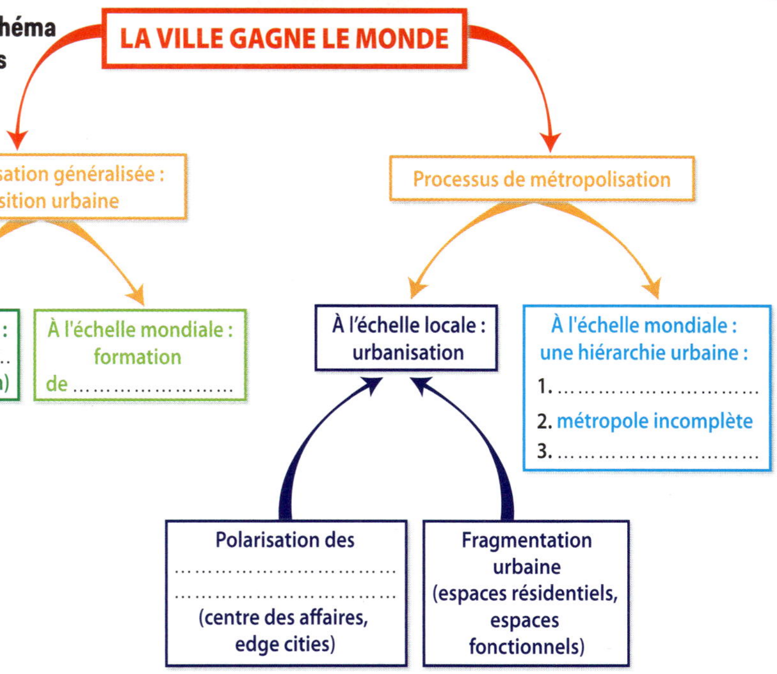

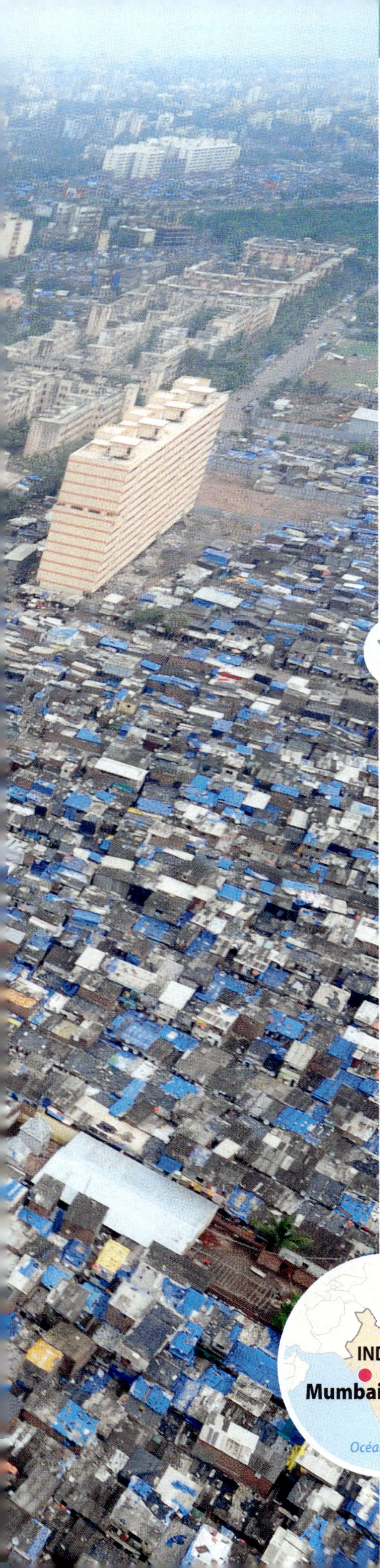

CHAPITRE 2

Des métropoles inégales et en mutation

De la problématique du document…

Quels contrastes spatiaux peut-on identifier dans cet espace urbain de Mumbai ?

1. Localisez et décrivez la photographie.
2. Quelles inégalités urbaines apparaissent sur cette photographie ?
3. Quelle mutation cette banlieue connait-elle aujourd'hui ?

… aux problématiques du chapitre

> **Quelles transformations spatiales les métropoles connaissent-elles ?**

> **Comment le métropolisation se traduit-elle dans leur paysage ?**

> **Comment les inégalités évoluent-elles dans ces métropoles ?**

Les inégalités urbaines à Mumbai : le quartier de Bandra East

Le quartier de Bandra East, à l'Est du centre de Mumbai, présente des contrastes entre ses quartiers d'habitation. Un bidonville voisine avec des ilots d'immeubles résidentiels, structurés et paysagés, *Government Colony*, destinés au personnel administratif du gouvernement du Maharashtra. Ce quartier, en pleine mutation, est en cours de réhabilitation. Un nouveau projet résidentiel aisé s'y développe, grignotant l'espace urbain informel.

ÉTUDE DE CAS

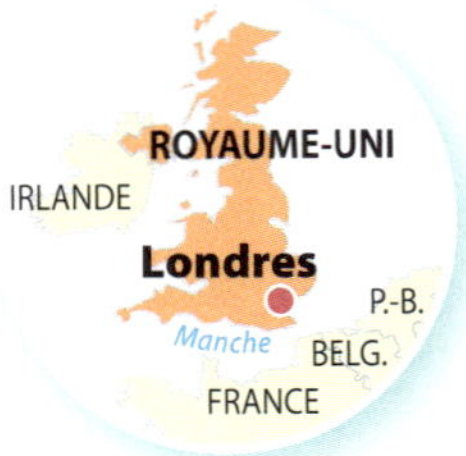

Londres, une métropole de rang mondial

A Londres, capitale du Royaume-Uni, est une métropole de plus de 10 millions d'habitants. C'est un pôle majeur de la mondialisation, qualifié de ville globale*. Le Brexit* remettra-t-il en cause cette position dominante ?

B La puissance de l'espace londonien se reflète dans son paysage hérissé de tours. Cependant, les disparités s'accroissent ; pour un grand nombre d'habitants, la ville devient inaccessible.

A Un rayonnement à l'échelle du monde

1 ▶ Canary Wharf, centre de la finance mondiale
Ce quartier d'affaires s'est développé à partir de 1988 dans l'Est londonien. Il abrite les plus grandes banques et les plus importants services financiers mondiaux. S'ajoutant à la *City*, il fait de Londres la place financière la plus complète du monde.

Étude du PwC, *Les 30 premières villes globales*, 2016.

2 ▶ La *City*, pôle financier international

La *City* est une addition de quartiers d'affaires qui cumule les superlatifs : 400 000 salariés, 500 banques internationales, des centaines de compagnies d'assurances, de comptabilité et de services financiers…

Plus de 200 nationalités se mêlent ici. La *City* est un *melting-pot*, « un pôle d'excellence de la finance qui attire les meilleurs talents de tous les pays et dans tous les domaines. En tant que cabinet d'avocats global, nous représentons des entreprises multinationales à travers le monde, qui nous disent que Londres est un centre économique et financier d'importance vitale pour elles », confirme Susan Bright, associée du cabinet d'avocats *Hogan Lovells*.

Londres est une ville du monde, c'est aussi une porte d'entrée vers l'Europe, avec de solides infrastructures, un système juridique très respecté avec des juges impartiaux. L'anglais est une langue parlée à travers le monde, il est donc facile de faire des affaires ici.

Marie Dancer, « À la *City* de Londres, la finance dans l'État », *La Croix*, 20 juillet 2017.

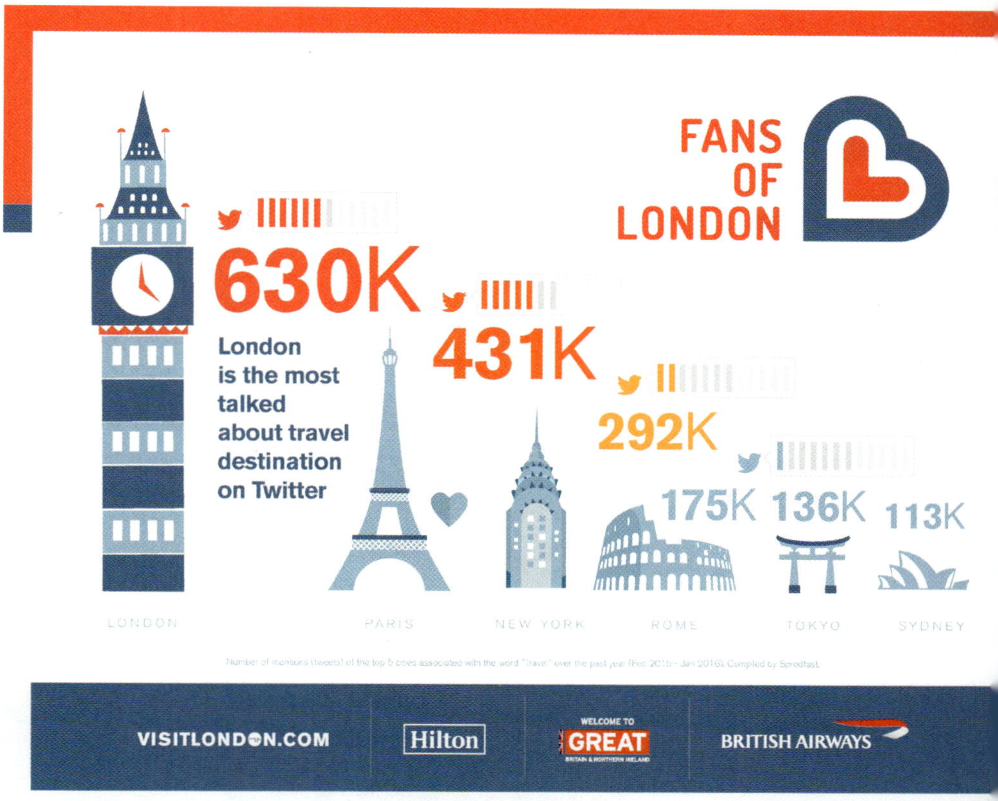

3 ▶ Londres, grand pôle touristique mondial

Infographie, *bussinesswire.com*, 2016.

Londres est la destination touristique mondiale la plus mentionnée sur Twitter.
De fait, Londres a accueilli en 2017 près de 20 millions de visiteurs internationaux.

4 ▶ Une aire métropolitaine bien reliée au monde

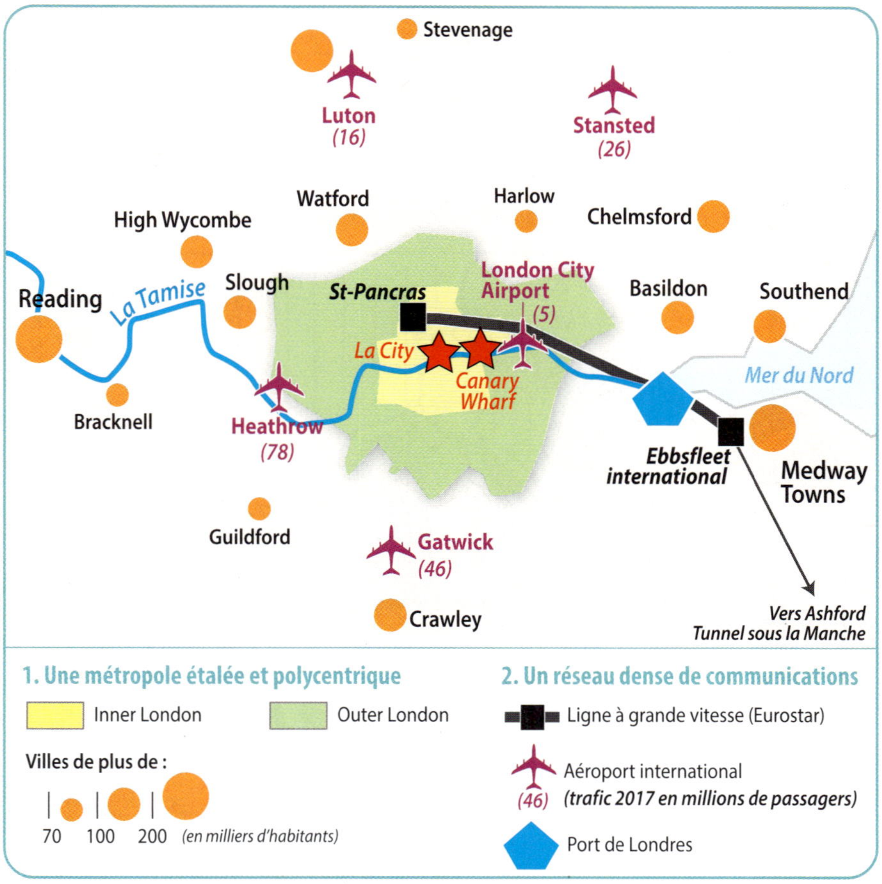

Analyser et confronter les documents

Documents 1, 2 et 3

1. Quel est le secteur clé qui fait de Londres une métropole mondiale de premier plan ?

2. Quels autres avantages renforcent l'attractivité de Londres ?

Documents 2 et 4

3. Qu'est-ce qui fait de Londres une métropole bien reliée et bien connectée au monde ?

▶ **CONCLURE**

En quoi ses multiples atouts font-ils de Londres une ville globale ?

B Une métropole fragmentée

5 ▶ Une fracture immobilière record

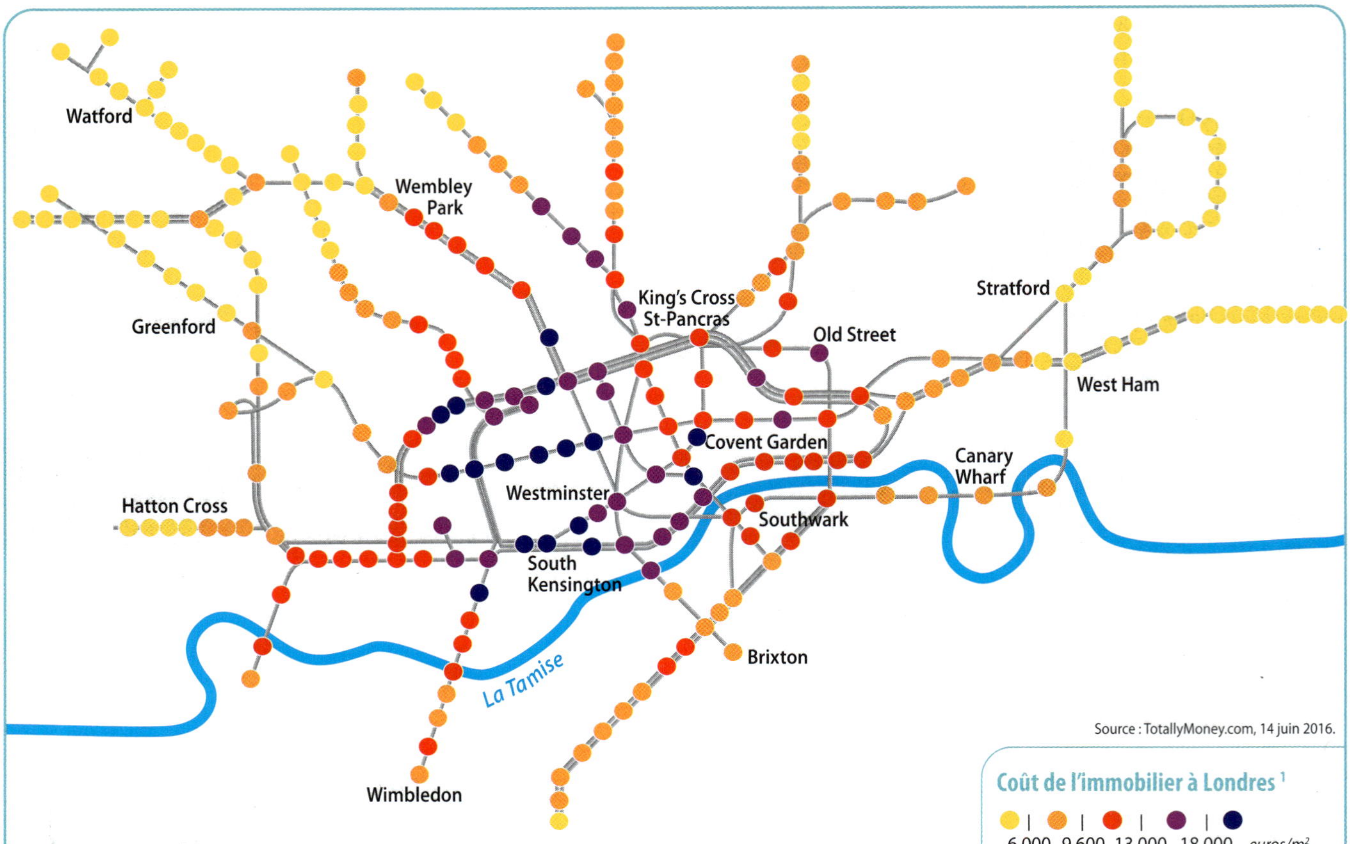

1. Prix moyens de l'immobilier dans un rayon de 500 m autour de chaque station du métro de Londres.

6 ▶ Une fragmentation marquée entre les élites et les précaires

Dessin de Bénédicte, *Daily Telegraph*, 16 avril 2013.

7 ▶ Une ville dans la ville : le Richistan

Le centre-ouest de Londres, haut lieu du pouvoir, est le terrain de jeu des riches de la planète. Les quartiers de Mayfair, Knitshbridge, Belgravia, Chelsea et Kensington où se concentraient dès le XVIIIe siècle les hôtels particuliers de l'aristocratie anglaise, sont aujourd'hui la propriété des héritiers, des célébrités et des hommes d'affaires du monde entier.

Les différences de revenus entre Londoniens sont très importantes et se sont même creusées récemment avec l'émergence d'une classe de *super rich*. Elle s'est constituée sous l'effet de deux processus concomitants : d'une part, la création de fortunes liées aux bonus attribués aux salariés des institutions financières de la *City* ; d'autre part, l'installation partielle de riches familles de pétromonarchies et des nouveaux riches de l'ex-URSS.

Manuel Appert, Mark Bailoni et Delphine Papin, *Atlas de Londres, Une métropole en perpétuelle mutation*, ©éd. Autrement, 2013.

8 ▶ L'espérance de vie varie d'un quartier à l'autre

Quand elles sont excessives, les inégalités de revenus ont un impact direct sur la santé et l'espérance de vie. À Londres, d'une station de métro à l'autre, on peut gagner ou perdre jusqu'à vingt ans d'espérance de vie.

Prenons la ligne Victoria : à la station Vauxhall, dans un quartier défavorisé, l'espérance de vie est de 78 ans. Si on remonte vers le Nord, l'espérance de vie s'accroît jusqu'à 96 ans à Oxford Circus ; nous sommes au cœur de Londres, dans l'un de ses plus riches quartiers. Continuons vers le Nord : plus on s'éloigne du centre, moins on vit longtemps : à Highbury and Islington, c'est 78 ans.

Cela veut dire que si un enfant naît aujourd'hui au Nord de Londres, il vivra presque 20 ans de moins qu'un enfant né à Oxford Circus, à seulement quatre stations de là.

« L'Angle éco », *France info.fr*, 18 octobre 2016.

9 ▶ Old Street, un quartier délabré devenu lieu de haute technologie

À partir de 2008, un *cluster** d'entreprises Web s'est installé autour de ce carrefour, profitant des loyers réduits d'une zone plutôt délabrée de l'Est londonien. Aujourd'hui bien développé, ce cluster accueille Cisco, Facebook, Google, Intel, Microsoft, formant ainsi une mini *Silicon Valley*.

10 ▶ Les minorités ethniques dans le Grand Londres

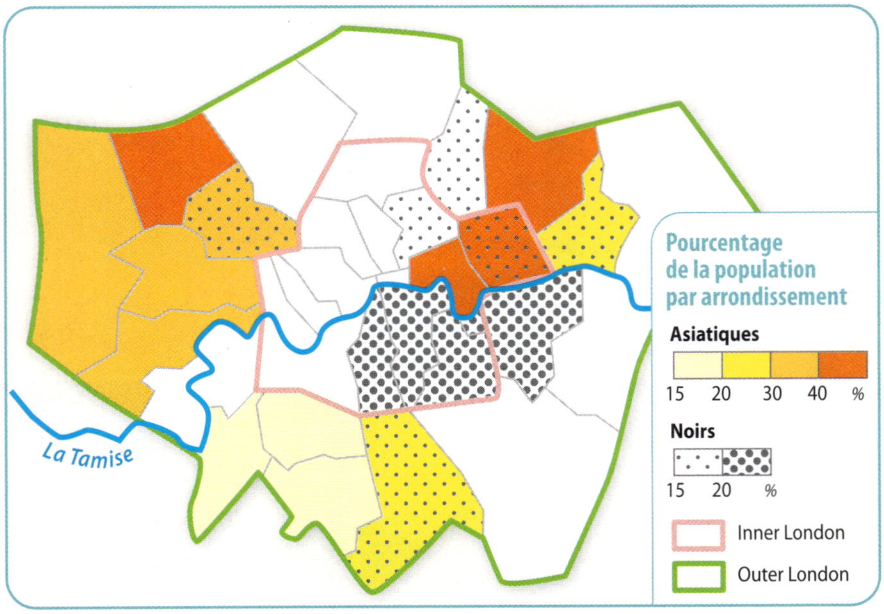

Analyser et confronter les documents

Documents 5, 6, 7, 8 et 10

1. À partir de l'analyse de ces différents documents, montrez quels sont les grands contrastes sociaux et spatiaux de l'espace londonien.

Document 9

2. Comment la situation évolue-t-elle dans l'Est londonien ?

▶ **CONCLURE**

Justifiez le terme de « fragmentation » pour décrire la situation socio-spatiale de Londres.

Pour mettre en perspective à l'échelle française

La métropolisation des territoires est un processus majeur dans le monde.

▸ **Comment se manifestent le pouvoir et le rayonnement des métropoles dans le monde?**
→ Cours 1 et 2 p. 62 et p. 64

▸ **Comment évoluent les inégalités dans les grandes métropoles mondiales?** → Cours 3 p. 66

ÉTUDE DE CAS

Mumbai, une métropole fragmentée

A Mumbai, seconde ville indienne par le nombre d'habitants (13 millions d'habitants), est la capitale économique de l'Inde, devenue 6ᵉ puissance mondiale en 2017. C'est une des mégapoles les plus denses (plus de 20 000 habitants / km²) qui poursuit son extension spatiale dans un site complexe.

B L'espace urbain est très fragmenté et 4 habitants sur 10 vivent dans des bidonvilles. Les politiques urbaines cherchent à améliorer les infrastructures et à résoudre les problèmes du logement et de l'augmentation des disparités spatiales.

A Mumbai, l'émergence d'une grande métropole des Suds

1 ▶ La ligne monorail, symbole de l'émergence et de la modernité de Mumbai
La ligne monorail constitue un axe majeur de la modernisation urbaine de Mumbai. Elle desservira à terme, sur 20 km, les quartiers centraux de Mumbai. La partie Nord de la ligne a été ouverte aux passagers en 2014 malgré de nombreuses difficultés de construction, dans un espace urbain chaotique.

Couverture de l'étude « Mumbai : ville globale en Inde », *Brookings Institution et JP Morgan Chase*, 2014.

2 ▶ Mumbai, vitrine de l'Inde émergente

Bâtie initialement sur l'industrie (textile, chimie, etc.), sa restructuration productive dans les années 1990 a fait de Mumbai la capitale des services (finance, cinéma bollywoodien, etc.). Ainsi, elle génère environ 6 % du PIB, 20 % du commerce maritime et plus de la moitié des transactions de capitaux de l'économie indienne. Cette restructuration s'est accompagnée d'une politique d'aménagement et de modernisation de ses infrastructures et de ses transports qui a désenclavé la ville coincée sur sa presqu'île, en élargissant les réseaux routier et ferré et en multipliant les centres d'affaires comme Bandra Kurla Complex (BKC).

Marie-Caroline Saglio-Yatzimirsky, « Mumbai », *Images économiques du monde 2012*, éd. © Armand Colin, 2011.

3 ▶ Un nouveau CBD* : le Bandra Kurla Complex (BKC)

Implanté dans une zone marécageuse entre l'aéroport international et Dharavi, bidonville géant d'environ 800 000 habitants, le BKC accueille depuis 1995 la bourse NSE (11e rang mondial en 2018) et les sièges de FTN indiennes et étrangères. Les opérations immobilières ont accompagné une explosion des prix des terrains dans les quartiers délabrés et les bidonvilles avoisinants.

4 ▶ Une région métropolitaine en expansion

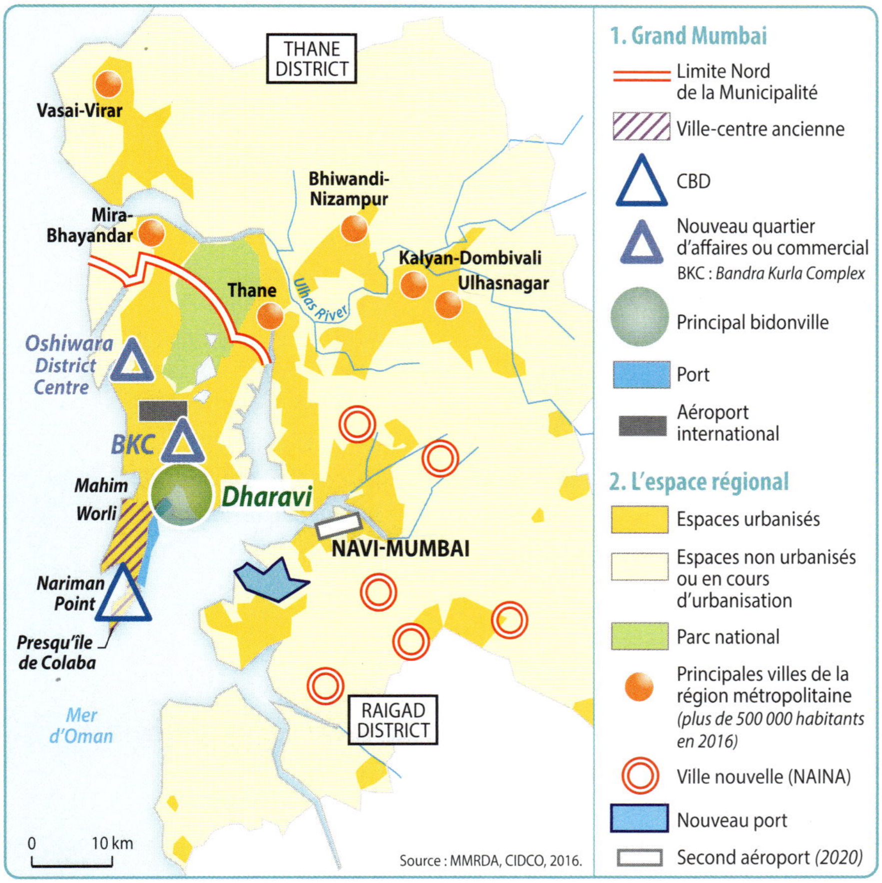

Analyser et confronter les documents

Document 1 et photographie p. 52

1. Décrivez le paysage. Quels contrastes urbains observe-t-on ?
2. Qu'est-ce qui peut rendre difficile la réalisation de cette ligne monorail ?

Documents 1, 2, 3 et 4

3. Comment se manifeste l'émergence économique de cette mégapole ?
4. Qu'est ce qui peut faire de Mumbai une ville globale ?

▶ CONCLURE

En quoi Mumbai est-elle une métropole émergente et composite ?

B Un espace mégapolitain fragmenté

5 ▶ De violents contrastes sociaux

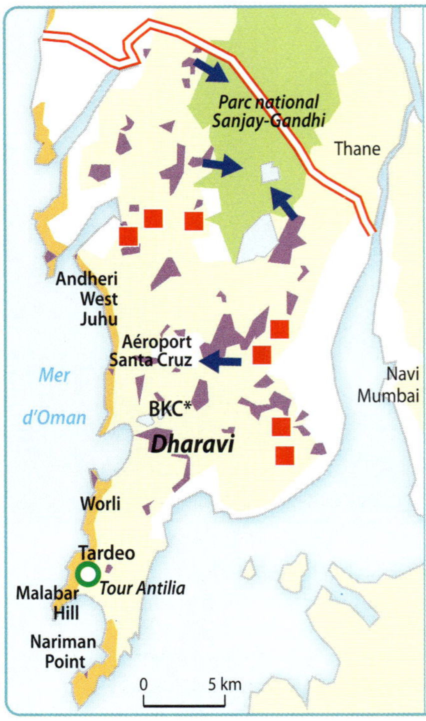

Source : *Atlas des villes*, *La vie - Le Monde*, hors série, 2013.

6 ▶ Recommandations pour l'aménagement de Mumbai

1. Développer l'industrie en périphérie et faire de Mumbai un centre de consommation.
2. Améliorer et développer les infrastructures de transport.
3. Développer l'habitat social, réhabiliter bidonvilles et quartiers délabrés.
4. Améliorer les conditions de vie : eau, pollution de l'air, éducation, santé.
5. Créer un fond de financement public et privé suffisant (40 milliards sur 10 ans).
6. Rendre la gouvernance plus efficace, en particulier pour les permis de construire.
7. Mettre en œuvre des réalisations visibles et concrètes : impôt foncier équitable, espaces verts, toilettes publiques…
8. Créer une seule agence gouvernementale au lieu d'une dizaine, faire participer les ONG.

« Vision Mumbai », *Rapport McKinsey*, 2016 (Traduction Magnard).

7 ▶ Mumbai, un pêle-mêle urbain

Extrait du film d'animation *Good Morning Mumbai*, réalisé par des étudiants en design d'Ahmedabad, 2012.

Analyser et confronter les documents

Documents 5, 7 et photographie p. 52

1. Quels contrastes sociaux marquent la métropole de Mumbai ?
2. Pourquoi peut-on parler d'un « pêle-mêle urbain » à propos de Mumbai ?

Documents 1, 4, 5 et 6

3. Quelles difficultés majeures rencontre Mumbai ?
4. Quels grands aménagements sont en cours pour faire face à ces difficultés ?

▶ **CONCLURE**

Qu'est-ce qui fait de Mumbai une métropole fragmentée ?

Pour mettre en perspective à l'échelle mondiale

La métropolisation suscite l'essor des grandes métropoles dont certaines appartiennent aux pays émergents des Suds.

- Comment le poids des métropoles se renforce-t-il ? → Cours 1 et 2 p. 62 et p. 64
- Comment évoluent les contrastes dans les espaces de ces métropoles ? → Cours 3 p. 66

Reportage

Vidéo
Radio-Canada, 4'36", 18 mars 2017.
www.lienmini.fr/geo1-11

Mumbai : crise du logement dans une métropole émergente

Capitale économique de l'Union indienne, Mumbai connaît une extension rapide qui s'accompagne d'une crise du logement dans des quartiers d'habitations centraux, mais très contrastés. Les prix de l'immobilier et des loyers explosent.

À propos du reportage

- Région mégapolitaine émergente de 23 millions d'habitants en 2018, Mumbai, pôle industriel et tertiaire majeur de la 6e puissance économique du monde, poursuit sa croissance et son extension.
- Au centre se trouvent des quartiers résidentiels huppés, où habitent hommes d'affaires et cadres de FTN indiennes et étrangères, mais aussi des bidonvilles. Certains, très étendus comme Dharavi, n'abritent pas que des populations très pauvres.
- Dans les quartiers centraux délabrés où les loyers flambent, les classes moyennes peinent à se loger.

Décrypter la vidéo

Réfléchir à la présentation et à l'organisation de la vidéo

1. Présentez la vidéo.
2. Comment est-elle construite ? Identifiez les différentes séquences.

Comprendre la vidéo

3. Décrivez le paysage urbain à Dharavi. Où se situe-t-il et de quel type de quartier s'agit-il ?
4. Dans quelles conditions cette famille de Dharavi vit-elle ? Est-elle très pauvre ?
5. Comment vivent les plus pauvres à Dharavi ?
6. Décrivez le paysage du 2e quartier présenté par le journaliste. Où est-il situé et quelle catégorie sociale y vit ?
7. Décrivez le logement et les conditions de vie de cette famille multi générationnelle du centre.
8. À quelle catégorie sociale appartient-elle ?
9. Pour quelles raisons ces familles modestes acceptent-elles de loger dans ces conditions difficiles ?

Conclure

À partir de l'exemple de ces trois quartiers, montrez qu'il y a une crise du logement dans cette métropole émergente et que la fragmentation et les inégalités sociales s'observent dans les paysages.

Fiche d'étude vidéo imprimable
www.lienmini.fr/geo1-12

Cours 1

Des métropoles en recomposition

A. Des fonctions redistribuées à l'échelle des métropoles

- **La métropolisation renforce le poids économique des quartiers d'affaires** qui deviennent les vitrines du rayonnement international des métropoles. Les quartiers centraux concentrent les fonctions tertiaires (bureaux et sièges sociaux), tandis que les fonctions secondaires (industries, artisanat) sont repoussées en périphérie.

- **La métropolisation accélère et amplifie la périurbanisation* et l'étalement urbain.** La forte concentration d'emplois et d'opportunités économiques explique les importants flux de migrations vers les métropoles. Les habitants résident de plus en plus loin du centre, là où ils trouvent un logement correspondant à leurs revenus ou à leur choix de cadre de vie. L'occupation de l'espace sépare de plus en plus l'habitat des quartiers résidentiels dits « dortoirs » et les différentes activités, centres commerciaux, quartiers d'affaires, zones de loisirs. De ce fait, les déplacements urbains ne cessent de s'intensifier et de s'allonger. → Dossier p. 70

B. Des centres secondaires s'implantent en périphérie

- **Le centre ancien des métropoles propose le plus grand nombre d'emplois, de services et d'infrastructures.** Cette concentration peut atteindre des limites (prix élevés du foncier, congestion des transports). Des **centres fonctionnels secondaires**, situés en périphérie, se sont alors développés : on les appelle ***edge cities*** aux États-Unis **[doc. 2]**. S'y regroupent emplois tertiaires et industriels souvent à proximité d'un échangeur d'autoroute ou d'un aéroport.

- **La métropolisation favorise le rassemblement dans un même territoire d'entreprises du même secteur économique,** qui forment un ***cluster****. La *Silicon Valley*, en Californie, est l'exemple le plus abouti de centre secondaire spécialisé dans l'informatique et le numérique. Les acteurs économiques recherchent la proximité géographique qui favorise les échanges et la mise en commun d'équipements et d'infrastructures. → Étude de cas p. 54 ; étude de cas p. 116

C. La constitution de régions métropolitaines

- **Le rayonnement des métropoles peut s'étendre sur une région bien plus vaste que la métropole et ses périphéries.** On parle alors de **région métropolitaine*** pour désigner l'aire d'influence et de rayonnement d'une métropole, caractérisée par une organisation polycentrique. Shanghai et Guangzhou, en Chine, sont les deux régions urbaines les plus peuplées du monde (près de 80 et 48 millions d'habitants) **[doc. 1]**.

- **Les mégalopoles* sont les régions métropolitaines les plus importantes.** Elles rassemblent plusieurs métropoles et villes secondaires sur des centaines de kilomètres, comptent des dizaines de millions d'habitants et forment une concentration exceptionnelle de pouvoirs, de capitaux et d'activités. On peut identifier trois **mégalopoles dans le monde** : la côte Est des États-Unis de Boston jusqu'à Washington, la mégalopole japonaise de Fukuoka à Sendai, et la mégalopole européenne de Londres à Milan. → Repères spatiaux p. 22 ; étude de cas p. 34

CHIFFRES

Mégalopoles mondiales (Estimations)

	Nombre d'habitants (en millions)	Étendue (en km)
Megalopolis (États-Unis)	55	800
Dorsale européenne	70	1 500
Mégalopole japonaise	105	1 300

NOTION

Mégalopole

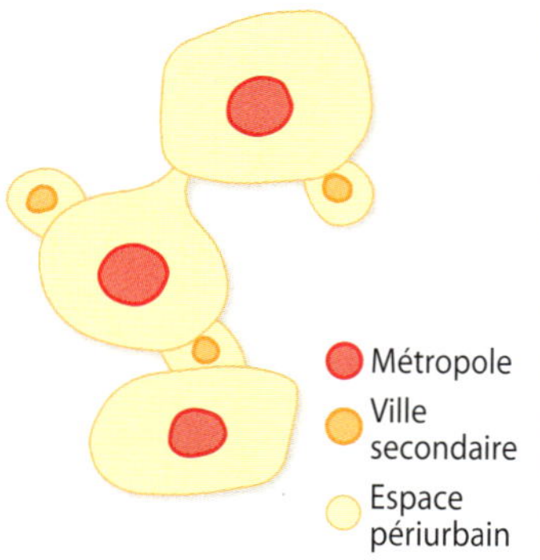

Définition

Edge city

« Ville lisière » en anglais. Concentration d'emplois tertiaires et industriels en périphérie d'une métropole.

* Lexique p. 298

1 ▶ La région métropolitaine de Hong Kong / Guangzhou (Canton) : un fonctionnement polycentrique

Si Foshan a été absorbée par Guangzhou dès 2000, il faut noter la croissance urbaine fulgurante de la rive orientale. Un large corridor s'est formé jusqu'au Nord de la Région Autonome Spéciale de Hong Kong, incluant Dongguan et Shenzhen, « l'usine du monde ». À l'Ouest de l'estuaire, des filaments aux contours complexes relient sans discontinuité la ville de Zhuhai à Macao.

De nombreux espaces interstitiels vides de constructions apparaissent, nombreuses enclaves vouées à l'agriculture intensive (riz, maraîchages), soumises à la spéculation immobilière ou servant de réserves foncières. La différence réside ici dans les dimensions inédites de l'agglomération.

Dans cet univers, il ne subsiste plus aucun véritable espace naturel, aucune grande forêt, aucun « poumon ». Aussi, en tête des problèmes classiques des grandes villes (gestion des déchets, eau, énergie, circulation), le plus préoccupant est sans doute celui de la pollution atmosphérique, qui atteint des seuils préoccupants pour la santé des habitants.

François Moriconi-Ebrard, Joan Perez, *Confins* n° 30, 2017.

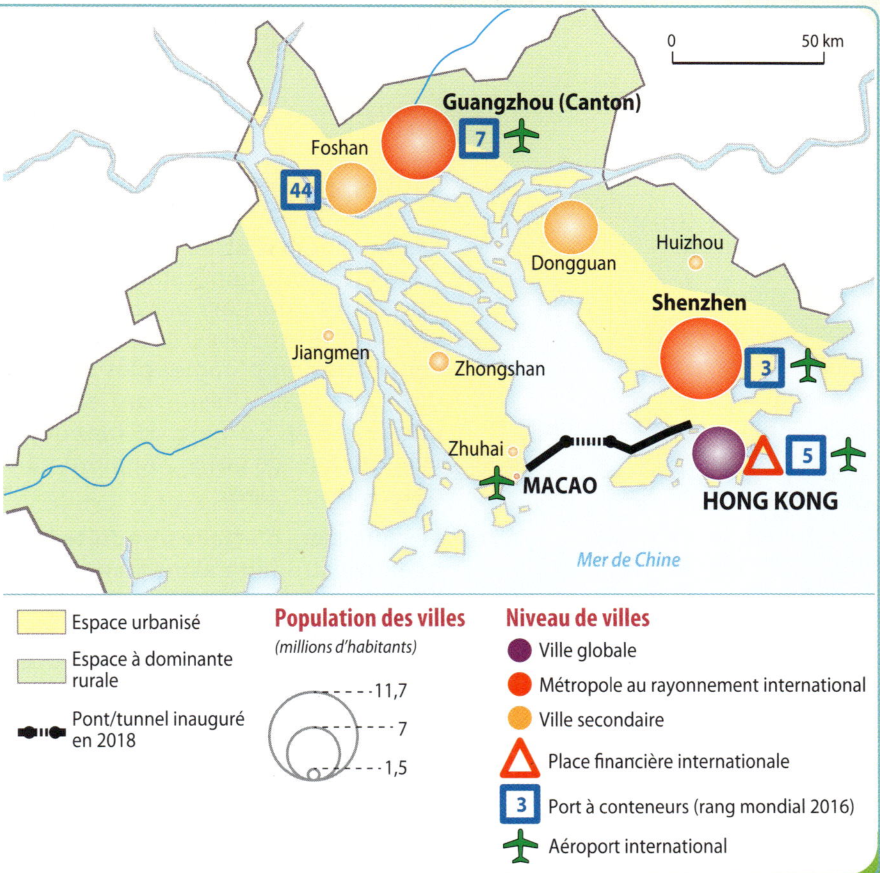

2 ▶ Mississauga, *edge city* de Toronto (Canada)

Sur les bords du lac Ontario, cette ville de 750 000 habitants à la périphérie de Toronto abrite un centre secondaire avec de nombreux sièges sociaux d'entreprises ; un quartier d'affaires et un centre commercial s'y développent le long de l'axe autoroutier, près de l'aéroport de Toronto.

Doc bac

Analyse d'un texte et d'une carte

Lire les documents

1. Localisez la région métropolitaine de Hong Kong / Guangzhou à l'échelle de la Chine et du monde.
2. Identifiez les métropoles qui composent cette région métropolitaine et leur hiérarchie.
3. Comment cette région métropolitaine rayonne-t-elle à l'échelle internationale ?

Comprendre les documents

4. Justifiez les termes de « région métropolitaine ». Quelles peuvent en être les difficultés d'aménagement ?

Cours 2

Les lieux emblématiques des métropoles

CHIFFRES

La plus haute tour du monde

- **1931 :** ***Empire State Building***, New York, États-Unis • **329 mètres et 102 étages**
- **1998 :** ***Petronas Towers***, Kuala Lumpur, Malaisie • **452 mètres et 88 étages**
- **2017 :** ***Burj Khalifa***, Dubaï, Émirats Arabes Unis • **828 mètres et 163 étages**

NOTION

Multimodalité

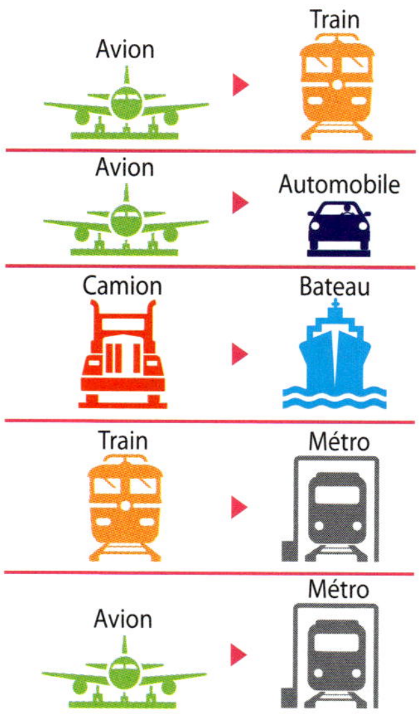

Définition

Skyline

Terme anglophone traduit en français par « ligne d'horizon » ou « silhouette urbaine ». Alignement de gratte-ciel concentrés dans les quartiers d'affaires qui incarnent l'identité visuelle des métropoles et participe de leur rayonnement international.

* Lexique p. 298

A. Les quartiers d'affaires : vitrine des métropoles

- **Les quartiers d'affaires regroupent les institutions économiques et financières,** et sont généralement situés dans le centre-ville. Ils se distinguent des autres quartiers par la densité de bureaux, de sièges sociaux et de services aux entreprises. Ils se démarquent également dans le paysage par leur concentration d'immeubles de grande taille, appelés gratte-ciel ou tours. C'est aux États-Unis qu'ont été construits les premiers gratte-ciel dans les années 1850. Ce type de bâtiment s'est progressivement diffusé dans les villes du monde entier, au point de devenir une forme urbaine générique au début du XXIe siècle.
- **Les quartiers d'affaires traduisent les rivalités entre métropoles.** Les progrès de la construction alimentent la compétition pour posséder la **tour la plus haute du monde**. Ces quartiers sont ainsi devenus de véritables vitrines, qui incarnent l'identité d'une métropole et sa capacité à constamment innover. L'expression de « silhouette urbaine », traduit du terme ***skyline***, désigne l'alignement de tours dans les quartiers d'affaires (ou CBD*, *Central Business District*). → Dossier p. 44

B. Les métropoles sont intégrées à la mondialisation

- **Les métropoles sont les principaux nœuds des réseaux de transports mondiaux.** Elles concentrent les modes de transports à grande vitesse (fibre optique, autoroutes, lignes ferroviaires, terminaux aéroportuaires), constituent des **hubs*** qui attirent et redistribuent les flux matériels et immatériels : passagers, capitaux, marchandises, services, informations et communications. Elles sont à la fois moteur et reflet de la mondialisation des échanges.
- **Les infrastructures de transports sont donc un autre symbole métropolitain.** Que ce soit *via* des ports ou des aéroports internationaux, les transports jouent un rôle majeur dans la capacité d'une métropole à rayonner à l'échelle internationale. Les infrastructures regroupées offrent une **multimodalité** où l'articulation des différents moyens de transport permet une accessibilité à toutes les échelles pour les hommes et les marchandises **[doc. 4]**.

C. Les paysages urbains sont de plus en plus homogènes

- **Les aménagements urbains, réalisés dans l'espoir d'attirer les fonctions de commandement, entraînent une homogénéisation des paysages des métropoles,** comme des villes qui aspirent à le devenir. La multiplication de quartiers d'affaires composés de gratte-ciel aux architectures similaires (verre et acier) rend difficile la distinction d'une métropole par rapport à une autre **[doc. 3]**. Ces investissements dans l'immobilier de bureau ne garantissent pourtant ni l'installation d'entreprises, ni le dynamisme économique.
- **Selon les régions du monde, une diversité paysagère tend à se maintenir,** liée à l'originalité du patrimoine historique architectural et à la culture. Ainsi, Moscou présente une combinaison originale entre des bâtiments d'inspiration soviétique, des gratte-ciel modernes et les palais historiques de l'époque des tsars. → Dossier p. 68

Doc bac

Analyse d'une photographie

Identifier la photographie

1. Où se situe le quartier d'affaires photographié ?
2. Peut-on parler d'une métropole de rayonnement international ?
3. Décrivez la photographie : quelles sont les caractéristiques de l'architecture de ce quartier d'affaires ?

Comprendre la photographie

4. Le paysage représenté sur cette photographie peut-il être facilement distingué d'un autre quartier d'affaires ? Recherchez des exemples dans d'autres villes.

3 ▶ L'uniformisation des paysages métropolitains
Le quartier d'affaires de la métropole de Noursoultan au Kazakhstan.

4 ▶ La plate-forme multimodale de Roissy

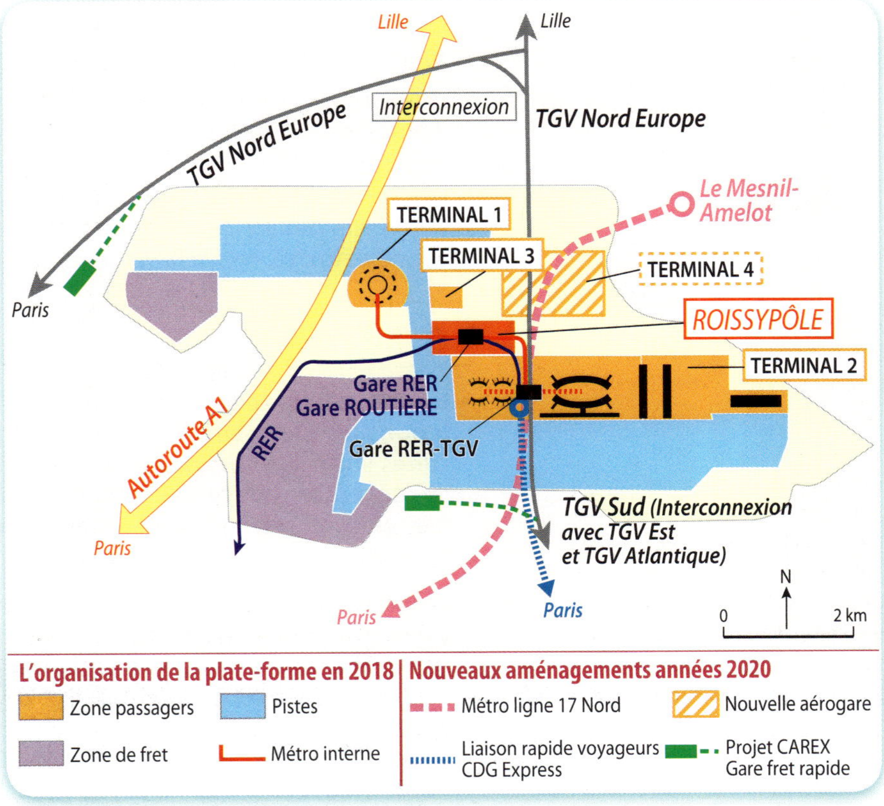

Cours 3

Partout des métropoles qui se fragmentent

CHIFFRES

Mal logement

Coût du logement dans le revenu des ménages (2016 - en %)

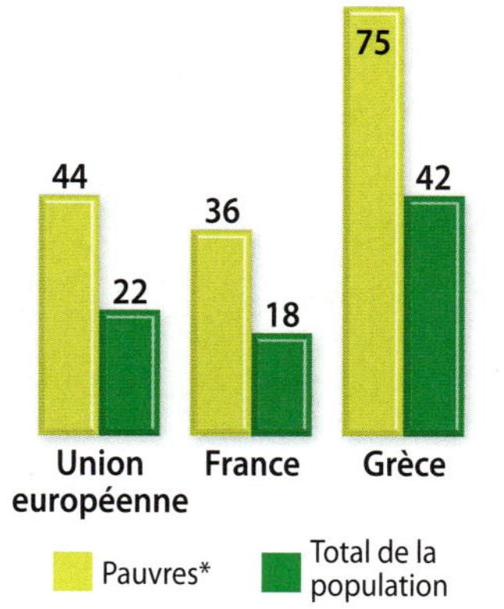

* Pauvre : personne dont le revenu est inférieur à 60 % du revenu médian du pays.

NOTION

Bidonville

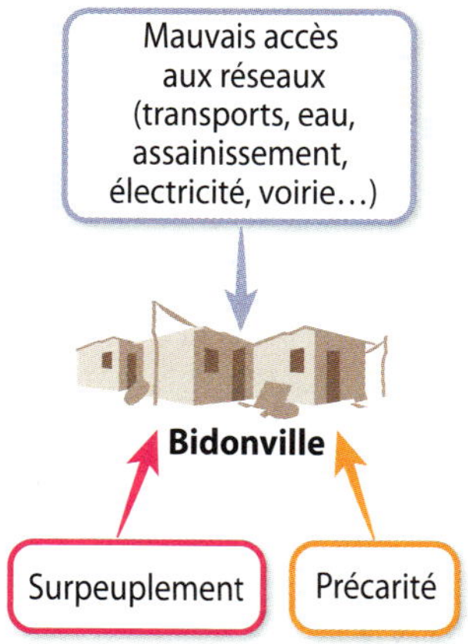

Définition

Inégalités socio-spatiales

Disparité entre des populations et/ou des territoires en matière de revenus, d'emplois ou encore d'équipements publics.

* Lexique p. 298

A. Les inégalités s'accroissent

- **La métropolisation ne cesse de renforcer les inégalités socio-spatiales** à toutes les échelles, entre les métropoles aussi bien qu'entre les populations et les quartiers d'une même métropole. Les inégalités concernant l'accès au logement, aux transports ou aux services se multiplient et s'accentuent. → Étude de cas p. 54
- **L'habitat est de plus en plus contrasté dans les métropoles.** Les classes supérieures choisissent d'habiter dans des quartiers centraux réhabilités proches des centres économiques, ou dans des banlieues d'habitat individuel recherchées pour leurs grands jardins et leurs attraits naturels (forêts, lacs, vue sur mer...) [doc. 5]. Les **communautés fermées*** leur garantissent la sécurité et un cadre de vie privilégié [doc. 6].
- **La marginalisation des populations et des quartiers défavorisés augmente.** Ces quartiers sont mis à l'écart des dynamiques métropolitaines, éloignés des zones d'emploi ou mal desservis par les transports. Les liens économiques, sociaux et politiques entre les quartiers et entre les habitants s'affaiblissent. → Dossier p. 70

B. Aux Suds, les bidonvilles persistent

- **Les bidonvilles sont emblématiques des métropoles des Suds.** Ils concentrent les citadins les plus pauvres condamnés à se loger dans ces quartiers insalubres, exposés aux risques (pollutions, inondations, glissements de terrain), aux maladies, à l'insécurité, et qui ont un faible accès à l'éducation et à la santé. Près de 900 millions de personnes dans le monde vivent encore dans des bidonvilles. L'Afrique subsaharienne est la plus touchée (56 % de la population urbaine), suivie par l'Asie du Sud. → Photographie p. 52
- **La gestion des bidonvilles dépend du niveau de développement des États et des politiques locales.** Ils sont parfois détruits par les autorités en raison des conditions d'insalubrité qui les caractérisent. Les populations sont dans le meilleur des cas relogées, mais souvent dans des périphéries lointaines. Les autorités locales peuvent aussi décider d'investir dans les infrastructures (transports, eau, électricité, égouts), seules ou avec l'aide d'ONG. → Étude de cas p. 58

C. Aux Nords, les précarités augmentent

- **Les métropoles des Nords font aussi face à la marginalisation de leurs populations les plus pauvres,** dans des espaces qui connaissent de grandes difficultés socio-économiques. En Amérique du Nord, des ghettos persistent où se concentrent des minorités ethniques. En Europe, les populations les plus démunies se retrouvent dans les habitats dégradés de certaines banlieues et dans des espaces périurbains lointains mal desservis. → Étude de cas p. 54
- **L'explosion des prix du logement dans les grandes métropoles génère une exclusion sociale grandissante.** Elles comptent de plus en plus de personnes sans domicile fixe : en 2018 en France, l'État loge 100 000 personnes chaque soir. Plus globalement, le nombre de personnes touchées par le mal logement augmente. La question de la gouvernance à l'échelle d'une métropole est délicate : les disparités sont croissantes et l'égoïsme prime souvent sur les solidarités.

5 ▶ Un immeuble « cabane » à Turin

Cet immeuble de 63 appartements, construit par l'architecte Luciano Pia, est conçu comme une forêt verticale de 150 arbres en plein cœur de la ville. Grâce à sa façade végétalisée, il aide à réduire la pollution atmosphérique et la consommation énergétique du bâtiment. Le prix élevé des appartements les destine aux populations les plus aisées, qui peuvent choisir de vivre dans un environnement de qualité.

6 ▶ Communauté fermée de Cape Town en Afrique du Sud

Cette communauté fermée est conçue autour d'un port de plaisance, comme l'indique le nom de « Marina ». L'accès y est étroitement surveillé et contrôlé par un portail massif et des gardes présents 24 heures sur 24.

Doc bac

Analyse d'une photographie

Identifier la photographie

1. Qu'est-ce qui permet de qualifier cet ensemble de logements de « communauté fermée » ?
2. Quels sont les indices du niveau de vie des habitants ?
3. Que recherchent les habitants d'une communauté fermée, notamment en Afrique du Sud ?

Comprendre la photographie

4. Montrez comment les communautés fermées participent de la fragmentation urbaine et de l'augmentation des inégalités socio-spatiales.

DOSSIER

POUR APPROFONDIR

MOSCOU, une métropole en pleine mutation

Comment Moscou se transforme-t-elle à l'heure de la métropolisation ?

- Moscou, ancienne capitale de la Russie tsariste puis de l'URSS, est aujourd'hui la ville la plus peuplée d'Europe avec 12,4 millions d'habitants. Elle est devenue une métropole de rang mondial, nœud économique et politique majeur en Eurasie.
- Les élus successifs modernisent la ville pour affirmer son statut de métropole internationale et mettent en avant son identité historique, devenue une grande ressource touristique.

1 ▶ Moscou : les métamorphoses du paysage urbain
Au premier plan, l'enceinte du Kremlin, cœur politique et religieux du pays. À l'arrière-plan, le ministère des Affaires Étrangères (à droite) et l'Hôtel Ukraine (à gauche), édifiés en 1953 et 1955, encadrent *Moskva City*, le centre de commerce international de Moscou qui se développe depuis les années 1990.

Vidéo

Reportage

Moscou à l'heure des grands travaux
France 24, 3'26", 30 août 2017
www.lienmini.fr/geo1-51

Fiche d'étude vidéo imprimable
www.lienmini.fr/geo1-52

2 ▶ Moscou, destination touristique en plein essor

La pittoresque rue Arbat abrite musées, monuments et théâtres. Piétonne depuis 1986, elle est devenue un des hauts lieux touristiques de Moscou. 21 millions de touristes ont visité Moscou en 2017, soit une augmentation de 40 % en 7 ans.

3 ▶ L'embellissement et la modernisation de la ville

Portrait du maire de Moscou, œuvre de l'artiste russe Sophia Miroedova, 2018.
Serguei Sobianine est maire de Moscou depuis 2010 ; il a entrepris une rénovation ambitieuse de la ville, avec notamment la création de parcs, tel le parc Zariadé en 2017, à quelques pas du Kremlin.

Prolonger le cours

Documents 1 et 4

1. Quels pouvoirs politiques et économiques font de Moscou une métropole mondiale ?

Document 3 et vidéo

2. Quel semble être le principal objectif des travaux entrepris par Serguei Sobianine ? Cela uniformise-t-il le paysage urbain de Moscou ?

Documents 1, 2 et 3

3. Quels éléments font de Moscou une importante destination touristique ?

SYNTHÈSE

Montrez en quoi Moscou présente à la fois les grands traits d'une métropole mondiale et des caractéristiques qui lui sont propres.

4 ▶ Une métropolisation fulgurante

Moscou est le pôle à partir duquel toute l'économie russe est raccordée à l'économie mondiale. La métropolisation s'y est faite de manière fulgurante : Moscou n'a eu besoin que d'une décennie pour connaître une évolution qui en a nécessité plusieurs ailleurs.

Dans le secteur bancaire ou dans l'audit et les assurances, le pôle moscovite écrase tous les autres centres du pays. Il en va de même pour tous les services supérieurs : la Russie ne possède qu'une métropole qui les concentre tous.

Pascal Marchand, *Atlas Moscou*,© éd. Autrement, 2010.

DOSSIER

POUR APPROFONDIR

JAKARTA, la croissance échevelée d'une métropole des Suds

- La population de Jakarta, capitale de l'Indonésie, est de 10 millions d'habitants. La ville s'étend sur une aire urbaine tentaculaire de plus de 25 millions d'habitants appelée « Jabodetabek » (contraction des noms des différentes grandes villes de l'aire). Celle-ci représente 11 % de la population totale du pays.
- Les emplois restent concentrés au centre de Jakarta alors que les travailleurs habitent les banlieues - dortoirs de plus en plus éloignées du centre. L'accès aux transports devient une source majeure d'inégalités socio-spatiales.

Quels sont les impacts de la métropolisation à Jakarta ?

1 ▶ Une métropole en expansion au détriment des quartiers traditionnels

La Jakarta « moderne » se caractérise par ses quartiers d'affaires, ses centres commerciaux, ses hôtels, ses tours de bureaux en verre et ses appartements de luxe. À l'inverse, les quartiers traditionnels, les *kampung*, reculent car ils sont considérés comme des « anomalies visuelles » du paysage urbain.

Vidéo

Reportage

L'Indonésie, paradis en danger

France 5, 5'06", 28 août 2017

www.lienmini.fr/geo1-13

Fiche d'étude vidéo imprimable

www.lienmini.fr/geo1-14

2 ▶ Les carences des transports en commun

L'effort de modernisation des transports en commun bute sur l'opposition entre secteur moderne et secteur informel. Car le réseau moderne du BRT (*Bus Rapid Transit*) se développe sans faire grand cas des nombreuses lignes secondaires de minibus, mises en place par des entrepreneurs privés et qui ont le mérite de desservir des quartiers inaccessibles aux bus à grand gabarit du BRT. Ces minibus sont jugés indignes du visage que l'on veut donner à Jakarta et la question de leur avenir, et celui des dizaines de milliers de propriétaires et de chauffeurs, reste posée.

Reste aussi à vaincre les préventions des habitants eux-mêmes. On observe chez les classes moyennes à supérieures un vrai rejet des transports en commun qui s'explique par leur médiocre qualité, mais aussi par leur appartenance au monde de la rue, qui n'existe qu'en creux par rapport à un ensemble d'espace privés valorisés et protégés.

Centre et périphérie, riches et pauvres, modernité et désordre… les fractures sont donc nombreuses au sein de la métropole, qui est donc d'abord mise au défi de sa cohésion.

Thibaut Sardier, « Trop grand Jakarta ? », *Magazine Grand Paris Développement*, 7 décembre 2017.

3 ▶ Une métropole qui se fragmente

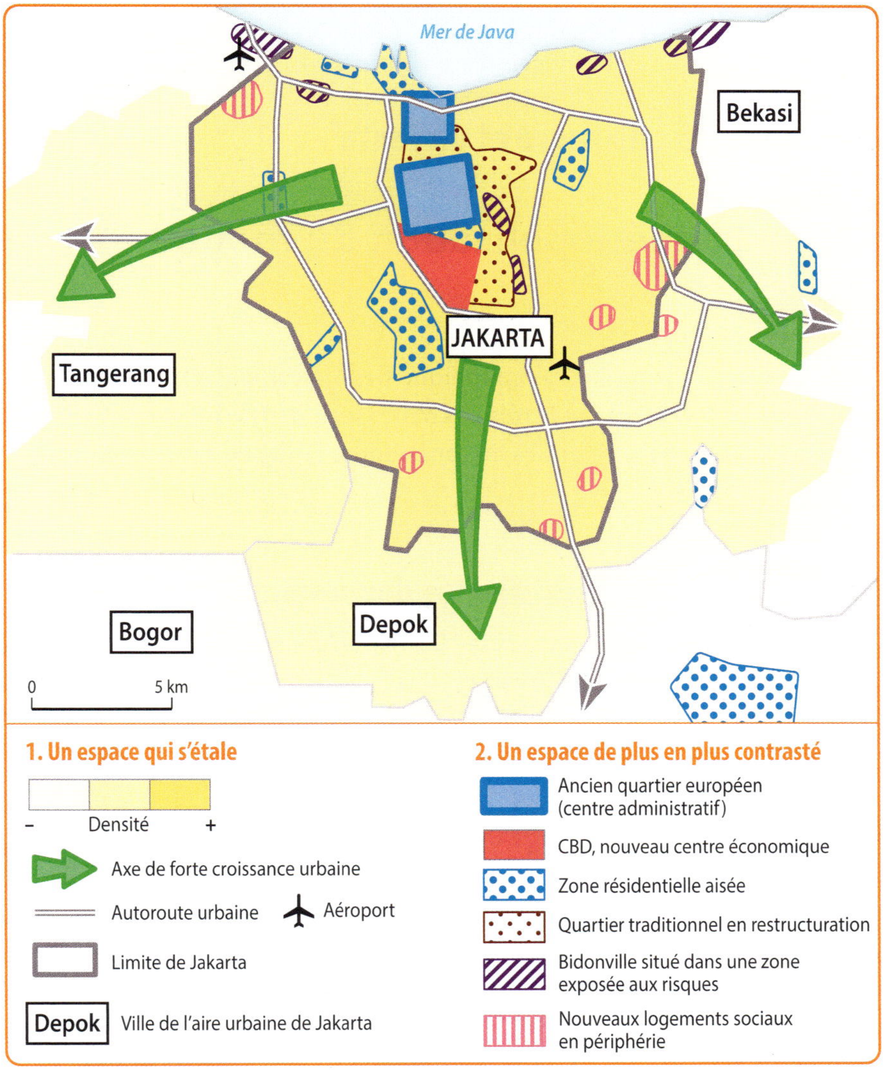

Prolonger le cours

Documents 1, 3 et vidéo

1. Quels contrastes majeurs de Jakarta apparaissent dans ces documents ?

Documents 3 et 4

2. Quelles parties de la métropole connaissent la plus forte croissance ?

Documents 2 et 3

3. Pourquoi les mobilités sont-elles si difficiles à Jakarta ?

SYNTHÈSE

En vous appuyant sur l'exemple de Jakarta, montrez que la métropolisation est source de fragmentation de l'espace urbain.

4 ▶ Une aire métropolitaine en forte croissance (en milliers d'habitants)

	1960	1980	2000	2018
Jakarta	2 900	4 800	8 400	9 600
Bekasi	700	1 100	3 600	5 000
Bogor	1 300	2 500	5 400	5 700
Depok	50	200	1 000	1 700
Tangerang	900	1 500	4 100	4 400
Aire métropolitaine	5 850	10 100	22 500	26 400

Bureau central des statistiques d'Indonésie, 2018.

S'ENTRAÎNER AU BAC 4

Méthode BAC : p. 12-13
→ **Analyse de documents**

CAPACITÉS
- Savoir lire, comprendre et critiquer des documents
- Produire un écrit construit et argumenté

→ **Analyser une carte et un texte**

Sujet La métropolisation du monde

Questions

1. Quelle est la distribution géographique des métropoles dans le monde ?
2. Quels sont l'importance et le rôle des métropoles dans le monde actuel et futur ?
3. Les documents permettent-ils de comprendre l'inégale attractivité des métropoles ?

Conseils
- Lisez attentivement le sujet.
- Identifiez le thème du programme auquel il se rapporte.

ÉTAPE 1 Identifier les documents

1. Quel est le thème illustré par la carte ? Quel est le type de la carte ? → *Utilisez les* ***types de cartes*** *p. 304.*
Quels figurés du langage cartographique sont utilisés sur la carte ? → *Utilisez le* ***langage cartographique*** *(rabat arrière).*
2. Quels sont le titre, la source et la date du document 2 ? Sur quelle question du sujet ce document fournit-il des informations ?

ÉTAPE 2 Analyser les documents

3. Décrivez la carte : - localisez et nommez les mégalopoles ;
- où les mégapoles sont-elles très nombreuses ? Moins présentes ?
- quels types de réseaux relient les mégapoles entre-elles ?
4. Relevez les critères qui définissent une métropole mondiale. (Doc. 2)
Dans quelle mesure les métropoles sont-elles plus puissantes que certains États ?
5. À l'aide des phrases soulignées dans le texte et de la carte, notez pour quelles raisons les infrastructures de communication sont importantes pour les métropoles.

Conseils
- Définissez « métropole », « mégapole » et « mégalopole » en utilisant le **lexique** p. 298.
- Notez que la carte montre les mégacités du futur (2030).

ÉTAPE 3 Exercer un regard critique sur les documents

6. À l'aide des documents, peut-on savoir si toutes les très grandes villes ont un rayonnement mondial identique ? Pourquoi ?
→ *Utilisez les* ***chapitres 1*** *et* ***2****.*

Rédiger la réponse au sujet

Introduction *Le thème abordé par le sujet est celui de la métropolisation dans le monde. Les deux documents sont complémentaires car ils informent sur la répartition et le poids des mégacités en 2030 et leur rôle dans la recomposition du monde.*

1er paragraphe *La carte, par figurés ponctuels et traits, localise les mégalopoles et les mégacités du futur, ainsi que les réseaux de télécommunications qui les relient. Le texte complète la carte en mettant l'accent sur le rôle des infrastructures de communication.*
→ *Précisez la localisation géographique des mégapoles et la direction générale des réseaux.*

2e paragraphe *Aujourd'hui, les métropoles ont un poids économique et un rôle majeur dans le fonctionnement du monde. Le texte définit les traits majeurs qui font d'une ville une métropole mondiale.*
→ *Précisez les critères évoqués par l'auteur.*

Regard critique *Cependant, les documents ne montrent pas la diversité des grandes métropoles : attractivité, influence plus ou moins forte...*

Conclusion *Les documents illustrent la recomposition du monde à travers le poids croissant des très grandes villes dans le monde d'aujourd'hui et surtout dans celui de demain.*

Doc 1 ▶ Les mégacités du futur en 2030

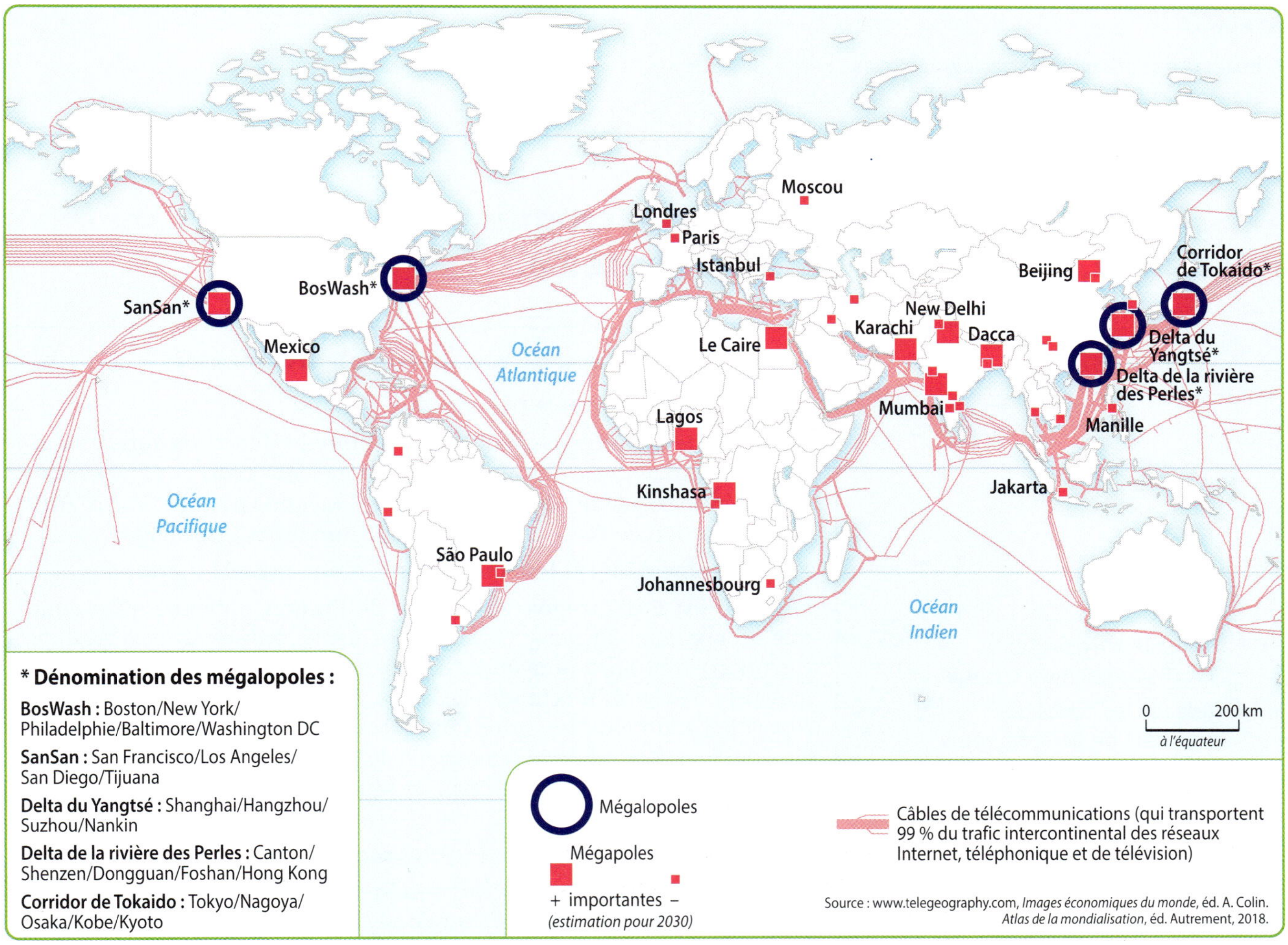

Doc 2 ▶ Un monde de métropoles

Les villes sont devenues des pôles économiques et démographiques de rayonnement mondial. Ce n'est pas la population ou la taille d'un territoire qui donne à la ville son statut de place mondiale, mais son poids économique, sa proximité des zones de croissance, sa stabilité politique et la séduction qu'elle exerce auprès des investisseurs étrangers. En d'autres termes, c'est surtout le rayonnement qui compte.

Dans les marchés émergents, comme le Brésil, la Turquie, la Russie et l'Indonésie, le principal centre financier ou commercial représente au moins un tiers du PIB. Au Royaume-Uni, Londres représente près de la moitié de la richesse nationale.

La population de la région du Grand Mexico est plus nombreuse que celle de l'Australie, tout comme celle de Chongqing, un ensemble d'agglomérations urbaines chinoises reliées entre elles sur une zone de la taille de l'Autriche.

Aux États-Unis, le Dallas-Fort Worth Metroplex, le plus grand ensemble urbain du Sud du pays, accueille des géants de l'industrie comme *Exxon, AT&T* et *American Airlines*. La taille de son économie dépasse celle de l'Afrique du Sud. La région devrait être équipée d'une ligne à grande vitesse.

Dans nombre de villes, de nouveaux quartiers fleurissent autour des aéroports afin d'échapper aux encombrements urbains et d'assurer de meilleures connexions avec les marchés mondiaux et les chaînes d'approvisionnement. Pour les sociétés qui y transfèrent leur siège, l'aéroport est une voie d'accès aux marchés mondiaux.

Parag Khanna, *Courrier international*, n° 1343, 2016.

Conseils

- Relevez au brouillon, dans le premier paragraphe, les informations qui caractérisent les métropoles.
- Notez le rôle majeur des réseaux de communication qui relient les métropoles.

S'ENTRAÎNER AU BAC 5

Méthode BAC : p. 14-15
Réaliser un croquis

CAPACITÉS

- Réaliser des productions cartographiques
- Transposer un texte en croquis

Sujet À l'aide du texte, réalisez le croquis : « Mumbai, une métropole fragmentée ».

Mumbai, une métropole fragmentée

Mumbai, une mégapole très étendue

Avec plus de 22 millions d'habitants, Mumbai est la 5e mégapole mondiale. La ville centre, à Nariman Point, s'étend désormais au Nord vers les villes périphériques dynamiques de Mira-Bhayandar, Thane, Vasai-Virar et, en direction de l'Est, vers Bhiwandi-Nizampur et Ulhasnagar.

Les aménagements et les équipements d'une grande métropole

Mumbai est la métropole principale de l'Union indienne et la capitale économique du pays. Les aménagements réalisés dans le triangle Nariman Point-Mira-Bhayandar-Thane incarnent la modernité. Là, les quartiers d'affaires aux multiples tours, les centres commerciaux, l'aéroport international, les grands axes de communication, les studios de cinéma de *Bollywood*, la ville nouvelle de Navi-Mumbai, ou la zone portuaire ouverte sur le monde… font de Mumbai la vitrine de l'Inde dans la mondialisation.

Une métropole aux fortes inégalités socio-spatiales

Mumbai a aussi un autre visage : c'est la métropole indienne qui compte le plus de slums*. Les slums sont situés dans la ville centre. Dharavi, immense bidonville où vivent plus de 1 million de personnes, est proche du nouveau quartier d'affaire de *Bandra Kurla Complex*. Le littoral, tourné vers la mer d'Oman, est jalonné par un habitat résidentiel aisé, avec des tours qui accueillent les riches familles et les vedettes de Bollywood.

Conseils

- Notez le **titre** du texte, il indique celui du croquis.
- Relevez les noms des quartiers de Mumbai puis repérez leur localisation sur le croquis.

ÉTAPE 1

Lire le sujet et le texte d'accompagnement

1. **Lisez le sujet.**
   - À quel territoire le sujet s'applique-t-il ?
   - Quelle est la définition de « métropole » et de « mégapole » ?
2. **Lisez le texte d'accompagnement.**
   - Relevez les titres des trois paragraphes du texte : quels sont les thèmes qu'ils évoquent ?

Conseils

- Observez le fond du croquis pour connaître les limites de l'espace à cartographier.
- Utilisez le langage cartographique (rabat arrière du manuel).

ÉTAPE 2

Organiser la légende et choisir les figurés

3. **Classez les informations.**
   - Reproduisez le tableau et complétez avec les informations fournies par le texte.

Mumbai, une forte croissance spatiale	*Mumbai, les aménagements et les équipements d'une grande métropole*	*Mumbai, de très fortes inégalités*
Exemple : *une ville-centre qui s'étend*…	Exemple : *quartier d'affaires, ville nouvelle*…	Exemple : *Slum*…
…	…	…
…	…	…
…	…	…

Croquis interactif
www.lienmini.fr/geo1-61

Croquis et légende imprimables
www.lienmini.fr/geo1-57

▶ Croquis : ....

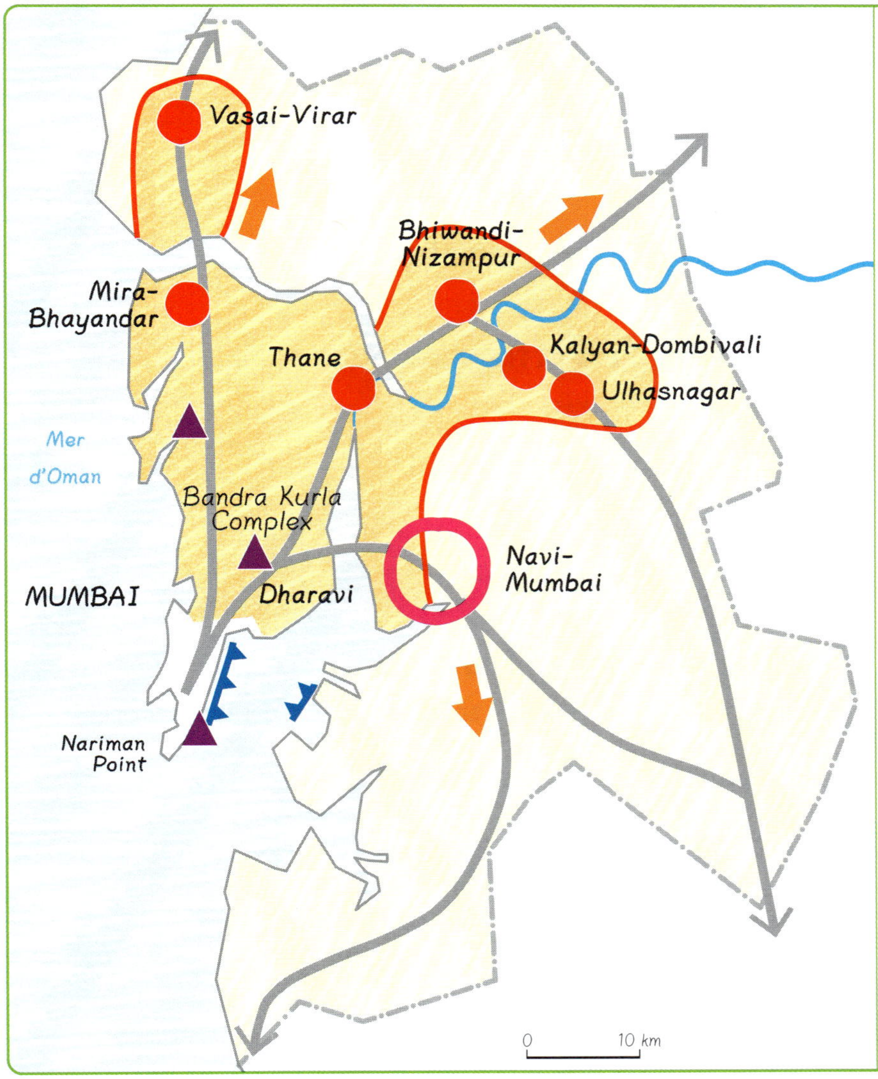

1. Mumbai, une forte croissance spatiale

- Espace urbanisé
- .... Ville centre
- .... Ville périphérique dynamique
- Extension urbaine

2. Mumbai, les aménagements et les équipements d'une grande métropole

- Quartier d'affaires
- .... Zone portuaire
- .... Ville nouvelle de Navi-Mumbai
- .... Axe de transport

3. Mumbai, de très fortes inégalités

- Zone des slums
- Grand slum
- Habitat résidentiel de luxe

ÉTAPE 3
Réaliser le croquis

4. Choisissez les figurés.

– Dans la légende, quels sont les différents types de figurés utilisés ? Sont-ils conformes aux règles du langage cartographique ?

– Quels autres figurés pouvez-vous utiliser pour cartographier les quartiers d'affaires ? La ville nouvelle ?

5. Reproduisez ou téléchargez le croquis et sa légende.

6. Mettez en forme la légende et dessinez le croquis.

– À quels figurés correspondent les informations des deux premières rubriques de la légende ? Complétez la légende.

– Reportez, sur le croquis, les figurés de la troisième rubrique.

– Donnez un **titre** au croquis.

7. Vérifiez si le croquis possède tous les attributs d'un bon croquis.

→ *Aidez-vous de la* ***méthode*** *p. 15.*

S'ENTRAÎNER AU BAC 6

Méthode BAC : p. 16-17

Question problématisée

CAPACITÉS

- Utiliser une approche géographique pour construire un argumentaire
- Produire un écrit construit et argumenté

Sujet Les métropoles : recomposition spatiale et fragmentation sociale ?

ÉTAPE 1 Comprendre le sujet et rédiger la problématique

1. Lisez le sujet et réfléchissez à l'emploi des expressions clés :

Les métropoles : recomposition spatiale et fragmentation sociale ?

- recomposition spatiale : Réfléchissez aux transformations des espaces métropolitains.
- fragmentation sociale : Réfléchissez aux inégalités socio-spatiales au sein des métropoles.

2. Définissez sous forme de questions la problématique du sujet.
- Quelles sont les transformations de l'espace des métropoles ?
- Comment se manifestent les inégalités sociales dans les espaces métropolitains ?

ÉTAPE 2 Mobiliser ses connaissances et organiser le plan

3. Reproduisez **le tableau** et regroupez les informations et les exemples tirés de vos connaissances dans les deux colonnes.

1re partie *Des métropoles en recomposition*	2e partie *Des métropoles qui se fragmentent*
1er paragraphe → 1re idée *Les quartiers d'affaires, cœur des métropoles* Exemples : *Canary Wharf, Londres*	1er paragraphe → 1re idée *Des quartiers qui révèlent les inégalités socio-spatiales* Exemples : *Mumbai* ....
2e paragraphe → 2e idée *Des centres secondaires en périphérie des métropoles* Exemples : *Edge cities.*	2e paragraphe → 2e idée *Les métropoles des Nords, augmentation de la précarité* Exemples : *Londres* ....
3e idée : de la métropole à la mégalopole Exemples : *Régions métropolitaines*	3e idée : les métropoles des Suds, de forts contrastes Exemples : *Bidonvilles, Jakarta, Mumbai* ....

ÉTAPE 3 Rédiger la réponse au sujet à l'aide des pistes suivantes

Introduction

Les métropoles ont un rôle majeur dans le monde actuel. De multiples dynamiques agissent pour recomposer le territoire des métropoles tout en créant des inégalités socio-spatiales criantes.

Quelles sont les transformations de l'espace des métropoles ? Comment se manifestent les inégalités sociales dans les espaces métropolitains ?

1re partie : ***Des métropoles en recomposition***

Les quartiers des affaires (CBD) sont la vitrine des métropoles. Activités et urbanisme (tours) communs à toutes les métropoles sont le reflet de leur puissance, à l'image de la City de Londres.
Aujourd'hui, le territoire intra-métropolitain se recompose avec la création en périphérie de centres fonctionnels secondaires (Edge cities, clusters...).
Dans quelques lieux du monde, les métropoles s'étendent au point de constituer des mégalopoles, comme sur la côte Nord-Est des États-Unis (Megalopolis).

2e partie : ***Des métropoles qui se fragmentent*** → *Utilisez la 2e colonne du tableau pour rédiger cette partie.*

Conseils

- Introduisez les mots clés suivants : « métropole », « *edge cities* ».
- Présentez la problématique sous la forme de questions.
- Illustrez chaque argument par des exemples.

RÉVISER POUR LE BAC

Idées clés pour répondre à une question problématisée

IDÉE 1
Des métropoles en recomposition

1 Des fonctions redistribuées
– Renforcement du poids économique des **quartiers d'affaires** ; les fonctions productives sont repoussées en périphérie.

2 La création de centres secondaires dans les périphéries
– Le centre ancien de la métropole concentre les emplois, les services et les infrastructures.
– Des centres fonctionnels secondaires situés en périphérie se sont développés : ***Edge cities***, ***clusters***.

3 Les régions métropolitaines
– La **région métropolitaine** désigne le rayonnement des grandes métropoles.
– Les **mégalopoles** sont les régions métropolitaines les plus importantes dans le monde.

IDÉE 2
Les lieux emblématiques des métropoles

1 Les quartiers d'affaires : vitrine des métropoles
– Les quartiers d'affaires regroupent les institutions économiques et financières ; ils se démarquent dans le paysage urbain (structures verticales).

2 Les infrastructures de transports, moteurs d'intégration à la mondialisation
– Les métropoles sont les principaux nœuds des réseaux de transports mondiaux (LGV, **hubs**, **multimodalité**…).
– Les transports jouent un rôle majeur dans la capacité d'une métropole à rayonner à l'échelle internationale.

3 Des paysages uniformisés
– La multiplication de quartiers d'affaires rend difficile la distinction d'une métropole par rapport à une autre.

IDÉE 3
Des métropoles fragmentées

1 Des inégalités qui s'accroissent
– La **métropolisation** renforce les inégalités socio-spatiales à toutes les échelles.
– L'habitat est contrasté dans les métropoles ; la marginalisation des populations défavorisées augmente.

2 Aux Suds, persistance des bidonvilles
– Ils concentrent les citadins les plus pauvres dans des quartiers insalubres exposés aux risques.
– Près de 900 millions de personnes y vivent encore.

3 Aux Nords, augmentation des précarités
– Augmentation des personnes touchées par le mal logement.
– Marginalisation des populations les plus pauvres.
– Exclusion sociale grandissante dans les grandes métropoles.

Mots clés

À l'aide du cours p. 62 à 67, définissez les termes suivants :

- ☑ Bidonville
- ☑ *Cluster*
- ☑ *Edge city*
- ☑ Inégalités socio-spatiales
- ☑ Mal logement
- ☑ Mégalopole
- ☑ Multimodalité
- ☑ Quartier d'affaires (CBD)
- ☑ Région métropolitaine

Schéma pour comprendre et retenir

Schéma – *Organisation et dynamiques d'une métropole mondiale*

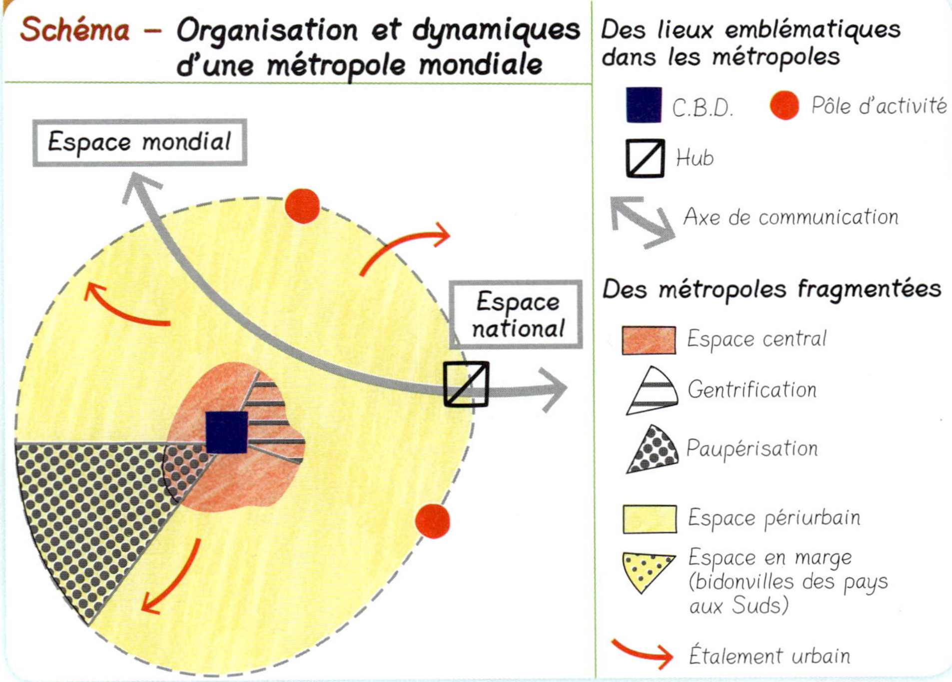

CHAPITRE 3

La France : la métropolisation et ses effets

De la problématique du document...

Quels aménagements pour la métropole du Grand Paris ?

1. Localisez la photographie et définissez sa nature.
2. En quoi consiste l'aménagement en termes de transport ?
3. Quels sont les autres objectifs de l'aménagement ?
4. En quoi cet aménagement renforce-t-il la métropole parisienne ?

... aux problématiques du chapitre

> **Quelle métropolisation sur le territoire français ?**

> **Quels sont les effets de la métropolisation sur les inégalités urbaines ?**

Bâtir le Paris de demain : le *Grand Paris Express*, un réseau de 200 km pour couvrir le territoire de la Métropole du Grand Paris en 2030

La Gare de Nanterre-La Folie est une des 68 nouvelles gares construites en relation avec 4 nouvelles lignes de métro et l'extension de 2 lignes existantes. Elle doit être la base d'une recomposition urbaine de grande ampleur avec la création du nouveau quartier des Groues. L'objectif est triple : créer un nœud d'interconnexion de l'Ouest parisien (lignes 15 et 18, prolongement de la ligne E du RER), étendre le quartier d'affaires de la Défense qui va doubler sa surface et créer un parc de logements neufs accueillant 12 000 habitants.

REPÈRES SPATIAUX

La France des villes

1 ▶ Les aires urbaines

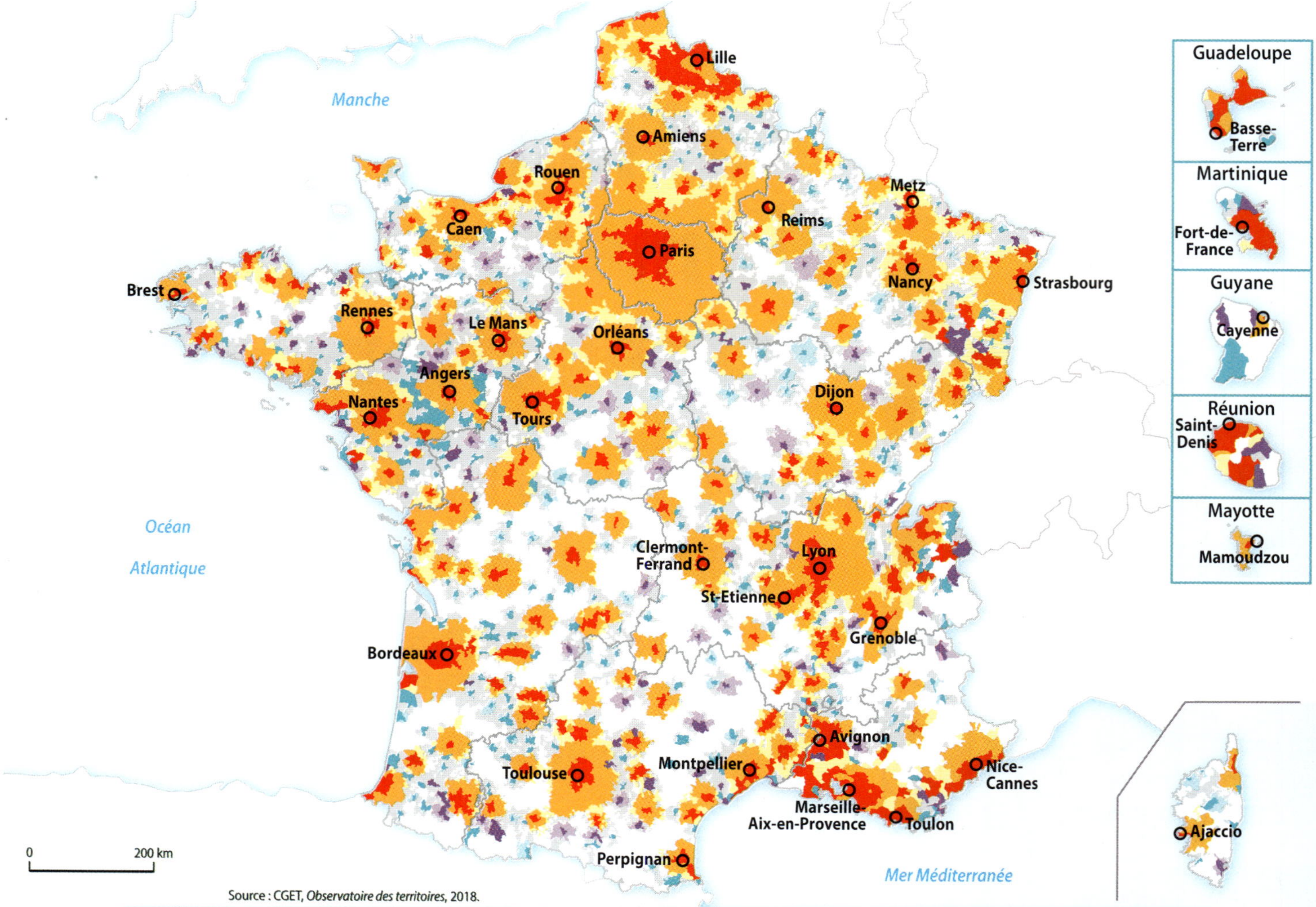

Source : CGET, *Observatoire des territoires*, 2018.

1. Espace des grandes aires urbaines
- Grand pôle (plus de 10 000 emplois)
- Couronne du grand pôle
- Commune multipolarisée

2. Autres aires urbaines
- Pôle moyen (entre 5 000 et 10 000 emplois)
- Couronne du pôle moyen
- Petit pôle (de 1 500 à 5 000 emplois)
- Couronne du petit pôle

3. Espace n'appartenant pas à une aire urbaine
- Autre commune multipolarisée
- Commune isolée

Principaux repères à connaître

Les dix principales aires urbaines françaises :
- Paris
- Lyon
- Marseille-Aix
- Lille
- Toulouse
- Bordeaux
- Nantes
- Rennes
- Strasbourg
- Nice

Retenir l'essentiel de la carte

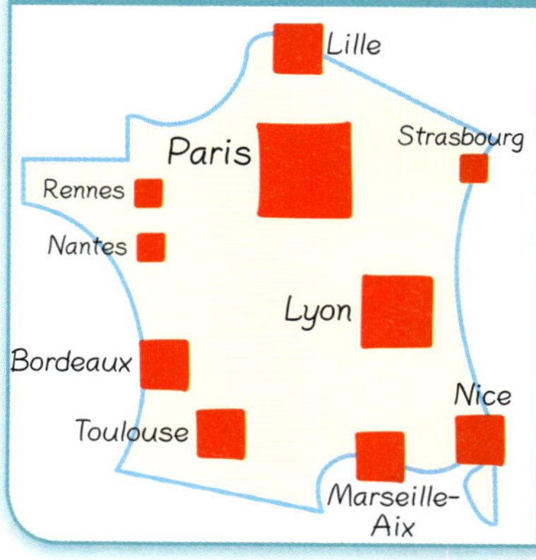

Les dix principales aires urbaines françaises (en millions d'habitants)

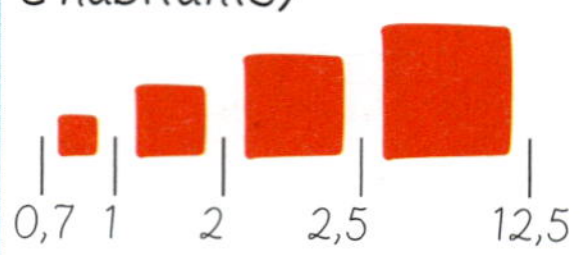

Cartes interactives
www.lienmini.fr/geo1-62

2 ▶ Population et croissance des agglomérations

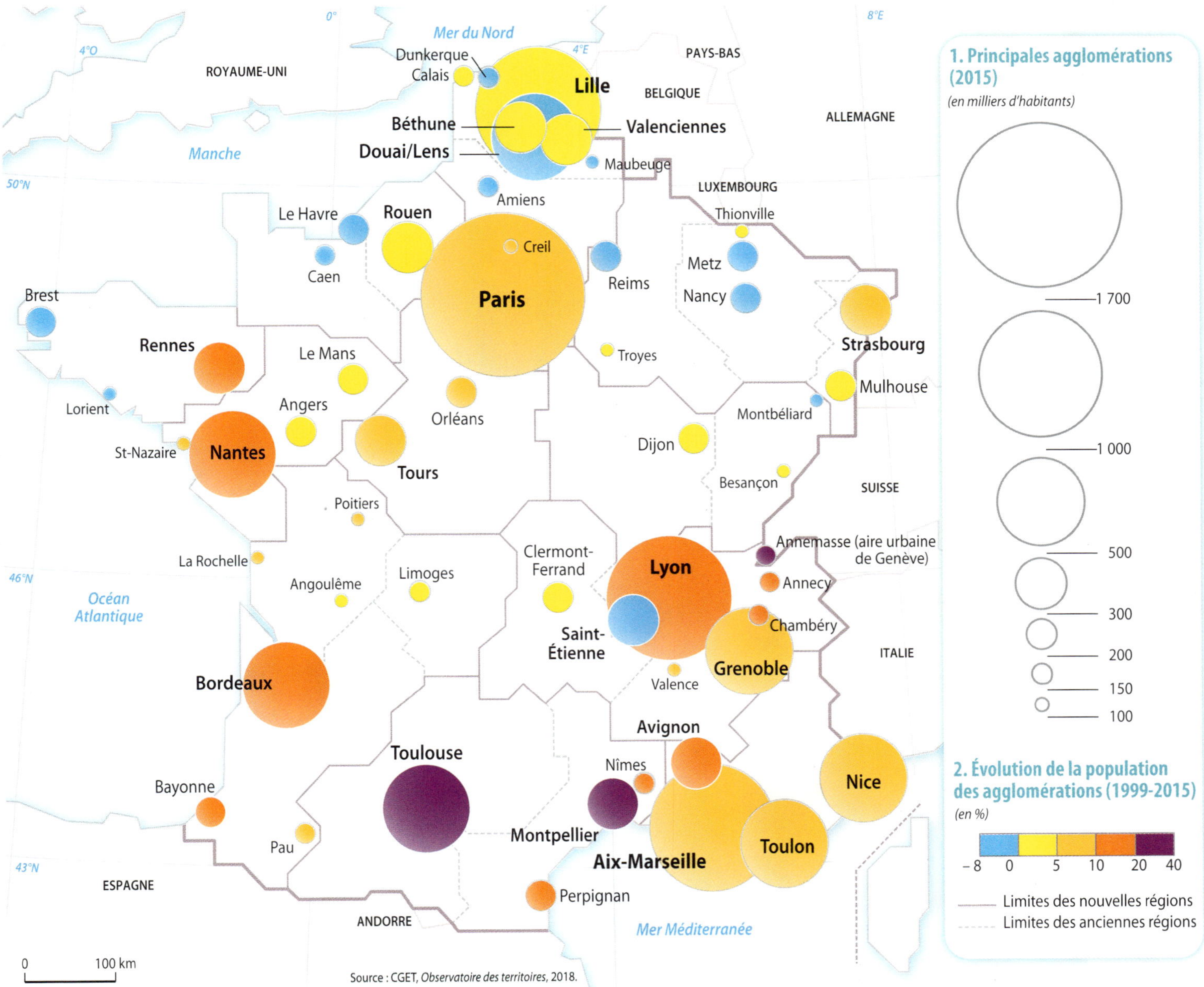

Source : CGET, *Observatoire des territoires*, 2018.

Principaux repères à connaître

Les métropoles de l'arc de croissance démographique :

- Rennes
- Nantes
- Bordeaux
- Toulouse
- Montpellier
- Marseille-Aix
- Grenoble
- Lyon

Retenir l'essentiel de la carte

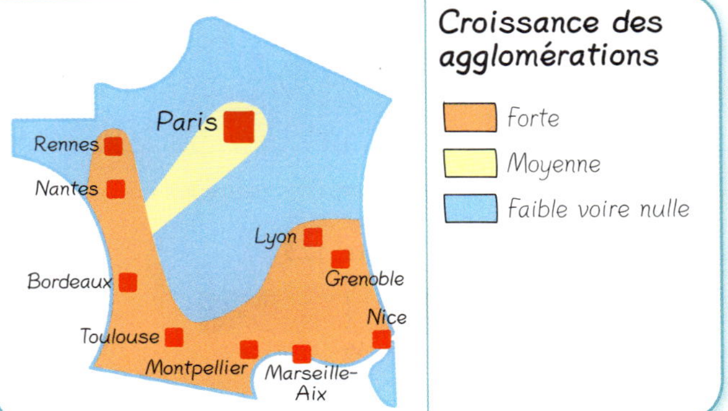

Cartes Enjeux

Quelle est l'importance de la métropolisation* en France ?

1 Les emplois de cadres des fonctions métropolitaines (2018)

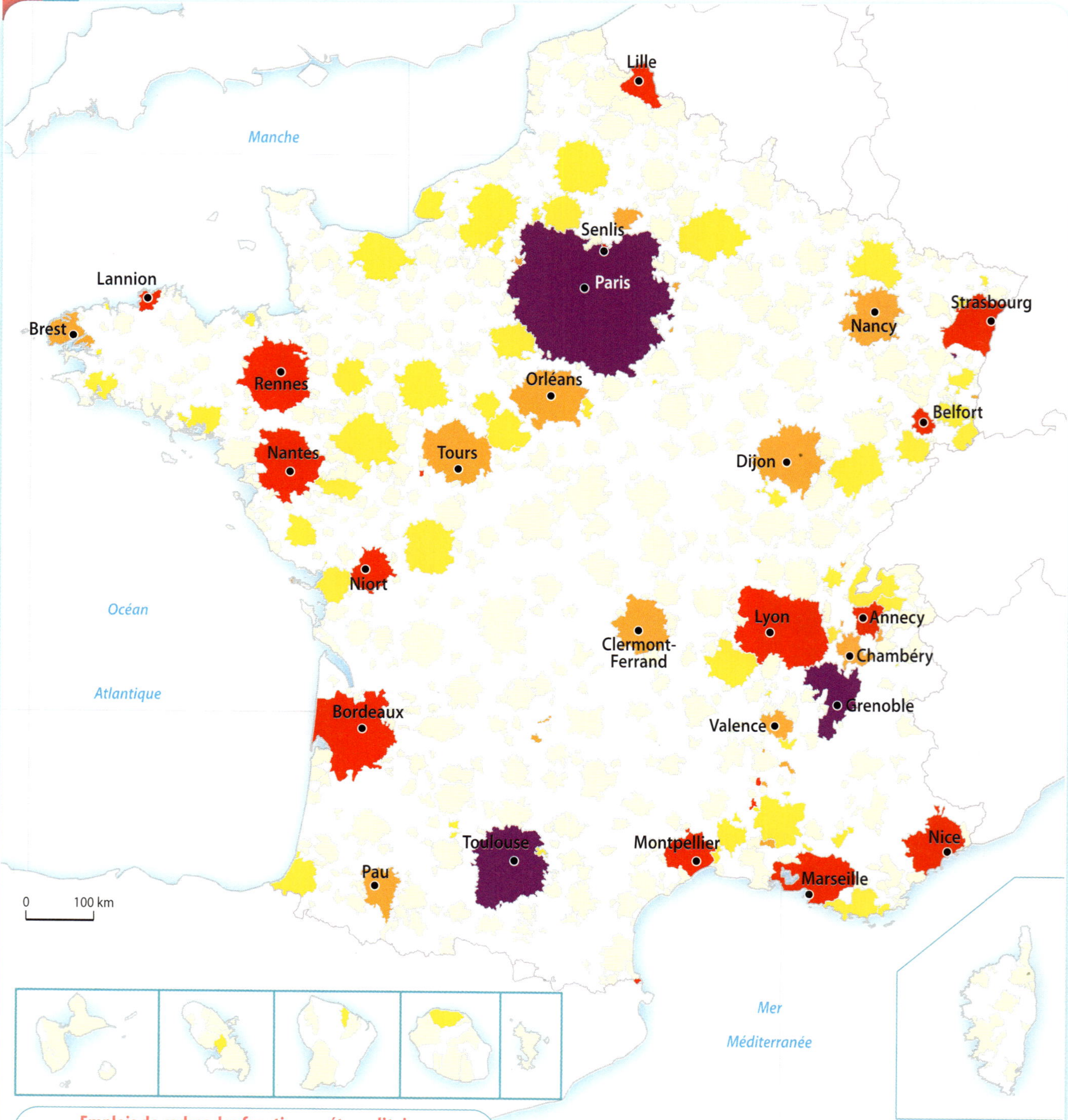

Emplois de cadres des fonctions métropolitaines
(en % de l'emploi de l'aire urbaine)

France : 10,5

6,5 – 8 – 10 – 15

Nota : seules apparaissent les aires urbaines de plus de 150 000 habitants, sauf trois villes concernées : Senlis, Belfort, Lannion.

Cadres des fonctions métropolitaines
Cinq fonctions « métropolitaines » sont plus spécifiquement localisées dans les grandes aires urbaines : **conception-recherche**, **prestations intellectuelles**, **commerce inter-entreprises**, **gestion** et **culture-loisirs**. Elles sont assurées par des cadres.

Cartes interactives
www.lienmini.fr/geo1-48

2 La France dans la hiérarchie des villes européennes

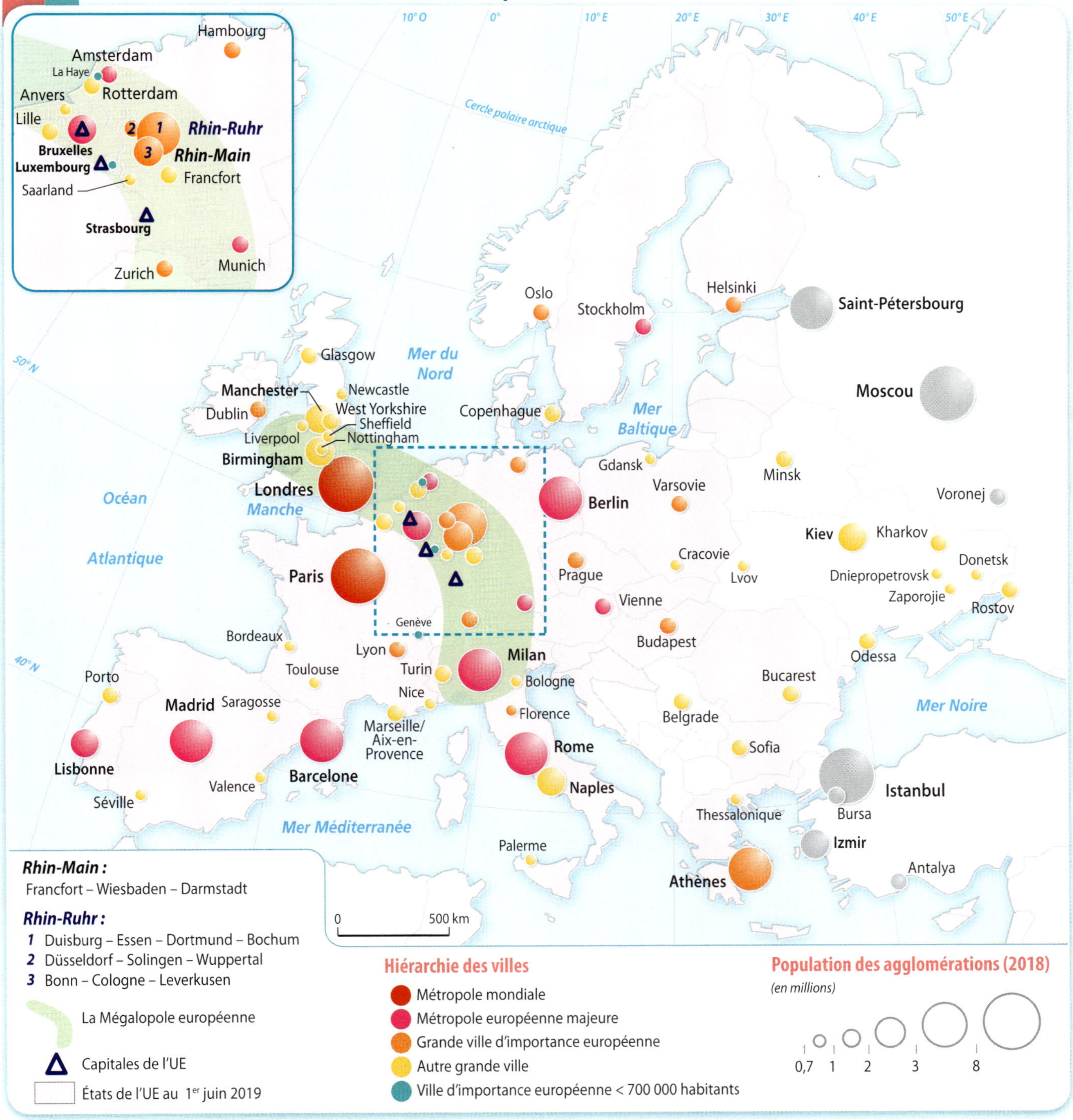

Analyser les cartes

Carte 1

1 Comment se définissent les emplois de cadres des fonctions métropolitaines ?

2 Quelles métropoles se distinguent par le pourcentage élevé de ces emplois ?

Carte 2

3 Comment se situent les métropoles françaises dans la hiérarchie des villes européennes ?

4 En quoi est-ce une faiblesse par rapport à nos voisins européens ?

Mettre les cartes en relation

Quelles sont les limites de la métropolisation en France ?

ÉTUDE DE CAS

Paris, métropole mondiale

A Paris, « ville Lumière » dès la fin du XIXe siècle, continue d'exercer à l'échelle européenne et mondiale une influence majeure. Elle s'appuie sur de solides atouts économiques, politiques et culturels.

B Paris conforte sa fonction de métropole mondiale en renforçant son rayonnement, son attractivité et son accessibilité, malgré des fragilités et des interrogations.

A Paris, un rayonnement international

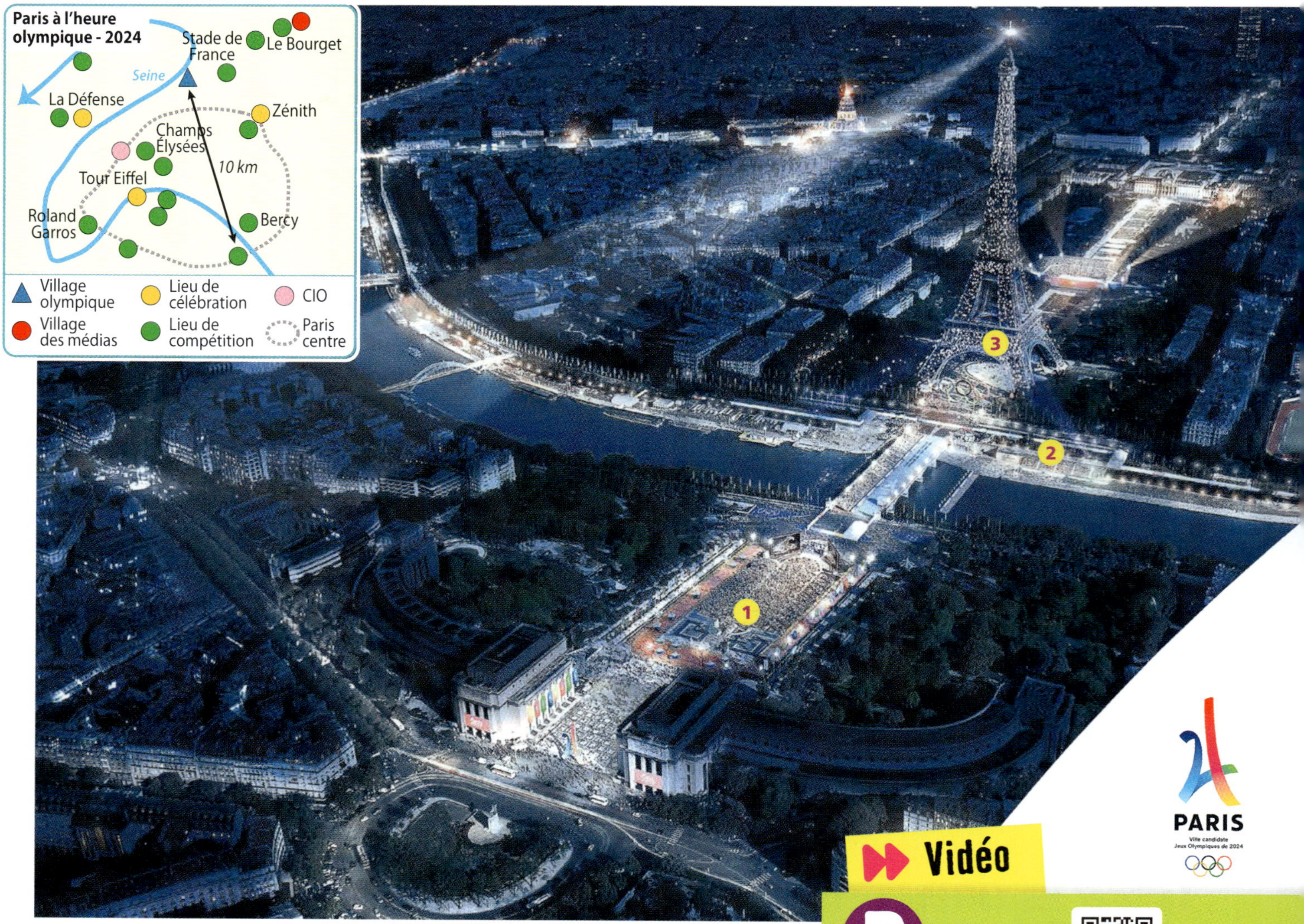

1 ▶ Paris au cœur des grands événements mondiaux : les Jeux Olympiques de 2024

Image de synthèse du centre de Paris, avec les lieux de célébration des Jeux Olympiques de 2024. Paris est la seule ville du monde, avec Londres, à accueillir trois olympiades (1900, 1924 et 2024).

1 Trocadéro : exposition internationale (1937) ; **2** Les berges de Seine : patrimoine mondial de l'humanité par l'Unesco (1991) ; **3** Tour Eiffel : expositions universelle de 1889.

▶▶ Vidéo

Reportage

Paris dépasse New York
BFM TV, 1'10", 2016.
www.lienmini.fr/geo1-49

Fiche d'étude vidéo imprimable
www.lienmini.fr/geo1-50

2 ▶ Paris, des périphéries qui s'insèrent dans la mondialisation

Des pôles secondaires émergent dans les différentes couronnes de la périphérie. Par exemple, un pôle logistique se constitue autour de l'aéroport Roissy-Charles de Gaulle, dans le département de la Seine-Saint-Denis.

Dans le Sud de l'agglomération, le plateau de Saclay est un technopôle de rayonnement international avec une partie de l'université Paris-XI (Orsay) et les laboratoires du CNRS, le centre du CEA, l'École polytechnique, HEC, Supélec...Des entreprises de rayonnement mondial comme *Danone*, *Thalès* ou *Kraft Foods* y ont implanté leurs laboratoires.

Magali Reghezza-Zitt,
La France dans ses territoires,
© éd. Armand Colin, 2017.

3 ▶ Le salon international annuel de l'aéronautique et de l'espace (SIAE) au Bourget

Un des grands rendez-vous parisiens de touristes et de professionnels : 322 000 visiteurs en 2017, 2400 exposants originaires de 48 pays.

4 ▶ Paris, les fonctions d'une grande métropole

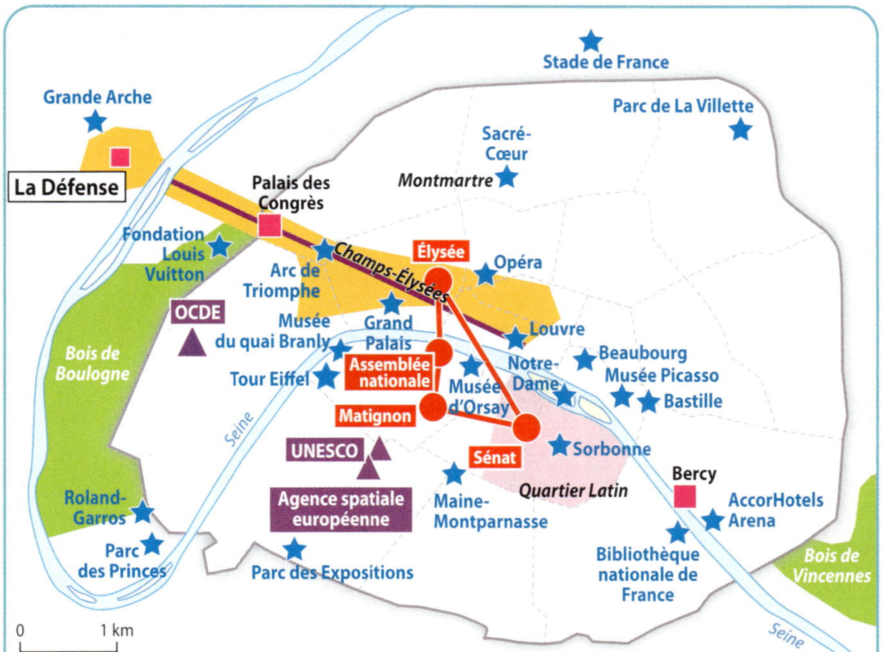

Fonctions politiques et économiques

- Cœur politique
- Grand axe des affaires
- Lieux principaux des affaires
- Organisation internationale

Fonctions culturelles et de loisirs

- Quartier universitaire et culturel
- Lieux culturels, touristiques, récréatifs
- Espace vert

Analyser et confronter les documents

Document 1

1. Montrez que l'influence de Paris repose sur un héritage ancien que la ville cherche à prolonger au XXIe siècle.

Documents 2 et 3

2. En quoi les périphéries de Paris participent-elles à ce rayonnement européen et mondial ?

Document 4

3. Quelles fonctions majeures la carte met-elle en évidence ?

▶ CONCLURE

Qu'est-ce qui fait de Paris une métropole mondiale de premier plan ?

→ *Utilisez* ***la vidéo*** *p. 84.*

B Maintenir le rang mondial de Paris

5 ▶ Paris, capitale mondiale de la paix, le 11 novembre 2018
Plus de 70 chefs d'État et de gouvernement sont venus assister à la célébration du centenaire de l'armistice de 1918 et au premier Forum de Paris sur la Paix.

6 ▶ Un « supermétro » pour mieux desservir les lieux stratégiques et l'agglomération

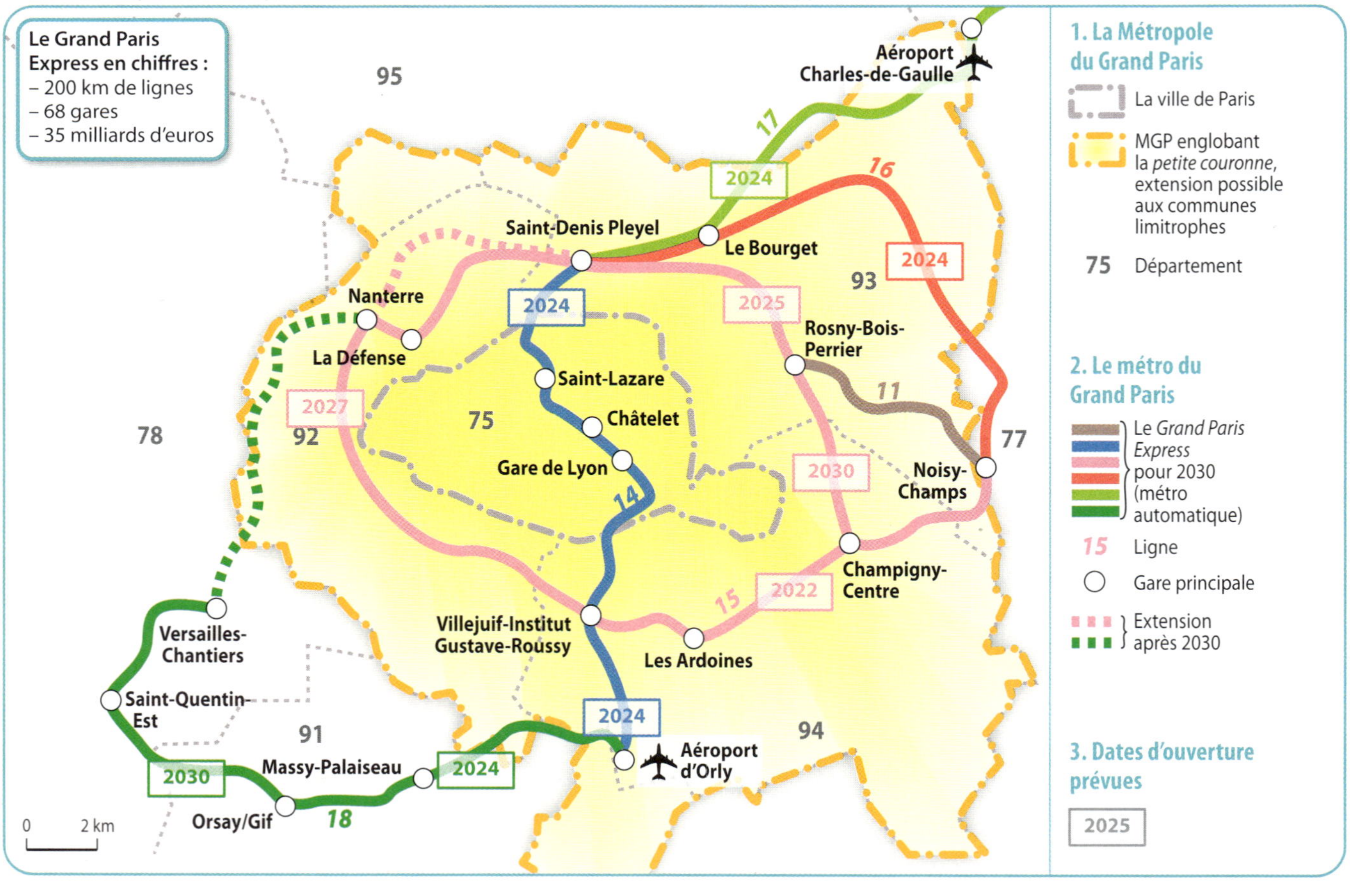

7 ▶ Paris, une métropole attractive pour les investisseurs

[...] Interrogés sur « les trois métropoles qui vont améliorer le plus leur attractivité dans les trois ans à venir », 516 dirigeants d'entreprises de 22 pays placent Shanghai en tête, suivie de Paris et de New York.

Les investisseurs prennent le Brexit comme acquis. Ils considèrent le reste de l'Europe comme une alternative très attractive et Paris apparaît très bien positionnée dans cette compétition. Elle progresse sur tous les critères, sauf sur l'accessibilité et la taille des marchés.

Reste que la région parisienne ne semble pas bien placée pour la croissance économique, les charges et coûts salariaux et la fiscalité. [...]

Dominique Malecot, *Les Échos*, 12 juillet 2018.

8 ▶ Renforcer le pôle d'affaires de la Défense : le projet *Tours Sisters*

À la Défense, 4e quartier d'affaires mondial, l'architecte Christian de Portzamparc a conçu le projet *Tours Sisters* (prévu pour 2021), qui combine des espaces de bureaux et un hôtel de standing dans un ensemble de deux tours reliées par un pont.

9 ▶ Paris-Saclay, pôle universitaire et scientifique de rang mondial

[...] S'inspirant officiellement de modèles anglo-saxons emblématiques, ce nouveau *cluster**, décidé en 2008 par l'État, a pour ambition affirmée de devenir une « *Silicon Valley* » ou un « Cambridge à la française ». [...]

Mais, comme l'indiquent les polémiques apparues dans la presse ou surtout le sévère rapport de la Cour des comptes du printemps 2017, ces choix se heurtent à de nombreuses difficultés : gigantisme de la structure, lourdeurs de gestion, problèmes de gouvernance, différences considérables de cultures entre grandes écoles et universités. [...]

Laurent Carroué, « Paris-Saclay, une Silicon Valley à la française ? », *Géoconfluences*, 2017.

Analyser et confronter les documents

Document 5

1. Pourquoi, en novembre 2018, Paris a-t-elle pu apparaître comme la capitale du monde ?

Documents 6, 8, et 9

2. En quoi ces projets peuvent-ils promouvoir le rayonnement mondial de Paris ?

Document 7

3. Quel aspect de l'attractivité de Paris ce texte met-il en évidence ?

Documents 7 à 9

4. Quelles limites et difficultés la politique de promotion internationale de Paris rencontre-t-elle ?

▶ **CONCLURE**

Paris est-elle bien engagée dans la compétition entre les villes mondiales ?

→ *Utilisez* ***la vidéo*** *p. 84.*

Pour mettre en perspective à l'échelle mondiale

La métropolisation est un processus majeur, en France comme dans le monde.

▶ **Quelle place Paris, métropole mondiale, occupe-t-elle dans la hiérarchie des villes françaises?** → **Cours 1** p. 88

▶ **Quelle métropolisation le territoire français connaît-il?** → **Cours 2** p. 90

Cours 1

Quelle métropolisation sur le territoire français ?

A. Le poids de Paris, métropole mondiale, se renforce

- **La métropolisation* est la traduction urbaine de la mondialisation.** Elle accroît la concentration de populations, de fonctions stratégiques de commandement économique, politique et culturelle dans les plus grandes villes. Ainsi, la puissance de la capitale parisienne s'accentue-t-elle.
- **Paris est la seule ville française de rayonnement mondial.** Malgré d'anciennes politiques de **décentralisation***, elle concentre les pouvoirs politique, économique et financier, les médias, la recherche scientifique, la vie intellectuelle et artistique. La proportion de cadres **des fonctions métropolitaines** et de professions intellectuelles supérieures est plus importante que dans le reste de la France. → Cartes enjeux p. 82. **L'organisation en étoile autour de Paris des réseaux autoroutiers et ferroviaires** renforce ce phénomène. Grâce à ses deux aéroports internationaux, Paris est l'un des principaux **hubs*** européens.
- **Les politiques publiques soutiennent désormais Paris dans la concurrence internationale.** Le projet de Métropole du Grand Paris entend créer une gouvernance à l'échelle d'une métropole mondiale. → Étude de cas p. 84

B. Des métropoles régionales en quête de rayonnement

- **Les métropoles régionales françaises ont un poids européen modeste en raison d'une métropolisation incomplète.** L'écart entre Paris et la 2e agglomération française (Lyon, sept fois moins peuplée) est une exception en Europe. Les grandes villes françaises accueillent peu de fonctions nationales et internationales [doc. 1]. → Cartes enjeux p. 82
- **Si elles ne rivalisent pas avec Paris, les grandes villes structurent le territoire à l'échelle régionale.** Elles polarisent les régions grâce aux services rares (Université, centre hospitalier universitaire), aux commerces spécialisés, à l'innovation, aux emplois diversifiés, et aux infrastructures de transports rapides. **Elles renforcent leur attractivité par de grandes opérations d'urbanisme :** Euralille, l'Île de Nantes, Euroméditerranée à Marseille... → Dossier p. 94
- **L'État français veut accroître le poids de ces métropoles pour qu'elles intègrent les réseaux des métropoles européennes.** En 2010, Il a créé une nouvelle structure administrative, la **Métropole**, qui gère les plus grandes aires urbaines et lui a donné, en 2014, beaucoup plus de compétences économiques. L'État, la Région et le Département peuvent déléguer des compétences à ces **22 Métropoles**. Ainsi, la Métropole de Lyon dispose des compétences du Département du Rhône sur son territoire [doc. 2].

C. Des dynamiques régionales très différenciées

- **L'aire urbaine parisienne concentre près de 20 % de la population française** avec un poids démographique stable depuis 1968. Son **solde naturel*** positif compense un **solde migratoire*** globalement négatif. Cependant, la capitale capte plus de 30 % de la mobilité des cadres du pays.
- **Les métropoles les plus dynamiques se localisent à l'Ouest et au Sud de la France.** Elles bénéficient d'une bonne connexion aux réseaux de transports. Certaines sont spécialisées dans les hautes technologies comme Toulouse et Grenoble.
- **Les métropoles du Nord, de l'Est et du Centre ont souffert des crises industrielles.** Leur attractivité résidentielle est inférieure aux métropoles proches des littoraux et au passé peu industrialisé.

CHIFFRES

Poids des 22 Métropoles en France

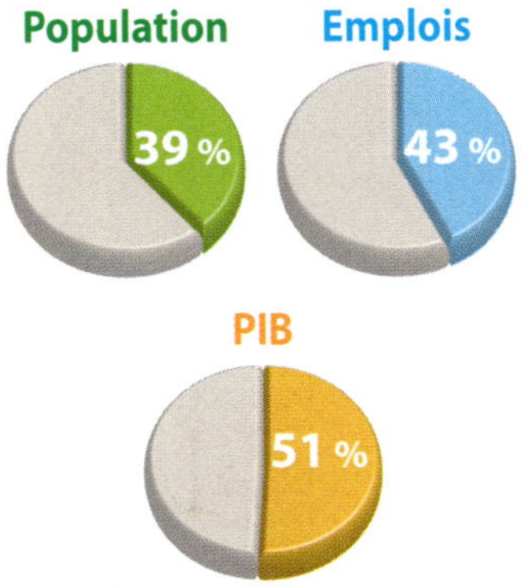

NOTION

Fonctions métropolitaines

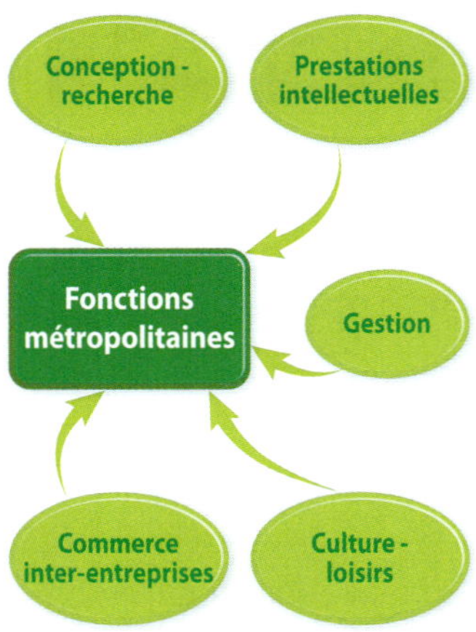

Définition

Métropole

En France, forme d'établissement public de coopération intercommunale (EPCI) de plus de 400 000 habitants ou de plus de 250 000 habitants si elle comprend dans son périmètre le chef-lieu de la région.

* Lexique p. 298

1 ▶ Le quartier de la Part-Dieu à Lyon

La Tour du Crédit Lyonnais, « le crayon » (1), a été le premier building construit dans le quartier de la Part-Dieu en 1977. La Tour *Incity*, « la gomme », s'est ajoutée en 2015 (2) : c'est la troisième tour la plus haute de France avec ses 202 mètres.

2 ▶ La nouvelle carte des Métropoles

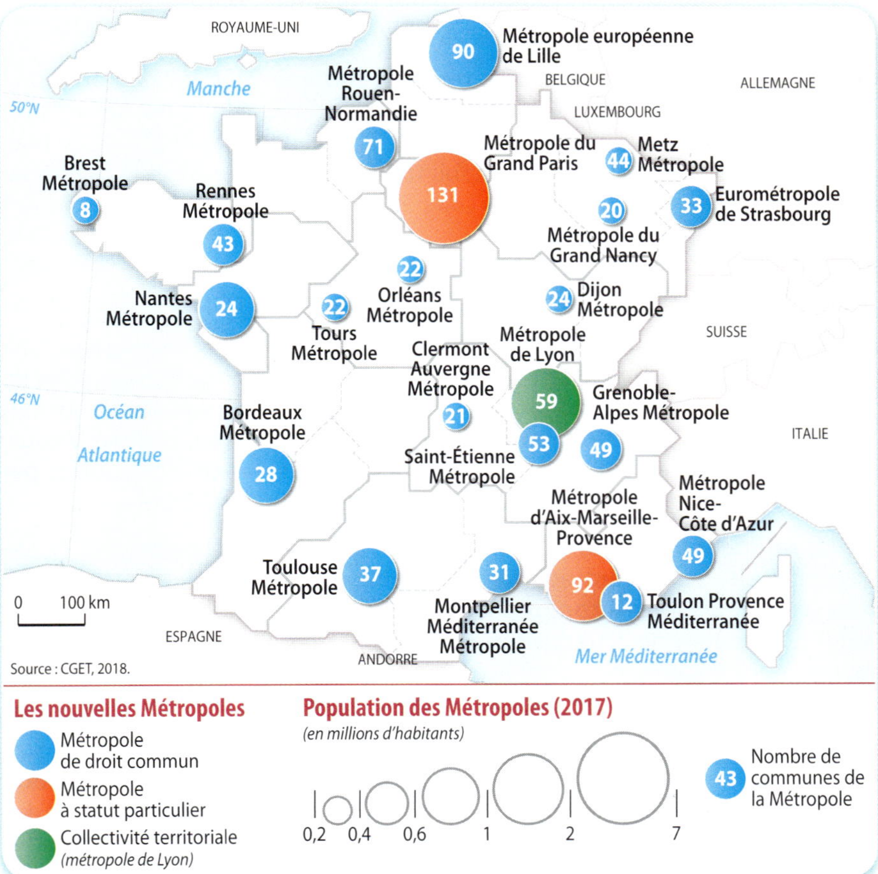

Doc bac

Analyse d'une photographie

Identifier la photographie

1. Décrivez le paysage urbain du quartier de la Part-Dieu.
2. Quels types d'activités les tours comme « le crayon » et la « gomme » accueillent-elles ?

Comprendre la photographie

3. Le centre d'affaires de Lyon apparaît-il important par rapport à celui des métropoles européennes ? Que pouvez-vous en conclure sur le poids des grandes villes françaises par rapport à ces métropoles ?
→ *Utilisez la **Carte enjeux 2** p. 83.*

Cours 2

Le renforcement des inégalités urbaines

CHIFFRES

Villes petites et moyennes

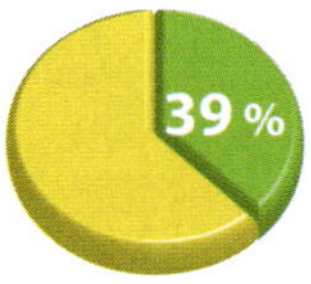

39 % des Français vivent dans une petite ville

15 % des Français vivent dans une ville moyenne

NOTION

Agglomération

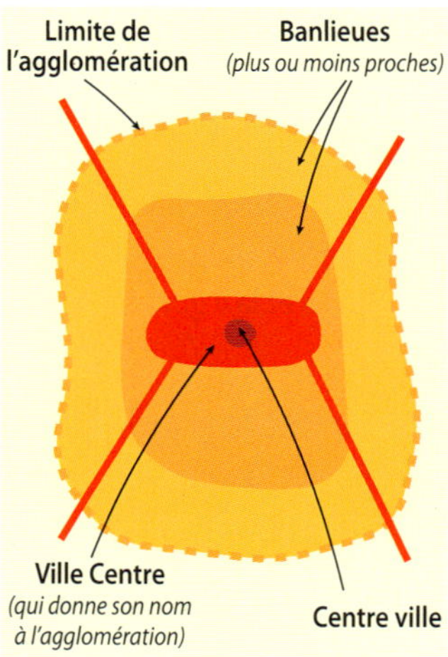

A. La fragmentation croissante des espaces urbains

- **La métropolisation accentue les contrastes socio-spatiaux** à l'intérieur des **agglomérations** du fait d'une hausse des prix de l'immobilier depuis 20 ans. Les populations aisées peuvent choisir leur lieu de résidence : centre-ville rénové ou réhabilité, banlieue pavillonnaire, espace périurbain.
- **Une fragmentation socio-spatiale s'institue.** La **gentrification** transforme des quartiers centraux anciennement populaires et excluent les catégories sociales modestes. Ces dernières sont reléguées dans des quartiers anciens dégradés, des grands ensembles des années 1960, et dans des zones périurbaines éloignées. → Dossier p. 92
- **Les politiques urbaines améliorent le cadre bâti mais peinent à mettre en œuvre la mixité sociale.** La construction de logements sociaux publics ne compense pas la disparition d'un parc privé qui accueillait les classes populaires.

B. Les villes petites et moyennes marginalisées ?

- **Les villes petites** (5000 à 50000 habitants) **et moyennes** (50000 à 200000) **regroupent plus de la moitié des Français.** Elles sont à l'écart de la métropolisation qui concentre activités, hommes et richesses dans un nombre limité de grandes villes **sauf si elles sont des satellites englobés dans ces dernières.**
- **Parfois très touchées par la désindustrialisation, ces villes dépendent fortement des services publics***dont l'actuelle restructuration est douloureuse (hôpitaux, tribunaux, impôts, poste, casernes...). Leurs centres-villes se dégarnissent au profit des zones périurbaines qui continuent d'accueillir centres commerciaux et lotissements.
- **L'État adopte pourtant des mesures pour les soutenir.** Dès 1971, la politique des villes moyennes est mise en place. Dans les années 1990, des universités sont créées dans des villes moyennes. En 2018, 222 villes vont bénéficier du plan « Action Cœur de ville » ciblant la réhabilitation des logements et la revitalisation des commerces des centres-villes [doc. 3].

C. Des trajectoires différenciées

- **Les villes petites et moyennes constituent un ensemble très hétérogène.** Une partie d'entre elles appartient à l'aire d'influence d'une métropole. Les villes de banlieue s'intègrent plus ou moins à la dynamique de leur métropole suivant leur profil ; les villes plus distantes se placent dans leur ombre, comme Meaux, près de Paris. Les villes isolées constituent des centres de services publics, par exemple dans les espaces de faibles densités (Mende) ou les DROM.
- **Ces villes reflètent en fait des dynamiques territoriales plus larges** [doc. 5]. Les plus en difficulté se concentrent dans le Centre et le Nord-Est, territoires eux-mêmes en déclin. Sur les littoraux atlantique et méditerranéen, et dans le Sud, ces villes possèdent une attractivité résidentielle. Elles attirent retraités et touristes, générant des emplois de services, mais aussi une spéculation immobilière source d'inégalités [doc. 4]. → Cartes enjeux p. 82
- **Les villes petites et moyennes sont souvent spécialisées.** Certaines villes industrielles échappent à la crise grâce à l'avantage comparatif d'une spécialisation pointue. Grâce à son festival réputé de théâtre dans l'emblématique Palais des Papes, la ville d'Avignon bénéficie chaque année du profit du tourisme et des loisirs.

Définition

Gentrification (embourgeoisement urbain)

Phénomène par lequel des arrivants plus aisés s'approprient un espace initialement occupé par des habitants ou des usagers moins favorisés, transformant ainsi le profil économique et social d'un quartier.

* Lexique p. 298

3 ▶ Les villes moyennes : un modèle à réinventer

En décembre 2017, l'État avait annoncé un plan d'aide massif à destination de 222 villes moyennes qui sont touchées en plein cœur : augmentation de la vacance commerciale, dégradation du parc de logements, fermeture en série des équipements publics, perte de population...

Les 5 milliards du plan « Action Cœur de ville » suffiront-ils ? La plupart des actions sont concentrées sur l'offre : *« réhabiliter l'habitat ancien », « moderniser les commerces », « requalifier les espaces publics ».*

Et si, pour redynamiser les cœurs de villes moyennes, on repartait plutôt des besoins de leurs habitants ? À l'heure où les métropoles sont en passe de devenir victimes de leur croissance, les villes moyennes pourraient devenir le centre d'un autre mode de vie urbain, plus apaisé et plus hospitalier.

Deux enjeux apparaissent alors. Le premier concerne le développement des services à la personne. L'équilibre des territoires passera avant tout par un meilleur accompagnement des habitants, à commencer par les personnes âgées et les jeunes. Le second consiste à réinventer la notion d'équipements collectifs. Les villes moyennes pourraient réinvestir les anciens édifices laissés en friche pour en faire de nouveaux lieux de vie en commun.

Manon Loisel, Nicolas Rio, *Libération*, 27 juin 2018.

Doc bac

Analyse d'un texte

Lire le texte

1. Quels sont les symptômes de la crise des centres des villes moyennes ? Comment les expliquer ?
2. Quelles sont les critiques formulées à l'encontre du plan « Action Cœur de Ville » ?
3. Quels sont les atouts des villes moyennes ?

Comprendre le texte

4. Quelles pistes peut-on imaginer pour « réinventer les villes moyennes » ?

4 ▶ Saint-Étienne, capitale du Design

Depuis 2010, Saint-Étienne est capitale du Design. Elle défend une image de ville tournée vers l'innovation. Mais la population stagne (174 000 habitants) et le taux de chômage reste élevé (21,6 % en 2015).

Publicité pour la 10e Biennale Internationale de Design à Saint-Étienne, 2017.

5 ▶ Les villes moyennes des Pays de la Loire : un dynamisme contrasté

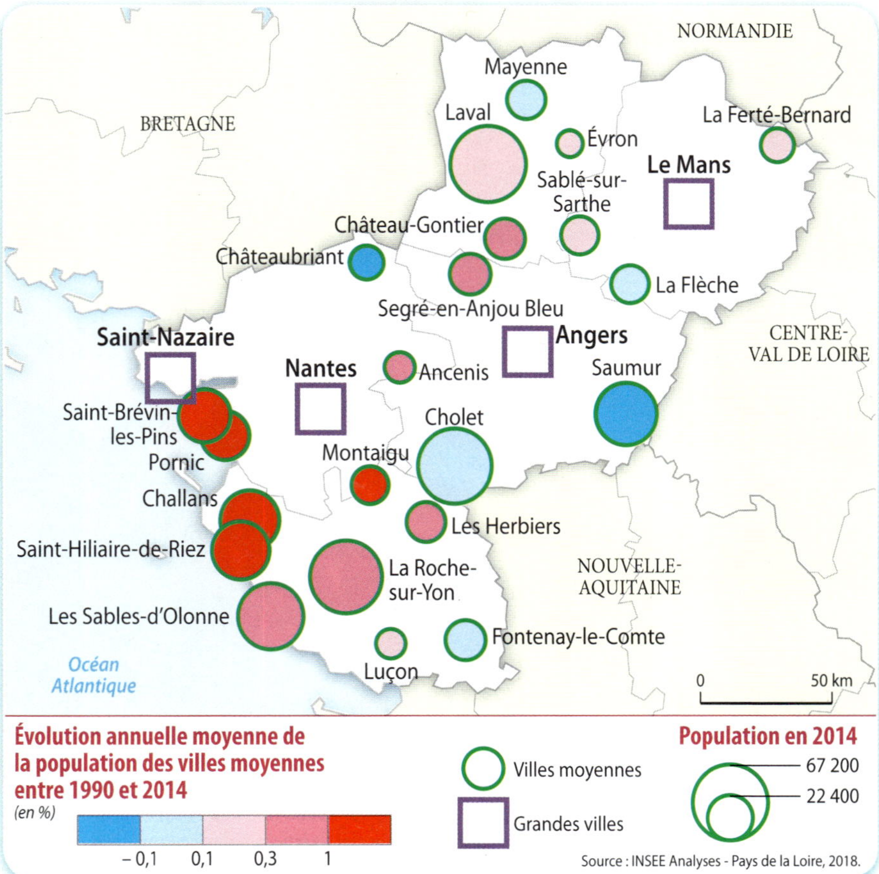

Source : INSEE Analyses - Pays de la Loire, 2018.

DOSSIER

POUR APPROFONDIR

BORDEAUX, SAINT-MICHEL, la gentrification d'un quartier

- Le quartier de Saint-Michel, situé dans le centre historique de Bordeaux, près de la Garonne, a longtemps été un quartier populaire, lieu d'accueil des populations migrantes, espagnoles d'abord, maghrébines ensuite.
- Ce quartier ancien, dégradé, a fait l'objet d'une requalification qui a duré deux ans entre 2013 et 2015 pour un montant de 19 millions d'euros. Cette opération s'accompagne d'un changement dans la composition de la population du quartier.

Comment s'effectue la gentrification d'un quartier dégradé ?

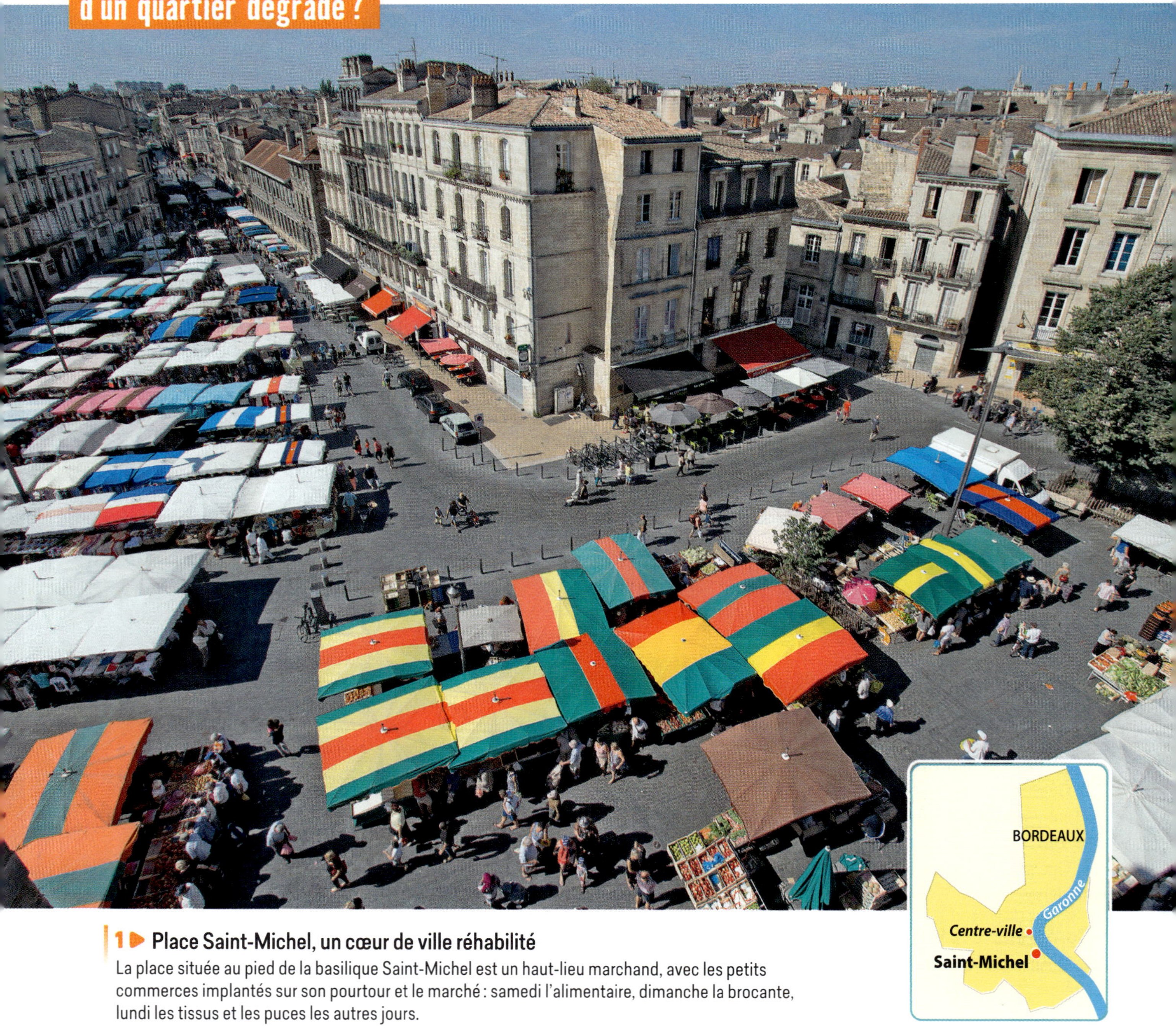

1 ▶ Place Saint-Michel, un cœur de ville réhabilité

La place située au pied de la basilique Saint-Michel est un haut-lieu marchand, avec les petits commerces implantés sur son pourtour et le marché : samedi l'alimentaire, dimanche la brocante, lundi les tissus et les puces les autres jours.

2 ▶ Une gentrification sous contrôle ?

La réhabilitation, commencée au début des années 1980, a entraîné une première transformation de la population. Elle s'est traduite par le découpage des appartements en studios et T1, conduisant à la diminution du nombre de familles présentes au profit de ménages isolés, essentiellement étudiants.

L'Opération programmée d'amélioration de l'habitat (OPAH) et de renouvellement urbain menée depuis 2002 s'inscrit dans une perspective bien différente. S'il faut toujours agir sur le bâti, en particulier éradiquer l'habitat insalubre, l'action est aussi attentive au peuplement du quartier. La municipalité adopte une position « volontariste » visant à favoriser l'augmentation de logements sociaux et le maintien des populations qui le souhaitent dans le quartier.

Les opérateurs s'accordent à reconnaître que la gentrification du quartier semble en partie inéluctable ; d'une part, parce que les opérations menées dans le cadre des OPAH ne porteront au final que sur 10 % de l'ensemble du parc de logements ; d'autre part parce que les logements du secteur privé conventionnés ne le sont que pour une durée limitée (12 ans à Bordeaux), avant de retourner dans le marché du locatif libre. Le maintien de la mixité de peuplement dans le centre historique de Bordeaux demeure donc à ce jour un pari incertain.

Émile Victoire, *Sociologie de Bordeaux*, © éd. La Découverte, 2014.

3 ▶ Des mutations contestées

Appel du collectif Saint-Michel aux habitants, qui dénonce avec dérision la gentrification du quartier (avril 2011).

4 ▶ Un ancien quartier populaire

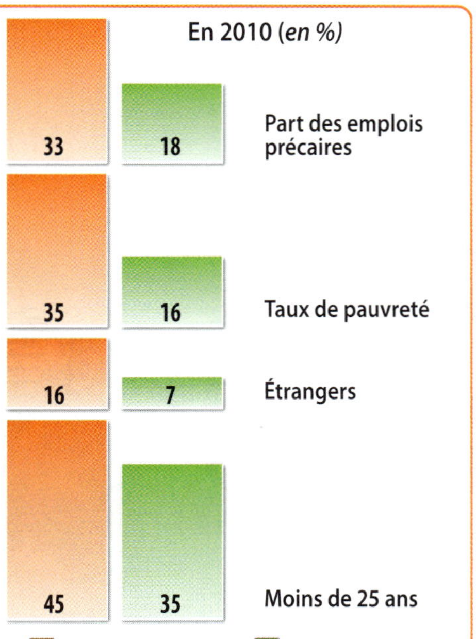

Source : SIG de la politique de la ville, Mise à jour : 8 décembre 2017.

5 ▶ Le renouvellement urbain

Boutiques branchées, façades restaurées, flambée immobilière (doublement des prix en 5 ans).

Prolonger le cours

Document 4

1. Quelles étaient les caractéristiques du peuplement du quartier St-Michel au début des années 2010 ?

Documents 1 et 2

2. En quoi consiste la politique de renouvellement urbain en cours dans ce quartier ?

Documents 2 et 5

3. Quel rôle jouent les promoteurs immobiliers et les commerçants dans le processus de gentrification ?

Document 3

4. Que révèle ce dessin ?

SYNTHÈSE

À partir de l'exemple du quartier Saint-Michel, montrez comment s'effectue la gentrification des quartiers centraux des métropoles françaises.

DOSSIER

POUR APPROFONDIR

LILLE, une métropole européenne ?

Qu'est-ce qui fait de Lille une Eurométropole ?

- Lille est la 4e aire urbaine de la France, regroupant 130 communes et 1,2 million d'habitants en 2017. Elle affiche une faible croissance de sa population (2,5 % entre 1999 et 2011), mais elle s'est élargie en Eurométropole.
- À partir de 1994, Euralille s'est développé autour de l'arrivée de la gare TGV Lille-Europe. C'est désormais le 3e quartier d'affaires français. Lille est aussi un carrefour européen, mais qui ne possède pas de fonction de commandement politique à l'échelle européenne.

1 ▶ Euralille 3000, un grand projet d'urbanisme pour conforter l'Eurométropole

Euralille est la vitrine tertiaire de la métropole lilloise : 14 000 emplois y sont recensés, principalement dans les secteurs des services financiers, des assurances, des télécommunications, du conseil et de l'informatique.
130 000 m² de surface de bureaux seraient créés d'ici 15-20 ans (ci-dessus, projet dans le secteur Chaude Rivière).

2 ▶ La centralité européenne d'une Eurométropole

a. L'eurométropole

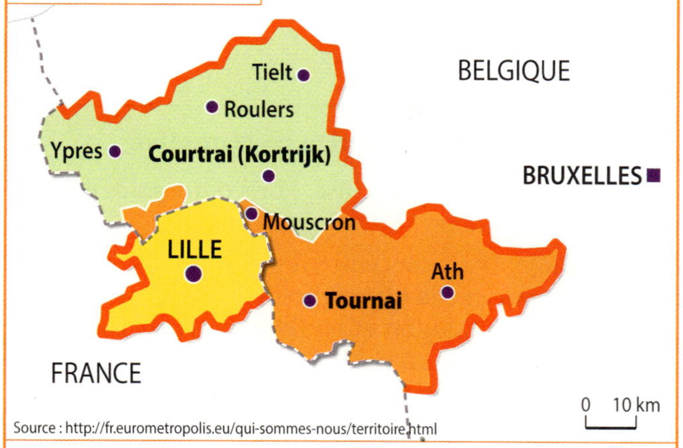

Créée en 2008, l'Eurométropole Lille-Kortrijk-Tournai réunit 152 communes françaises et belges ; elle favorise la mise en place de services transfrontaliers, rassemble et diffuse les informations sur la vie frontalière.

b. La centralité européenne

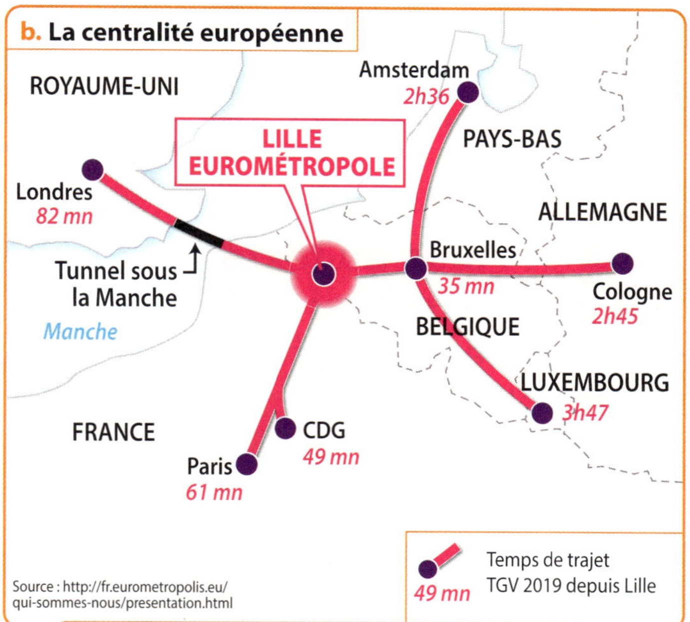

La gare Lille-Europe place Lille au centre des réseaux ferroviaires européens grâce à la Ligne à Grande Vitesse Nord et à la présence du tunnel sous la Manche.

3 ▶ Quelle attractivité de la Métropole ?

Lille était une ville un peu grise, un peu ville de province. Aujourd'hui, c'est une ville vivante, bouillonnante ; ce n'est plus une ville de province, c'est une métropole.

Mais cette métropole souffre d'une double fracture. La première est interne à la métropole, entre le bassin d'emploi de Lille et celui de Roubaix - Tourcoing. C'est une fracture économique et sociologique.

La seconde fracture se situe entre la métropole lilloise et la région Hauts-de-France. Contrairement à ce qui se passe à Nantes, Rennes, Marseille ou Lyon, le développement de la métropole de Lille reste cantonné aux frontières de la métropole ; il n'y a pas de rayonnement réel sur l'ensemble de la région.

La métropole possède de nombreux atouts, notamment un patrimoine exceptionnel avec une vie culturelle intense. Les ressources et les nombreuses manifestations culturelles proposées sont des événements à mettre à profit avec un marketing territorial pour accroître son attractivité.

D'après une interview de Philippe Vasseur, ancien ministre, originaire du Pas-de-Calais, *france3régions*, *francetvinfo.fr*, janvier 2018.

4 ▶ Lille capitale mondiale du design en 2020

lillemetropole.fr, 2018

Prolonger le cours

Document 2

1. Quels atouts présente la situation de Lille ?
2. Quelles relations la métropole entretient-elle avec la Belgique ?

Documents 1, 3 et 4

3. Quel rôle joue Euralille dans le dynamisme de la métropole lilloise ?
4. Quelles sont les limites à l'attractivité de Lille ?
5. En quoi le volet culturel renforce-t-il le rayonnement de la métropole ?

SYNTHÈSE

Pourquoi peut-on qualifier Lille d'Eurométropole ?

S'ENTRAÎNER AU BAC 7

Méthode BAC p. 14-15

➜ **Réaliser un croquis**

CAPACITÉS

- Réaliser des productions cartographiques
- Transposer un texte en croquis

Sujet **À l'aide du texte, réalisez le croquis : « La France, un territoire métropolisé ».**

Conseils

- Notez le **titre** du texte, il indique celui du croquis.
- Relevez les **sous-titres** du texte, ils donnent des indications pour établir les rubriques de la légende du croquis.
- Surlignez les informations fournies par le texte précisant l'importance des différents ensembles métropolitains.
- Aidez-vous des **Cartes enjeux** p. 82.

La France, un territoire métropolisé

Dans la hiérarchie urbaine française, Paris a un poids et un rayonnement incontestables

Métropole mondiale, Paris concentre les pouvoirs politiques, économiques et financiers, la vie culturelle, les médias... Avec plus du quart de la population et de l'emploi, Paris polarise un espace couvrant le tiers du pays. Cette auréole englobe la Normandie, la Région Centre-Val-de-Loire et une partie du Grand-Est, de la Bourgogne et des Hauts de France.

Des métropoles régionales incomplètes affirment leur dynamisme

La région lyonnaise a un poids national et européen important. Elle dispose d'un dense réseau de villes, au sein duquel Grenoble occupe une place majeure. Il en est de même du réseau de métropoles du littoral méditerranéen qui s'étire de Montpellier, à l'Est, jusqu'à Nice, à l'Ouest, en passant par Aix-Marseille et Toulon.

En périphérie du territoire national, les métropoles de Toulouse, Bordeaux, Nantes et Rennes au dynamisme démographique et économique soutenu, exercent une forte attractivité sur leur territoire régional.

Des métropoles frontalières

Touchés par les crises industrielles, les métropoles du Nord et de l'Est (Lille, Nancy, Metz et Strasbourg), bénéficient d'une bonne connexion au réseau européen de communication et profitent des mobilités transfrontalières.

Des territoires peu métropolisés

Une diagonale, qui s'étend du Massif central jusqu'au Nord-Est, est éloignée du rayonnement immédiat des métropoles.

ÉTAPE 1

Lire le sujet et le texte d'accompagnement

1. Lisez le sujet.

- À quel territoire le sujet s'applique-t-il ?
- Que faut-il comprendre par « territoire métropolisé » ?

2. Lisez le texte d'accompagnement.

- Relevez les sous-titres des paragraphes du texte : comparez les titres aux rubriques de la légende du croquis.

Conseils

- Observez le fond du croquis pour connaître les limites de l'espace à cartographier.
- Utilisez le langage cartographique (rabat arrière du manuel).

- Reproduisez le tableau, puis reportez-y les informations fournies par chacun des paragraphes du texte afin de lister les caractéristiques des différentes métropoles.

Paris	Métropoles des régions lyonnaise et méditerranéenne	Métropoles de la périphérie du territoire	Métropoles frontalières
Exemple : *ville mondiale*	....	....	.... → Utilisez le **Dossier** p. 94

Croquis interactif
www.lienmini.fr/geo1-63
Croquis et légende imprimables
www.lienmini.fr/geo1-58

▶ Croquis : ....

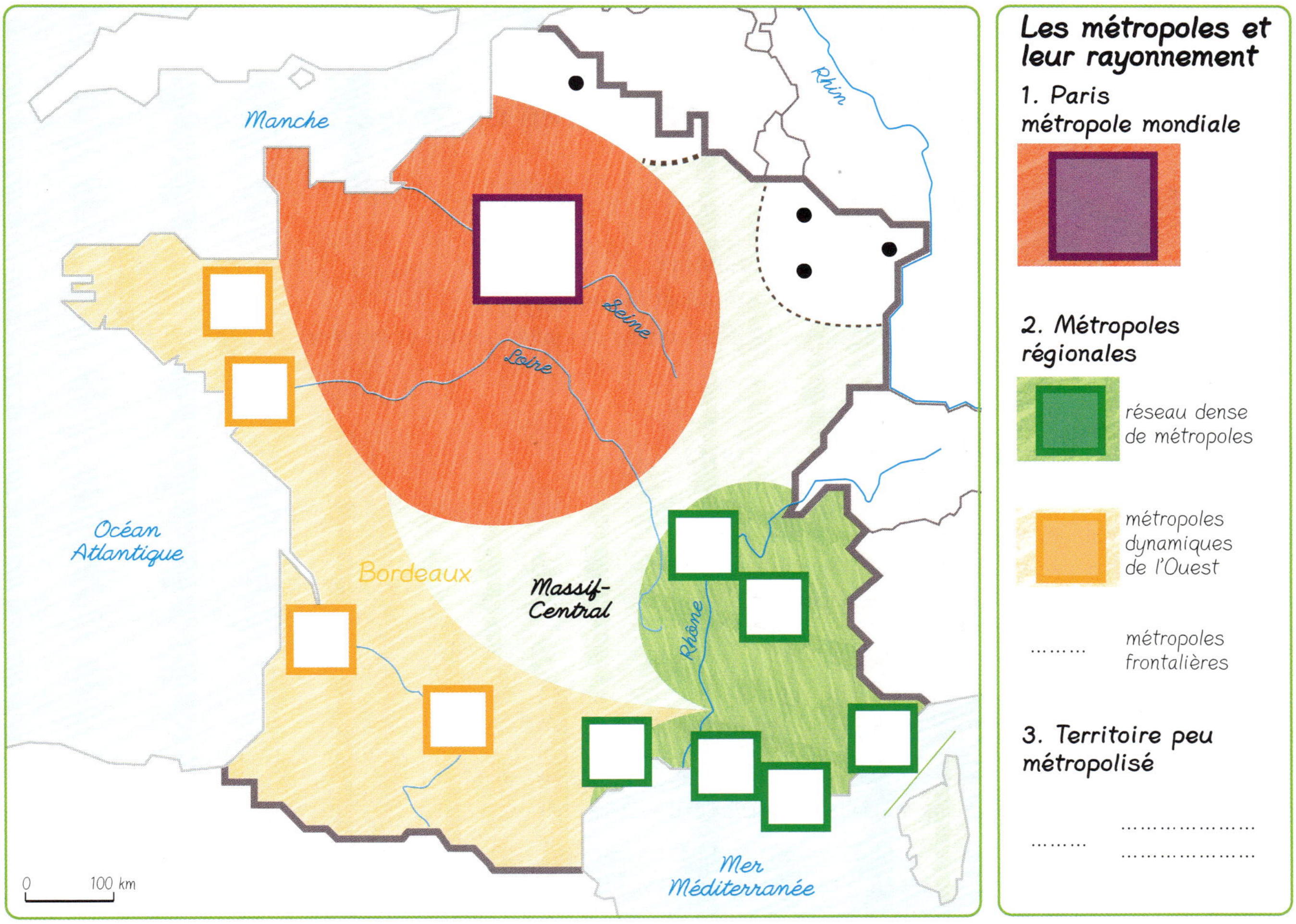

ÉTAPE 2
Organiser la légende et choisir les figurés

3. **Classez les informations.**

– Comment les informations sont-elles classées dans la légende ? Ce classement fournit-il une réponse au sujet ?

4. **Choisissez les figurés.**

– Quels sont les différents types de figurés utilisés ? Sont-ils conformes aux règles du langage cartographique ?

ÉTAPE 3
Réaliser le croquis

5. **Reproduisez ou téléchargez le croquis et sa légende.**

6. **Mettez en forme la légende et dessinez le croquis.**

– Reportez, sur le croquis, les figurés de la légende correspondant aux métropoles.

– Complétez le croquis en reportant les figurés qui manquent.

– Complétez la **nomenclature** avec celle indiquée dans le texte ; donnez un **titre** au croquis.

7. **Vérifiez si le croquis possède tous les attributs d'un bon croquis.**
→ *Aidez-vous de la **méthode** p. 15.*

S'ENTRAÎNER AU BAC 8

Méthode BAC p. 12-13

Analyse de documents

CAPACITÉS

- Savoir lire, comprendre et critiquer des documents
- Produire un écrit construit et argumenté

Analyser une photographie et un texte

Sujet Quel avenir pour les villes petites et moyennes en France ?

Questions

1. Qu'est-ce qui caractérise les villes petites et moyennes ?
2. Quels sont les atouts et les fragilités des villes petites et moyennes ?
3. Le document 2 permet-il d'analyser la diversité de situation des villes petites et moyennes ?

ÉTAPE 1 Identifier les documents

1. Quelle est la nature du document 1 ?
   - Localisez Sarlat-la-Canéda.
   - À quelle distance est-elle située des métropoles toulousaine et bordelaise ?
2. Quels sont le titre, la source et la date du document 2 ?
   Quel est le thème principal abordé ?

Conseil

- Précisez ce qu'est une ville petite ou moyenne.
→ *Utilisez le* ***cours 2*** *p. 90.*

ÉTAPE 2 Analyser les documents

3. Décrivez la photographie : - qu'est ce qui caractérise le paysage urbain de Sarlat ?
   - pourquoi le label « ville d'art et d'histoire » est-il un atout ?
4. Quelles sont les difficultés que rencontrent les villes moyennes (doc. 2) ?
   À l'aide des phrases soulignées, notez quels processus sont en partie responsables de leurs difficultés.
5. Quels aménagements et quels atouts pourraient donner un avenir aux villes moyennes ? Expliquez la dernière phrase du texte.

ÉTAPE 3 Exercer un regard critique sur les documents

6. À l'aide du document 2, peut-on conclure que toutes les villes petites et moyennes ont les mêmes caractéristiques ?
   → *Utilisez les* ***cartes enjeux*** *p. 82 et le* ***cours 2*** *p. 90.*

Rédiger la réponse au sujet

Introduction *Les documents, une photographie et un texte, apportent un éclairage sur la situation des villes petites et moyennes en France.*

1er paragraphe *Les documents montrent que les villes petites et moyennes en France ont des traits communs : dépopulation, déclin des centres villes, désindustrialisation...*

2e paragraphe *La photographie et le texte mettent en avant les atouts dont peuvent disposer les villes petites et moyennes : riche patrimoine historique (Sarlat), cadre de vie attrayant, attractivité retrouvée par des équipements et des aménagements...*

Regard critique *Le texte présente un tableau général de la situation des villes petites et moyennes. Mais, en France, ces villes ont des caractéristiques très différenciées en fonction de leur localisation, de leur histoire, de leurs atouts, de leurs contraintes.*

Conclusion *Les documents attirent l'attention sur l'évolution de la place des villes petites et moyennes dans le contexte de la métropolisation du territoire français.*

Doc. 1 ▶ Sarlat-la-Canéda en Périgord noir (Dordogne)
Petite ville de 9000 habitants, Sarlat, avec plus de 60 monuments historiques, est classée « ville d'art et d'histoire ».
Elle voit chaque année passer plus de 2 millions de touristes dont un tiers d'étrangers

Doc. 2 ▶ Villes petites et moyennes : déclin ou renaissance ?

Se situant entre les métropoles et le monde rural, les villes moyennes subissent de plein fouet la décrépitude des industries manufacturières, les recompositions des services publics et la spécialisation de zones périphériques d'activités assemblées souvent autour de grands centres commerciaux.

Le principal sujet de préoccupation des élus, des experts de l'aménagement du territoire, est celui de leurs centres-villes. Ceux-ci connaissent une déchéance commerciale marquée. Ils se particularisent par des rues, auparavant commerciales, devenues vides.

Les classes moyennes et aisées, aspirant à un cadre de vie plus agréable que celui des centres désertés, les quittent pour s'installer dans les périphéries urbaines. Peu à peu la désertification s'amplifie.

Nombre de ces villes font preuves d'innovation et de volontarisme. Elles organisent des festivals, cherchent à soutenir les initiatives liées à l'économie numérique : centres de *coworking*[1], *clusters**...Elles se lancent dans du marketing urbain pour vendre leur marque et valoriser leur réputation, projettent des parcs d'activités, cherchent à reconquérir les centres villes par des aménagements et des partenariats avec les enseignes commerciales...

À l'heure de la valorisation de l'authenticité et de la ville durable, les villes moyennes concilient les exigences d'un cadre de vie à taille humaine dans un environnement relativement préservé.

Julien Damon, *Sciences Humaines* n° 294, juillet 2017.

1. *Coworking* (ou cotravail) : ensemble de bureaux partagés entre plusieurs entreprises pour favoriser les échanges et l'innovation.

Conseils

- Relevez au brouillon, dans les deux premiers paragraphes, les informations qui montrent les difficultés des villes moyennes.
- Notez les définitions de « *coworking* » et de « *cluster** ».

S'ENTRAÎNER AU BAC 9

Méthode BAC p. 16-17

Question problématisée

CAPACITÉS

- Utiliser une approche géographique pour construire un argumentaire
- Produire un écrit construit et argumenté

Sujet La France, un territoire inégalement métropolisé ?

ÉTAPE 1 Comprendre le sujet et rédiger la problématique

1. Lisez le sujet et réfléchissez aux mots surlignés :

La France, un territoire inégalement métropolisé ?

Réfléchissez au poids de Paris par rapport aux autres métropoles françaises.

Qu'indique le point d'interrogation à la fin du sujet ?

2. Définissez la problématique du sujet à l'aide des réponses aux questions suivantes :
   - la France possède-t-elle de nombreuses métropoles ?
   - quelles parties du territoire sont en marge des grandes métropoles ?

ÉTAPE 2 Mobiliser ses connaissances et organiser le plan

3. Relevez les informations illustrant les deux thèmes du plan.
   → *Utilisez le **chapitre 3** p. 78.*

1re partie *Un territoire métropolisé*

1er paragraphe : *Paris, une métropole mondiale*

2e paragraphe : *des métropoles régionales au rayonnement inégal*

2e partie *Des territoires en marge de la métropolisation*

1er paragraphe : *des territoires dépourvus de grande métropole*

2e paragraphe : *des villes petites et moyennes en marge*

Conseil

- Organisez le plan en 2 parties constituées chacune de 2 paragraphes.

ÉTAPE 3 Rédiger la réponse au sujet à l'aide des pistes suivantes

Introduction

La France possède plusieurs grandes métropoles. Cependant, on peut constater des différences de poids économique et démographique et de rayonnement entre ces métropoles.
Tout le territoire bénéficie-t-il de la proximité d'une grande métropole ? Des territoires sont-ils marginalisés ?
Nous décrirons tout d'abord la métropolisation du territoire, puis nous nous interrogerons sur son inégale métropolisation et ses conséquences.

1re partie *Un territoire métropolisé*

1er paragraphe *Paris, une métropole mondiale*

Comme le montre le schéma, en France, Paris est au sommet de la hiérarchie urbaine.

Conseils

- Insérez le schéma dans le 1er paragraphe pour appuyer votre argument.
- Introduisez-le par l'expression : « *comme le montre le schéma* ».

2e paragraphe *Des métropoles régionales au rayonnement inégal.*

→ *Utilisez le **cours** p. 88 et l'**étude de cas** p. 94.*

2e partie *Des territoires en marge de la métropolisation*

→ *Utilisez les informations que vous avez relevées en répondant à la question 3.*

Schéma – Hiérarchie urbaine en France

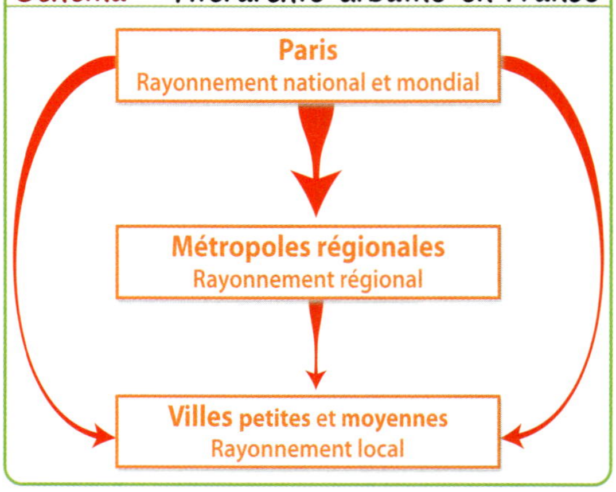

RÉVISER POUR LE BAC

Idées clés pour répondre à une question problématisée

IDÉE 1

Quelle métropolisation sur le territoire français ?

1 Le poids de Paris, ville globale, se renforce
- Paris est la seule ville française de rayonnement mondial ; elle concentre les pouvoirs politique, économique et financier…
- C'est l'un des principaux **hubs** européens.

2 Des métropoles régionales en quête de rayonnement international
- Les **métropoles régionales** françaises ont un poids européen modeste (Lyon est sept fois moins peuplé que Paris).
- Elles accueillent peu de fonctions internationales, mais elles structurent le territoire à l'échelle régionale.
- L'État français veut accroître le poids de ces métropoles.

3 Des dynamiques métropolitaines régionales très différenciées
- L'aire urbaine parisienne concentre près de 20 % de la population française.
- Les métropoles les plus dynamiques se localisent à l'Ouest et au Sud de la France ; les métropoles du Nord, de l'Est et du Centre ont souffert des crises industrielles.

IDÉE 2

Le renforcement des inégalités urbaines

1 La fragmentation croissante des espaces urbains
- La **métropolisation** accentue les contrastes socio-spatiaux à l'intérieur des agglomérations.
- Les catégories sociales modestes sont reléguées dans des quartiers anciens dégradés, des grands ensembles et des zones périurbaines éloignées.

2 Les villes petites et moyennes marginalisées ?
- Les villes petites et moyennes regroupent plus de la moitié des Français.
- Ces villes dépendent fortement des services publics.
- L'État et les collectivités locales adoptent des mesures pour les soutenir.

3 Des trajectoires différenciées
- Les villes petites et moyennes sont souvent spécialisées dans certaines activités. Elles constituent un ensemble très hétérogènes.
- Ces villes reflètent des dynamiques territoriales plus larges à l'échelle des régions : attractivité résidentielle des villes du Sud, déclin des territoires du centre et du Nord-Est.

Mots clés

À l'aide du cours p. 88 à 91, définissez les termes suivants :

- ☑ Agglomération
- ☑ Banlieue
- ☑ Centre-ville (quartier central)
- ☑ Décentralisation
- ☑ Fonctions métropolitaines
- ☑ Gentrification urbaine
- ☑ Hub
- ☑ Mixité sociale
- ☑ Services publics

Schéma pour comprendre et retenir

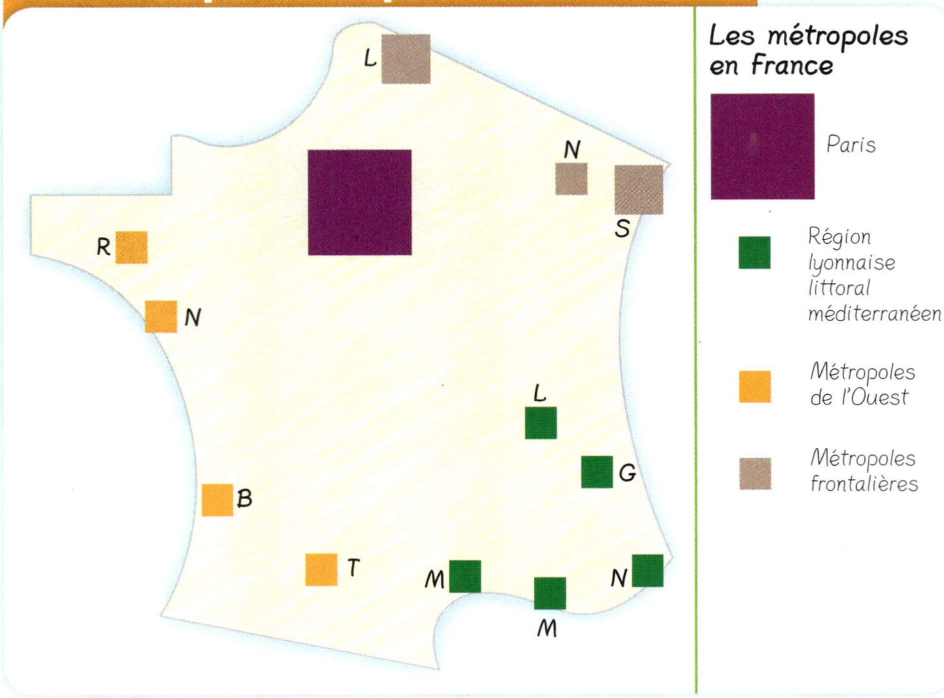

THÈME 2

Une diversification des espaces et des acteurs de la production

Nouveaux acteurs, nouveaux espaces productifs : usine chinoise *Huajian*, en Éthiopie, en 2017.

Huajian produit et exporte des chaussures pour des marques occidentales (*Guess*, *Calvin Klein*..). Le groupe s'est installé en 2011 dans une nouvelle zone industrielle de la banlieue d'Addis-Abeba, créée grâce aux investissements chinois favorisés par le gouvernement éthiopien. Cette usine représente de faibles coûts salariaux par rapport à la Chine, ainsi que des activités nouvelles et des emplois industriels pour l'Ethiopie.

Chapitres

1 Qu'est-ce qu'un espace productif ?

Panneau de *La Glass Vallée*, salon de Dubai, 2011.
Aux confins de la Normandie et des Hauts-de-France, **La Glass Vallée** est le **premier pôle mondial du flaconnage de luxe** pour la parfumerie, les spiritueux et la pharmacie.

- **Un espace productif** est un espace sur lequel se réalise une production de biens ou de services.
- **Il s'organise à toutes les échelles et peut être** spécialisé, à l'exemple de la Silicon Valley, en Californie, haut lieu mondial du numérique.
- **Avec les « grandes découvertes » des XVe et XVIe siècles puis la mise en place des empires coloniaux,** un espace productif mondialisé est né, constituant une première version de la mondialisation.

L'espace productif est l'espace où les sociétés créent la richesse qui assure leur développement. Il a pris une dimension mondiale à partir du XVIe siècle.

2 Les facteurs de recomposition de l'espace productif

- Le développement de la Chine et la montée en puissance des pays émergents sont à l'origine de la production d'un nombre inédit de richesses, dans des espaces aussi nombreux que diversifiés.
- **Les firmes transnationales des Nords et des Suds** sont les acteurs majeurs de la recomposition de l'espace productif autour de puissants réseaux de chaîne de valeurs* ajoutées.
- **La révolution numérique** transforme les activités et les espaces désormais interconnectés.

Les nouveaux acteurs des Nords et des Suds, les stratégies renouvelées des firmes transnationales et la numérisation du monde entraînent une recomposition de l'espace productif.

Dessin de Pascal Coffez, 2017.
Le coût de production est l'un des éléments pris en compte par les FTN.
Il conduit des groupes chinois à délocaliser leurs activités de main-d'œuvre en Éthiopie.

3 Les espaces gagnants de la recomposition

▶ **La production croissante de richesses et les réseaux productifs des FTN** alimentent l'explosion des flux de biens, d'informations et de capitaux.

▶ **Le transport maritime assure l'essentiel des échanges** de marchandises, désormais dominés par l'Asie orientale.

▶ **Les littoraux et les grandes métropoles,** qui pilotent le nouveau système productif mondial, concentrent les nouveaux espaces productifs.

Les littoraux et les grandes métropoles sont les principaux espaces gagnants de la recomposition de l'espace productif mondial au début du XXIe siècle.

→ Couverture de l'*ÉCONOMIE-International*, n° 20, 21 septembre 2018. À l'extrémité Sud de la grande façade maritime asiatique, **la cité-État de Singapour est l'un des « dragons »** qui a su tirer parti des flux commerciaux, financiers et des nouvelles technologies pour devenir l'une des métropoles mondiales les plus prospères.

4 Quelles dynamiques des systèmes productifs français ?

▶ **Classée au 3e rang européen et au 5e rang mondial pour son industrie,** la France, dans le contexte de la mondialisation, conserve atouts et attractivité.

▶ **Elle doit cependant répondre aux défis de la révolution numérique** et de la concurrence des pays émergents.

▶ **Les systèmes productifs français connaissent donc d'importantes recompositions** aux échelles nationale et mondiale, et s'adaptent grâce à différentes stratégies.

Le système productif français peut s'appuyer sur l'innovation, de nouvelles stratégies territoriales et l'impulsion des métropoles pour rester compétitif.

→ Campagne de publicité du groupe français *BIC*, 2017. *BIC* valorise **le thème du « made in France »**.

facebook
1601 Willow Road

Apple

CHAPITRE 4

Les espaces de production dans le monde : une diversité croissante

De la problématique du document…

Comment les nouveaux acteurs du numérique bouleversent-ils les espaces productifs dans le monde ?

1. Localisez les photographies. En quoi est-ce une concentration exceptionnelle ?
2. Pourquoi peut-on parler de nouveaux acteurs ? Quels sont leurs points communs ?
3. Quelles caractéristiques donnent-ils à la *Silicon Valley* ?
4. Comment révolutionnent-ils l'espace productif mondial ?

… aux problématiques du chapitre

> Comment l'espace productif mondial se recompose-t-il ?

> Quel est le rôle des firmes transnationales (FTN) ?

> Quel est l'impact de la révolution numérique ?

Trois grands acteurs californiens de la révolution numérique

20 km séparent au maximum les sièges sociaux/campus des trois « GAFA* » de la *Silicon Valley* entre San Francisco et San José.

Créées en 1976 (*Apple*), 1998 (*Google*) et 2004 (*Facebook*), ces start-ups* devenues firmes transnationales* dominent le monde numérique avec des milliards d'utilisateurs de leurs appareils (ordinateurs, smartphones, objets connectés) et de leurs services (moteurs de recherche, réseaux sociaux, messageries) qui assurent l'interconnexion des espaces et des sociétés.

REPÈRES SPATIAUX

Les transports, au cœur des espaces productifs

1 ▶ Les aéroports et grandes routes aériennes

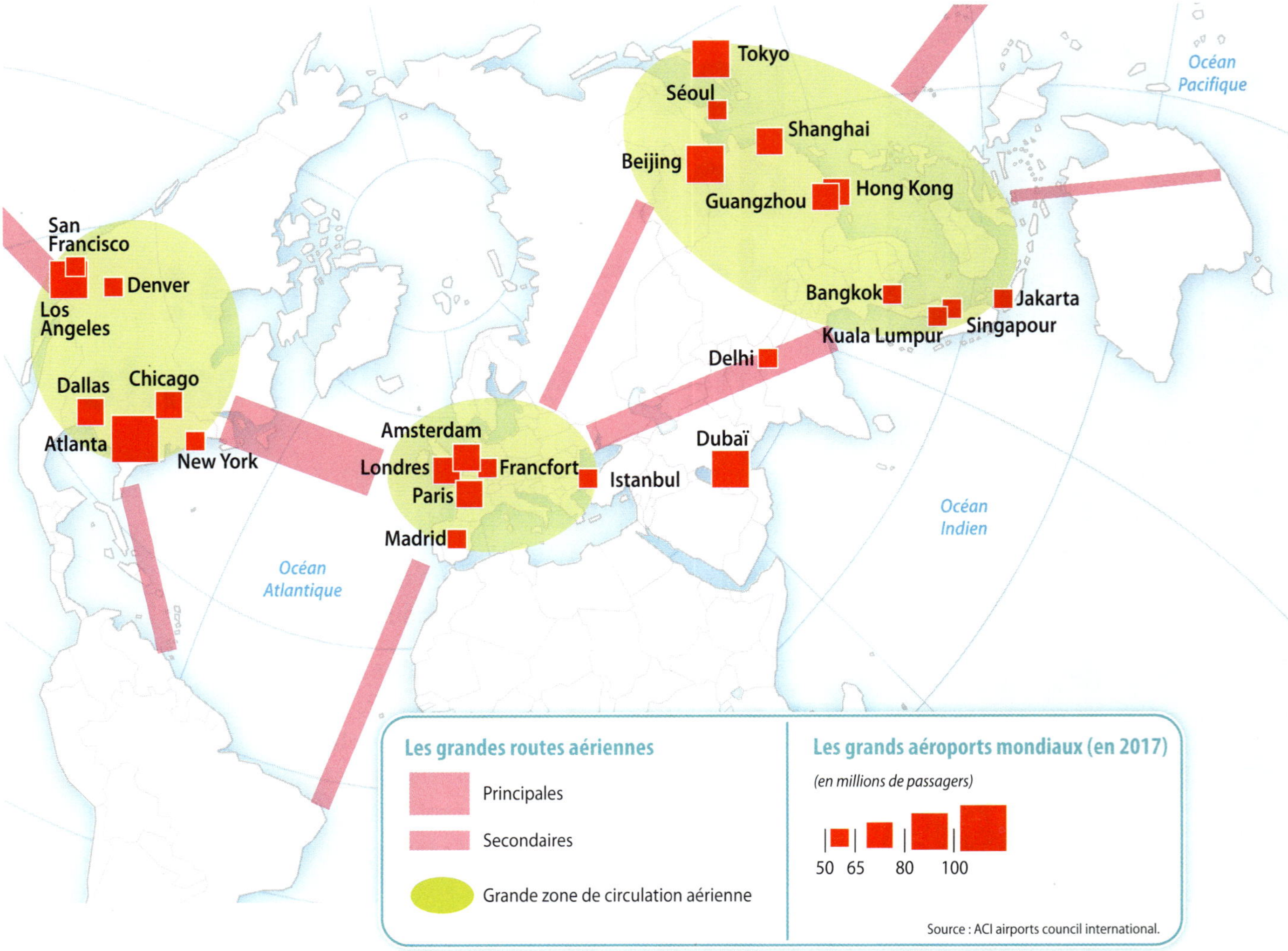

Principaux repères à connaître

1. Les plus grands aéroports du monde (en 2017)

Les 10 premiers en millions de passagers

• Atlanta H.-Jackson	États-Unis
• Beijing Capital	Chine
• Dubaï	Émirats arabes unis
• Tokyo - Haneda	Japon
• Los Angeles	États-Unis
• Chicago O'Hare	États-Unis
• Londres - Heathrow	Royaume-Uni
• Hong Kong	Chine
• Shanghai - Pudong	Chine
• Paris-CDG	France

2. Les trois grands espaces de circulation aérienne

- Asie orientale
- Europe occidentale
- États-Unis

3. Les grandes routes aériennes

- Entre Europe et États-Unis
- Entre Asie orientale et États-Unis
- Entre Asie orientale et Europe

Retenir l'essentiel de la carte

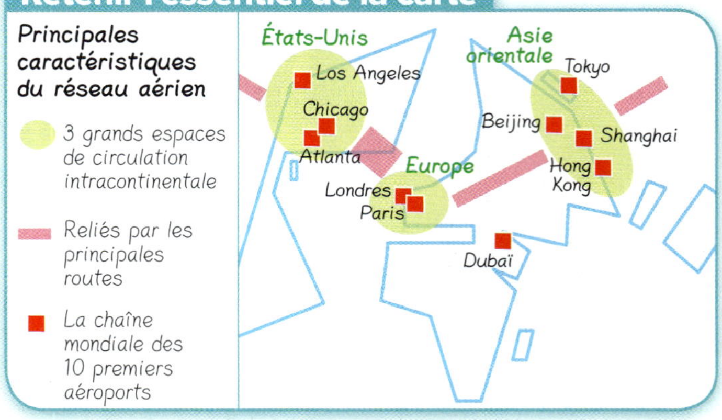

2 ▶ Les ports et grandes routes maritimes

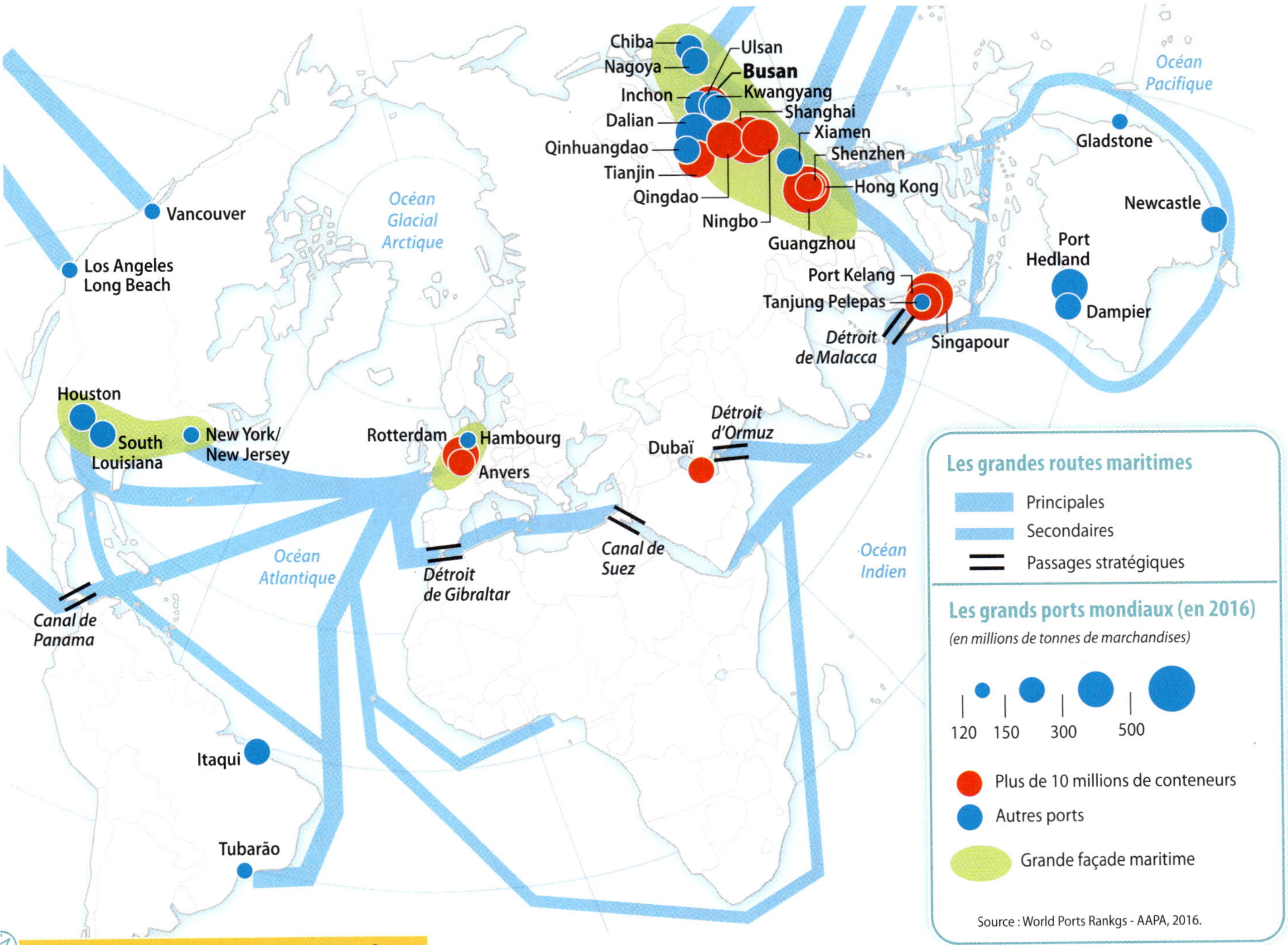

Principaux repères à connaître

1. Les plus grands ports du monde (en 2016)

Plus de 450 millions de tonnes de marchandises

- Shanghai Chine
- Singapour Singapour
- Guangzhou Chine
- Port Hedland Australie
- Ningbo Chine
- Rotterdam Pays-Bas

2. Les plus grands ports à conteneurs (en 2016)

Plus de 20 millions de conteneurs

- Shanghai Chine
- Singapour Singapour
- Shenzhen Chine
- Ningbo Chine

3. Les trois grandes façades maritimes

- Asie orientale
- Nord-Ouest de l'Europe
- Façade atlantique des États-Unis

4. Les principales routes maritimes

- Entre les trois façades par les océans, la mer Rouge et la mer Méditerranée

5. Les passages stratégiques

- Canal de Panama, canal de Suez
- Détroit de Gibraltar, détroit de Malacca

Retenir l'essentiel de la carte

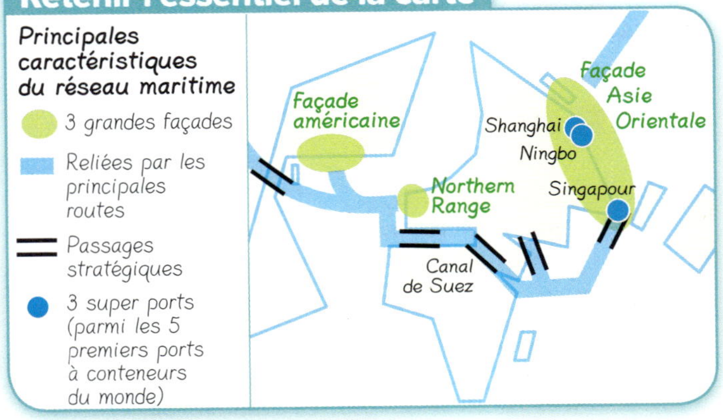

Cartes
Enjeux

Comment se recompose l'espace productif mondial ?

1 La redistribution des espaces de la production industrielle

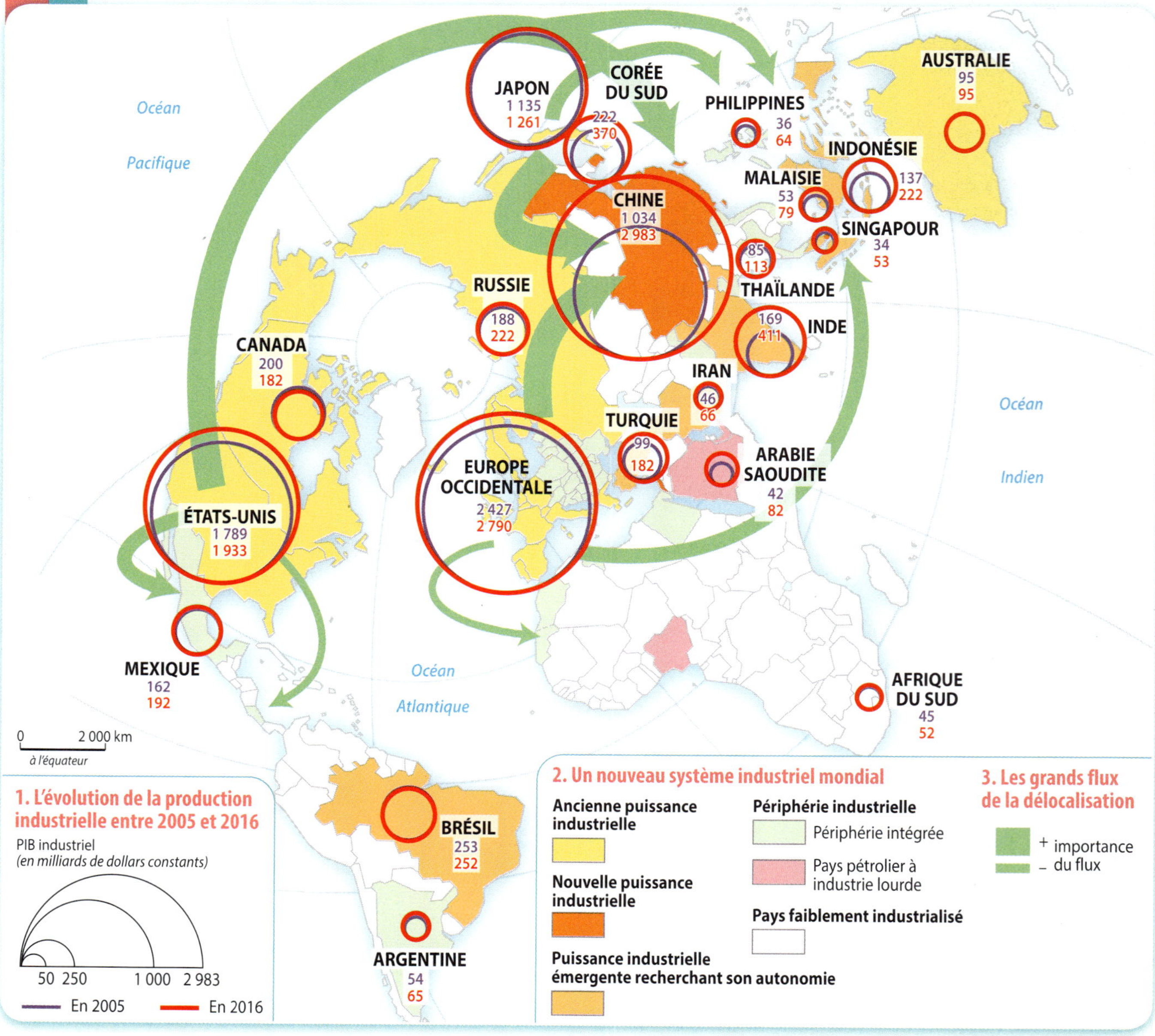

Analyser les cartes

Carte 1

1 Quel changement spectaculaire est intervenu parmi les trois premiers espaces industriels ?

2 Pourquoi peut-on parler d'une « nouvelle carte industrielle » du monde ?

Carte 2

3 De quels pays ou régions les principales FTN* sont-elles originaires ?

4 Quel continent est en marge de ces acteurs mondialisés ?

Carte 3

5 Quels pays ou régions sont principalement destinataires des IDE* ?

6 Quel continent reste à l'écart de ces investissements ?

Mettre les cartes en relation

En vous appuyant sur ces trois cartes, montrez que l'espace productif mondial est en recomposition et nommez les régions qui en sont les bénéficiaires.

Cartes interactives
www.lienmini.fr/geo1-34

2 Des acteurs de plus en plus mondialisés : les firmes transnationales (FTN)

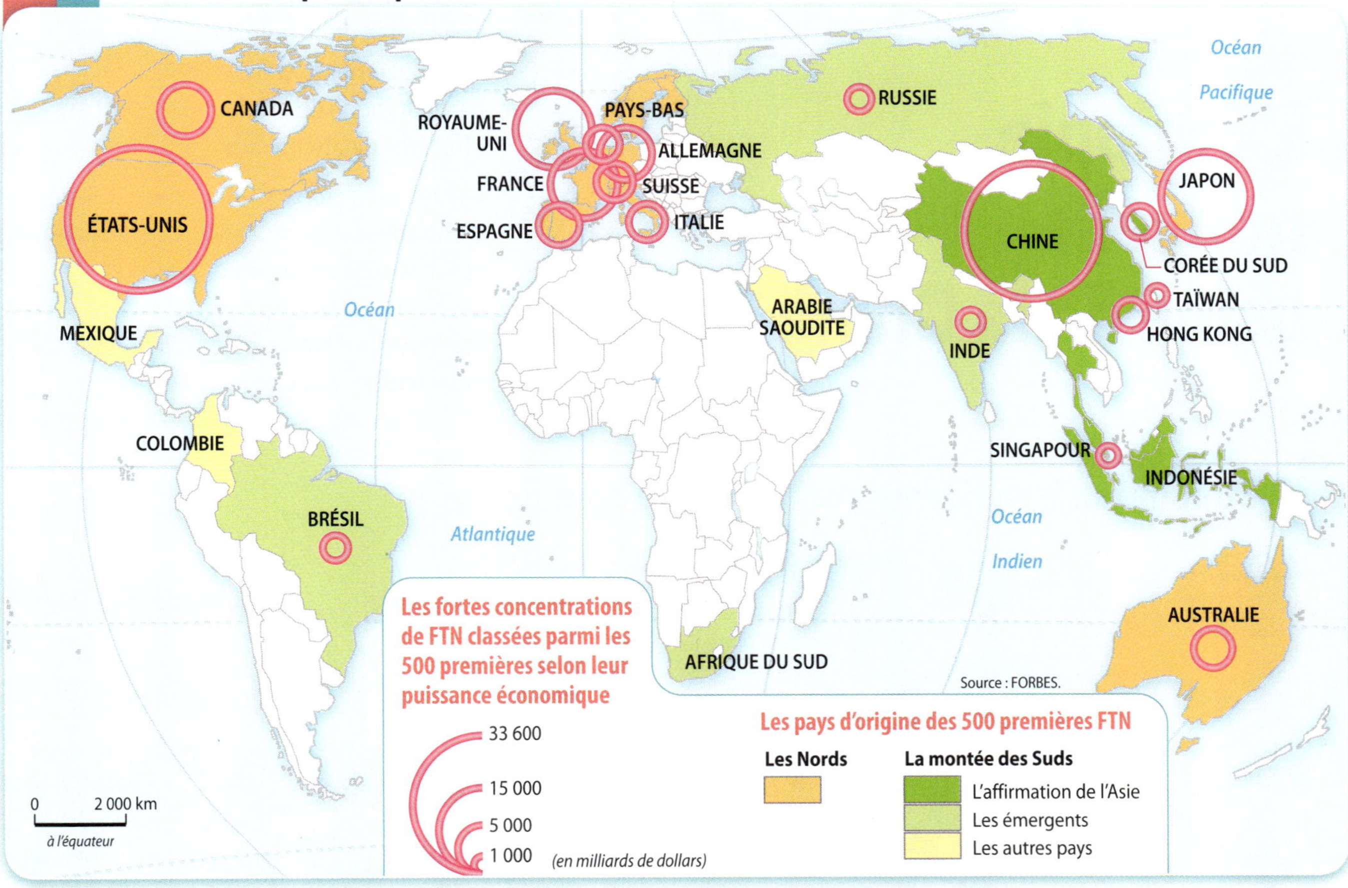

3 La redistribution des investissements directs à l'étranger (IDE)

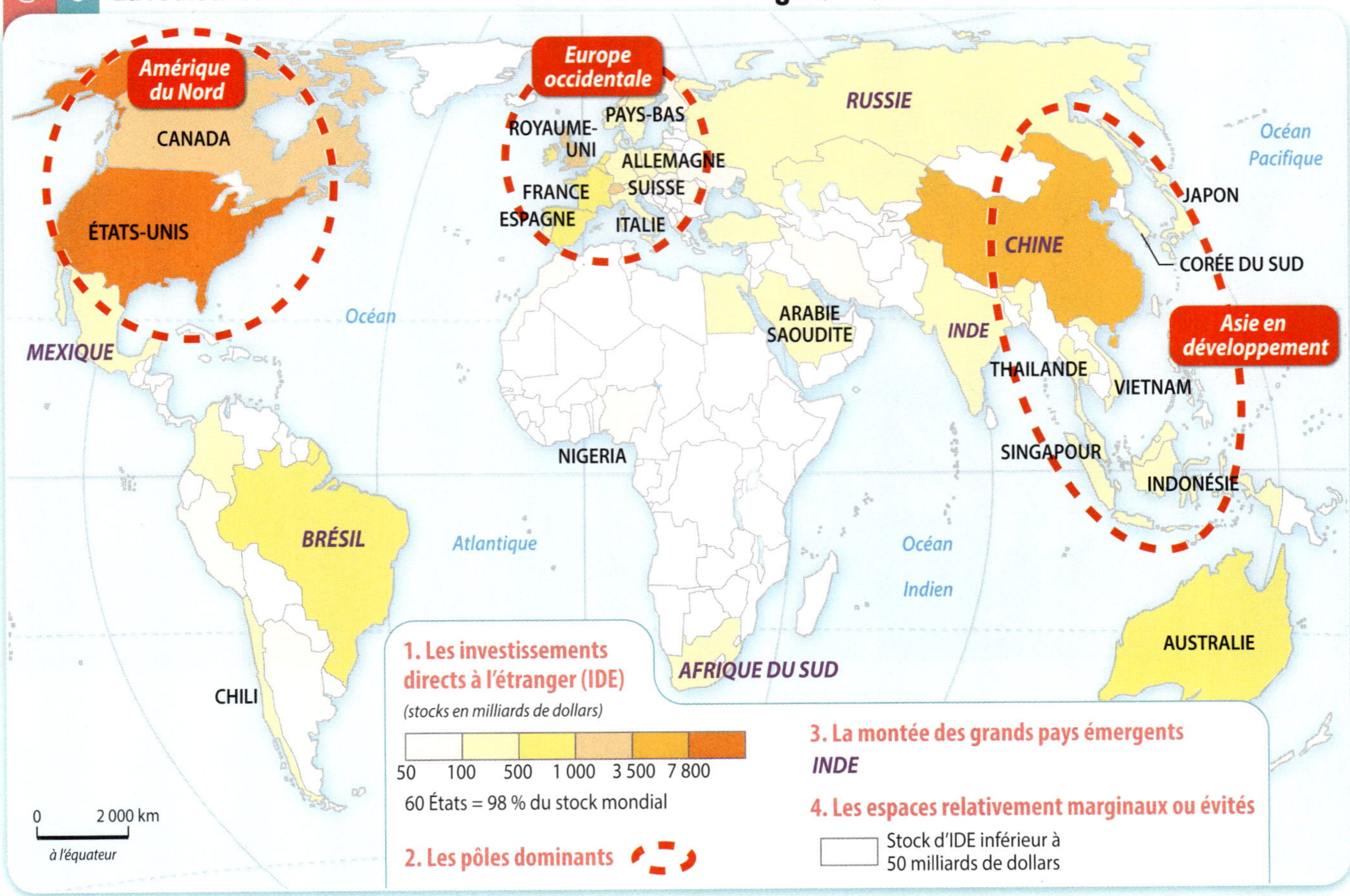

ÉTUDE DE CAS

L'Éthiopie, nouvelle usine de la Chine ?

A L'Éthiopie, pays pauvre et agricole de plus de 100 millions d'habitants, est devenue la principale destination des investissements chinois en Afrique : les conditions de production y sont en effet très avantageuses.

B La présence chinoise en Éthiopie relève d'une volonté de la Chine de délocaliser ses industries de main-d'œuvre, et de l'Éthiopie qui compte sortir de la pauvreté et devenir la nouvelle puissance industrielle de la Corne de l'Afrique.

A L'Éthiopie se transforme sur le modèle chinois

1 ▶ Gymnastique collective avant le travail pour les ouvrières de *Everest Textile* à Hawassa (février 2018)

La gymnastique collective avant le travail est une pratique fréquente dans les entreprises chinoises : elle vise à renforcer la cohésion de groupe. *Everest Textile*, société taïwanaise attirée par la main-d'œuvre bon marché, l'exemption de droits de douane et dix ans d'exonération d'impôts, fabrique des produits pour *Nike*, *Decathlon*, *Levi's*, *Guess*...

2 ▶ L'Éthiopie à l'avant-poste des délocalisations chinoises en Afrique

Le fameux « made in China » sera-t-il bientôt remplacé par le « made in Ethiopia » ? L'Éthiopie est en train de se positionner en tant qu'usine low-cost de la Chine et de se faire un nom sur la carte mondiale des délocalisations. De Kombolcha (Nord) à Hawassa (Sud), des parcs industriels et des zones économiques spéciales inspirés du modèle chinois fleurissent, construits par des entreprises chinoises, et majoritairement financés par l'*Exim Bank of China*. Quelques 279 entreprises industrielles originaires de l'empire du milieu y ont déjà transféré leurs activités, générant plusieurs dizaines de milliers d'emplois ; plus de 100 autres entreprises sont en cours d'implantation.

L'arrivée massive des entreprises chinoises a entraîné l'implantation de plusieurs grands groupes occidentaux spécialisés dans le textile-habillement comme le groupe suédois *Hennes & Mauritz (H&M)*. Les parcs industriels éthiopiens attirent aussi de plus en plus d'entreprises japonaises, indiennes, et turques.

Outre son rôle de locomotive de l'industrialisation, la Chine investit massivement dans les secteurs du BTP, des transports et des télécommunications.

Huit nouveaux parcs industriels devraient sortir de terre d'ici 2020 pour permettre au secteur industriel de représenter 20 % du PIB et 50 % du volume des exportations de l'Éthiopie d'ici 2025. Avec un PIB en hausse de 9 % en moyenne par an depuis douze ans, l'Éthiopie est désormais le champion incontesté de la croissance en Afrique.

Walid Kéfi, « L'Éthiopie à l'avant-poste des délocalisations chinoises en Afrique : 85 millions d'emplois à gagner ! » *Ecofin Hebdo*, 4 mai 2018.

3 ▶ Le nouveau train Addis-Abeba vers Djibouti

Inaugurée en octobre 2016, la ligne ferroviaire électrifiée, construite et équipée par des entreprises chinoises, permet de joindre en 10 heures (une semaine par la route) le port de Djibouti, accès maritime dont l'Éthiopie est dépourvue.

4 ▶ Principaux investissements chinois en Éthiopie et à Djibouti

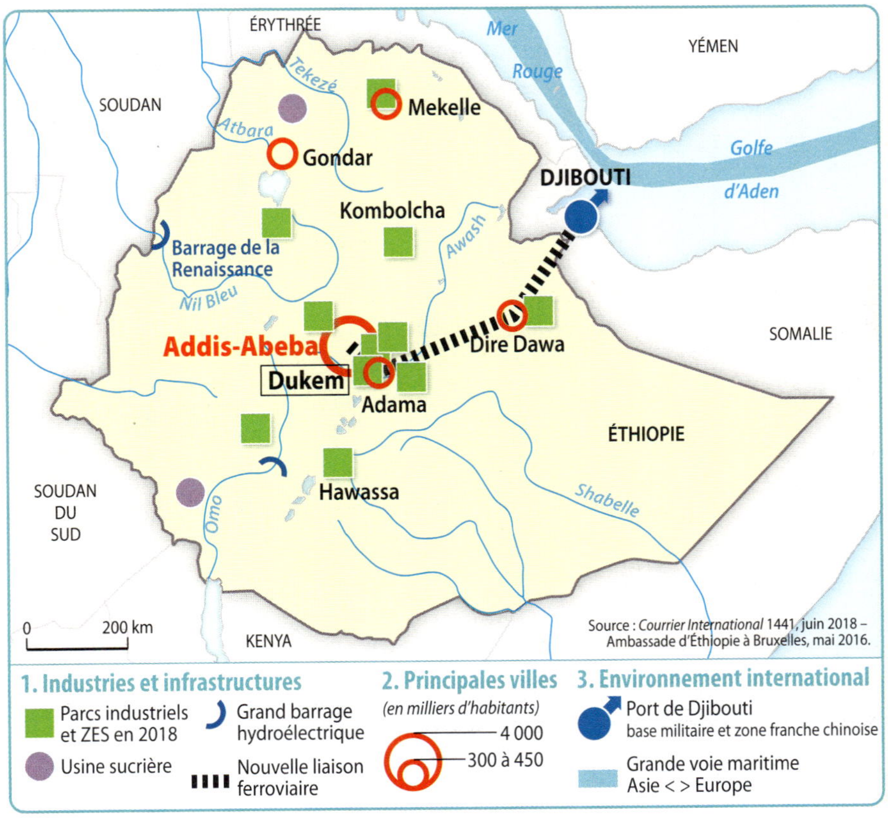

Analyser et confronter les documents

Documents 1 et 2

1. Quels sont les avantages offerts par l'Éthiopie pour attirer les investissements chinois ?

Documents 2, 3 et 4

2. Par quels moyens la Chine rend-elle l'Éthiopie accessible et attractive pour les entreprises ?
3. Quels sont les bénéfices que l'Éthiopie retire de la présence chinoise ?

▶ CONCLURE

Dans quelles mesures les investissements chinois transforment-ils l'espace productif éthiopien ?

B Un partenariat équilibré ?

5 ▶ L'Éthiopie dans les « nouvelles routes de la soie* »

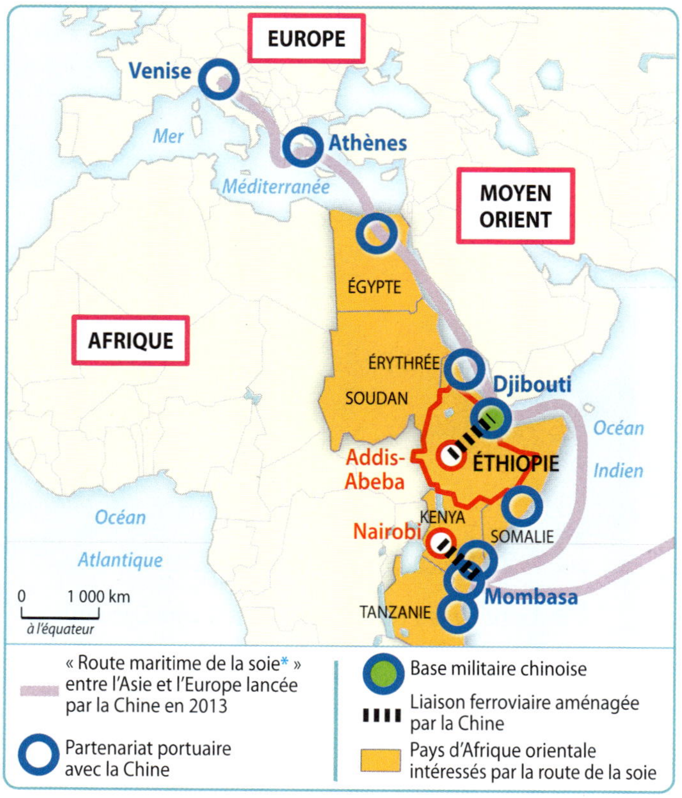

6 ▶ Un marché plutôt gagnant-gagnant

L'engagement croissant de la Chine en Éthiopie est tout sauf une affaire de charité. Il s'agit plutôt d'un marché gagnant-gagnant. L'Éthiopie y gagne une diversification inespérée de son économie et une importante réduction d'un chômage qui touche environ 25 % de la population active. La Chine, elle, obtient des coûts de production avantageux pour son industrie.

À Addis-Abeba, le salaire moyen dans l'industrie manufacturière tourne autour de 60 dollars par mois contre plus de 600 dollars en Chine. Conséquence : les entreprises chinoises cherchent plus que jamais à transférer leurs activités les plus intensives en main-d'œuvre peu qualifiée dans de nouveaux eldorados salariaux pour rester compétitives par rapport à des concurrents prêts à déplacer des sites industriels comme des briques de *Lego*.

En Afrique, de plus en plus de pays pouvant offrir des coûts logistiques plus avantageux que ceux de l'Éthiopie (pays enclavé) grâce à leurs infrastructures portuaires modernes, font des appels du pied à la Chine, qui devrait délocaliser 85 millions d'emplois industriels dans les prochaines années.

Walid Kéfi, « L'Éthiopie à l'avant-poste des délocalisations chinoises en Afrique : 85 millions d'emplois à gagner ! », *Ecofin Hebdo*, 4 mai 2018.

7 ▶ Des échanges commerciaux déséquilibrés de l'Éthiopie avec le monde

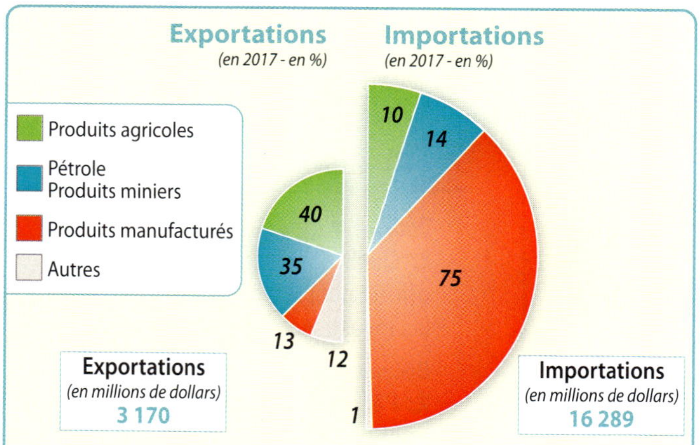

Le café est le principal produit éthiopien exporté en 2017 (60 % des exportations agricoles).
La Chine est le 5e client (5 % des exportations éthiopiennes) mais le 1er fournisseur (32 % des importations de l'Éthiopie).

Source : Profil Éthiopie OMC, 2018.

Analyser et confronter les documents

Document 6

1. En quoi le partenariat peut-il satisfaire les deux pays ?

Documents 5 et 6

2. Dans quelle stratégie mondiale de la Chine faut-il replacer le partenariat avec l'Éthiopie ? Avec quel risque pour l'Éthiopie ?

Document 7

3. Que montre le graphique sur les échanges commerciaux de l'Éthiopie avec le monde ?

▶ CONCLURE

Pourquoi faut-il nuancer les résultats du partenariat en ce qui concerne l'Éthiopie ?

Pour mettre en perspective à l'échelle mondiale

Les espaces de production dans le monde se diversifient.

- Comment l'espace productif mondial se recompose-t-il? → Cours 1 p. 120
- Quels sont les principaux acteurs de cette recomposition?→ Cours 2 p. 122

Reportage

▶▶ Vidéo
Éthiopie, la nouvelle usine de la Chine
France 2, 4'27", 2018.
www.lienmini.fr/geo1-32

Investissements chinois et développement industriel de l'Éthiopie

Depuis le début des années 2000, la Chine multiplie les investissements massifs en Éthiopie. Si le gouvernement éthiopien reconnaît avoir besoin de ces investissements pour devenir un nouveau pays industriel exportateur d'ici 2025, la Chine entend bien aussi tirer avantage de la coopération sino-éthiopienne.

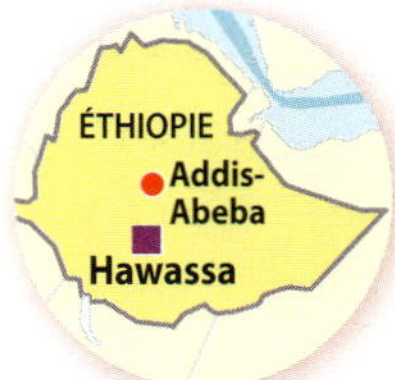

À propos du reportage

- Situé à 275 km de la capitale, Hawassa est le plus grand parc industriel éthiopien. Construit en neuf mois par des entreprises chinoises, il est spécialisé dans la production du textile et de l'habillement.
- Achevé en juillet 2016, il a été totalement financé par la Chine.
- Il a attiré dix-huit grandes sociétés mondiales d'habillement et de textile des États-Unis, de Chine, d'Inde, du Sri Lanka et six entreprises locales.
- Le reportage présente l'une de ces usines de textile.

Décrypter la vidéo

Réfléchir à la présentation et à l'organisation de la vidéo

1. Présentez la vidéo.
2. Comment est-elle construite ? Identifiez les différentes séquences.

Comprendre la vidéo

3. Quels types d'entreprises chinoises s'installent dans ce parc industriel d'Éthiopie ?
4. Que vient chercher la Chine à Hawassa ?
5. Comment se matérialise la présence chinoise dans cette entreprise ?
6. Quels sont les différents signes du partenariat sino-éthiopien à l'échelle du pays ?
7. Quelles sont les limites sociales que le reportage met en avant ?
8. Qu'espère l'Éthiopie de cette coopération avec la Chine ?

Conclure

Cette coopération entre la Chine et l'Éthiopie est-elle avantageuse pour les deux pays ?

Fiche d'étude vidéo imprimable
www.lienmini.fr/geo1-33

ÉTUDE DE CAS

La *Silicon Valley*, un espace productif intégré de l'échelle locale à l'échelle mondiale

A L'espace productif de la *Silicon Valley*, concentre des entreprises spécialisées dans l'électronique, l'informatique et le numérique. Son nom fait référence au *silicium*, composant essentiel pour les produits électroniques.

B Région motrice de l'économie américaine, la *Silicon Valley* rayonne sur l'ensemble de la planète grâce aux « GAFA » (*Google*, *Apple*, *Facebook* et *Amazon*) et au prestige de l'université de Stanford.

A Un modèle d'organisation d'espace productif spécialisé

1 ▶ L'université de Stanford à Palo Alto, un moteur d'innovation
L'immensité du campus de l'université de Stanford témoigne de son rôle majeur dans la *Silicon Valley*, qui s'est développée sous son influence. Elle rend possible la collaboration étroite entre les chercheurs et les ingénieurs du secteur privé.

Magazine de l'École supérieure de commerce de l'université Stanford, printemps, 2016.

2 ▶ Un district industriel spécialisé dans l'électronique

C'est avec l'invention des semi-conducteurs en silicium, à la fin des années 1950, que la vallée de Santa Clara devient le leader national et mondial incontesté de l'industrie électronique. Dès 1971, elle est appelée *Silicon Valley* – ce surnom ne l'a plus quittée. Dans les années 1970, l'invention des ordinateurs personnels lui permet de s'ouvrir au marché de masse et lui vaut une croissance spectaculaire. Un des premiers exemples de « district industriel », elle fonde son succès sur l'abondance d'une main-d'œuvre qualifiée et spécialisée dédiée à l'innovation mais prompte à circuler d'une entreprise à l'autre, sur un dense réseau d'acteurs interdépendants, fondé sur la proximité géographique.

Le développement de l'industrie électronique, parti de l'université de Stanford, déborde bientôt des limites municipales de Palo Alto et se poursuit en direction du Sud de la vallée : les villes, alléchées par la perspective des revenus engendrés par les taxes professionnelles, encouragent l'implantation d'entreprises. D'où le fort déséquilibre socio-spatial qui caractérise la *Silicon Valley*. Les emplois se concentrent au Nord alors que le Sud devient bientôt une vaste banlieue dortoir (San José). Au Nord se déploient les quartiers résidentiels aisés où s'installent les universitaires, les ingénieurs et les entrepreneurs de la vallée. Au Sud, San José accueille principalement les populations modestes occupant les emplois non qualifiés de la *Silicon Valley*, notamment les minorités issues de l'immigration mexicaine, philippine ou vietnamienne.

Sonia Lehman-Frisch, *Sociologie de San Francisco*, © éd. La Découverte, 2018

3 ▶ Apple Park : nouveau siège social d'*Apple* à Cupertino.

Inauguré en avril 2017, le complexe circulaire transparent conçu par Norman Foster peut accueillir 13 000 employés au milieu d'un vaste espace vert. Le gigantisme et le futurisme de la structure expriment la puissance de la firme 40 ans après sa création dans un garage à Los Altos.

4 ▶ L'organisation de l'espace productif de la *Silicon Valley*

Source : G. Dorel, *Atlas de l'empire américain*, Édition Autrement
« Why startup are leaving Silicon Valley », *The economist*, 30 août 2018.

Analyser et confronter les documents

Documents 1, 2, 4 et vidéo p. 119

1. Décrivez l'organisation spatiale de l'espace productif de la *Silicon Valley*. En quoi l'université de Stanford est-elle le pivot du système productif ?

Document 3

2. En quoi le nouveau siège d'Apple est-il révélateur de la puissance mondiale du groupe, et du dynamisme de la *Silicon Valley* ?

Documents 1 et 2

3. Quel type d'employés les entreprises recherchent-elles ? Pourquoi ?

▶ **CONCLURE**

Montrez que l'espace productif de la *Silicon Valley* est un espace contrasté, à la fois source d'innovations, de richesses et d'inégalités.

B Un espace intégré à la mondialisation

5 ▶ Une lutte inégale entre l'Union européenne et les « GAFA »,
Dessin de Kak, *l'Opinion*, 5 février 2018.

La commissaire européenne Margrethe Vestager siffle un carton rouge aux « GAFA » (*Google, Apple* et *Facebook*) représentés en joueurs de football américain. Depuis 2014, elle a infligé plus de 7 milliards d'euros d'amendes, notamment à *Google*, pour entente ou abus de position dominante. Il s'agit aussi de protéger les données personnelles des utilisateurs et de taxer davantage ces entreprises championnes de l'évasion fiscale.

6 ▶ La *Silicon Valley*, épicentre de l'innovation

La baie de San Francisco témoigne d'une vitalité hors du commun : la région se situerait dans le peloton de tête des vingt premières économies mondiales pour son PIB, devançant la Suisse d'une courte tête. Épicentre mondial de l'innovation avec près de 40 % des nouvelles technologies qui y émergent annuellement, la Baie de San Francisco a vu naître la plupart des mastodontes du software et du web (*Google, Facebook, Apple, HP*, etc.) et émet annuellement 15 % des brevets américains, tous secteurs confondus.

En quelques années, le secteur des technologies de l'information et de la communication (TIC) est devenu l'un des moteurs essentiels de la croissance locale. Si les semi-conducteurs ont fait la gloire et continuent d'asseoir le succès de la région (tous les acteurs mondiaux y sont représentés), ce sont bien le logiciel et le web qui occupent le devant de la scène à l'heure de l'hyper-connectivité. En 2014, les Etats-Unis représentent encore près de 50 % du marché mondial de l'informatique.

Leur insolente réussite ne doit pas cacher la réalité : l'environnement hyperactif et ultra-concurrentiel de la baie de San Francisco draine chaque année des milliers d'entrepreneurs en provenance du monde entier. Environ 60000 startups y voient le jour et se battent pour survivre, moins de 4 % sont financées et les autres périclitent plus ou moins rapidement.

Pierrick Bouffaron et Basile Bouquet, *Les Échos*, 12 février 2014.

Analyser et confronter les documents

Document 5

1. Quels sont les acteurs en présence ? Comment les « GAFA » sont-ils représentés par rapport au joueur européen ?

2. Quelle situation le dessinateur veut-il dénoncer en ce qui concerne les « GAFA » ?

Document 6 et vidéo p. 119

3. Quelle évolution le système productif de la *Silicon Valley* a-t-il connu ? Qu'est-ce qui lui permet de rester « l'épicentre mondial de l'innovation » ?

▶ CONCLURE

Montrez comment l'espace productif de la *Silicon Valley* est intégré à la mondialisation par son fonctionnement et ses entreprises.

Pour mettre en perspective à l'échelle mondiale

La *Silicon Valley* participe à la recomposition de l'espace productif mondial.

- Comment l'espace productif mondial se recompose-t-il ? → Cours 1 p. 120
- Quel est le rôle des firmes transnationales (FTN) ? → Cours 2 p. 122
- Quels sont les impacts et enjeux de la révolution numérique ? → Cours 3 p. 124

Reportage

Vidéo
Le Monde, 4'53", 2018.
www.lienmini.fr/geo1-25

Comment Google est devenu un empire

Google est l'un des leaders incontestés du numérique, souvent associé à _Amazon_, _Facebook_ et _Apple_ au sein des « GAFA ». Ceux-ci dominent la nouvelle économie numérique mondiale et leurs pratiques soulèvent des inquiétudes.

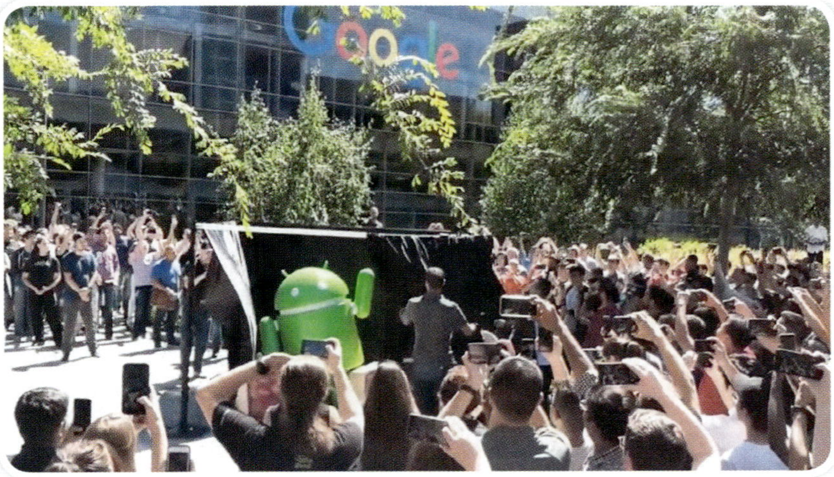

Présentation d'Androïd, racheté en 2005 par *Google*. Le logiciel équipe 85 % des téléphones dans le monde.

À propos du reportage

- À l'instar de *Facebook* et *Apple*, *Google* a été lancé dans la *Silicon Valley*, au Sud de San Francisco, où se trouvent toujours leurs sièges sociaux. *Amazon* est installé à Seattle, comme *Microsoft*.
- Créé à Mountain view, non loin de Palo Alto, le « Googleplex » est un vaste campus technologique de 20 hectares où travaillent 10 000 personnes. *Google* possède 68 sites au total dans le monde, dont une vingtaine en Europe.
- En 2018, la domination de son moteur de recherche était presque totale, avec 90 % de parts de marché et 30 000 milliards de pages indexées.

Décrypter la vidéo

Réfléchir à la présentation et à l'organisation de la vidéo

1. Présentez la vidéo.
2. Comment est-elle construite ? Identifiez les différentes séquences.

Comprendre la vidéo

3. Dans quelles conditions la start-up* est-elle née en 1998 ? Quels sont ses liens avec l'université de Stanford ?
4. Quelle a été sa transformation en 20 ans ? Quelle innovation a lancé ce spectaculaire développement ?
5. Comment a-t-elle financé son développement ?
6. Pourquoi et comment s'est-elle diversifiée ?
7. Quels sont ses nouveaux domaines de recherche ?

Conclure

En quoi l'entreprise *Google* est-elle révélatrice du fonctionnement de l'espace productif de la *Silicon valley* et de son impact sur l'espace productif mondial ?

Fiche d'étude vidéo imprimable
www.lienmini.fr/geo1-26

Cours 1

L'espace productif mondial en recomposition

CHIFFRES

Croissance du PIB mondial (1980-2017)

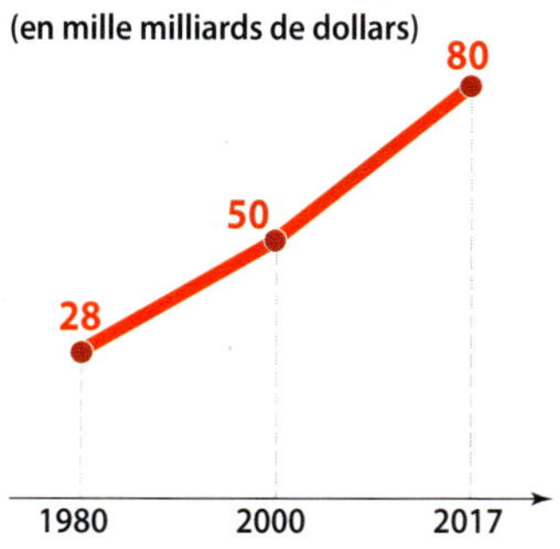

NOTION

Division internationale du travail (DIT)

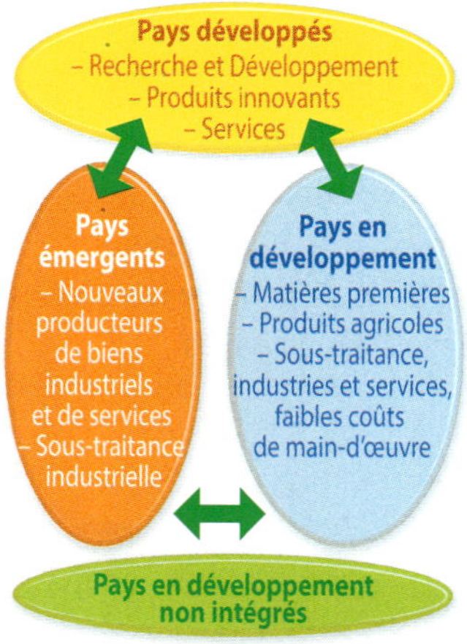

↔ Relations dans le cadre de la DIT : investissement, échanges, production.

A. Toujours plus de richesses et d'inégalités

- **En 25 ans, le PIB annuel mondial** a doublé pour atteindre 79 800 milliards de dollars. En réalisant la moitié de la croissance économique mondiale, la Chine et les pays émergents bouleversent les équilibres mondiaux. Pourtant, le **système productif** mondial demeure très polarisé : le G20* réalise 90 % du PIB et 85 % du commerce mondial. → Carte enjeux 1 p. 110
- **L'espace mondial connaît une explosion des inégalités et de vives tensions,** malgré l'essor de nouvelles couches moyennes salariées (900 millions de personnes, 19 % de la population mondiale) [doc. 2]. Géographiquement, 78 % de la richesse financière et immobilière demeure polarisée par les Nords. Socialement, alors qu'1 % de la population mondiale dispose de 46 % de la richesse mondiale (8 % : 86 %), 73 % doit se contenter de seulement 2,4 %.

B. Vers de nouveaux espaces de production

- **La recherche et la mobilisation de nouvelles ressources naturelles et humaines** deviennent systématiques pour répondre aux besoins des révolutions technologiques [doc. 1] ou pour bénéficier de coûts de production plus avantageux. Elles se traduisent par l'intégration de nouveaux **espaces productifs** restés longtemps marginaux (Amazonie, hautes latitudes glacées, déserts), voire inaccessibles (grands fonds marins) ou à l'écart des circuits mondiaux de la production. → Étude de cas p. 112
- **De nombreux acteurs et territoires cherchent à se différencier** face à la production de masse de biens et de services toujours plus importante. Ils jouent la carte de la nouveauté (fruits, légumes tropicaux) ou des labels de qualité, et mobilisent des traditions culturelles et artisanales. Ils s'appuient souvent sur des **PME*** et parfois sur des **ONG***.
- **L'innovation constitue aujourd'hui un facteur clé des évolutions des espaces productifs.** Des espaces spécialisés apparaissent ou se renforcent (Bangalore en Inde, Silicon Wadi en Israël…). La *Silicon Valley*, en Californie, se recompose de l'informatique-électronique vers l'internet et ses services ou vers l'intelligence artificielle. → Étude de cas p. 116

C. Une division internationale du travail (DIT) complexe

- **Les centres dominants gardent un rôle majeur dans la division internationale du travail**. Seulement cinq États polarisent 70 % de la recherche et dix États 70 % de la production industrielle mondiale (20 États : 83 %). En 30 ans, seule la Chine émerge comme une nouvelle puissance économique de premier plan. → Carte enjeux 1 p. 110
- **Les périphéries intégrées, mais dominées,** regroupent les fournisseurs de matières premières agricoles, minérales et énergétiques dépendant de la variabilité des cours mondiaux. On trouve aussi les pays-ateliers valorisant une main-d'œuvre à bon marché pour les segments déqualifiés de l'industrie et des services (textile, électronique grand public) [doc. 6]. → Étude de cas p. 112 ; carte enjeux 1 p. 110.
- **Les « marges évitées »** regroupent soit les pays n'ayant rien à offrir, soit les États ravagés par l'instabilité politique, les crises et les guerres (Soudan, Congo, Centrafrique…). → Carte enjeux 1 p. 110.

Définitions

Espace productif
Espace sur lequel se réalise une production de biens ou de services.

Système productif
Ensemble des facteurs et des acteurs concourant à la production, à la circulation et à la consommation de richesses.

* Lexique p. 298

1 ▶ Le Salar d'Atacama au Chili, un des plus grands gisements de lithium au monde

Entre 2 000 et 4 000 mètres d'altitude dans les Andes, dans un espace désertique, le « triangle du lithium » recèle les réserves les plus importantes de ce métal très recherché par l'industrie des batteries. Le « triangle » est un nouvel espace productif stratégique pour les multinationales canadienne, américaine et chinoise (Chili : 1er producteur de lithium ; Chine : 1er fabricant de batteries).

2 ▶ Les milliardaires sont de plus en plus riches

Selon une étude publiée par la banque suisse UBS, la fortune des personnes bénéficiant d'au moins un milliard de dollars a augmenté de 19 % au niveau mondial en 2017. Cela représente une somme totale de 8 900 milliards de dollars (7 829 milliards d'euros) détenus collectivement par 2 158 milliardaires. Leur nombre est passé de 1 979 à 2 158 en seulement une année.

Les États-Unis mènent toujours la danse, mais la progression de la richesse des milliardaires a été deux fois plus élevée en Chine qu'au niveau mondial. En 2017, la fortune des milliardaires chinois a augmenté de 39 % pour atteindre 1 120 milliards de dollars. La raison, selon UBS : la très large population du pays et son vivier technologique. « Au cours de la dernière décennie, les milliardaires chinois ont créé certaines des plus grandes entreprises, mais aussi des plus prospères, et fait fortune à des niveaux extraordinaires » analyse Josef Stadler, responsable de l'unité pour le patrimoine des clients les plus fortunés au sein de la banque UBS.

Une évolution qui tend à démontrer l'enrichissement des plus riches et une répartition des richesses de plus en plus inégale. Selon la banque Crédit Suisse, en 2018 9,5 % de la population mondiale détenaient 84 % des richesses de la planète. À l'inverse, 90 % de la population devaient se partager seulement 16 % de la richesse mondiale. Un constat alarmant.

Sarah Ugolini, *Capital*, 27 septembre 2018.

Doc bac

Analyse d'une photographie

Identifier la photographie

1. Situez l'espace de la photographie. Quelles sont ses caractéristiques ?
2. Quelle est l'activité qui y est développée ?
3. Pourquoi cet espace attire-t-il des multinationales étrangères pour participer à son exploitation ?

Comprendre la photographie

4. Comment un espace montagneux et aride peut-il devenir un espace productif stratégique pour le monde ?

Cours 2

Les FTN, acteurs majeurs de la recomposition

CHIFFRES

Stocks d'investissements directs à l'étranger (IDE)

Selon l'origine

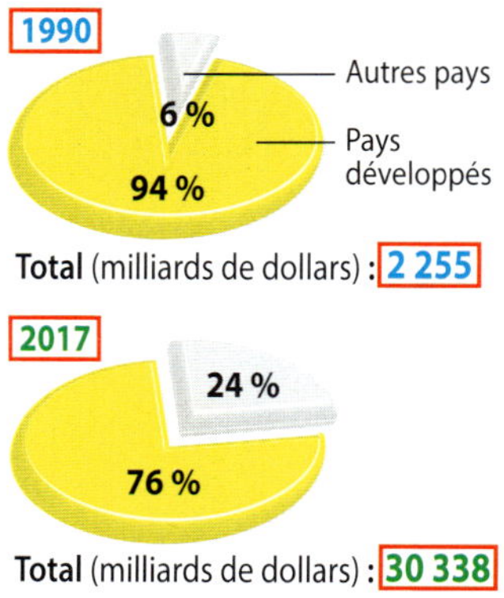

Source : CNUCED, 2018.

NOTION

Firme transnationale (FTN)

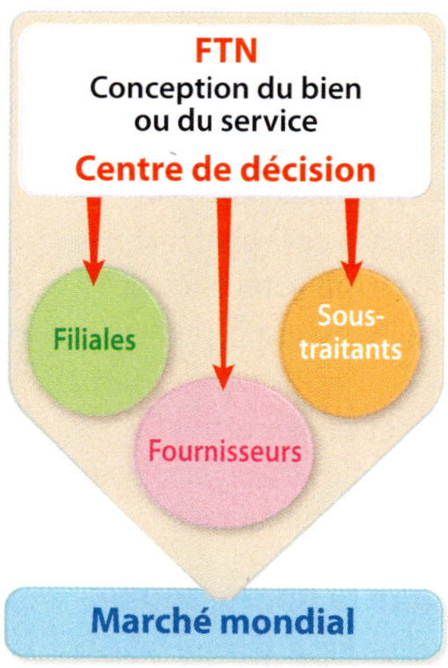

Définition

Chaîne de valeur ajoutée

Ensemble des entreprises qui interviennent dans le processus de production d'un bien ou d'un service et recherchent la plus grande rentabilité économique.

* Lexique p. 298

A. La puissance des firmes transnationales

- **Les firmes transnationales (FTN) sont les principaux agents de la mondialisation.** En vingt ans, leur **stock d'investissements directs à l'étranger (IDE)*** a été multiplié par 7. Elles réalisent les deux tiers du commerce mondial, plus du quart du PIB mondial, et emploient plus de 80 millions de salariés dans le monde. → Carte enjeux 2 p. 111
- **Les FTN gardent un solide ancrage national** pour les fonctions les plus stratégiques (sièges sociaux, recherche, production à haute valeur ajoutée). Elles s'appuient sur l'aide géoéconomique et géopolitique que leur apporte systématiquement leur État et territoire d'origine.
- **Les FTN disposent d'un pouvoir d'influence considérable à toutes les échelles.** Elles s'appuient sur de nombreux organismes et lieux de rencontre (*World Economic Forum* de Davos…), mais doivent de plus en plus compter avec les résistances de certaines ONG et de syndicats.

B. La nouveauté : les FTN des pays émergents

- **L'essor des Suds est la grande nouveauté des dernières décennies.** Les grands pays émergents (Chine, Inde, Russie, Brésil) et les puissances régionales (Golfe persique…) contrôlent dorénavant 123 des 500 premières FTN du monde, contre 377 pour les grands pays développés [doc. 4]. Elles réalisent **une part croissante des IDE** des **pays en développement**. → Carte enjeux 2 p. 111
- **Ces FTN bouleversent les rapports de force mondiaux.** Dans de nombreux secteurs (mines, énergie, agriculture, électronique, transports maritimes et aérien, finance, commerce…), ces nouveaux acteurs partent à la conquête du monde [doc. 5]. → Étude de cas p. 112 ; dossier p. 128
- **Ces nouvelles rivalités expliquent la montée des tensions** géoéconomiques et géopolitiques avec les pays occidentaux (États-Unis et Chine) et la paralysie de nombreux organismes internationaux (**FMI***, **Banque mondiale**, **OMC***…) régulant la mondialisation contemporaine.

C. De puissants réseaux productifs internationaux

- **La puissance des FTN repose sur leur maîtrise de l'espace mondial** à leur profit comme zone de fourniture, de production ou de vente. Leurs localisations sont sélectives : seulement 10 États polarisent 63 % des IDE, et 30 États 88 %. Sauf pour des investissements ponctuels, les FTN jugent que la moitié de la planète est trop instable et risquée → Carte enjeux 3 p. 111.
- **Les FTN réalisent des arbitrages territoriaux** dans l'organisation et la répartition de leur appareil productif (sièges, laboratoires, usines, entrepôts…). Elles tiennent compte de nombreux facteurs : risques géopolitiques, réglementations nationales et aides publiques, coûts salariaux, savoir-faire [doc. 3], cultures des consommateurs, résistance des États et des citoyens…
- **Les FTN mobilisent aussi un vaste réseau de fournisseurs et de sous-traitants.** De l'amont vers l'aval, les processus de production organisent des **chaînes de valeurs ajoutées** de plus en plus complexes aux échelles locales, régionales, nationales et continentales. Ceci explique l'explosion des flux d'échanges matériels et immatériels, aux prix cependant de coûts énergétiques et environnementaux croissants. → Dossier p. 126

3 ▶ L'internationalisation des fournisseurs de *Marks & Spencer* dans la grande distribution

Dans la grande distribution, le Royaume-Uni demeure au cœur du système mondial de Marks and Spencer avec 66 % des magasins, 90 % des emplois et des ventes malgré une présence dans 59 pays. Sa centrale d'achat londonienne gère une vaste chaîne mondiale d'approvisionnement mettant en concurrence 2 200 fournisseurs et 1 million de salariés dans 52 pays.

Dans l'agro-alimentaire, 184 000 salariés sont mobilisés dans 579 usines situées dans 35 pays. Le Royaume-Uni y joue un rôle central pour des raisons de proximité culturelle (goûts des clients) et géographique (produits frais). Dix-neuf pays européens viennent en complément. Les produits tropicaux (thé, café, riz, fruits…) sont fournis par un troisième cercle de 15 pays (Chine, Afrique du Sud, Thaïlande, Kenya, Brésil… 25 000 salariés).

Dans le textile-habillement, 595 000 salariés travaillent dans 616 usines situées dans 28 pays, pour l'essentiel (92 %) en Asie (Bangladesh, Chine, Inde, Cambodge, Sri Lanka, Vietnam…). Dans cette industrie de masse, les coûts salariaux ouvriers sont déterminants. La hausse des salaires des régions littorales chinoises (100 000 salariés) accélère les délocalisations, y compris des fournisseurs chinois, vers le Vietnam, le Cambodge ou le Bangladesh (200 000 salariés dont le salaire est de 60 €/mois). Malgré la pression des ONG (Collectif *Éthique sur l'étiquette*, *CCFD-Terre solidaire*…) et quelques accords avec l'Union européenne, les droits des salariés y demeurent toujours largement bafoués.

Laurent Carroué, *Atlas de la mondialisation*,
© éd. Autrement, 2018.

Doc bac

Analyse d'un texte

Lire le texte

1. Quel est le rôle de la centrale d'achat de ce groupe de la grande distribution ?
2. Pourquoi l'agroalimentaire et le textile mobilisent-ils des territoires si différents ?
3. Sur quelle logique les choix de localisation des fournisseurs dans le textile reposent-ils ?

Comprendre le texte

4. Comment caractériser et expliquer l'importance internationale de la chaîne d'approvisionnement de cette firme de la grande distribution ?

4 ▶ Les 15 premières firmes transnationales selon les ventes (en 2017)

Nom	Pays	Ventes 2017 Millions de dollars	Activité
1 *Walmart*	États-Unis	500	Commerce
2 *State Grid*	Chine	349	Énergie
3 *Sinopec*	Chine	327	Énergie
4 *China. Nat. Petroleum*	Chine	326	Énergie
5 *Shell*	Pays-Bas	321	Énergie
6 *Toyota*	Japon	265	Automobile
7 *Volkswagen*	Allemagne	260	Automobile
8 *British Petroleum*	Royaume-uni	245	Énergie
9 *Exxon Mobil*	États-Unis	244	Énergie
10 *Berkshire Hathaway*	États-Unis	242	Diverses
11 *Apple*	États-Unis	229	Électronique
12 *Samsung*	Corée du Sud	212	Électronique
13 *Mc Kesson*	États-Unis	208	Pharmacie
14 *Glencore*	Suisse	205	Mines énergie
15 *United Health Group*	États-Unis	201	Santé assurance

Fortune Global 500 (2018)

5 ▶ *Tata Group*, une transnationale indienne aux ambitions mondiales

Affiche émise par *Tata Motors Corporate Communications* pour les ventes globales réalisées en 2019. Rachetés à *Ford* en 2008, *Jaguar* et *Land Rover* sont devenus des filiales de *Tata Motors*, ainsi que *Daewoo camions*, acquis en 2002.

Cours 3

La révolution numérique, impacts et enjeux

CHIFFRES

Flux internet des entreprises mondiales

(en péta octet, en moyenne par mois)

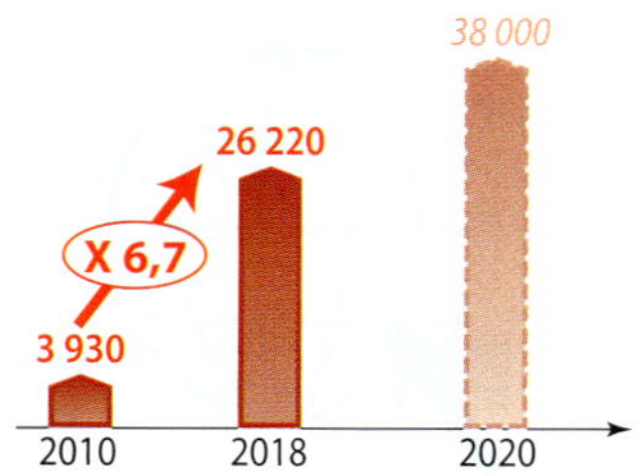

Péta octet : unité de volume de données numériques

1Po = 1 million de milliards d'octets = équivalent 1 million de clefs USB de 1 Go

A. La numérisation bouleverse les systèmes productifs

- **La numérisation entraîne une révolution numérique** qui bouleverse les systèmes productifs (informatisation, automatisation, robotisation...). Toutes les fonctions sont concernées : direction-gestion, conception, production, logistique-transport et commerce. De nouveaux systèmes (internet), de nouveaux produits (objet connecté, 5G), de nouvelles logiques (production en « juste à temps »*) et de nouveaux services apparaissent [doc. 7].
- **L'expansion des télécommunications a un impact majeur** sur l'organisation géographique des systèmes productifs. La baisse des coûts, la rapidité et la sécurité des transferts permettent d'interconnecter en temps réel l'ensemble des réseaux productifs de la planète, même les plus lointains. Entre 2010 et 2018, les **flux internet des entreprises** ont été multipliés par 6,7 et ils devraient encore doubler d'ici 2025. → Dossier p. 126

B. L'essor des réseaux et des nouveaux services

- **La révolution numérique repose sur l'essor des réseaux**. Ainsi, 360 câbles sous-marins intercontinentaux en fibre optique tissent un réseau de 1,2 million de km. Celui-ci relie 1 000 stations d'interconnexion par lesquelles transitent 90 % des échanges d'informations dans le monde. Dans la finance, le réseau SWIFT interconnecte plus de 11 000 institutions et banques dans 208 États, et véhicule 7 milliards d'ordres de transferts de fonds par an portant sur des milliards de milliards de dollars. → Carte enjeux 3 p. 139
- **La révolution numérique offre aux entreprises de nouveaux services.** Grâce aux satellites, les déplacements des avions, des navires, des poids-lourds ou des conteneurs peuvent être suivis en temps réel à la surface du globe. Dans les services informatiques, les délocalisations des centres d'appel vers les pays à bas salaires s'accentuent (Inde, Maroc, Madagascar) [doc. 6]. Enfin, 4 500 ***data centers****, présents dans 122 pays, stockent les données des firmes qui louent les services d'*Amazon/AWS, Microsoft, Google, Apple, Facebook, Alibaba* ou *eBay*. → Dossier p. 152

NOTION

Réseau

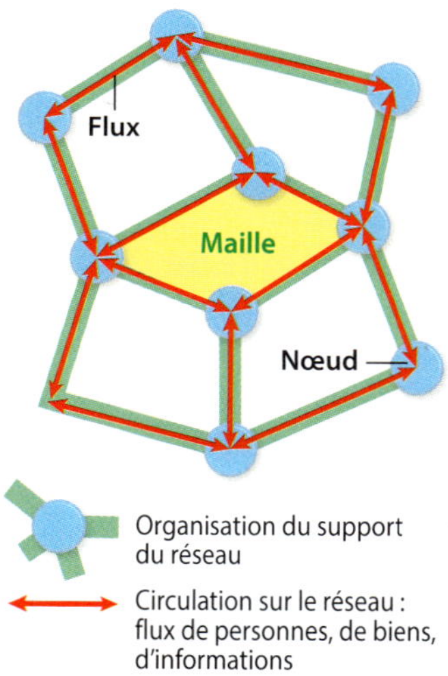

C. De nouveaux enjeux économiques et géopolitiques

- **Ce secteur est l'objet d'une féroce bataille** juridique, technologique, industrielle et commerciale entre États, dans laquelle la recherche et l'innovation sont au cœur des enjeux [doc. 8]. Soutenus par Washington, les « **GAFA** »* étendent leur pouvoir d'influence mondiale à des nouveaux secteurs économiques (culture, audiovisuel et médias, santé, transports, commerce en ligne...). Enfin, la multiplication spectaculaire des opérations de cybercriminalité (fraudes, détournements, demande de rançons...) rappelle la fragilité de ces réseaux. → Étude de cas p. 116 ; dossier p. 128
- **La volonté hégémonique des États-Unis est aujourd'hui en débat.** Ses agences de renseignement *(NSA – National Security Agency, CIA et FBI)* sont mises en cause pour leurs activités d'espionnage des États et des firmes sur les réseaux numériques mondiaux. De même, de nombreux États européens, ainsi que la Chine, le Brésil ou la Russie, demandent à ce que la régulation d'internet soit confiée à une nouvelle organisation de l'ONU.

Définition

Révolution numérique

Généralisation des nouvelles technologies d'information et de télécommunication (TIC) qui font circuler très rapidement les connaissances et l'information.

*Lexique p. 298

6 ▶ Madagascar, nouveau paradis des centres d'appel ?

Madagascar compte désormais une quinzaine de sociétés spécialisées en relation client à distance, dont les deux leaders mondiaux. Leurs clients ? Des sociétés, essentiellement françaises, mais aussi certains grands groupes internationaux comme *SFR*, *Amazon*, *Fnac*, *Canal +*, qui ont choisi de délocaliser leur *hot line* à Madagascar. « La grande île » commence à faire sérieusement de l'ombre aux pays du Maghreb et à Maurice, grands pourvoyeurs de télé-opérateurs.

« – Katia bonjour, que puis-je faire pour vous ?
– Bonjour madame, je vous appelle pour commander un jeu de plaquettes… ». Ce client parisien cherche à acheter de nouvelles plaquettes de frein. Il ignore probablement qu'au bout du fil, c'est une opératrice malgache du centre d'appels *Odity* installé à Antananarivo qui va l'aider dans sa démarche.

Cette situation risque de devenir de plus en plus courante, espère Igor Gonedec, directeur d'*Odity*, un des pionniers du secteur à Madagascar. Selon lui, « la grande île » regorge d'atouts. Il y a d'abord la maîtrise de la langue française, puis la qualité relationnelle et le petit décalage horaire avec la France. Madagascar dispose de la fibre optique ce qui lui permet de se distinguer d'autres zones géographiques comme le Maghreb. Évidemment, il y a un aspect économique que l'on ne peut pas écarter. L'île dispose d'avantages économiques et fiscaux, d'une main-d'œuvre disponible et bon marché. Le salaire fixe de base est de 300000 ariarys par mois (un peu plus de 85 euros).

Sarah Tétaud, « Madagascar se lance sur le marché des centres d'appel », *RFI*, 15 novembre 2016.

7 ▶ « L'ubérisation » des services

Première campagne de publicité *Uber*, 2015.

Fondée en 2009, la start-up californienne *UBER* utilise des applications mobiles pour mettre en relation directe client et professionnel pour le transport urbain. Internationalisée dès 2011, *UBER* provoque de vives réactions des services traditionnels de taxis. Un modèle utilisé par *Airbnb*, *Blablacar*, *Deliveroo*.

8 ▶ La bataille technologique et géopolitique de la « 5G » : l'entreprise chinoise *Huawei*

« Le cheval 5G », toonpool.com, 2018.

Traduction : « Ouvrez ! *Huawei* a un cadeau pour vous. C'est la 5G ! »
« Très bien. Qui a ouvert la porte ? »
Le géant chinois *Huawei*, premier équipementier mondial de réseau mobile, maîtrise la technologie 5G de l'internet ultra-rapide. Les États-Unis ont dissuadé de nombreux alliés de recourir à *Huawei* pour leur nouveau réseau.

Doc bac

Analyse d'un dessin

Identifier le dessin

1. Quels sont les acteurs représentés ? Dans quelles situations se trouvent-ils ?
2. Quelle est l'activité de la firme chinoise *Huawei* ? Qu'est-ce que la « 5 G » ?
3. Comment le développement dans le monde de cette nouvelle technologie de communication est-il présenté ?

Comprendre le dessin

4. Montrez que la recomposition de l'espace productif mondial par la révolution numérique n'a pas que des enjeux technologiques.

DOSSIER

POUR APPROFONDIR

L'*iPHONE*, d'*APPLE*, une chaîne de valeur mondialisée

Comment l'*iPhone* est-il produit ?

- Présenté en Californie en 2007, le smartphone est un produit innovant pour le monde et pour Apple, à l'origine fabricant d'ordinateurs. En 10 ans, 1,4 milliard d'exemplaires vendus ont fait la fortune d'*Apple* qui réalise les marges les plus importantes par rapport à la concurrence.
- *Apple* maîtrise une chaîne de valeur mondialisée très efficace, mais qui soulève des critiques sur plusieurs points : les conditions de travail en Chine, le recours aux paradis fiscaux et le non-respect du « made in America ».

1 ▶ Une chaîne de production sur les cinq continents pour un iPhone

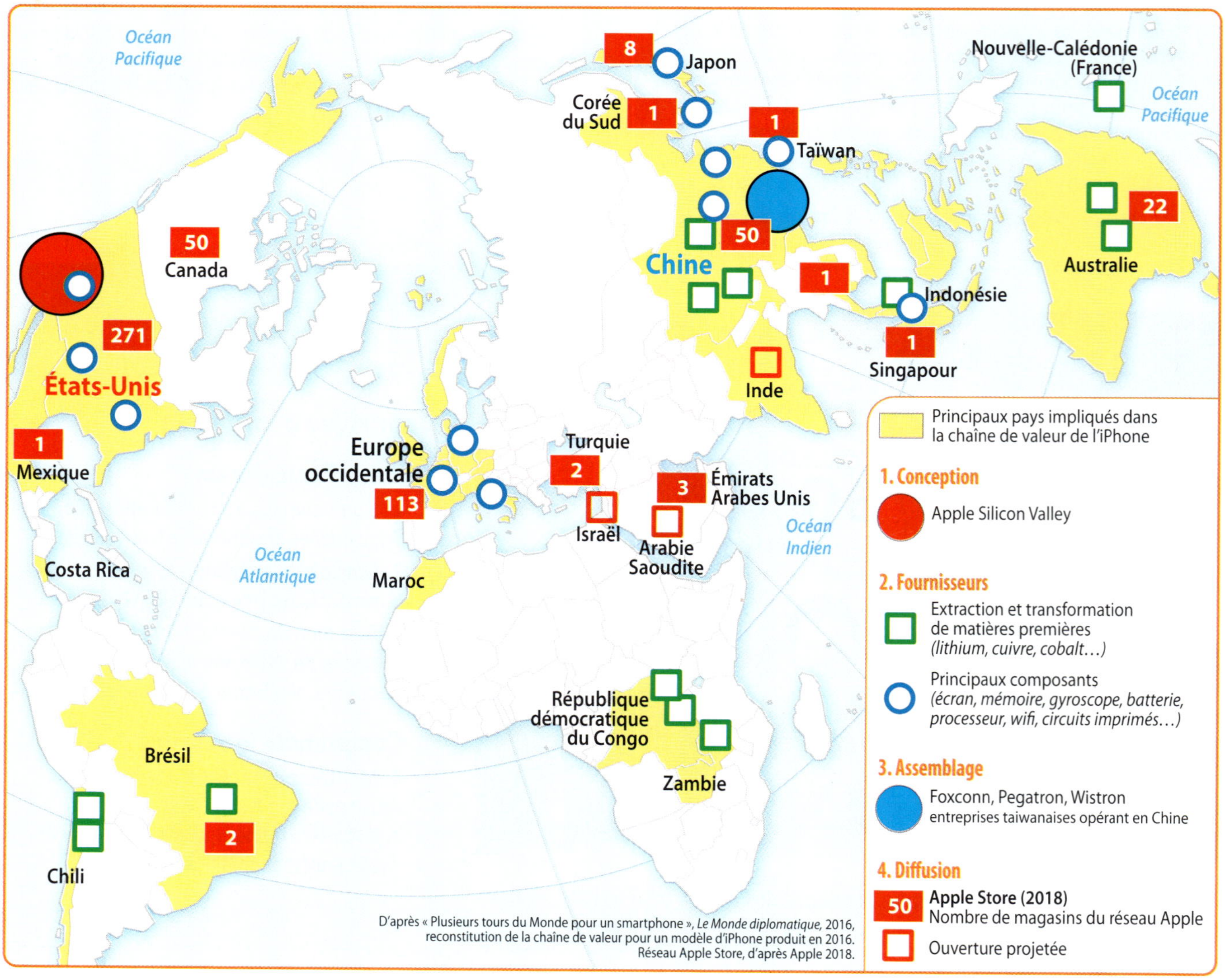

D'après « Plusieurs tours du Monde pour un smartphone », *Le Monde diplomatique*, 2016, reconstitution de la chaîne de valeur pour un modèle d'iPhone produit en 2016. Réseau Apple Store, d'après Apple 2018.

2 ▶ « *iPhone City* » : le taïwanais *Foxconn* produit la moitié des *iPhones* du monde à Zhengzhou en Chine

Le principal sous-traitant d'*Apple* a développé un vaste site d'assemblage dans une province pauvre de l'intérieur, le Henan. Pour la sortie d'un nouveau modèle, l'usine peut fabriquer 500 000 *iPhones* par jour, en mobilisant jusqu'à 350 000 personnes. Des enquêtes internationales ont dénoncé les conditions de travail, imposées parfois à des stagiaires ou étudiants peu rémunérés pour plus de 60 heures par semaine.

Prolonger le cours

Documents 1 et 2

1. Quels types de pays participent à la chaîne de valeur de l'*iPhone* ?
2. D'après la localisation des Apple Stores, quels sont les principaux marchés visés par la firme ?

Documents 1, 2 et 3

3. Pourquoi la Chine est-elle un maillon essentiel de la chaîne de valeur ?

Document 3

4. Quel est le débat actuel sur le système productif ?

SYNTHÈSE

Montrez l'importance et les limites de ces chaînes de valeur pour les entreprises engagées dans la mondialisation.

3 ▶ La chaîne de valeur en question ?

« Les prix d'*Apple* peuvent augmenter en raison des droits de douane massifs que nous imposons peut-être à la Chine, mais il existe une solution facile où il n'y aurait aucune taxe et où il y aurait même une incitation fiscale. Fabriquez vos produits aux États-Unis plutôt qu'en Chine. Commencez à construire de nouvelles usines dès maintenant. Excitant ! » indique Donald Trump, le président des États-Unis.

La relocalisation d'*Apple* aux États-Unis est un thème cher à Donald Trump, mais le groupe est réfractaire à l'idée de produire en Amérique. Dale Jorgenson, un économiste à l'université d'Harvard, observait que « les gens chez *Apple* créent beaucoup de richesse en concevant des ordinateurs, pas par ce qu'ils produisent dans les usines de fabrication. Ils font de la recherche et du design et gèrent la chaîne d'approvisionnement elle-même. Tout cela est essentiellement de la valeur ajoutée pour les États-Unis. Ce sont des emplois hautement qualifiés qui sont très, très importants pour notre économie et qui sont essentiellement notre avantage concurrentiel ».

De son côté, le *New York Times* rappelait une réalité crue : « ce qui a incité *Apple* à faire assembler ses téléphones en Chine n'est pas tant le faible coût de la main-d'œuvre que sa flexibilité : là-bas, on peut tirer du lit 8 000 ouvriers en pleine nuit et les mettre au boulot. Selon les responsables d'*Apple*, il n'y a tout simplement pas assez de travailleurs disposant des qualifications nécessaires aux États-Unis, et pas assez d'usines suffisamment flexibles et réactives.

Julien Lausson, « Trump invite Apple à fabriquer aux USA s'ils ne sont pas contents de la taxe sur les produits chinois », *Numerama*, 10 septembre 2018.

DOSSIER

POUR APPROFONDIR

LES GÉANTS DU NUMÉRIQUE CHINOIS, des ambitions mondiales

Comment les « BATX » tissent-ils leur toile mondiale ?

- *Baidu*, 1er moteur de recherche en Chine, *Alibaba*, géant de l'e-commerce, *Tencent*, 1er réseau social et *Xiaomi*, smartphones et objets connectés, sont surnommés les « BATX ». On les considère comme les équivalents chinois des « GAFA » : *Google*, *Amazon*, *Facebook* et *Apple*.
- Les « BATX » se sont développés dans leur vaste espace numérique national protégé des géants américains par l'État. Symboles de l'innovation *made in China*, ils témoignent de l'ambition du pays de devenir la 1re première puissance numérique.

1 ▶ Ouverture du premier Mi Store de *Xiaomi* dans le centre de Paris, le 22 mai 2018

Sur une centaine de mètres carrés, dans une ambiance proche de celle des *Apple Store*, *Xiaomi* présente ses smartphones et sa trottinette électrique connectée. *Xiaomi* est présent en Espagne (Madrid, Barcelone) au Royaume-Uni (Londres), en Pologne, Slovaquie, Ukraine et Biélorussie.

Vidéo

Reportage

***Xiaomi* au *Mobile Word Congress* de Barcelone**

Presse-citron, 2'19'', 2018.
www.lienmini.fr/geo1-35

Fiche d'étude vidéo imprimable
www.lienmini.fr/geo1-36

2 ▶ Les multiples facettes d'*Alibaba*

Arrivé en France il y a seulement trois ans, *Alibaba* est le géant du e-commerce chinois, notamment grâce à son site *Taobao*. En plein « 11-11 », qui célèbre l'équivalent du *black Friday* en Chine, la plate-forme de vente en ligne casse tous les records : 25 milliards de dollars de chiffre d'affaires réalisés en seulement 24 heures. Son développement à l'international est plus complexe. Longtemps, *Alibaba* et la vente en ligne du même pays ont été associés aux arnaques en tout genre, et surtout à la contrefaçon. C'est avec ce handicap que doit tenter de prospérer *Aliexpress.com*, la version occidentale de *Taobao*.

Au-delà de l'e-commerce, *Alibaba* étend son empire sur le tourisme. Depuis sa plate-forme *Fliggy*, les consommateurs chinois peuvent réserver un voyage où tout est compris. Chaque année, 2,3 millions de Chinois viennent en France, surtout à Paris. Afin de faciliter leurs règlements, l'outil de paiement mobile *Alipay* s'exporte. On le retrouve dans les grands magasins de la capitale, permettant aux touristes de retrouver un service qu'ils connaissent bien.

En bon « BATX », et comme les « GAFA », le *cloud* est une piste inévitablement liée à la prospérité d'*Alibaba*. Son premier *data center* européen a ouvert en Europe, et un autre devrait ouvrir en France cette année. Sa filiale *Alibaba Cloud* serait le cinquième acteur mondial, face à *Amazon (AWS)*, *Google*, *IBM*, ou encore *Microsoft*. L'objectif sera d'une part de soutenir le développement d'entreprises chinoises chez nous, mais aussi de capter de nouveaux clients comme *Auchan*. Tant de points stratégiques font *d'Alibaba* une société avec une capacité de développement très forte.

Valentin Blanchot, « Qui sont les BATX et comment vont-ils conquérir l'Occident ? », *Siècle digital*, 11 juin 2018.

3 ▶ Les « BATX », des atouts face aux « GAFA »

Couverture du magazine *01.net*, 21 mars 2018. Selon le magazine, les géants chinois, très compétitifs, vont s'imposer. *WeChat* est l'application mobile de messagerie de *Tencent*, condensé de *Facebook*, *Instagram*, *Viber*, etc. Elle comptait plus d'un milliard de comptes dans le monde en mars 2018.

4 ▶ La montée en puissance des « BATX »

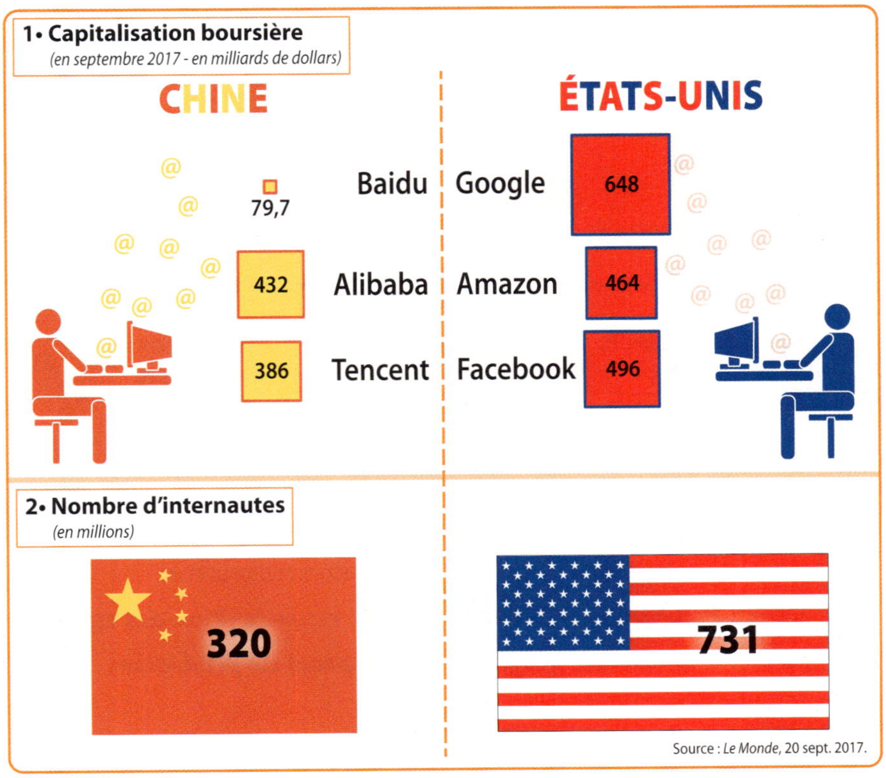

Source : *Le Monde*, 20 sept. 2017.

Prolonger le cours

Documents 1, 2 et 3

1 Dans quels secteurs du numérique les « BATX » sont-ils présents ?

Documents 2, 3 et 4

2 Quels sont leurs atouts et leurs faiblesses pour concurrencer les géants américains ?

Documents 1, 2 et 3

3 Quelles sont leurs stratégies de développement dans le monde ? Quel continent semble visé pour le moment ?

SYNTHÈSE

En vous appuyant sur l'exemple des « BATX », montrez l'importance de la révolution numérique dans la recomposition de l'espace productif mondial.

S'ENTRAÎNER AU BAC 10

Méthode BAC p. 16-17

Question problématisée

CAPACITÉS

- Utiliser une approche géographique pour construire un argumentaire
- Produire un écrit construit et argumenté

Sujet Les espaces de production dans le monde : quels acteurs ? quelle recomposition ?

ÉTAPE 1 Comprendre le sujet et rédiger la problématique

1. Lisez le sujet, puis précisez la définition des expressions et mots clés suivants : « espaces de production» » et « acteurs ».
   - Que faut-il comprendre par « recomposition des espaces de production » ?
2. À l'aide des réponses aux questions suivantes, définissez et rédigez sous forme de questions la problématique du sujet.
   - Quels facteurs expliquent la recomposition des espaces productifs mondiaux ?
   - Comment cette recomposition se traduit-elle dans l'espace mondial ?

Conseil

- Utilisez le **lexique** p. 298 et le **cours 1** p. 120.

ÉTAPE 2 Mobiliser ses connaissances et organiser le plan

3. Reproduisez **le tableau** et complétez-le en listant les facteurs de la recomposition des espaces productifs mondiaux.

Le rôle des FTN	*La DIT*	*La révolution numérique*
Exemple : *Les FTN : un poids considérable*	Exemple : *Des centres dominants*	Exemple : *Des systèmes productifs bouleversés* ....
Exemple : *Des FTN des Suds*	Exemple : *Des pays intégrés à la DIT*	....

Conseil

- Définissez les mots clés principaux : « FTN », « révolution numérique », « DIT ».

4. Reproduisez le tableau et complétez- le à l'aide de la **carte enjeux 1** p.110.

Anciennes puissances industrielles	*La nouvelle puissance industrielle*	*Puissances émergentes*	*Périphérie industrielle*	*Pays peu industrialisés*
....	....	....	....	....

5. Regroupez les informations que vous avez retenues en deux parties.

1re partie : *Plusieurs facteurs expliquent la recomposition des espaces productifs mondiaux*

2e partie : *Une nouvelle géographie des espaces de production*

Conseil

- Dans chaque partie, classez ces informations en **paragraphes**.

ÉTAPE 3 Rédiger la réponse au sujet à l'aide des pistes suivantes

Introduction

Présentation du sujet et de la problématique
Dans le monde, la production de richesses est croissante, alors qu'on assiste à une recomposition des espaces productifs.
Pourquoi les espaces productifs sont-ils de plus en plus variés?
Quelles sont les conséquences spatiales de ces nouvelles dynamiques?

Annonce du plan
Dans une première partie, on listera les facteurs qui justifient la recomposition des espaces productifs, puis dans une seconde partie on présentera la diversité de ces espaces.

1re partie
Plusieurs facteurs expliquent la recomposition des espaces productifs mondiaux

1er paragraphe
***Les firmes transnationales** (FTN) sont les acteurs majeurs de la recomposition. Les FTN sont essentiellement localisées dans les pays développés: Amérique du Nord, Europe de l'Ouest, Japon, Corée du Sud... Des FTN puissantes sont issues aussi des pays émergents. À l'échelle du monde, les FTN modifient les processus de production en organisant des chaînes de valeurs ajoutées.* → Définissez « Chaîne de valeurs ajoutées ».

2e paragraphe
***Les FTN sont à l'origine de la division internationale du travail** (DIT). La DIT est à l'origine de l'industrialisation d'une partie du monde (pays-ateliers).* → Utilisez l'**étude de cas** p. 112.

3e paragraphe
***La révolution numérique** bouleverse les systèmes productifs. De nouvelles logiques de production, de nouveaux enjeux économiques et géopolitiques.* → Définissez « systèmes productifs » et utilisez le **dossier** p. 128.

2e partie
Une nouvelle géographie des espaces de production

1er paragraphe
Les puissances industrielles des Nords gardent un rôle important. → Utilisez l'**étude de cas** p. 116.

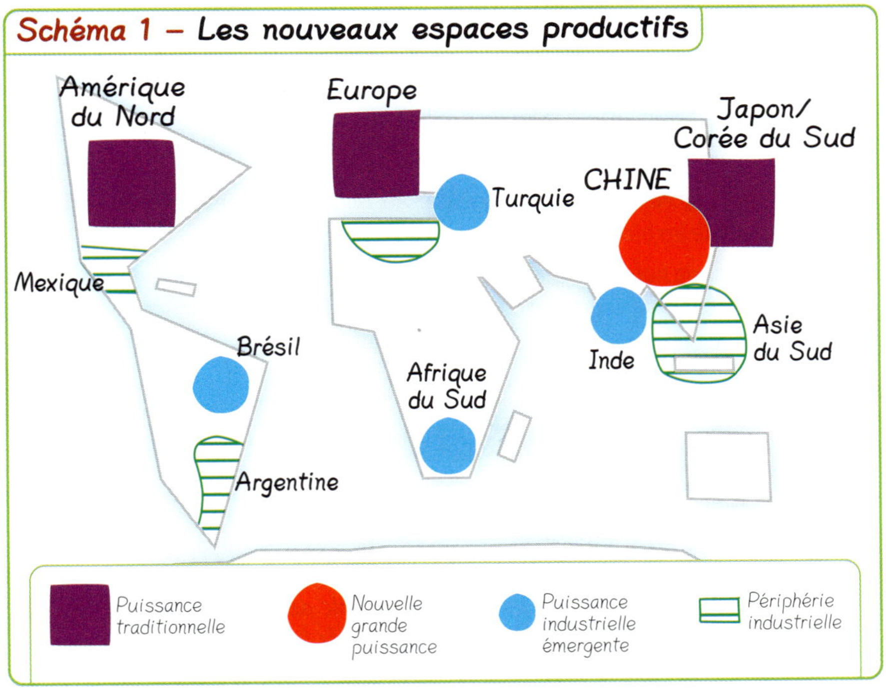

2e paragraphe
***De nouvelles puissances recomposent les nouveaux espaces productifs mondiaux** (voir schéma): **la Chine**, puissance industrielle du XXIe siècle; **les puissances industrielles émergentes**: Brésil, Afrique du Sud, Turquie, Inde...; **les périphéries industrielles, intégrées** mais **dominées**: pays fournisseurs de minerais, de produits agricoles, d'énergie (pétrole), pays-ateliers (Asie du Sud)...*

3e paragraphe
*Des **territoires faiblement industrialisés**, des «marges évitées»: Afrique subsaharienne...*

Conclusion
Comme le montre le schéma, la recomposition des espaces productifs mondiaux se traduit par une grande diversité de situations. → Formulez une mise en perspective.

S'ENTRAÎNER AU BAC 11

Méthode BAC p. 12-13

Analyse de documents

CAPACITÉS

- Savoir lire, comprendre et critiquer des documents
- Produire un écrit construit et argumenté

Analyser une carte et un texte

Sujet Des espaces productifs mondiaux en recomposition

Questions

1. Quelle est la place et le rôle des grandes firmes dans la recomposition des systèmes productifs mondiaux ?
2. Comment l'industrie manufacturière recompose-t-elle les espaces productifs mondiaux ?

Conseils

- Lisez attentivement le sujet.
- Identifiez les thèmes auxquels se rapportent les trois questions.
- Notez la définition de « Division internationale du travail » en utilisant le **lexique** p. 298.

ÉTAPE 1 Identifier les documents

1. Quel est le thème illustré par la carte ? Quel est le type de la carte ? → *Utilisez les **types de cartes** p. 304.*
2. Quel est le titre, la source et la date du texte ?
3. Sur quelle question du sujet apporte-t-il un éclairage particulier ?

ÉTAPE 2 Analyser les documents

4. Décrivez la carte en vous appuyant sur la limite Nords/Suds.
5. Dans quel pays le siège social de Marks & Spencer (M&S) est-il installé ?
6. Où les fournisseurs de la firme M&S sont-ils implantés ? L'implantation géographique est-elle la même pour la branche alimentation et la branche textile ?
7. Quels pays sont devenus de nouvelles puissances industrielles (doc. 2) ? Appartiennent-ils aux Nords ? Aux Suds ? Quelles sont les conséquences géographiques de la recomposition de la production manufacturière ?
8. Expliquez la phrase soulignée.

ÉTAPE 3 Exercer un regard critique sur les documents

9. Les documents permettent-ils de comprendre les raisons de la division internationale du travail ?

Rédiger la réponse au sujet

Pistes de réponse *Le sujet doit être étudié à partir de l'exemple de la FTN Marks & Spencer et d'un texte. Les documents invitent à s'interroger sur la recomposition de l'espace productif mondial.*

1er paragraphe *La carte, par figurés ponctuels, montre la répartition et l'importance des salariés, des fournisseurs et des sous-traitants de M&S dans le monde. Le document dévoile la stratégie d'implantation des FTN. Pour les produits alimentaires, la chaîne d'alimentation est proche des foyers consommateurs ; pour le textile, les pays aux coûts de main-d'œuvre bas sont privilégiés.*
→ *Précisez la localisation des branches aux Nords et aux Suds.*

2e paragraphe *Le texte met en perspective la recomposition des espaces productifs mondiaux.* → *Décrivez les nouvelles localisations des pôles productifs et les conséquences pour les pays touchés par la désindustrialisation.*

Regard critique *Si le texte évoque la DIT, il n'informe pas sur les raisons économiques et sociales (coût de la main-d'œuvre…).*

Conclusion *Les documents montrent la nouvelle hiérarchie des puissances industrielles en fonction de la DIT. L'Asie apparaît désormais comme le pôle productif majeur.*

Doc. 1 ▶ *Marks & Spencer*, une firme mondialisée

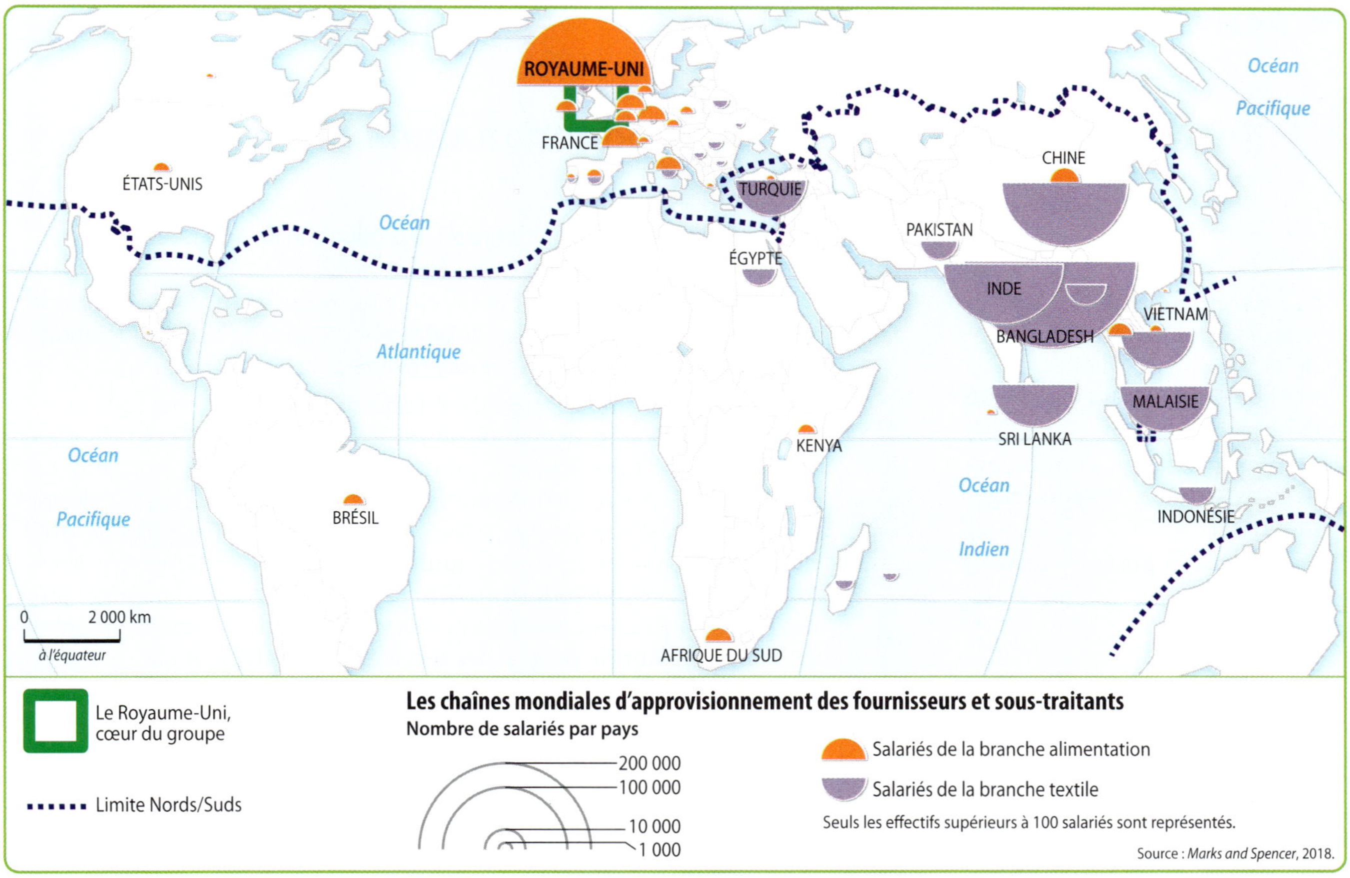

Source : *Marks and Spencer*, 2018.

Doc. 2 ▶ Une nouvelle donne industrielle mondiale

L'industrie demeure un des piliers de la puissance. Cette activité s'est largement diffusée en quelques décennies dans l'espace mondial à de nouveaux pays dans le cadre de la DIT (Division internationale du travail).

La Chine est la première puissance industrielle mondiale, dépassant les États-Unis, loin devant le Japon et l'Allemagne, alors que l'Inde dépasse la France, le Mexique, l'Espagne et que le Brésil rattrape le Canada.

L'activité industrielle demeure très polarisée : 10 États réalisent 71 % de la valeur de la production mondiale et 20 États 83 %.

Pour autant, on assiste à une sensible diffusion de la production manufacturière dans l'espace mondial, souvent liée aux délocalisations productives (textile-habillement, automobile, électronique...). Ce processus intègre les espaces périphériques de l'Europe (Pologne, Slovaquie, Roumanie, Turquie, Maroc...), de l'Asie du Sud-Est (Vietnam, Philippines, Thaïlande...), de l'Asie du Sud (Inde, Pakistan, Bangladesh..) ou de l'Amérique centrale.

Les effets sociaux et territoriaux en sont considérables. Alors que l'Amérique du Nord et l'Union européenne perdent des emplois et se spécialisent dans les secteurs à haute valeur ajoutée (recherche, sièges sociaux...), les Suds gagnent 210 millions d'emplois.

Laurent Carroué, *Atlas de la mondialisation*, © éd. Autrement, 2018.

Conseil

- Relevez les noms des pays qui bénéficient de la DIT.
  → *Utilisez aussi les **cours 1 et 2** p. 120 et 122.*

S'ENTRAÎNER AU BAC 12

CAPACITÉS

- Savoir lire, comprendre et critiquer des documents
- Produire un écrit construit et argumenté

Analyser un texte

Méthode BAC p. 12-13

Analyse d'un document

Sujet Les nouveaux espaces de production dans le monde

Questions

1. Quels sont les « nouveaux acteurs » de la production de richesses ? De quelles « richesses » ces pays disposent-ils ?
2. Comment ces pays s'intègrent-ils dans la nouvelle économie mondiale ?
3. Quels défis se posent encore à ces pays ?

Doc. Les nouveaux acteurs de la production de richesses

Le poids démographique de ces nouveaux géants est un atout majeur, puisqu'il leur permet de bénéficier d'une main-d'œuvre abondante qui attire les investisseurs étrangers.

Chacun des pays émergents a d'abord joué de ses avantages comparatifs pour s'imposer : le Brésil dans l'agriculture, l'Inde dans les services et la Chine dans les produits manufacturés et le textile. Le Brésil dispose d'immenses espaces cultivables et, par la variété de ses climats, d'une grande diversité de produits. La Chine possède une main-d'œuvre abondante peu qualifiée, dont les bas salaires assurent la compétitivité de l'industrie. L'Inde, quant à elle, peut compter sur des travailleurs anglophones qualifiés à bas salaire, ce qui lui permet de s'imposer dans le secteur des services aux entreprises.

L'accès d'un pays à une nouvelle dimension dans l'économie mondiale passe par une stratégie de montée en gamme. La Chine accroît son industrie de haute technologie, tandis que l'Inde développe le secteur des services à forte valeur ajoutée. Ce qui entraîne un investissement croissant dans la recherche scientifique et l'enseignement supérieur. Par ailleurs, les rachats d'entreprises étrangères par ces nouveaux géants sont fréquents.

Les inégalités restent cependant très fortes au Brésil, elles se sont creusées en Chine. Le taux de pauvreté en Inde est l'un des plus élevés du monde. L'émergence économique tarde à entraîner l'émergence sociale, même si elle a permis, surtout en Chine, de faire reculer la pauvreté.

Vincent Paes, *Alternatives économiques*, Hors-série n° 7, octobre 2018.

Conseils

- Localisez les pays cités dans le texte sur la **carte enjeux** p. 110.
  → *Utilisez le **dossier** p. 128.*
- Notez l'information fournie par la phrase soulignée.

ÉTAPE 1 Lire le texte

1. Notez le titre, la date, la source du texte.
2. Quel est le thème évoqué par le texte ?
3. Quels pays sont cités dans le texte ?
4. Relevez, au brouillon, les informations essentielles de chacun des paragraphes.

ÉTAPE 2 Analyser le texte

5. Reproduisez le tableau ci-dessous et classez les atouts démographiques et économiques des trois pays.

	Chine	Brésil	Inde
Atouts	...	...	...

6. Comment ces pays peuvent-ils accéder à « une nouvelle dimension dans l'économie mondiale » ?
7. Expliquez l'expression « émergence sociale ».

Rédiger la réponse au sujet

À partir du travail effectué sur le texte, rédigez la réponse au sujet en l'organisant en trois paragraphes :

1er paragraphe
Les nouveaux producteurs de richesses, de nombreux atouts

2e paragraphe
Une place grandissante dans l'économie mondiale

3e paragraphe
Le défi de l'émergence sociale

RÉVISER POUR LE BAC

Idées clés pour répondre à une question problématisée

IDÉE 1
Les recompositions de l'espace productif mondial

1 Richesses et inégalités
- En 25 ans, le PIB annuel mondial a doublé.
- La Chine et les **pays émergents** réalisent la moitié de la croissance.
- Les inégalités ont explosé (1 % de la population mondiale concentre 46 % de la richesse).

2 Des espaces productifs variés
- Intégration de nouveaux espaces productifs restés longtemps marginaux ou inaccessibles.
- Dans le domaine de l'innovation, apparition ou renforcement des espaces spécialisés.

3 Une DIT complexe
- Les centres dominants conservent un rôle majeur.
- Les **périphéries intégrées** (matières premières) et les **pays-atelier** (main-d'œuvre) ont un rôle secondaire.

IDÉE 2
Les FTN, acteurs majeurs de la recomposition

1 L'essor des FTN
- Les **FTN** sont les principaux agents de la mondialisation (2/3 du commerce mondial).
- Ils ont un fort ancrage national et un pouvoir d'influence considérable à l'international.

2 Les FTN des pays émergents
- Les pays émergents et les puissances régionales des Suds représentent 123 des 500 premières FTN.
- Des tensions géopolitiques sont liées à cette montée en puissance.

3 De puissants réseaux productifs
- Les localisations des FTN sont sélectives (10 États représentent 63 % des investissements directs à l'étranger).
- Mobilisation d'un vaste réseau de fournisseurs et sous-traitants : **chaînes de valeurs ajoutées.**

IDÉE 3
La révolution numérique, impacts et enjeux

1 Les systèmes productifs bouleversés
- La **révolution numérique** transforme en profondeur la géographie des systèmes productifs.

2 L'essor des réseaux et des nouveaux services
- La révolution numérique repose sur l'essor des **réseaux** (1,2 million de km de fibre optique) qui offrent de nouveaux services aux entreprises.

3 De nouveaux enjeux économiques et géopolitiques
- Le numérique est au cœur de nombreux enjeux (pouvoir d'influence des « GAFA » par exemple).
- La domination des États-Unis est de plus en plus contestée.

Mots clés

À l'aide du cours p. 120 à 125, définissez les termes suivants :

- ☑ Chaîne de valeurs ajoutées
- ☑ Division internationale du travail (DIT)
- ☑ Espace productif
- ☑ Firmes transnationales
- ☑ Investissement direct à l'étranger (IDE)
- ☑ Périphéries intégrées
- ☑ Révolution numérique
- ☑ Système productif

Schéma pour comprendre et retenir

Schéma – Les puissances de l'espace productif mondial

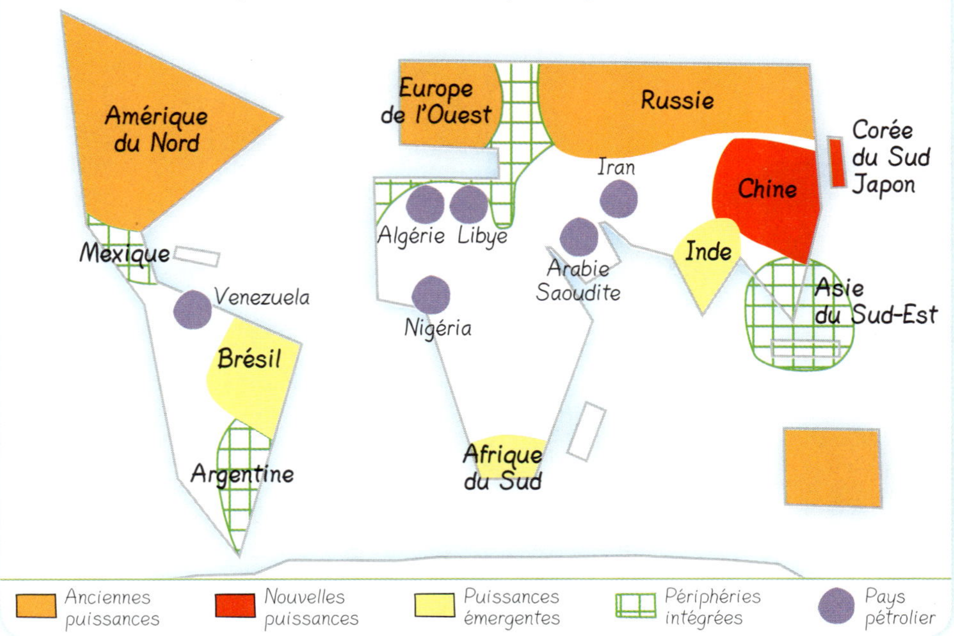

CHAPITRE 5

Métropolisation, littoralisation des espaces productifs et accroissement des flux

De la problématique du document...

Comment bénéficier de l'expansion des flux commerciaux ?

1. Localisez la photographie.
2. Quelle est l'activité principale de *Tanger Med 1* d'après le document ?
3. Quels sont les atouts du nouveau complexe portuaire ?
4. Quelles en sont les conséquences pour le développement du Maroc ?

... aux problématiques du chapitre

> **Quel est l'impact de l'explosion des flux dans la recomposition du monde ?**

> **Pourquoi les espaces productifs se concentrent-ils autour des littoraux et des grandes métropoles ?**

Tanger Med, une ouverture dynamique sur le monde pour le Maroc

Inauguré en 2007 sur le Détroit de Gibraltar, l'un des points de passage majeurs du commerce mondial, et à quatorze km du continent européen (Espagne), *Tanger Med,* qui a connu un essor considérable en 10 ans, s'est transformé en complexe portuaire avec trois nouveaux ports : pétrolier, passagers et conteneurs (*Tanger Med 2*, 2019). C'est le premier port d'Afrique, à la fois hub* logistique réalisant plus de la moitié des échanges du Maroc et pôle d'entraînement de nouvelles zones franches et industrielles.

Cartes Enjeux

Comment fonctionne l'espace productif mondial ?

1 Les flux toujours plus importants des échanges de marchandises

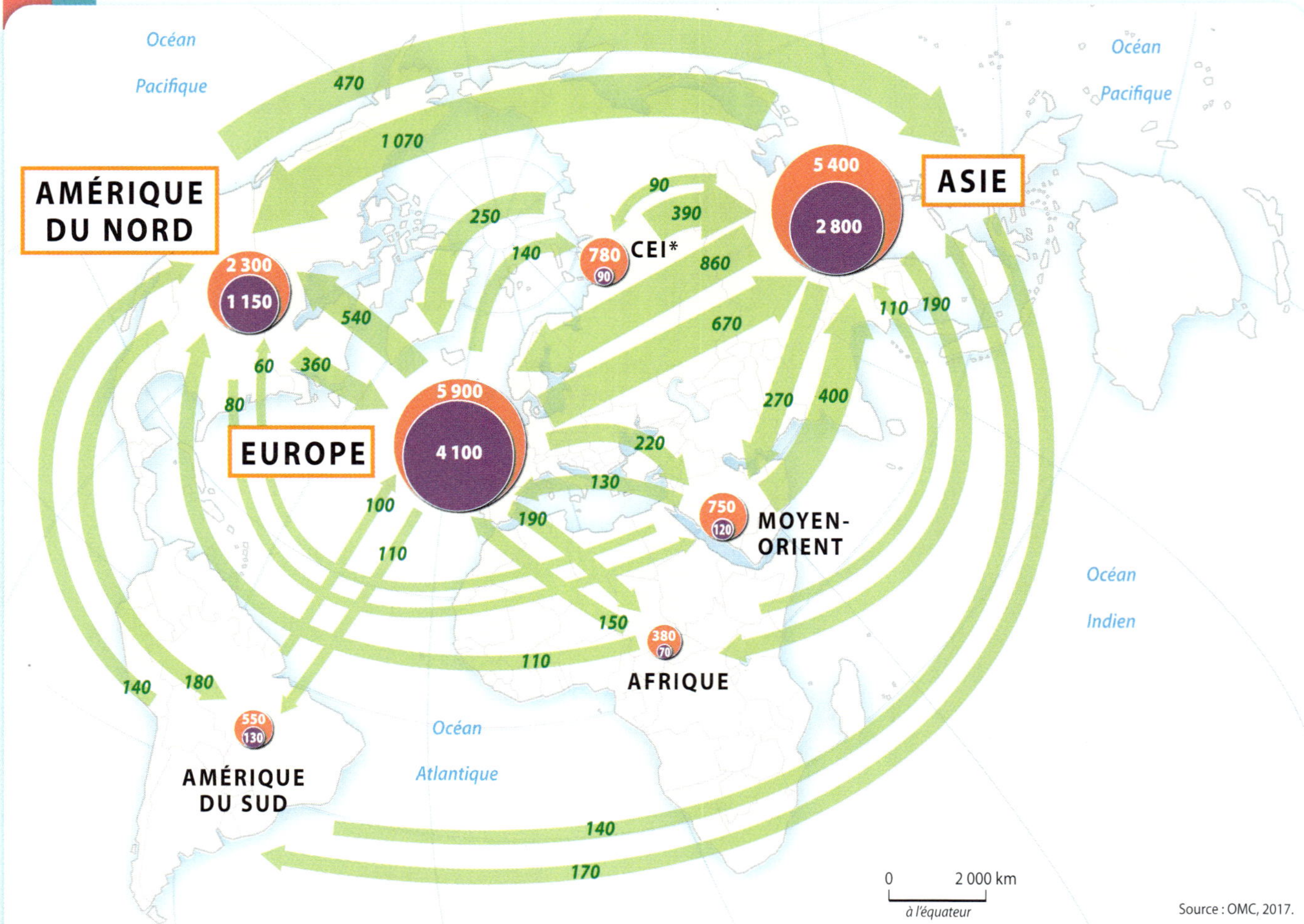

Source : OMC, 2017.

1. Des pôles exportateurs très inégaux
(en milliards de dollars)
Exportations totales — 5 900 — 500
dont flux intrazone

2. Les flux interrégionaux
Flux d'une région vers une autre
(en milliards de dollars)
1 100
50
Seuls les échanges de plus de 50 milliards de dollars sont pris en compte.

3. Des pôles différenciés dans la mondialisation
EUROPE — Pôle dominant, fournisseur de produits élaborés et de technologie
AFRIQUE — Pôle secondaire, fournisseur de matières premières minérales et végétales

Analyser les cartes

Carte 1

1. Quels pôles jouent un rôle majeur dans les échanges de marchandises ?
2. À quel pôle les échanges semblent-ils le plus souvent très favorables ?
3. Pourquoi peut-on dire que les pôles dépendent les uns des autres ?

Carte 2

4. Entre quels pôles s'organise principalement la circulation financière ?
5. Tous les flux financiers passent-ils par ce circuit ?

Carte 3

6. Quelle révolution technologique accélère la circulation de l'information ?
7. Quel est le pôle majeur de cette transformation ?

Mettre les cartes en relation

En vous appuyant sur ces trois cartes, montrez le rôle essentiel des flux et de la révolution numérique dans le fonctionnement des espaces productifs mondialisés.

2 La circulation permanente des flux financiers

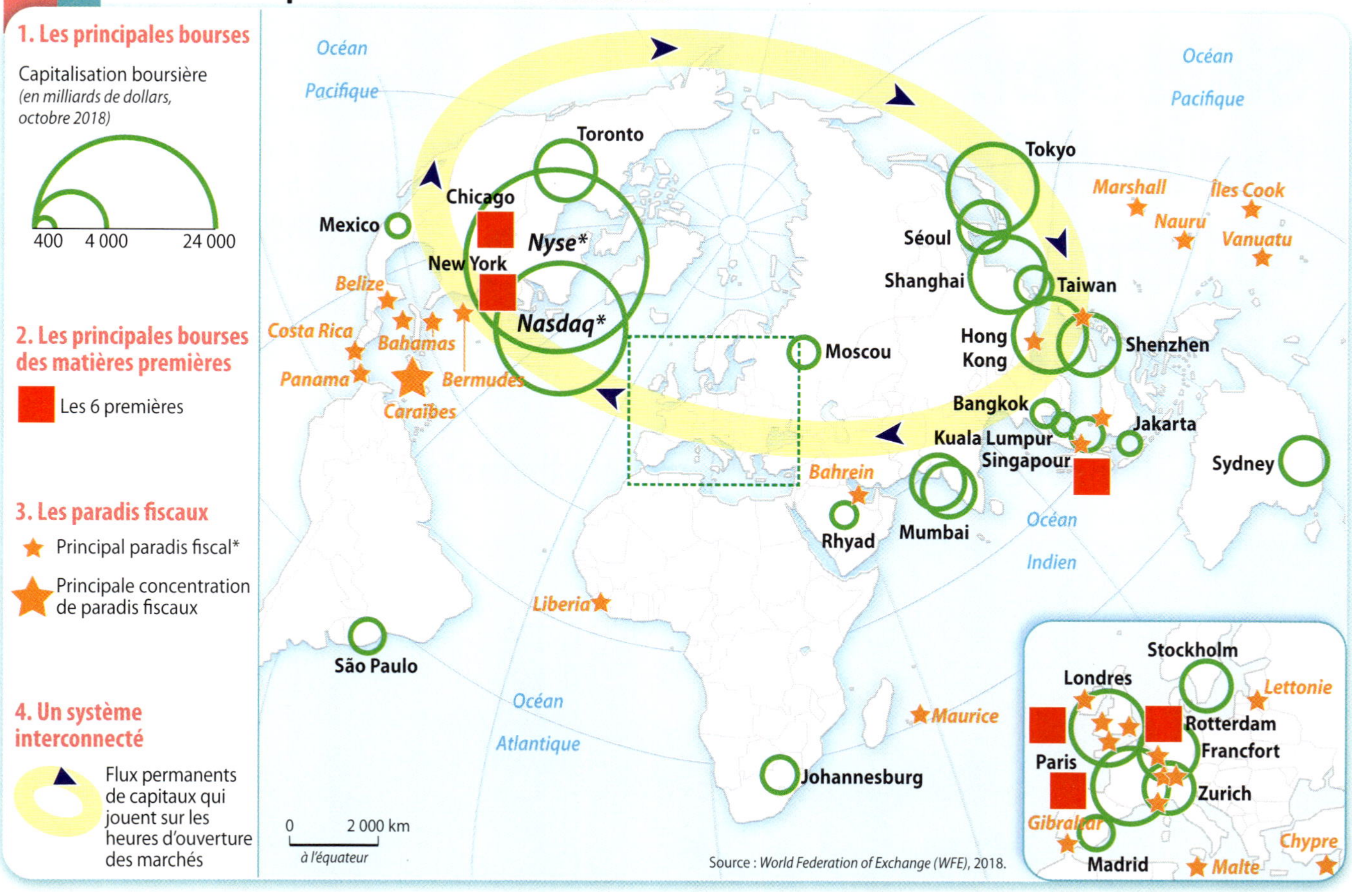

3 L'explosion des flux d'informations numérisées grâce à l'interconnexion des espaces

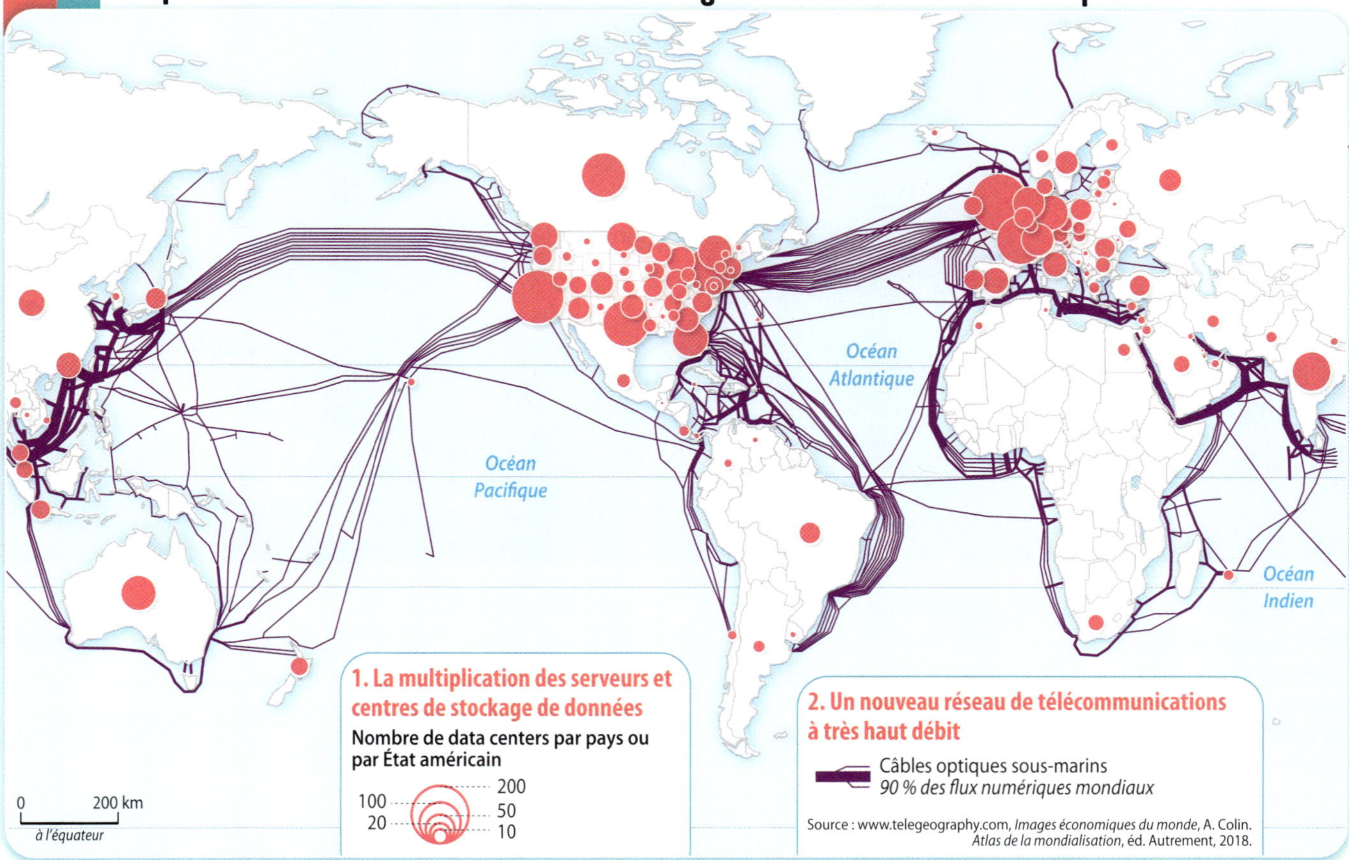

ÉTUDE DE CAS

Singapour, l'articulation de la finance, de la production et des flux

A Singapour, Cité-État de 5,6 millions d'habitants sur 719 km^2 est devenue, depuis son indépendance en 1965, l'un des pays les plus prospères du monde en exploitant, sous la direction d'un parti-État, une position privilégiée sur la principale façade maritime du monde en Asie du Sud-Est.

B Pour poursuivre son développement, la Cité-État aménage son territoire en permanence et anime un espace productif transfrontalier.

A L'exceptionnelle réussite d'une métropole littorale mondiale

1 ▶ La *skyline* de Marina Bay, symbole de la réussite de Singapour

Une part importante des activités de la Cité entoure l'ancienne baie maritime dominée par l'hôtel de luxe, le casino, le musée *Marina Bay Sands* (17 millions de touristes à Singapour en 2017) et les tours du quartier d'affaires. En arrière-plan s'étendent les installations (en cours de transfert à Tuas) du second port mondial après Shanghai.

1. Hôtel *Marina Bay Sands*
2. Musée Art Science
3. Centre Expo et Congrès
4. Théâtre-Centre commercial
5. Quartier des affaires
6. Fontaine du Merlion
7. Plate-forme flottante-gradins
8. Jardins de la baie
9. Terminaux conteneurs

2 ▶ L'exploitation d'un carrefour maritime majeur

Singapour est devenue l'une des principales places d'affaires du monde, notamment grâce à ses activités maritimes. L'ancien relais de la route des Indes et place forte militaire se situe à l'extrémité Sud du long détroit de Malacca (600 km)[1]. Sa partie orientale est la porte de la mer de Chine du Sud, entre Singapour et l'archipel indonésien de Batam. Ce lieu de passage majeur du transport maritime international voit transiter chaque année un nombre très élevé de navires.

Le territoire de Singapour est trop petit pour constituer un marché à lui seul. En revanche, sa position géographique et son ouverture économique ont été fructifiées au maximum. Son rôle de plate-forme relais des marchandises s'est d'abord effectué autour du raffinage pétrolier. Singapour est devenue l'un des principaux pôles pétroliers de l'Asie, important du brut du Moyen-Orient et exportant des produits raffinés vers l'Afrique de l'Est, l'Asie du Nord-Est et l'Australie. L'île a su développer d'énormes capacités de stockage de vracs liquides. La zone industrialo-portuaire de Jurong est consacrée à la pétrochimie.

La seconde spécialité de Singapour est le transbordement de conteneurs. [...] Il est devenu un gigantesque carrefour maritime sur l'axe Europe-Asie tout autant que pour les marchés de la région.

Paul Tourret, « Singapour, interface des échanges globaux », *Questions internationales* n° 70, novembre 2014.

1. Voir carte 8 p. 143.

3 ▶ Singapour, 4e place financière mondiale

Derrière le *Merlion*, mi-lion mi-poisson, symbole de la ville et gardien de la prospérité, s'élèvent les tours des banques internationales : HSBC (Royaume-Uni), ANZ (Australie, Nouvelle Zélande), Maybank (Malaisie), etc.

4 ▶ Singapour, un territoire maritime

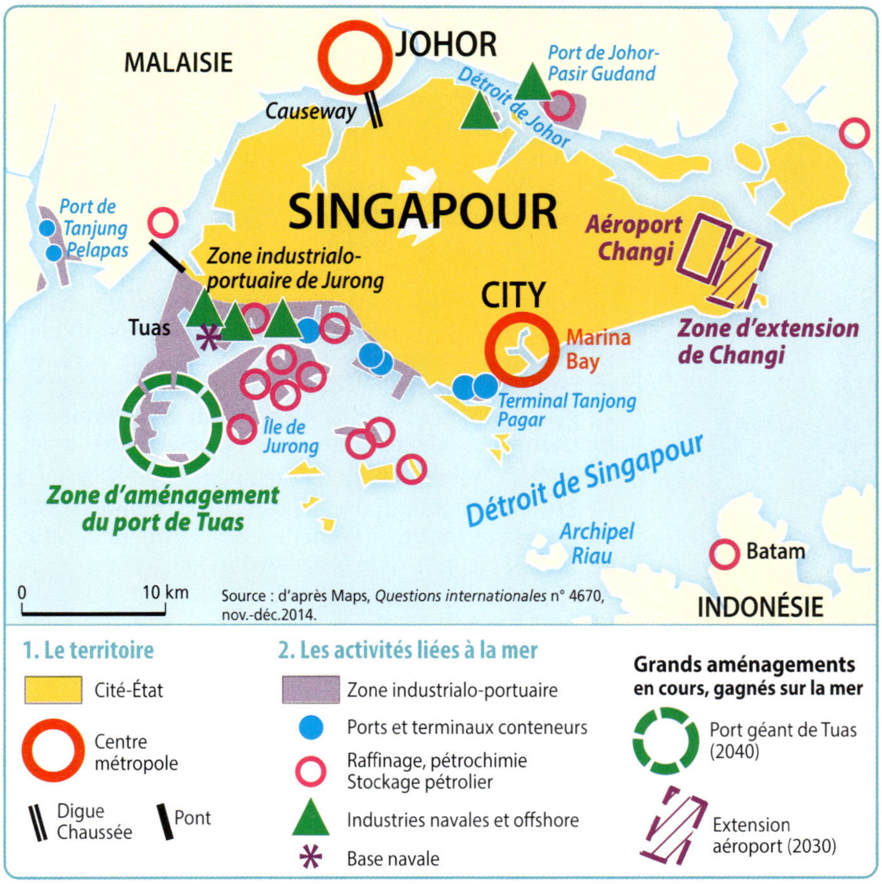

Analyser et confronter les documents

Documents 1, 2 et 4

1. Quels sont les atouts géographiques du site et de la situation de Singapour ?
→ *Aidez-vous des **Repères spatiaux** p. 108.*

Documents 2 et 4

2. Quelles infrastructures relient Singapour aux flux mondiaux ?

Documents 1, 2, et 3

3. Quelles évolutions majeures ont permis à Singapour de renforcer sa position dans les échanges mondiaux ?

4. Comment les symboles de la réussite apparaissent-ils dans le paysage ?

▶ CONCLURE

Montrez que Singapour a su tirer parti de l'explosion des flux dans la recomposition de l'espace productif mondial.

B Assurer la prospérité et l'attractivité de la Cité-État

5 ▶ Singapour dessine son avenir : le projet de méga port de Tuas, terminal géant à l'horizon 2040 (image de synthèse)

À l'extrémité Sud-Ouest de la cité[1], l'aménagement gagné sur la mer regroupera les quatre terminaux de Singapour et portera la capacité de 40 à 65 millions de conteneurs. À l'extrémité Sud-Est, l'extension sur la mer de l'aéroport Changi renforcera le hub aérien (150 millions de passagers attendus en 2030).

1. Voir carte 4 p. 141.

6 ▶ La forêt de *Gardens by the Bay*

Ouvert en 2012 sur des terres gagnées sur la mer, à l'entrée de la baie, le parc accueille les *Supertrees*, des structures végétalisées hautes de 25 à 50 mètres. Cette promotion des technologies vertes constitue un nouveau pôle d'attraction touristique pour Singapour.

7 ▶ La mobilisation des territoires à plusieurs échelles

Ce petit archipel émietté (59 îles), de surface réduite (719 km²) et à fortes densités (7 700 habitants/km²) impose des contraintes extrêmement fortes au développement économique et urbain. Pour y répondre, les surfaces disponibles augmentent de 24 % en six décennies grâce à la construction de vastes terre-pleins, en particulier au Sud-Ouest. Ces gains de terrains permettent de créer de vastes zones aéroportuaires, portuaires et industrielles ultra-modernes qui font de Singapour un hub mondial. En permettant les transferts d'activités vers les périphéries, elles facilitent les mutations urbaines et fonctionnelles du cœur historique (quartier touristique, culturel et d'affaires) et de ses marges résidentielles.

La mue de Singapour repose sur la mobilisation d'un vaste territoire. À l'échelle sous-continentale, elle impulse la création d'un *hinterland** productif transfrontalier (zones industrielles, ports francs…), le « triangle de croissance de Sijori », à cheval sur la Malaisie (État de Johore) et l'Indonésie (archipel de Riau, Sumatra). À l'échelle continentale, Singapour attire du personnel peu qualifié (ouvriers du bâtiment, personnels de service…) dans un large bassin s'étendant des Philippines à l'Inde. Ce personnel, qui représente 30 % de la population, est indispensable à son fonctionnement.

Laurent Carroué, *Atlas de la mondialisation*, © éd. Autrement, 2018.

8 ▸ Le « triangle de croissance SIJORI », un système productif transfrontalier

Le « triangle de croissance Sijori » prend forme en 1994, quand Singapour, la Malaisie et l'Indonésie signent un protocole d'accord. Singapour, le Sud de l'État de Johor en Malaisie et l'archipel de Riau en Indonésie représentent chacun un sommet de ce triangle. L'initiative prétend valoriser les complémentarités. Le projet a germé à Singapour.

Singapour dispose de capitaux, d'employés qualifiés, de technologies et d'infrastructures commerciales de pointe, d'un accès au marché mondial. Ensuite arrive la Malaisie, avec une main-d'œuvre semi-qualifiée, des technologies intermédiaires, des infrastructures de base, des terres et des ressources naturelles. Bonne dernière : l'Indonésie, avec une main-d'œuvre non qualifiée, des technologies élémentaires, des ressources naturelles et des terres inexploitées en abondance.

Singapour a ainsi investi dans le projet *Iskandar Malaysia*[1], qui comprend des zones franches industrielles et portuaires, des complexes résidentiels, des centres commerciaux. Dans l'archipel de Riau, Bintan s'est spécialisée dans le tourisme. Batam est devenue un centre industriel. De nombreuses entreprises basées à Singapour ont transféré leurs activités dans l'île, où la législation est bien moins contraignante et les salaires très inférieurs. Depuis 2007, l'ensemble de l'archipel de Riau a le statut de zone franche*. Près de 600 compagnies étrangères, notamment d'assemblage de composants électroniques (Panasonic, Siemens, Sony...) ou travaillant pour les chantiers navals, sont installées dans les treize parcs industriels de l'île.

Philippe Revelli, *Le Monde diplomatique*, juillet 2016.

1. Voir photographie p. 20.

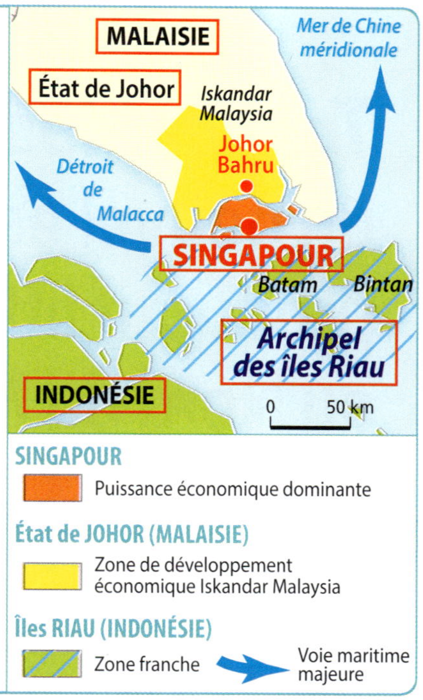

9 ▸ Le *Causeway*, entre Singapour et Johor Bahru en Malaisie

Route digue de 1 km, le Causeway est surchargé. En 2024, un métro rapide devrait relier les réseaux des deux villes grâce à un nouveau pont.

Analyser et confronter les documents

Documents 5, 6 et 7

1. Comment la Cité-État travaille-t-elle à consolider sa réussite ?

Documents 7 et 8

2. Comment Singapour met-elle en œuvre la division internationale du travail* pour assurer sa réussite ?

Documents 5, 7 et 9

3. Quel rôle essentiel joue l'aménagement du territoire ?

▶ **CONCLURE**

Montrez comment Singapour, qui a su tirer parti de la mondialisation, entend aussi y assurer son avenir.

Pour mettre en perspective à l'échelle mondiale

Singapour illustre la littoralisation et la métropolisation des activités dans le monde.

- Quel est l'impact de l'explosion des flux dans la recomposition du monde ? → Cours 1 p. 146
- Comment les activités se concentrent-elles sur les littoraux ? → Cours 2 p. 148
- Quel rôle pour les grandes métropoles ? → Cours 3 p. 150

ÉTUDE DE CAS

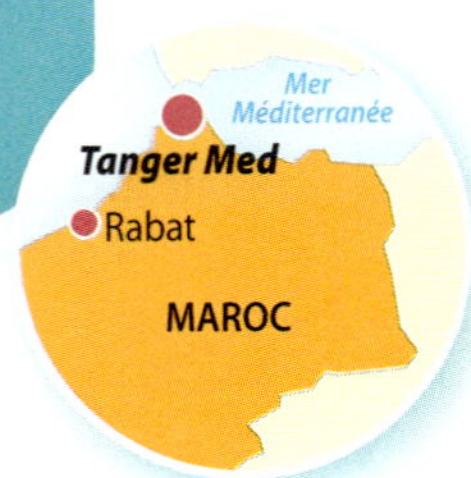

Tanger Med, un nouvel espace productif littoral au Nord du Maroc

- Inauguré en 2007, le complexe portuaire de *Tanger Med* est devenu en 10 ans un espace productif, industriel et logistique très dynamique, de compétitivité régionale et mondiale. En 2017, il a accueilli 2,8 millions de voyageurs, manutentionné 51 millions de tonnes de marchandises et géré 3,3 millions de conteneurs.
- Lancé par l'État marocain pour être le moteur du développement du Nord du pays dans la mondialisation, *Tanger Med* anime un réseau de parcs industriels et logistiques créés dans un rayon de moins de 50 km pour attirer les investisseurs internationaux.

→ Quel est l'impact de *Tanger Med* sur le Nord du Maroc ?

1 ▶ *Tanger Med 1* reçoit le plus grand porte-conteneurs du monde en 2017 (400 m de long, plus de 20 000 conteneurs)

Premier port africain, situé le long du détroit de Gibraltar emprunté par 20 % du trafic mondial, *Tanger Med* comprend deux ports de marchandises séparés par un port passagers et un port pétrolier. L'ensemble est placé au 45e rang mondial des ports à conteneurs.

▶▶ Vidéo

Reportage

***Tanger Med* une situation idéale**

Tanger Med Port Authority, 3'35'', 2016

www.lienmini.fr/geo1-04

Fiche d'étude vidéo imprimable

www.lienmini.fr/geo1-05

2 ▶ Une plate-forme industrialo-portuaire aux portes de l'UE

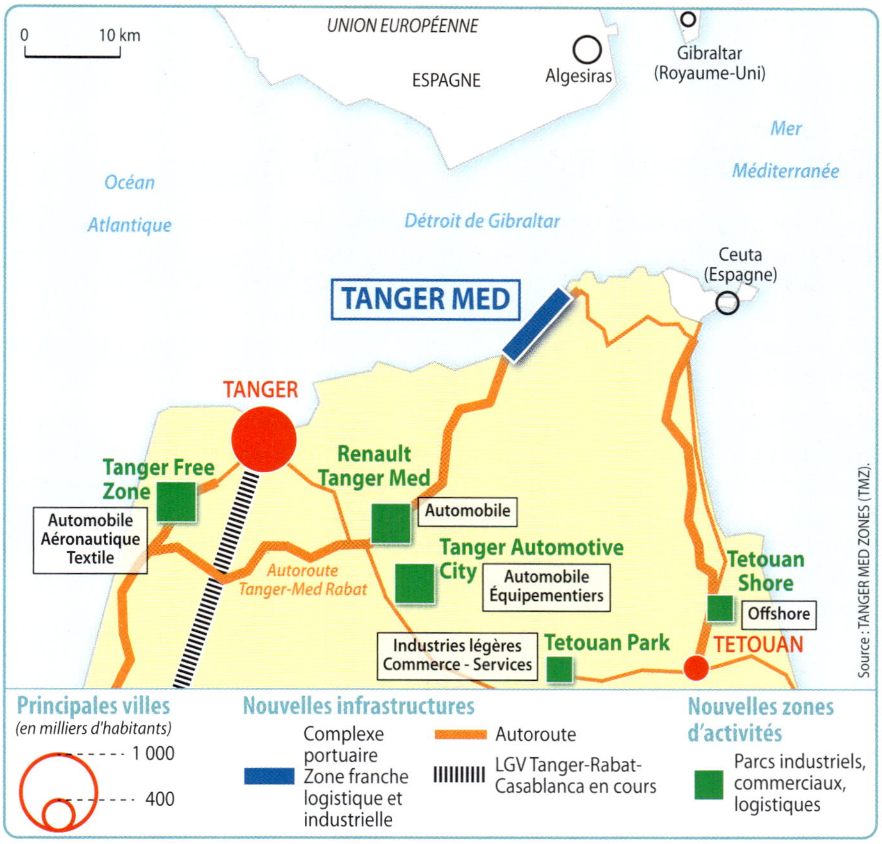

3 ▶ *Renault Tanger*, un site très performant

Ouverte en 2012, l'usine produit 1200 véhicules par jour qui arrivent en 40 minutes au port pour être exportés vers 74 pays. En 2017, l'usine a fêté l'assemblage de son millionième véhicule.

4 ▶ L'attractivité internationale de *Tanger Med Zones* (TMZ)

Regroupées au sein de *Tanger Med Zones* (TMZ), cinq plates-formes industrielles et logistiques constituent le poumon économique du Nord du Maroc. Avec une exonération de l'impôt sur les sociétés pendant les cinq premières années, en plus de la franchise de la TVA, des droits de douane et des frais de transfert de devises, la carotte fiscale est des plus alléchantes. Il y a surtout l'adossement au plus grand complexe portuaire du pays situé à l'intersection de flux maritimes majeurs et à proximité des marchés européens.

Les infrastructures offertes par les cinq zones d'activité ont incité de grands groupes internationaux à s'y implanter, entraînant nombre de sous-traitants. Ainsi, le gigantesque site de *Renault* a influencé la création de la zone réservée aux équipementiers automobiles. Lancée en 2014, elle compte déjà une trentaine de compagnies, qui emploient plus de 2000 personnes.

L'extension du port, *Tanger Med 2*, augmentera la capacité du complexe portuaire de 3 à 9 millions de conteneurs par an.

Cette dynamique des zones d'activité de TMZ autour du complexe portuaire a permis à la région de se hisser dans le top trois des plus importants contributeurs au PIB du pays (10 %). *Tanger Med* est un véritable cas d'école d'émergence industrielle, et l'idée est de dupliquer son modèle de plate-forme industrialo-portuaire dans d'autres régions du pays.

Fahd Iraqi, « Maroc : *Tanger Med* lancé à plein régime », *Jeune Afrique*, 15 avril 2018.

Analyser et confronter les documents

Documents 1, 2 et vidéo

1. Quels sont les atouts du complexe portuaire *Tanger Med* ?

Documents 2 et 4

2. Quels autres facteurs peuvent attirer les entreprises ? Quel est le principal acteur de cette dynamique ?

Documents 2, 3 et 4

3. Quelles activités nouvelles se sont développées dans le Nord du Maroc ?

▶ CONCLURE

Montrez comment le Maroc parvient à développer un nouvel espace productif grâce à la mondialisation.

Pour mettre en perspective à l'échelle mondiale

Les littoraux sont des localisations privilégiées des nouveaux espaces productifs dans le monde.

▸ Comment le monde s'organise-t-il en réseaux ? → Cours 1 p. 146
▸ Quelles sont les grandes façades maritimes ? → Cours 2 p. 148

Cours 1

Un monde de flux et de réseaux

CHIFFRES

Valeur du commerce mondial

Évolution des exportations de biens et de services entre 1990 et 2017

A. Une explosion de flux autour des grands pôles

- **La mondialisation se caractérise par une explosion et une recomposition des flux de marchandises, de capitaux et d'informations dans l'espace mondial** dans le cadre d'une nouvelle division internationale du travail (DIT)* [doc. 2]. En 30 ans, la **valeur du commerce mondial** a quadruplé. Elle s'élève à 22 800 milliards de dollars, dont 79 % pour les biens matériels et 21 % pour les services (tourisme, transport, finance, culture).
- **Mais ces échanges restent très polarisés.** 20 États réalisent 72 % du commerce mondial dont la Chine, les États-Unis, l'Allemagne, le Japon et la France. Le commerce intra-continental garde un rôle majeur (52 % des flux), notamment en Europe (72 %) et en Asie (52 %). 10 États réalisent 67 % des services de transports mondiaux alors que quelques pôles se spécialisent dans les fonctions de redistribution régionale ou continentale (Singapour, Hong Kong, Émirats Arabes Unis). → Études de cas p. 140, p. 144 ; Carte enjeux 1 p. 138

B. Une mise en réseaux sélective du monde

- **De puissants réseaux et nœuds logistiques multimodaux* quadrillent le monde.** Cette connexion à l'espace productif mondial dépend du niveau de développement des États et des régions. Elle se traduit, à toutes les échelles, par des phénomènes de sur-intégration et de sur-exclusion, comme l'illustre la géographie des data centers et des câbles sous-marins. → Carte enjeux 3 p. 139 ; carte p. 73
- **Le transport aérien connaît un véritable boom** avec 50 % d'augmentation du trafic passagers (4 milliards par an) et 60 % du fret pour les produits à haute valeur ajoutée en quinze ans. Pourtant, seulement 20 aéroports sur 3 200 captent la moitié du trafic mondial. Ils servent de **hubs** aux grandes compagnies aériennes organisées en « alliances » internationales. → Repères spatiaux p. 109
- **Dans l'énergie, les réseaux d'oléoducs et de gazoducs ne cessent de s'étendre** (3,5 millions de km). En Russie, 252 000 km de tubes connectent ainsi les bassins intérieurs ou arctiques à l'Europe ou à la Chine et sont parfois l'objet de conflits géopolitiques (mer Baltique, Asie centrale) [doc. 1].

NOTION

Flux

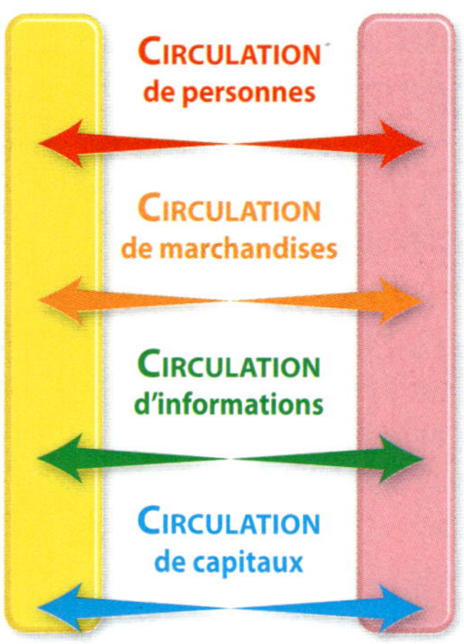

C. Une ronde financière permanente mais fragile

- **La révolution numérique est au cœur du système financier mondial.** Le stock de capital (crédits, dettes, capitalisation boursière et monnaie) est passé de 160 % à 450 % du PIB mondial entre 1980 et 2018. Les banques, assurances, fonds de pension et fonds spéculatifs transfèrent leurs capitaux sur les différents marchés en exploitant les différences entre territoires.
- **Quelques grandes places financières interconnectées dominent** (*Wall Street*, *City* de Londres, Shanghai, *Kabucho* de Tokyo, Paris). Dix bourses polarisent ainsi 80 % de la capitalisation boursière mondiale. Avec l'informatique, les transactions sont réalisées en quelques secondes. Plus de 5 000 milliards de dollars s'échangent par jour sur le seul marché mondial des devises, en particulier entre Londres et New York. → Carte enjeux 2 p. 139
- **Cependant, ce système spéculatif très instable débouche sur de nombreuses crises.** Celle de 2008-2009 a obligé les États et les organismes internationaux (FMI) à intervenir au prix d'un accroissement de l'endettement public.

Définition

Hub

Nœud de correspondance d'un réseau de transport qui concentre les voyageurs, les marchandises et les informations dans de nombreuses directions.

* Lexique p. 298

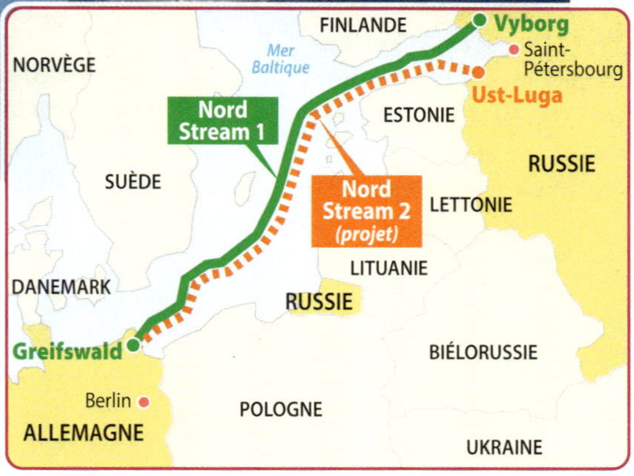

1 ▶ La pose du gazoduc *Nord Stream 2*, à proximité de l'Allemagne (novembre 2018)

Le doublement sur 1200 km du gazoduc *Nord Stream 1* entre la Russie et l'Allemagne, dans la Baltique, par le géant gazier russe *Gazprom*, répond à un double objectif : augmenter les livraisons de gaz russe à l'Europe occidentale et éviter de passer par l'Ukraine ou les Pays baltes pour des raisons géopolitiques.

2 ▶ L'industrie automobile anglaise à la merci du « Brexit* »

Le patron du constructeur automobile japonais *Toyota* au Royaume-Uni a prévenu que l'usine britannique de Burnaston (centre de l'Angleterre) verrait sa production temporairement interrompue en cas d'une sortie de l'Union européenne sans accord entre Londres et Bruxelles. Selon la *BBC*, l'usine de Burnaston, dont la production dépend notamment de composants importés de l'UE, a produit près de 150000 voitures l'an dernier, 90 % étant destinées à l'exportation vers l'UE. Avec l'usine implantée à Deeside (Pays de Galles), *Toyota* emploie quelque 3000 personnes dans le pays.

Le secteur automobile britannique fonctionne selon un modèle très intégré dans toute l'Europe : 80 % de sa production est exportée, majoritairement dans l'UE, tandis que 83 % de sa consommation est importée. Toute la chaîne de fabrication est de même intégrée. Chaque jour, 1 100 camions traversent la Manche, avec des pièces détachées allant vers les usines britanniques. « Si la frontière devient plus longue à passer, ou qu'il y a des droits de douane, tout le modèle de fabrication est remis en cause. Si vous devez faire venir vos pièces détachées 24 heures plus tôt, il faut alors construire un entrepôt pour les garder. Tout ça ajoute des coûts. »

Le scénario du pire serait que le « Brexit » se termine sans aucun accord entre Londres et Bruxelles. Le Royaume-Uni deviendrait un simple membre de l'Organisation mondiale du commerce, imposant automatiquement un droit de douane de 10 % sur les voitures. « Ce serait catastrophique. Selon nos calculs, le prix de vente moyen d'une voiture augmenterait de 1500 livres. »

« En cas de Brexit dur, Toyota interrompra sa production au Royaume-Uni », *Le Monde avec AFP*, 29 septembre 2018.

Doc bac

Analyse d'un texte

Lire le texte

1. Pourquoi *Toyota* est-il un constructeur automobile important au Royaume-Uni ?
2. Dans quelles conditions *Toyota* et le secteur automobile fonctionnent-ils au Royaume-Uni ?
3. Pourquoi les négociations sur le « Brexit » inquiètent-elles les constructeurs ? Quelles en seraient les conséquences possibles ?

Comprendre le texte

4. Pourquoi les échanges jouent-ils un rôle majeur dans le fonctionnement du système productif ?

Cours 2

Des espaces productifs concentrés sur les littoraux

CHIFFRES

Le trafic de conteneurs

Répartition du trafic de conteneurs par grande région du monde *(en % du total mondial)*

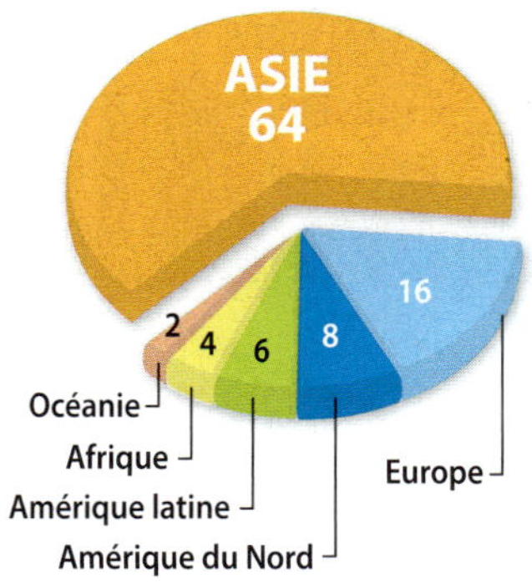

NOTION

Façade maritime

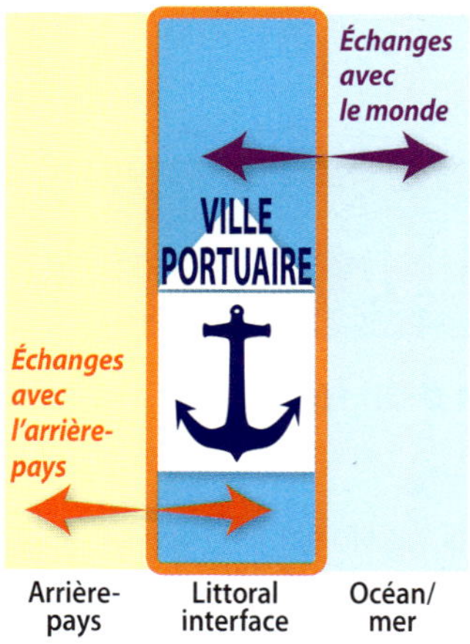

Définition

Littoralisation

Tendance à la concentration des hommes et des activités sur les littoraux.

*Lexique p. 298

A. Le transport maritime, acteur majeur dans la DIT*

- **Le transport maritime connaît un formidable essor.** Avec 93 000 navires, il réalise 80 % des échanges mondiaux en volume et 70 % en valeur. En 30 ans, le trafic mondial et le volume de la flotte ont triplé et les porte-conteneurs se sont imposés. Pour faire face aux besoins, la taille des navires ne cesse de croître. → Dossier p. 152, [doc. 1], p. 144
- **La chaîne de valeur* du commerce maritime se transforme avec la spécialisation croissante des pays.** La Corée du Sud, le Japon et la Chine réalisent 92 % de la construction navale; l'Inde, le Bangladesh, le Pakistan et la Chine 95 % des démolitions de bateaux. Cinq pays (Panama, Libéria, îles Marshall, Hong Kong et Singapour) immatriculent 58 % de la flotte mondiale.
- **L'organisation du transport maritime est dominée par de grandes compagnies:** *APM Maersk* (Danemark), *MSC* (Italie-Suisse), *Cosco* (Chine), *CMA CGM* (France), *Hapag-Llyod* (Allemagne). Regroupées en alliances mondiales (*Océan Alliance*, *2M*, *The Alliance*), elles desservent les grandes routes régulières et les grands hubs portuaires. → Études de cas p. 140, p. 144; dossier p. 152

B. Des grandes façades attractives pour les échanges

- **La mondialisation s'accompagne d'un vaste processus de littoralisation.** Les littoraux sont des interfaces qui connectent leurs arrière-pays aux échanges mondiaux. Ils sont souvent les lieux privilégiés des dynamiques démographiques, économiques, industrielles et urbaines comme en Chine, au Brésil ou en Inde. → Études de cas p. 140, p. 144
- **Quelques grandes façades maritimes jouent un rôle majeur dans l'économie mondiale:** le Japon, la Chine littorale, la *Northern Range* européenne, la Megalopolis de la côte Est et la côte Pacifique des États-Unis. Elles regroupent de grandes métropoles, de vastes bassins productifs et les plus grands ports mondiaux. 20 ports polarisent 52 % du trafic total mondial et 40 ports 60 % des conteneurs [doc. 3]. → Dossier p. 154; Repères spatiaux p. 108
- **L'Asie orientale, avec la Chine, devient le nœud central de la circulation maritime** mondiale avec 40 % des flux, dont **64 % du trafic de conteneurs** [doc. 4]. Les Suds réalisent désormais 65 % des activités maritimes mondiales en lien avec la DIT.

C. Des grands ports de plus en plus performants

- **L'exacerbation de la concurrence oblige les grands ports à se moderniser sans cesse** pour garder leur rang. Ils doivent optimiser leurs opérations (sécurité, fiabilité), réduire les coûts, les délais, et promouvoir de nouveaux services (dédouanement, financement). Ils développent et numérisent leur appareil portuaire au prix d'investissements financiers et technologiques considérables. → Dossier p. 154
- **Les espaces portuaires des métropoles connaissent de profondes mutations** (Rotterdam, Le Havre, Hambourg, baie de Tokyo, Shanghai...). Ils doivent trouver de nouveaux terrains pour leurs activités logistiques et industrielles et répondre à la croissance de la taille des navires en créant d'immenses avant-ports. Ils multiplient les terre-pleins gagnés sur la mer pour y implanter les terminaux pour porte-conteneurs qui s'arrêtent quelques heures pour desservir leur *hinterland** [doc. 4]. → Étude de cas p. 140

3 ▶ Long Beach et Los Angeles, les ports jumeaux de la façade californienne face à l'Asie

Los Angeles et Long Beach, premier et second ports de conteneurs des États-Unis, forment la principale porte américaine vers la Chine. Cependant, les Californiens s'inquiètent des répercussions des tensions commerciales entre les États-Unis et la Chine sur l'activité des ports, en particulier sur les exportations de produits agricoles ou industriels.

4 ▶ Yangshan à Shanghai, premier port mondial de conteneurs (en 2017)

Le nouveau « port en eau profonde » de Shanghai, aménagé dans l'archipel des Yangshan en gagnant sur la mer, a été inauguré en 2005. Le quatrième terminal à conteneurs, entièrement automatisé, a été ouvert en septembre 2017.

Source : Le Marin, 21 septembre 2017.

Doc bac

Analyse d'une carte

Identifier la carte

1. Comment la carte est-elle organisée ?
2. Où le nouveau port a-t-il été aménagé par rapport à Shanghai ? Pour quelles raisons ?
3. Quels travaux ont été nécessaires pour réaliser le premier port mondial pour les conteneurs ?

Comprendre la carte

4. Pourquoi les échanges jouent-ils un rôle majeur dans le fonctionnement du système productif ?

Cours 3

Les grandes métropoles au cœur du système productif mondial

CHIFFRES

Recherche et Développement

Principales métropoles mondiales selon la fonction Recherche & Développement

1 New York
2 Londres
3 Tokyo
4 Los Angeles
5 Séoul
6 Singapour
7 Boston
8 Chicago
9 San Francisco
10 Paris

NOTION

Ville mondiale

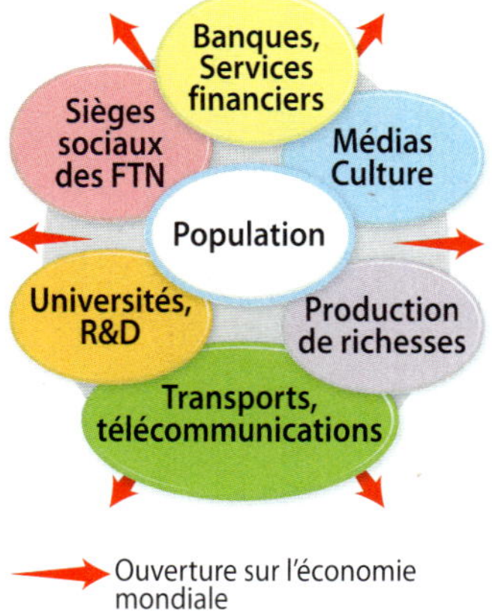

Définitions

Produit urbain brut (PUB)
L'équivalent, à l'échelle des agglomérations urbaines, du Produit intérieur brut (PIB) pour des États.

Recherche et Développement (R&D)
Ensemble des activités de recherche destinée à avoir des applications industrielles.

* Lexique p. 298

A. Les pilotes du système productif mondial

- **Les grandes métropoles jouent un rôle majeur dans l'économie mondiale.** Les 300 premières réalisent 50 % du PIB mondial avec seulement 23 % des emplois et de la population. Leur production économique, mesurée par le **Produit urbain brut (PUB)*** [doc. 5], est souvent supérieure à celle d'un État (Tokyo par rapport au Canada, New York par rapport à la Corée du Sud).
- **Leur pouvoir de pilotage et d'influence ne cesse de se renforcer par le processus de métropolisation.** Il repose sur leurs capacités à polariser les fonctions et les emplois les plus rares et les plus stratégiques : sièges sociaux des F.T.N., **Recherche et Développement**, universités, finance, médias et information, culture. Elles mobilisent pour cela de nombreux atouts : diversité du tissu économique, qualification de la main-d'œuvre, activités à haute valeur ajoutée, densité des infrastructures (immobilier, transport, énergie) [doc. 7].

B. Une hiérarchie urbaine mondiale et continentale

- **Ces métropoles organisent de vastes aires productives emboîtées** aux échelles régionales, nationales, continentales et mondiales. La puissance de Londres repose ainsi sur son rayonnement sur le grand bassin londonien, le Royaume-Uni, l'Europe occidentale et le monde. São Paulo, capitale économique du Brésil, rayonne sur toute la région Sud-Est du pays ; c'est aussi le principal centre financier et le premier pôle commercial et industriel de l'Amérique latine. → Étude de cas p. 30
- **Ces métropoles fonctionnent en réseaux dans le cadre d'une hiérarchie urbaine** mondiale et continentale [doc. 7]. Six **villes de rang mondial** sont comptabilisées : New York, Londres, Paris, Tokyo, Los Angeles, Osaka. Elles sont suivies par Pékin, Shanghai, Moscou, Séoul, Singapour, São Paulo ou Mexico. De nouvelles métropoles dans les Suds s'affirment comme Istanbul, Dehli, Rio, Mumbai, Johannesburg.

C. Des territoires urbains en recomposition permanente

- **Nœuds privilégiés de la production et de la circulation de la richesse,** les territoires métropolitains connaissent des recompositions économiques et sociales permanentes avec l'émergence de nouveaux secteurs innovants (internet et médias…) ou de nouveaux services (audit, conseil, droit des affaires).
- **Les espaces métropolitains sont sujet à de profondes mutations immobilières et urbaines.** Les grands quartiers d'affaires, *Central Business District* (CBD), où se concentrent les sièges sociaux, se déploient en des tours de bureaux de plus en plus élevées (Shanghai, New York, Docklands de Londres, Paris La Défense, Moscou…) [doc. 6]. Les technopoles scientifiques se recomposent comme à Paris Saclay, Tokyo, Shanghai, Moscou ou Mumbai. → Étude de cas p. 58 ; dossier p. 68
- **En forte concurrence, autorités publiques et acteurs privés adaptent leurs stratégies** urbaines, foncières, immobilières et fiscales pour attirer emplois, capitaux, revenus fiscaux et activités. Ils multiplient les grandes opérations d'urbanisme, les nouveaux équipements et les zones d'activités spécialisées comme Dubaï aux Émirats Arabes Unis. → Dossier p. 44

5 ▶ Le poids et le rôle des 123 premières métropoles mondiales

Les 123 plus grandes métropoles jouent un rôle croissant dans l'économie mondiale. Avec seulement 13 % de la population, elles réalisent un tiers du PIB mondial et accueillent 27 % des investissements étrangers. Elles détiennent un rôle majeur dans l'innovation : 44 % de la recherche et 65 % des brevets. Ces métropoles concentrent aussi les infrastructures de transports les plus stratégiques (aéroports : 4 milliards de passagers/an, réseaux internet…). On trouve parmi elles six villes de rang mondial : Londres, Los Angeles, New York, Osaka, Paris, Tokyo, rejointes progressivement par de nouvelles métropoles (Moscou), en particulier en Asie (Pékin, Hong Kong, Séoul, Shanghai et Singapour).

Dans les pays émergents, 28 métropoles se placent à l'articulation entre l'espace mondial et leurs marchés nationaux et continentaux comme Johannesburg pour l'Afrique australe, Mumbai pour l'Inde et l'Asie du Sud, São Paulo pour le Brésil et l'Amérique latine.

De tailles plus restreintes, 19 métropoles sont aussi très influentes car fortement spécialisées dans l'innovation, les universités et la recherche : Boston, Dallas, Seattle (États-Unis), Amsterdam, Zurich (Europe).

Enfin, depuis les années 2000, 22 métropoles chinoises s'affirment (Suzhou, Chengdu, Dalian…), en particulier littorales. Très marquées par l'industrie celles-ci s'inscrivent comme des villes-ateliers.

« Repenser les villes globales », d'après *La Brookings Institution*, 2016.

Doc bac

Analyse d'un texte

Lire le texte

1. Quels sont les principaux atouts des métropoles ?
2. Quelles sont les grandes mutations intervenues ces dernières décennies ?
3. Quel est le cas spécifique de la Chine ?

Comprendre le texte

4. Comment caractériser et expliquer l'importance de ces métropoles dans le système productif mondial ?

6 ▶ Les villes, moteurs de la mondialisation

Couverture de *Courrier International* n° 1343-1344-1345, juillet-août 2016. Selon l'hebdomadaire, « l'avenir s'écrit dans des pôles urbains tentaculaires. D'ici 2025, il y aura au moins une quarantaine de ces villes ultra-connectées dans le monde ».

7 ▶ Les 15 premières économies métropolitaines mondiales selon le Produit urbain brut

Métropole	Produit urbain brut (en milliards de dollars)	PUB / habitant (en dollars)	Population (en millions d'habitants)
1. Tokyo	1620	43 400	37
2. New York	1490	74 000	20
3. Los Angeles	930	69 530	13
4. Séoul	900	36 000	25
5. Londres	830	56 000	15
6. Paris	820	65 350	12,5
7. Shanghai	810	32 680	25
8. Moscou	750	61 480	12
9. Osaka Kobe	680	36 530	18,5
10. Beijing	660	30 330	22
11. São Paulo	580	27 370	21
12. Guangzhou	520	39 800	13
13. Shenzhen	490	45 370	11
14. Singapour	470	84 400	5,5
15. Hong Kong	410	56 750	7

Source : *Brookings Institution*, 2016.

DOSSIER

POUR APPROFONDIR

CMA CGM, un acteur majeur du transport maritime

- Apparu en 1978, le groupe français *CMA CGM*, dont le siège social est à Marseille, est aujourd'hui le 4e transporteur maritime mondial. Doté d'une flotte de plus de 500 porte-conteneurs, il dessert la plus grande partie des ports mondiaux en proposant plus de 200 lignes maritimes à ses clients.
- La *CMA CGM* ambitionne, dans un contexte de forte concurrence internationale, de ne pas acheminer uniquement des marchandises de port en port, mais d'être un opérateur global en intégrant les technologies numériques dans toute la chaîne logistique.

Comment rester un acteur mondial du transport maritime ?

1 ▶ Le transport maritime, un service complet et de plus en plus digitalisé
Le *Centre opérationnel* de Marseille, avec les centres de Miami et de Singapour créés en 2017, assiste en temps réel l'ensemble des bateaux. Il fournit conseils et alertes aux officiers à bord afin qu'ils optimisent la route de leurs navires et la consommation de carburant. Parallèlement, la généralisation en cours des conteneurs connectés permet à la compagnie comme au client de suivre les marchandises de l'expéditeur au destinataire, de « porte à porte ».

Couverture de la brochure 2016 du groupe *CMA CGM*.

2 ▶ Une présence mondiale

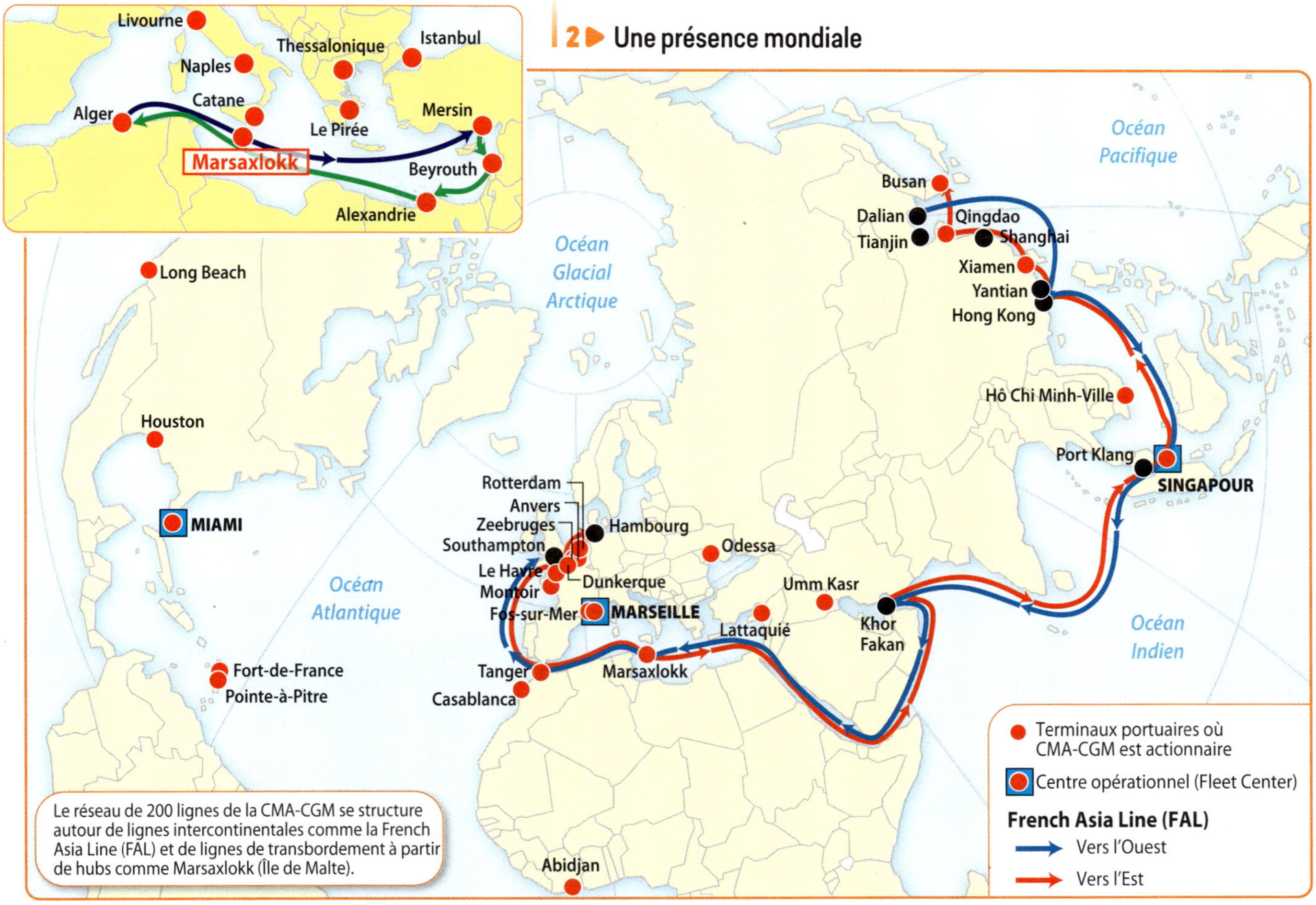

3 ▶ Une course au gigantisme

Long de 400 mètres, le *Saint-Ex* peut, à lui seul, transporter 20 600 conteneurs remplis de jouets, d'ordinateurs, de meubles en kit, de jus d'orange ou de homards vivants. Deux autres géants identiques, le *Jean-Mermoz* et le *Louis-Blériot*, auront rejoint la flotte du groupe. Plus grands, moins gourmands en carburant, ils sont en principe plus rentables que les porte-conteneurs anciens qu'ils remplacent.

La course au gigantisme n'est d'ailleurs pas achevée. À partir de 2019, *CMA CGM* prendra livraison de neuf navires encore plus imposants. Chacun pourra transporter 22 000 conteneurs.

Les compagnies se livrent une concurrence sans merci, à coups d'investissements massifs dans de nouveaux navires. Pour remplir ceux-ci, la guerre des prix est souvent violente et détruit les marges. Surtout, quand une forte hausse du fioul survient, comme cela a été le cas en début d'année.

Denis Cosnard, *Le Monde*, 6 septembre 2018.

4 ▶ Des compagnies, entre alliances et concurrence

Rang	Compagnies	Nationalité	Alliances	Part de marché (en %)
1	*APM-Maersk*	Danemark	2M	17,8
2	*MSC*	Italie-Suisse	2M	14,6
3	*COSCO*	Chine	Ocean Alliance	12,3
4	*CMA CGM*	France	Ocean Alliance	11,9
5	*Hapag Lloyd*	Allemagne	The Alliance	7,2
6	*ONE*	Japon	The Alliance	6,7
7	*Evergreen*	Taïwan	Ocean Alliance	5,2
8	*Yang Ming*	Taïwan	The Alliance	2,8
9	*PIL*	Singapour		1,9
10	*Hyundai*	Corée du Sud		1,8

Prolonger le cours

Document 1

1. De quelles évolutions du transport maritime les investissements de la *CMA CGM* témoignent-ils ?

Documents 2 et 4

2. Comment la *CMA CGM* peut-elle assurer une présence mondiale à ses clients ?

Documents 1 et 3

3. Quels choix la *CMA CGM* fait-elle pour faire face à la concurrence des autres transporteurs maritimes ?

SYNTHÈSE

Montrez que le transport maritime est un acteur essentiel de l'explosion des flux commerciaux dans le monde.

DOSSIER

POUR APPROFONDIR

NORTHERN RANGE, une façade maritime dans la révolution numérique

Vers une façade maritime intelligente ?

- Devancée par la façade de l'Asie orientale, la *Northern Range* veut renforcer sa productivité et sa compétitivité. Les ports de la façade maritime, également en concurrence entre eux, ont massivement investi dans l'automatisation de leurs opérations.
- Une seconde étape s'ouvre avec la digitalisation de l'ensemble des activités portuaires. Désormais, les ports sont connectés : les « smart-ports » (ports intelligents) améliorent ainsi l'efficacité de toute la logistique.

1 ▶ Transporteurs automatiques de conteneurs sur le terminal *Altenwerder* de Hambourg en Allemagne, 2018

Les opérations de manutention des conteneurs sont automatisées et fonctionnent 24h/24 et 7 jours sur 7, surveillées à distance depuis un poste de contrôle informatisé. Les véhicules électriques autoguidés trouvent seuls leur destination. Cette technique, qui réduit les risques et permet un fort gain de temps, a fait disparaître plus de deux-tiers des emplois.

2 ▶ Une grande façade maritime en cours de numérisation

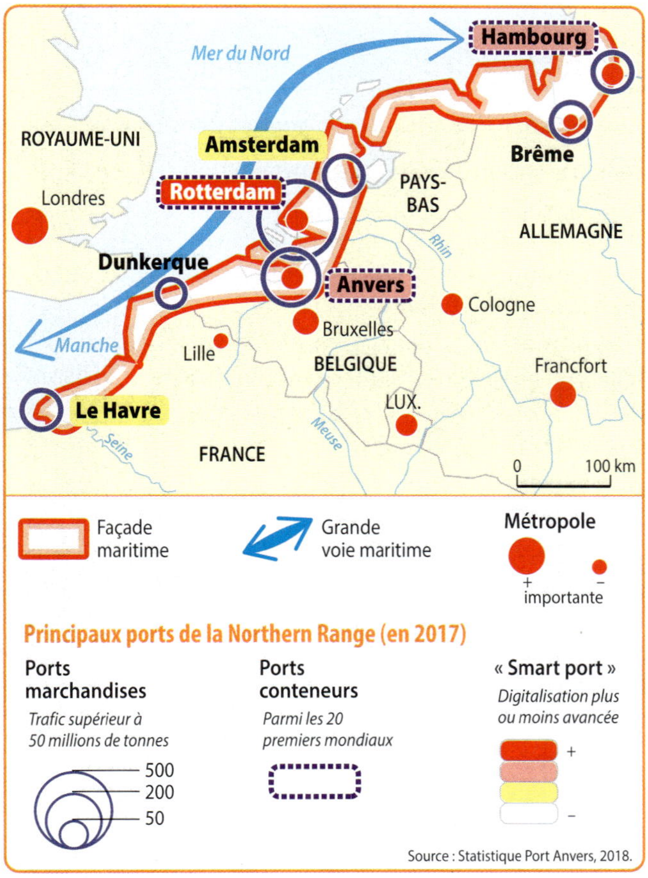

3 ▶ Le « *smart port* », port du futur ?

Brochure du Port de Rotterdam, 2016.

Premier port européen, et toujours parmi les 10 premiers mondiaux pour le trafic de marchandises.
Traduction : « Le port le plus intelligent du monde. Des ambitions sans limites. Faites que cela arrive ».

4 ▶ Rotterdam, l'un des premiers ports à digitaliser ses systèmes portuaires

Devenir le port le plus intelligent du monde : tel est le défi que le port de Rotterdam s'est lancé en s'associant avec IBM. Il veut être en mesure d'accueillir des navires autonomes[1] d'ici 2025. D'où un travail avec les technologies IBM Internet of Things (IoT) [2] et IBM Cloud.

« En utilisant IBM IoT2, nous créerons un jumeau numérique du port, une réplique numérique exacte de nos opérations qui reflétera toutes les ressources du port, suivra les mouvements des navires, les infrastructures, les conditions météorologiques, géographiques et de profondeur avec 100 % de précision » expliquent les responsables du port. Ce n'est pas un gadget. En traitant plus de 140 000 navires chaque année, une heure de gain en temps d'accostage pourrait se traduire par des économies d'environ 80 000 dollars pour les compagnies pendant que le port pourrait augmenter sa cadence.

Les capteurs IoT, associés à des données météo intelligentes, permettront par exemple de prédire le meilleur moment pour entrer dans le port de Rotterdam en identifiant les conditions les plus favorables. « En prédisant les conditions de l'eau, la direction et la vitesse du vent, nous serons en mesure de déterminer dans quelle mesure l'entrée d'un navire dans un port sera facile ».

Stratégies Logistique, 5 mars 2018.

1. Navire autonome : navire capable de naviguer sans équipage ou avec un équipage réduit grâce à de nombreux capteurs, caméras et instruments connectés.
2. IoT « internet des objets » : mise en réseau ou connexion des objets.

Prolonger le cours

Document 2

1. Qu'est-ce que la *Northern Range* ? Autour de quels grands ports s'organise-t-elle ?

Documents 2 et 4

2. Relevez les aménagements réalisés par les ports.

Documents 1 et 4

3. À quelles nécessités la modernisation des ports répond-elle ? Quels ports semblent le plus à même de se transformer en « ports intelligents » ?

SYNTHÈSE

Montrez comment les façades maritimes participent à l'explosion des flux.

S'ENTRAÎNER AU BAC 13

Méthode BAC p. 14-15

Réaliser un croquis

CAPACITÉS

- Réaliser des productions cartographiques
- Transposer un texte en croquis

Sujet À l'aide du texte, réalisez le croquis : « Les espaces de production littoraux, grands ports et flux d'échanges maritimes ».

Une littoralisation des espaces productifs

Une forte concentration des espaces de production et d'échanges

Dans le monde, quelques espaces productifs ont un poids considérable dans les échanges de marchandises : l'Amérique du Nord, l'Union européenne et l'Asie orientale assurent la majorité des exportations mondiales.

À côté de ces grands pôles, des pôles secondaires jouent un rôle non négligeable : le Moyen-Orient, l'Amérique latine, l'Afrique, la Russie…

L'explosion des flux d'échanges

Le transport maritime assure 80 % des échanges mondiaux. Si les échanges se font surtout entre les grands pays industriels (États-Unis, Japon, Allemagne, France…), l'Asie orientale et surtout la Chine sont aujourd'hui à l'origine de flux considérables.

De grandes routes maritimes, correspondant aux grands flux d'échanges, s'établissent entre tous ces pôles.

La maritimisation des espaces productifs

La littoralisation, liée à la mondialisation, a renforcé la concentration des activités : la majorité des productions industrielles et d'échanges se font dans les ports.

De puissants ports composent les grandes façades maritimes : en Asie, le littoral du Japon, de la Corée du Sud, de la Chine et de Singapour ; en Europe, la *Northern Range* (du Havre à Hambourg en mer du Nord) ; en Amérique, la côte du Nord-Est (Megalopolis) et la Côte du Pacifique des États-Unis.

Chaque façade maritime possède de grands ports qui sont les hubs des échanges mondiaux, à l'image de Tokyo, Busan, Shanghai, Singapour, Rotterdam, New York, Los Angeles ou encore de Dubaï au Moyen-Orient.

Conseils

- Notez le **titre** du texte, il indique celui du croquis.
- Relevez les **sous-titres** du texte, ils donnent des indications pour établir les rubriques de la légende du croquis.
- Définissez les mots et expressions surlignés.
- Notez, au brouillon, les noms des pôles d'échanges, des façades maritimes, des ports cités dans le texte.

ÉTAPE 1 — Lire le sujet et le texte d'accompagnement

1. Lisez le sujet.

– À quel territoire le sujet s'applique-t-il ?

– À quel thème du programme le sujet se rapporte-t-il ?

2. Lisez le texte d'accompagnement.

– Comment sont classés les pôles de production dans le premier paragraphe ?

– D'après les deux derniers paragraphes, quelles informations faut-il cartographier ?

ÉTAPE 2 — Organiser la légende et choisir les figurés

3. Classez les informations.

– Combien de rubriques la légende comporte-t-elle ?

– À l'aide des figurés reportés sur le croquis et dans la légende, choisissez les sous-titres des rubriques de la légende qui conviennent :

Les grands pôles de production et d'échanges • Les grandes routes maritimes • Les grandes façades maritimes

– Quelles informations correspondant aux figurés ?

Façade maritime • Pôles plus ou moins importants • Flux d'échanges entre les pôles • Grand port mondial

– Complétez la légende.

4. Choisissez les figurés.

– Quels autres figurés du langage cartographique peut-on utiliser pour représenter les pôles, les ports ?

Conseils

- Observez le fond du croquis pour connaître les limites de l'espace à cartographier.
- Utilisez le langage cartographique (rabat arrière du manuel).

Croquis interactif
www.lienmini.fr/geo1-67
Croquis et légende imprimables
www.lienmini.fr/geo1-66

Croquis : ....

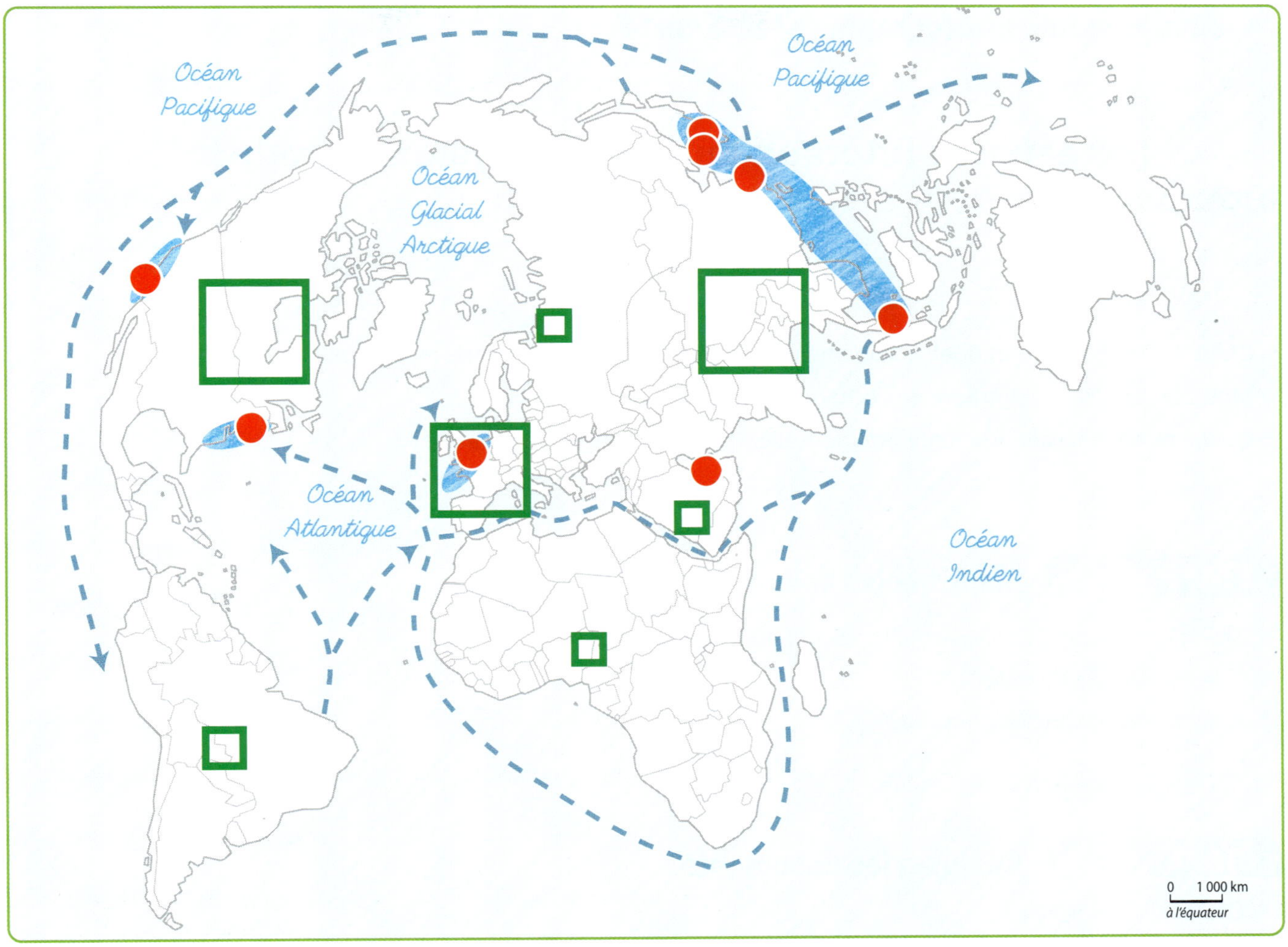

Rubrique 1	Rubrique 2	Rubrique 3
....	....	....
+	....	....
–	....	....

ÉTAPE 3

Réaliser le croquis

5. **Reproduisez ou téléchargez le croquis et sa légende.**
6. **Mettez en forme la légende et dessinez le croquis.**
   - Complétez la légende du croquis à l'aide du travail effectué à l'étape 2.
   - Tracez les flux maritimes en vous aidant des tracés pointillés.
   - Écrivez la nomenclature à partir des indications du texte (pôles, façades, ports…).
   - Donnez un **titre** au croquis.
7. **Vérifiez si le croquis possède tous les attributs d'un bon croquis.** → *Aidez-vous de la* ***méthode*** *p. 15.*

S'ENTRAÎNER AU BAC 14

CAPACITÉS

- Savoir lire, comprendre et critiquer des documents
- Produire un écrit construit et argumenté

Analyser une photographie et une carte

Méthode BAC p. 12-13

Analyse de documents

Sujet Les espaces littoraux au cœur du système productif mondial

Questions

1. Quels aménagements et quels équipements caractérisent les grands ports mondiaux ?
2. Montrez que Tianjin s'intègre aux échanges mondiaux de marchandises.
3. Quelle place la façade maritime occupe-t-elle dans les échanges mondiaux ?

ÉTAPE 1 Identifier les documents

1. Quelle est la nature du document 1 ? Localisez Tianjin → *Utilisez le doc. 2.*
2. Quel est le type de la carte ?
3. Quels thèmes la carte illustre-t-elle ?

ÉTAPE 2 Analyser les documents

4. Décrivez la photographie :
   – relevez les différentes activités portuaires. Précisez ce qu'est un « port vraquier », un « port pour conteneurs ».
5. Quels sont la place et le rôle du port de Tianjin en Asie et dans le monde ? Définissez « façade maritime ».
6. Montrez l'importance de l'Asie dans les flux d'échanges de produits manufacturés.

Conseil

- *Utilisez la **carte enjeux 1** p. 138, le **cours** p. 146 et 148 et le **lexique** p. 298.*

Rédiger la réponse au sujet

Introduction *Les documents, une photographie et une carte, permettent de comprendre à la fois la littoralisation des activités ainsi que les flux d'échanges qui en résultent.*

1er paragraphe *L'essor des échanges mondiaux a exigé des aménagements pour accueillir des navires toujours plus gros et spécialisés. Le port de Tianjin peut recevoir tous ces types de navires.*
→ *Donnez d'autres exemples et employez le vocabulaire géographique adapté : littoralisation, zone industrialo-portuaire, façade maritime, flux...*

2e paragraphe *La carte, par figurés ponctuels et traits, montre l'importance de la façade maritime asiatique. Les flux de produits manufacturés se dirigent essentiellement vers les pays consommateurs des Nords. Le document met en évidence la recomposition des espaces productifs : les activités se concentrent de plus en plus dans les ports comme le montre l'exemple de Tianjin.*

Conclusion *Les deux documents montrent la place et le rôle des espaces productifs littoraux dans le système productif mondial.*

Doc. 1 ▶ Le port de Tianjin (Chine)

L'agglomération Tianjin, avec plus de 14 millions d'habitants, s'articule autour d'un des plus grands ports au monde. Tianjin se situe au 4ᵉ rang mondial pour le trafic de marchandises et au 10ᵉ rang pour le nombre de conteneurs.

1. Chenal d'entrée du port
2. Bassin et quais pour cargos et vraquiers (transports maritimes de produits en vrac)
3. Voie ferrée
4. Port pétrolier
5. Port pour conteneurs

Doc. 2 ▶ Tianjin et la façade maritime asiatique

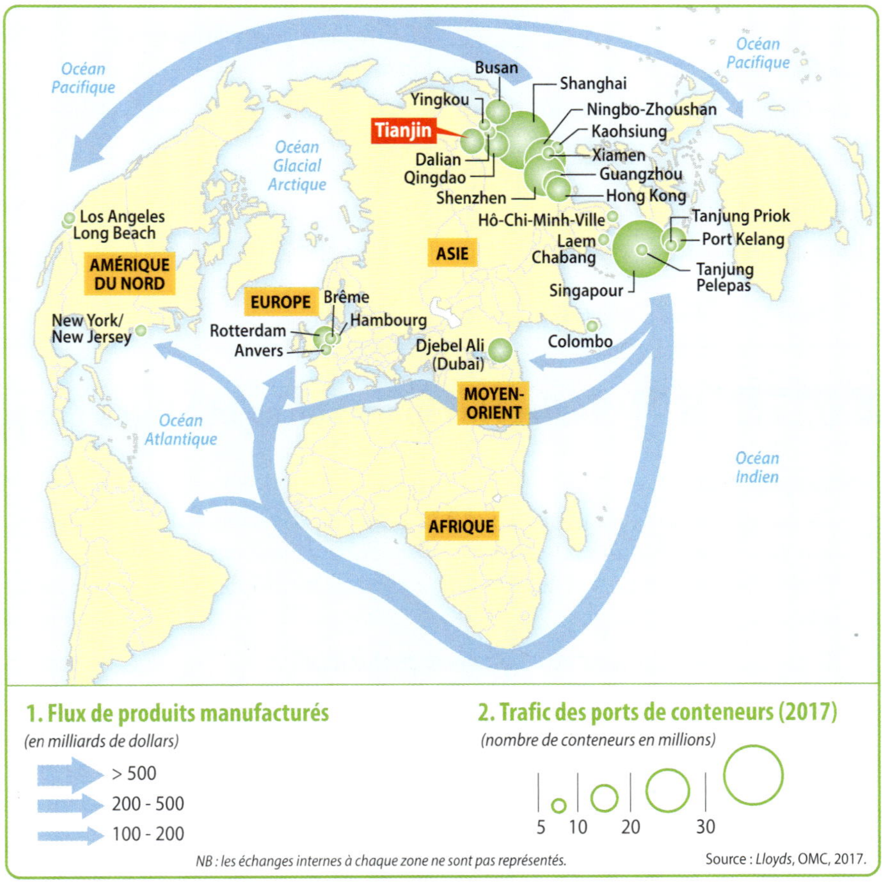

Conseils

- Localisez Tianjin dans la façade maritime asiatique.
- Identifiez les autres grandes façades maritimes.
  → *Utilisez les **repères spatiaux** p. 108.*
- Montrez l'importance de la façade maritime asiatique.
- Décrivez la direction des flux de produits manufacturés.

S'ENTRAÎNER AU BAC 15

Méthode BAC : p. 16-17

Question problématisée

CAPACITÉS

- Utiliser une approche géographique pour construire un argumentaire
- Produire un écrit construit et argumenté

Sujet Les espaces productifs : quels acteurs ? quels lieux ? quels flux ?

ÉTAPE 1 Comprendre le sujet et rédiger la problématique

1. Lisez le sujet et réfléchissez aux mots clés :
   - quels sont les « acteurs » des espaces productifs ?
   - que faut-il comprendre par « lieux » ? Peut-on remplacer ce terme par « espaces productifs » ?
   - le terme « flux » correspond-il à des « échanges matériels et immatériels » ?
2. Définissez, sous forme de questions, la problématique de votre réponse au sujet.

ÉTAPE 2 Mobiliser ses connaissances et organiser le plan

3. Reproduisez **le tableau** et **regroupez les informations** et les **exemples** tirés du manuel dans les colonnes.

1re partie *Les acteurs du système productif*	2e partie *Les espaces productifs*	3e partie *Des flux*
Les États .... → Cours 1 p. 120	*Une recomposition des espaces productifs* .... → Carte enjeux 1 p. 110	*De puissants réseaux :* *– aériens et maritimes* .... → Repères spatiaux p. 108
Les FTN .... → Cours 2 p. 122 ; dossier p. 152	*Les littoraux* .... → Cours 2 p. 148	*– numériques* .... → Cours 3 p. 124 ; dossier p. 12
FTN des pays émergents .... → Étude de cas p. 112	*Les façades maritimes et les grands ports* .... → Dossier p. 144	*Des flux très divers :* *– flux de produits manufacturés, de produits bruts (minerais, agricoles…)* .... → Cours 1 p. 146
La Division internationale du travail (DIT) .... → Étude de cas p. 112	*Les espaces métropolitains* .... → Cours 3 p. 150 ; étude de cas p. 116	*– flux financiers* .... → Cours 1 p. 146 ; étude de cas p. 54
Les métropoles .... → Cours 2 p. 40 ; cours 3 p. 150 ; étude de cas p. 140		

ÉTAPE 3 Rédiger la réponse au sujet à l'aide des pistes suivantes

Introduction

De nombreux acteurs participent à la recomposition des espaces productifs. Cela se traduit par une diversification des lieux de production et une explosion des flux d'échanges. Quels sont les acteurs et les nouveaux espaces productifs ? Quels flux parcourent l'espace mondial ?

1re partie : *Les acteurs du système productif*

1er paragraphe : *Quelques États sont au cœur du système productif mondial : 20 États assurent 90 % du PIB mondial et 85 % des échanges. Exemples : Silicon Valley, Singapour…*

2e paragraphe : *Les FTN, et les métropoles, acteurs majeurs du système productif. Exemples : Apple, CMA-CGM, Londres…*

2e et 3e partie → *Utilisez les colonnes 2 et 3 du tableau.*

Conseils

- Introduisez les mots clés du sujet.
- Présentez la problématique sous la forme de questions.
- Illustrez chaque argument par des exemples.

RÉVISER POUR LE BAC

Chapitre 5 • Métropolisation, littoralisation des espaces productifs et accroissement des flux

Idées clés pour répondre à une question problématisée

IDÉE 1

Des flux d'échanges toujours plus importants

1 Une explosion des flux autour des grands pôles

– En 30 ans, la valeur du commerce a quadruplé.
– Ces échanges restent très polarisés : 20 États réalisent 72 % du commerce mondial.

2 Une mise en réseaux sélective du monde

– Des réseaux et des **nœuds logistiques multimodaux** quadrillent le monde.
– Il existe une sur-intégration ou une sur-exclusion de certains territoires en fonction de leur développement.

3 Une ronde financière permanente mais fragile

– Domination de quelques grandes places financières grâce aux **réseaux** numériques.
– Ce système spéculatif reste instable (crise de 2008/2009).

IDÉE 2

Des espaces productifs concentrés sur les littoraux

1 Le transport maritime, un acteur majeur dans la DIT

– Essor du transport maritime, qui représente 80 % des échanges mondiaux.
– La chaîne de valeurs du commerce maritime est contrôlée par quelques pays et quelques grandes firmes.

2 De grandes façades attractives pour les échanges

– Processus de **littoralisation** (rôle d'interface).
– Quelques grandes façades maritimes polarisent les échanges (64 % des flux de conteneurs ont lieu en Asie orientale).

3 De grands ports

– Modernisation et évolution permanente des grands ports dans un contexte de forte concurrence.

IDÉE 3

Les grandes métropoles au cœur du système productif

1 Les pilotes du système productif mondial

– Les grandes métropoles jouent un rôle majeur dans l'économie mondiale (50 % du PIB mondial pour 23 % de la population).
– Polarisation des emplois les plus stratégiques.

2 Une hiérarchie urbaine mondiale et continentale

– Ces métropoles organisent de vastes aires productives emboîtées à différentes échelles.
– Il existe une véritable hiérarchie urbaine mondiale.

3 Des territoires urbains en recomposition permanente

– Émergence de secteurs innovants ou de nouveaux services.

Mots clés

À l'aide du cours p. 146 à 151, définissez les termes suivants :

- ☑ Façade maritime
- ☑ Flux
- ☑ Hub
- ☑ Littoralisation
- ☑ Nœuds logistiques multimodaux
- ☑ Recherche et Développement
- ☑ Réseaux
- ☑ Ville mondiale

Schéma pour comprendre et retenir

Complétez le schéma par des exemples à l'aide du cours p. 146 à 151.

Une explosion des flux autour des grands pôles

➢ Une explosion des flux commerciaux
Exemple : ……………………………………
➢ Des échanges de marchandises très polarisés
Exemple : ……………………………………
➢ Des flux de capitaux dominés par quelques grandes places boursières
Exemple : ……………………………………

UNE FORTE POLARISATION DE L'ÉCONOMIE MONDIALE

La concentration des espaces productifs sur les littoraux

➢ Essor du commerce maritime
Exemple : ……………………………………
➢ Rôle majeur des façades maritimes
Exemple : ……………………………………
➢ Modernisation et adaptation permanente des grands ports

Les métropoles au cœur du système productif

➢ Rôle majeur dans l'économie mondiale
Exemple : ……………………………………
➢ Une forte hiérarchie
Exemple : ……………………………………
➢ Recomposition permanente des territoires urbains

経済産業省
Ministry of Economy, Trade and Industry
JETRO
Japan External Trade Organization

La FRENCH TECH
France-Japan Startup Eve
METI
JETRO
Japan External Trade Organization

CHAPITRE 6

La France : les systèmes productifs
entre valorisation locale et intégration européenne et mondiale

De la problématique du document…

Comment les espaces productifs s'adaptent-ils à l'industrie du XXIe siècle ?

1. Quel est l'objectif de cette rencontre officielle entre la France et le Japon ?
2. Quel type d'entreprise est concerné par l'accord franco-japonais ? Pourquoi ?
3. En quoi la photographie montre-t-elle l'intégration européenne et mondiale de la France ?

… aux problématiques du chapitre

> **Les systèmes productifs français, quelle place en Europe et dans le monde ?**

> **Les systèmes productifs français en recomposition.**

La France, des systèmes productifs tournés vers l'innovation

La France, représentée par le secrétaire d'État au numérique et le ministre de l'Économie du Japon, ont signé en 2018 un accord afin de stimuler les coopérations entre les entreprises digitales et innovantes. Ce rapprochement franco-japonais doit encourager la présence de start-up* dans chaque pays. Le JETRO (*Japan External Trade Organization*) va ouvrir son premier site en Europe à Paris.

Cartes
Enjeux

Quelles sont les dynamiques des systèmes productifs français ?

1 Les pôles de compétitivité, une géographie de l'innovation

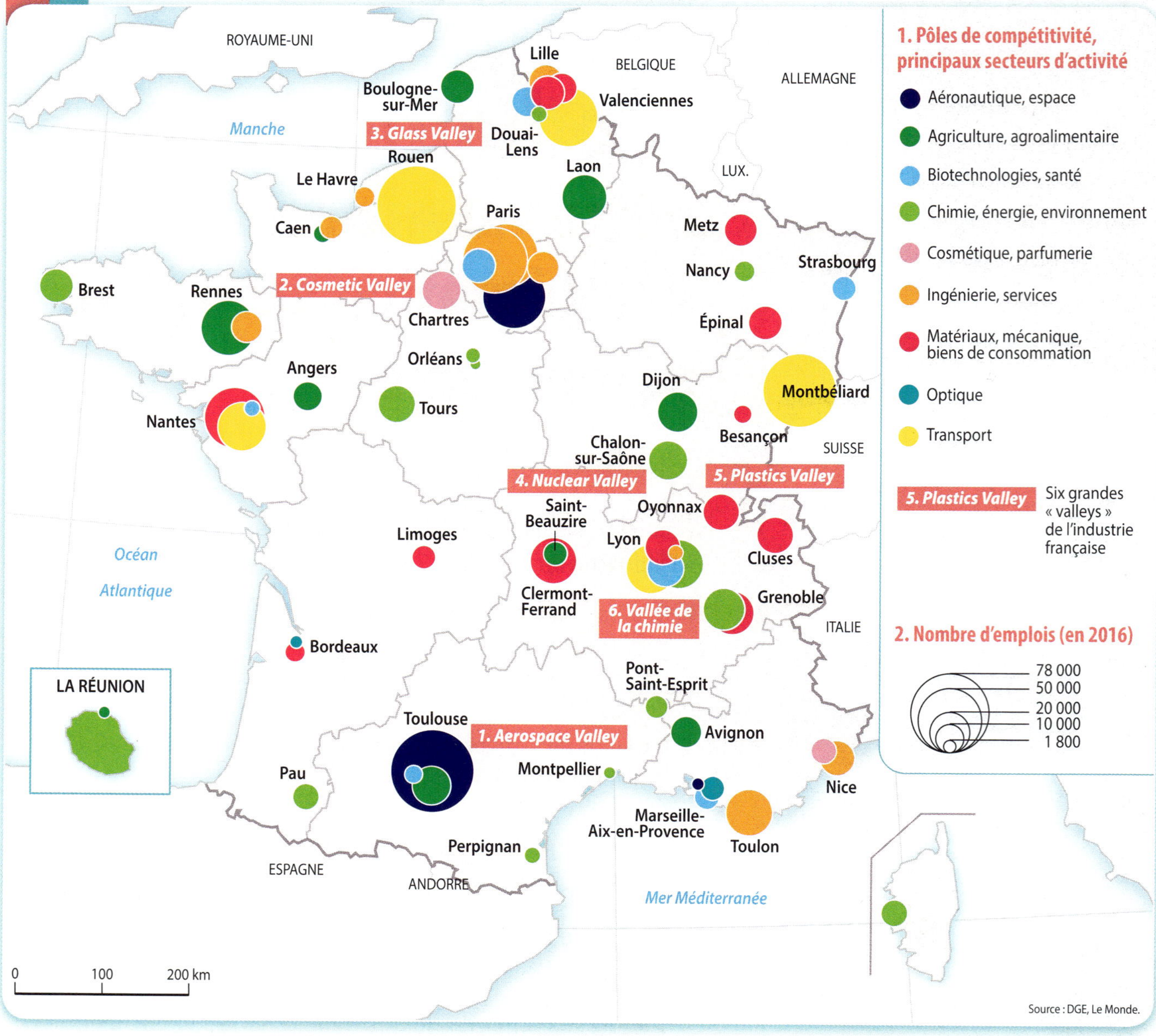

Source : DGE, Le Monde.

Analyser les cartes

Carte 1

1 Quels types d'activités sont impulsés par les pôles de compétitivité* ?

2 Pourquoi les pôles de compétitivité sont-ils un atout majeur pour faire face à la concurrence internationale ?

Carte 2

3 Localisez les régions où l'emploi industriel est le plus important.

4 Quels sont les contrastes du poids de l'industrie dans l'économie régionale ?

Carte 3

5 Quelles régions ont créé peu d'emplois industriels entre 2016 et 2017 ?

6 Quelle est la répartition géographique des régions les plus dynamiques ?

Mettre les cartes en relation

En vous appuyant sur ces trois cartes, montrez quelle recomposition spatiale connaissent les systèmes productifs français.

Cartes interactives
www.lienmini.fr/geo1-55

2 L'industrie, un poids régional inégal

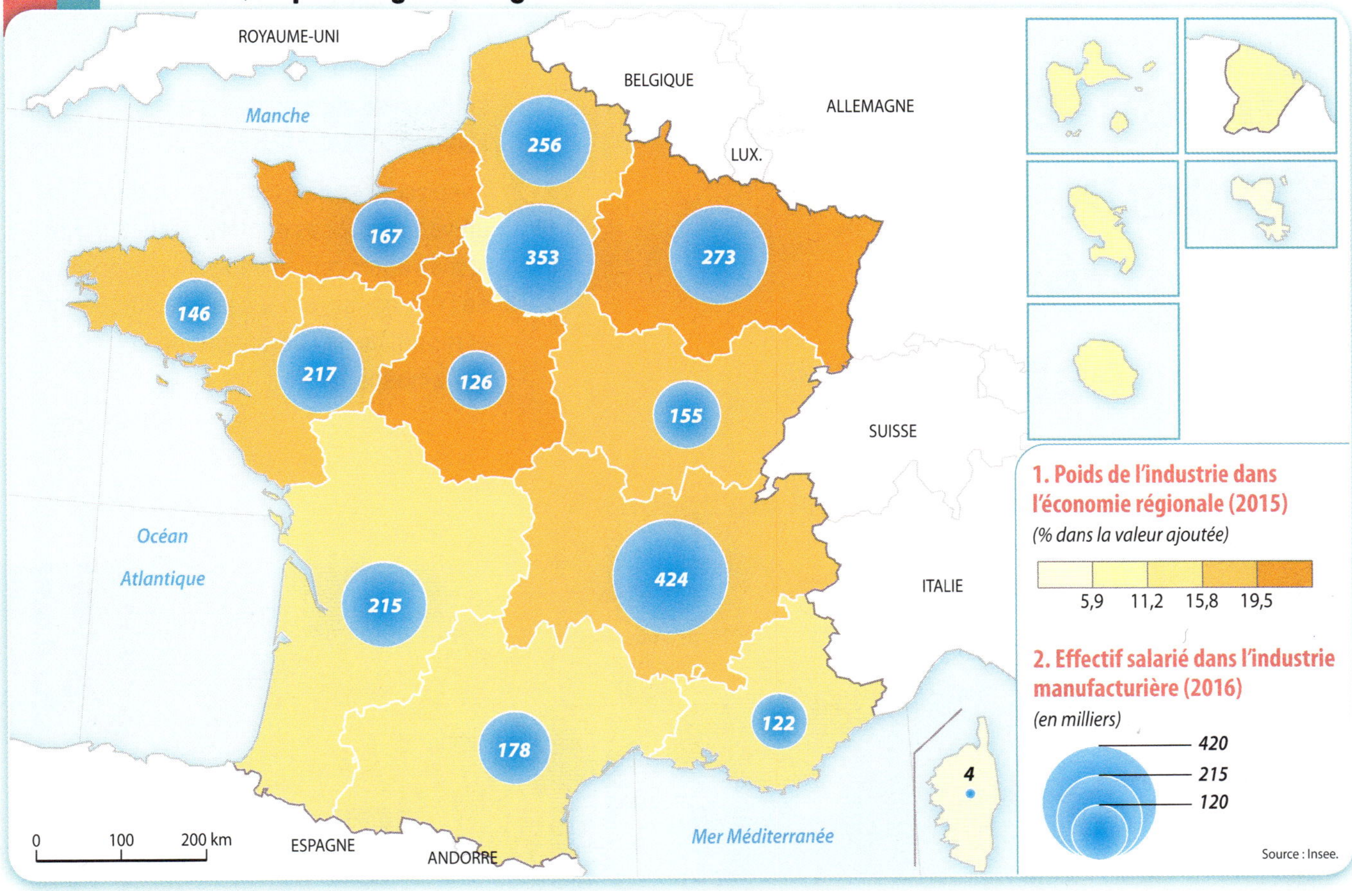

3 Les dynamiques spatiales de l'activité industrielle

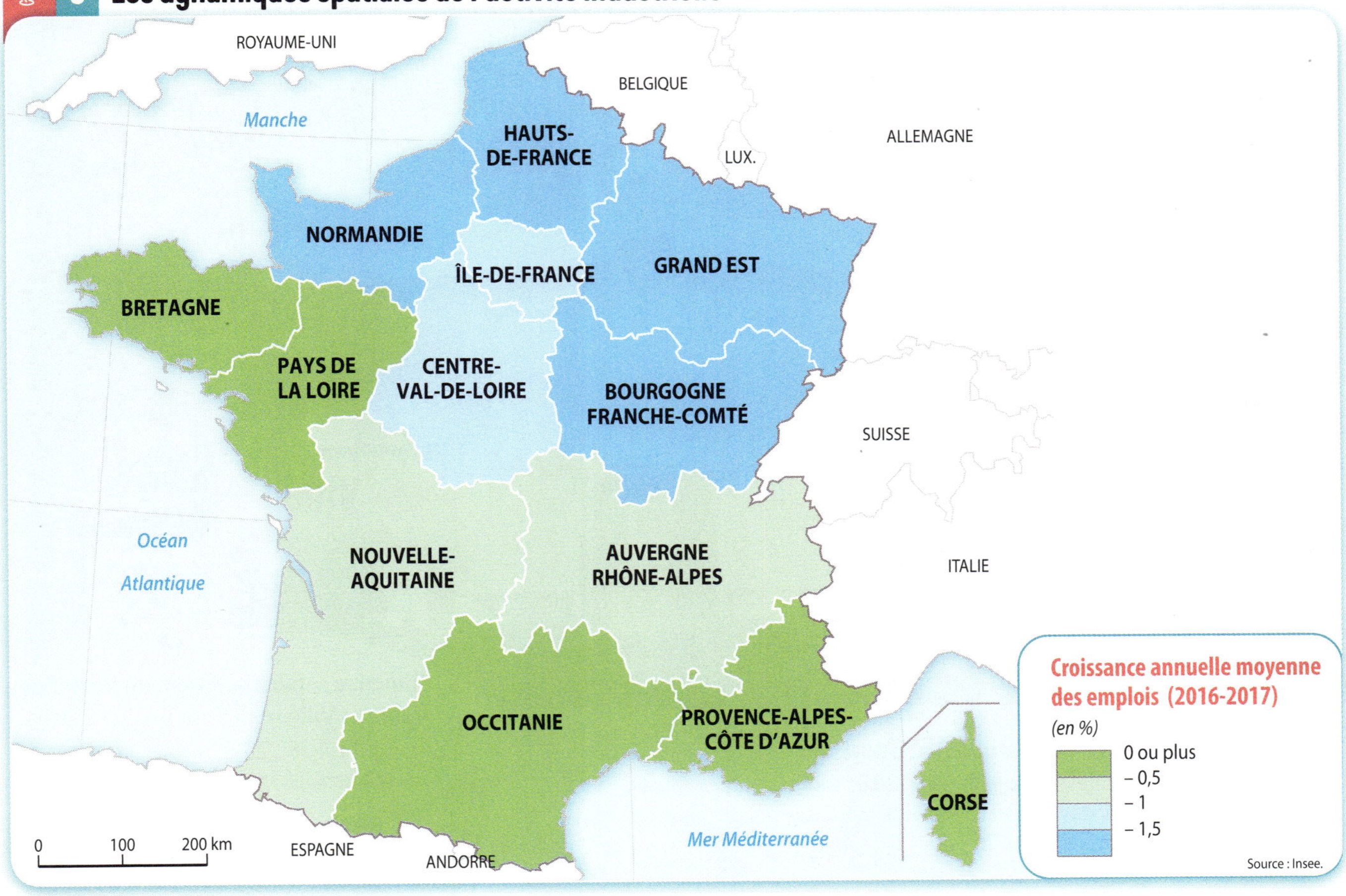

ÉTUDE DE CAS

Toulouse, au cœur du système européen *Airbus*

A *Airbus* est un groupe industriel, leader de l'aéronautique et de l'espace en Europe. Le groupe *Airbus* résulte de la fusion de constructeurs français, allemands et espagnols.

B Avec six sites de production *Airbus*, ses universités et ses centres de recherche, la métropole toulousaine, siège social de l'entreprise, est la capitale européenne et mondiale de l'aéronautique et de l'aérospatial.

A *Airbus*, des avions français et européens

1 ▶ Hall d'assemblage des *Airbus* A330neo
Airbus A330neo en cours de montage. Tous les *Airbus* sont produits par quatre pays de l'Union Européenne. Mais c'est à Toulouse que l'assemblage des avions est réalisé dans des halls monumentaux.

▶▶ Vidéo

Reportage

Toulouse : embarquement immédiat pour « *Airbus* Ville »
France 24, 4'28", 2018.
www.lienmini.fr/geo1-19

Fiche d'étude vidéo imprimable
www.lienmini.fr/geo1-20

2 ▶ L'aéronautique, atout majeur de l'industrie française

Les grands constructeurs mondiaux, *Airbus* et *Boeing*, ont leurs carnets de commandes remplis pour les dix prochaines années. Pour l'industrie française, leader en Europe et n° 2 dans le monde après les États-Unis, c'est une opportunité exceptionnelle pour développer son savoir-faire et créer des emplois.

Premier secteur exportateur français (13 % du total des exportations en 2017), il emploie près de 190000 salariés tandis que 12000 personnes ont été recrutées en 2017, dont 2000 ont représenté des emplois nets. Il prévoit le même nombre de recrutements en 2018. L'emploi de l'ensemble de la filière est estimé à plus de 350000 salariés en France, en incluant les sous-traitants.

Autre fait marquant : la diffusion de cette industrie sur une bonne partie du territoire national. Les régions Occitanie et Île-de-France concentrent chacune 28 % de l'emploi des entreprises aéronautiques. On trouve ensuite la Nouvelle-Aquitaine (13 %), Provence-Alpes-Côte d'Azur (9 %), les Pays-de-la-Loire (6 %), la Normandie (5 %), le Centre-Val-de-Loire (4 %) et Auvergne-Rhône-Alpes (2 %).

entreprise.lexpress.fr, 16 juillet 2017.

3 ▶ Le puzzle *Airbus* : un avion européen

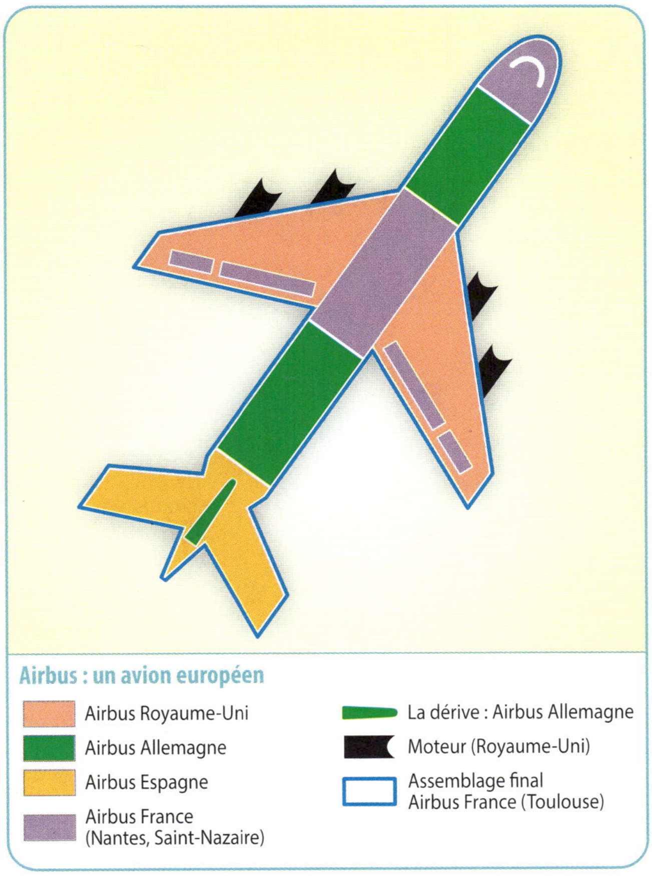

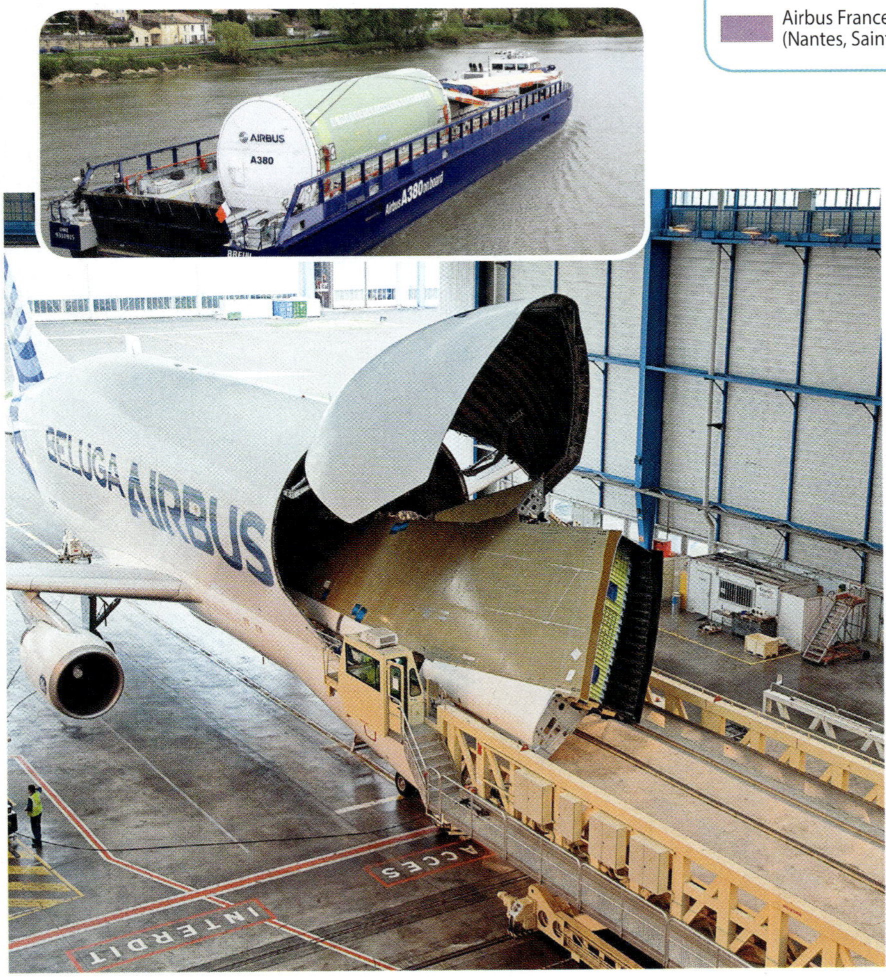

4 ▶ Des avions *made in* Europe.

Les différentes pièces des avions arrivent à Toulouse par terre, mer, fleuve et air.

Analyser et confronter les documents

Documents 1 et 3

1. Quels pays européens construisent les *Airbus* ?

Documents 3 et 4

2. Expliquez le titre du document 4.

3. Comment les différentes pièces des Airbus sont-elles acheminées vers Toulouse ?

Document 2 et vidéo

4. Pourquoi l'industrie aéronautique est-elle importante pour l'ensemble de l'économie française ?

▶ CONCLURE

Montrez qu'*Airbus* est un système productif industriel français et européen.

B Toulouse, une technopole européenne

5 ▶ La métropole toulousaine, territoire de l'aéronautique et de l'aérospatial

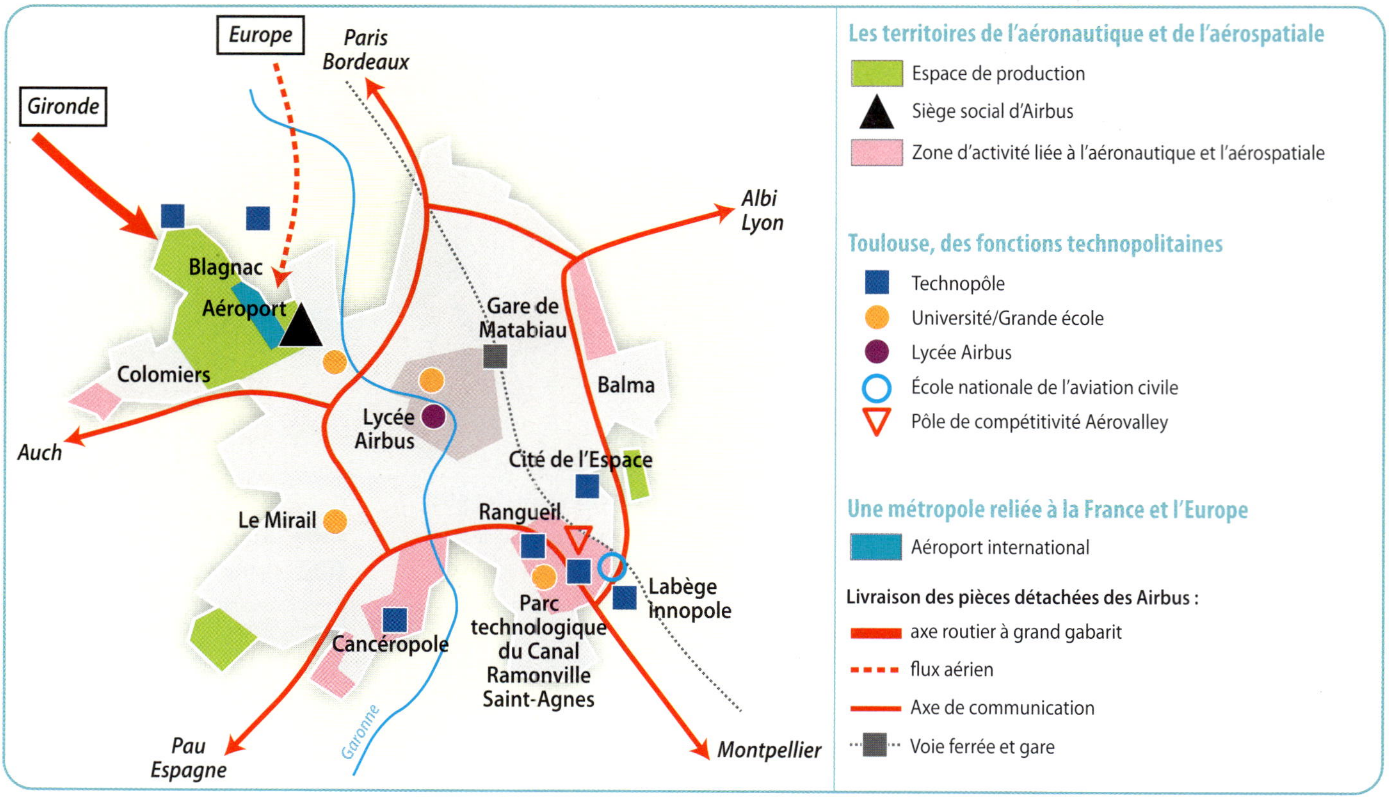

6 ▶ Toulouse, une technopole*

La transition territoriale de l'industrie se traduit dans les espaces urbains. Les activités aéronautiques et aérospatiales confèrent à Toulouse le statut de « technopole européenne », avec la création d'EADS, dont le siège est à Toulouse et dont les différentes branches fonctionnent en réseau à l'échelle européenne.

Le dynamisme de ces activités repose sur l'intégration de plus en plus poussée du secteur productif, des services logistiques de pointe et de la Recherche et Développement : la présence d'établissement universitaires, de grandes écoles et de laboratoires de recherche d'envergure internationale s'accompagne de la création de plusieurs technopôles (Labège-Innovation, Parc technologique du canal...).

Cette territorialisation de l'industrie se déploie à l'échelle de l'agglomération par des pôles spécialisés, fortement interconnectés entre eux et avec le reste de l'Europe.

Entretien avec Magali Reghezza-Zitt, © éd. Magnard, 2019

7 ▶ Toulouse, métropole dynamique

Magazine de la ville de Saint-Orens, n° 240, janvier-février 2018.

8 ▶ Un environnement favorable

Si Airbus est implanté à Toulouse, c'est parce que l'avionneur trouve dans la région toulousaine les compétences dont il a besoin pour former et compléter les siennes : des écoles d'ingénieur en aéronautique, de multiples équipementiers petits et grands, des bureaux d'études qui sont aujourd'hui mobilisés pour concevoir et produire un avion.

Un environnement favorable existe donc à Toulouse, qui est la meilleure raison pour Airbus de ne pas quitter la région.

Gabriel Colletis, *Alternatives économiques*, 15 novembre 2018.

9 ▶ Une forte communauté scientifique

- 163 laboratoires, 2000 chercheurs des secteurs publics et privés
- 120000 étudiants, 3e campus de France
- 10 écoles d'ingénieurs
- 7 écoles d'enseignement supérieur
- 3 universités

toulouse-metropole.fr, 2018.

10 ▶ « Toulouse, Airbusville »

Airbus fait travailler 30 000 Toulousains sur les 48 000 emplois du groupe.

11 ▶ Lycée *Airbus*

Depuis sa création, le lycée privé d'entreprise a reçu 5 000 élèves.

Analyser et confronter les documents

Document 5

1. Localisez les zones d'activités liées à l'aéronautique et à l'aérospatiale ainsi que les technopôles.

Documents 6, 7, 8 et 9

2. Relevez et classez les atouts économiques de la métropole toulousaine.

Documents 6, 10 et 11

3. Justifiez l'expression « Toulouse, Airbusville ».

▶ **CONCLURE**

Montrez que Toulouse est une technopole européenne et française.

Pour mettre en perspective à l'échelle mondiale

Les espaces productifs de la France connaissent de fortes transformations.

▶ **Comment les espaces productifs français évoluent-ils dans le contexte européen et mondial?** → Cours 1 p. 174

▶ **Quels sont les atouts de la France pour développer les industries du XXIe siècle?** → Cours 2 p. 176

ÉTUDE DE CAS

Paris-Saclay, un espace productif du futur ?

A Le plateau de Saclay est un centre scientifique moteur d'innovation et de développement économique. C'est un projet scientifique, économique et d'aménagement du territoire majeur pour la France.

B Paris-Saclay est devenu un pôle d'innovation d'envergure mondiale préfigurant les systèmes productifs du XXIe siècle. Proche de la capitale, son insertion au sein du Grand Paris* est toujours l'objet d'aménagements.

A Paris-Saclay, une « Silicon Valley » française

1 ▸ *EDF Lab*, installé sur le plateau à dominante agricole de Paris-Saclay
Sur plus de 50 000 m², la R&D* *EDF Lab* concentre en un même lieu des compétences et des laboratoires sur des sujets stratégiques pour l'avenir du Groupe *EDF* et de l'industrie française : la production d'électricité décarbonée, les systèmes électriques du futur, les nouveaux services énergétiques…

2 ▶ Paris-Saclay, pôle d'enseignement et de recherche

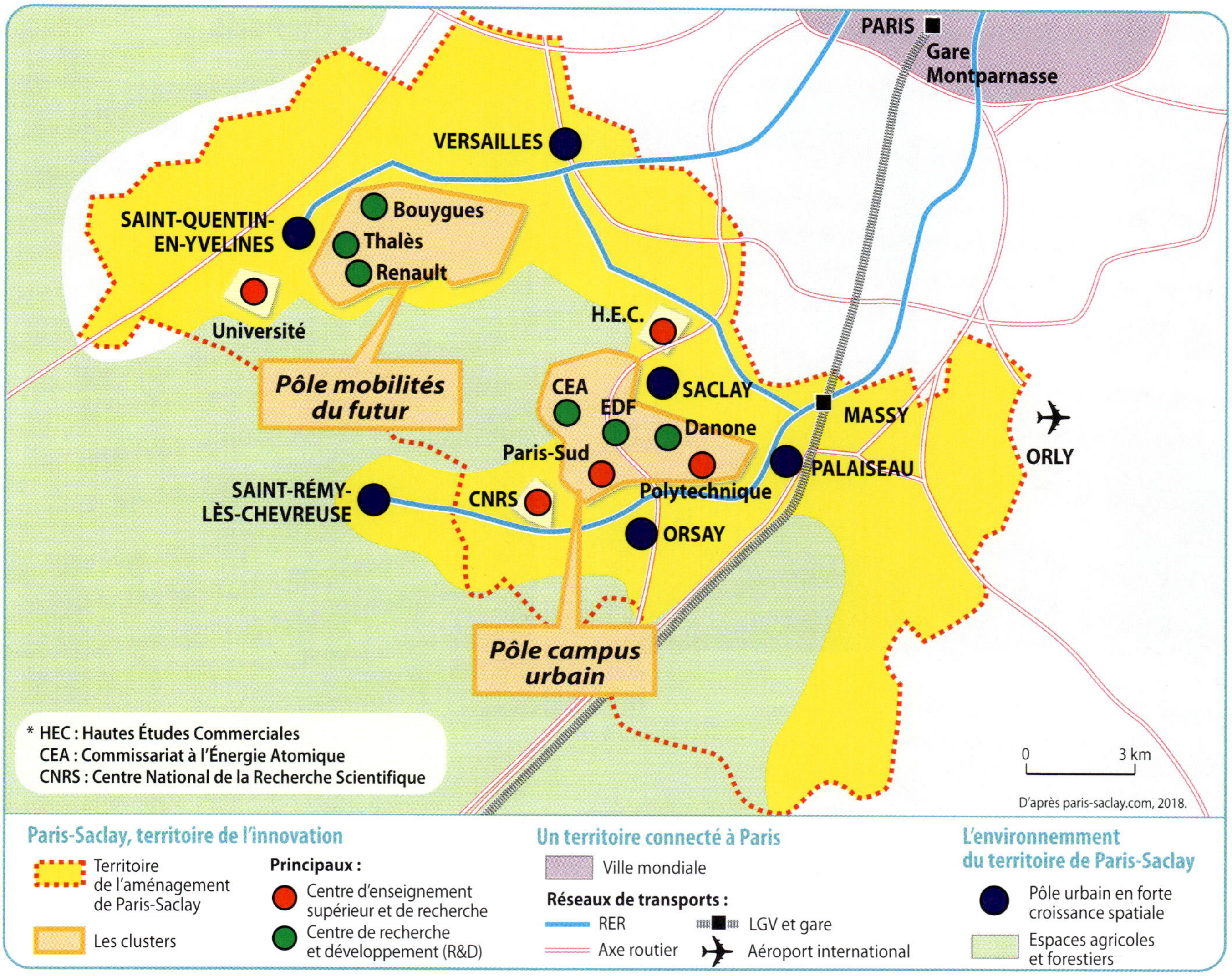

3 ▶ Paris-Saclay, nouveau système productif du XXIe siècle ?

Le *cluster** scientifique et technologique de Paris-Saclay comporte trois grands volets :

• **Un volet scientifique,** avec la constitution de l'université Paris-Saclay (1er janvier 2020) : 14 établissements d'enseignement supérieur et organismes de recherche et 280 laboratoires. Son ambition : figurer dans le top 20 des universités mondiales intensives en recherche. Le campus Paris-Saclay accueille également l'Institut Polytechnique de Paris, regroupement de l'École polytechnique, l'ENSTA ParisTech, l'ENSAE ParisTech, Télécom ParisTech et Télécom SudParis.

• **Un volet économique,** qui repose sur l'implantation des centres de Recherche et Développement des grandes entreprises, la création d'un écosystème favorable aux jeunes entreprises innovantes et aux start-up et la valorisation commerciale des avancées scientifiques et technologiques réalisées sur le plateau.

• **Un volet aménagement du territoire,** centré sur la réalisation d'un grand campus urbain, moderne et attractif, mixant logement étudiant et résidentiel ainsi que lieux de vie, services et espaces publics.

Paris-Saclay regroupe déjà 15 % de la recherche publique et privée française.

© Communauté d'agglomération Paris-Saclay, *www.paris-saclay.com*, 2019.

Analyser et confronter les documents

Documents 1 et 2

1. Quelles activités abrite *EDF Lab* ? Dans quel environnement se situe-t-il ?

Documents 2 et 3

2. Localisez le plateau de Saclay. Relevez les activités présentes sur le territoire de Paris-Saclay.

3. En quoi Paris-Saclay est-il un *cluster** ?

▶ CONCLURE

Montrez que Paris-Saclay est un « nouveau système productif ».

B Paris-Saclay, un pôle d'innovation mondial aux portes de Paris

À Paris-Saclay, un établissement brille sur la scène mondiale dans son domaine : l'Institut d'optique.

Les verres progressifs, les zooms, les communications à haut débit par fibre optique, trois Oscars remportés à Hollywood pour la maîtrise unique des systèmes optiques qui a révolutionné le monde cinématographique… Autant de technologies qui ont été inventées à l'Institut d'optique.

Aujourd'hui âgé d'un siècle, il est le plus ancien établissement d'enseignement supérieur et de recherche en optique et photonique du monde.

Cécile Chevallier, *Le Parisien*, 5 novembre 2017.

4 ▶ L'Institut d'optique, école mondialement reconnue

5 ▶ R&D, un potentiel exceptionnel

L'École polytechnique, CentraleSupélec, l'Institut de mathématique d'Orsay, l'Institut d'optique et l'École nationale de la statistique et de l'administration économique (ENSAE) y ont déjà emménagé dans des locaux flambant neufs. Vite rejoints par *Horiba* (le géant japonais de l'optique et de l'instrumentation), par l'*EDF Lab* et ses 1 000 salariés et étudiants, par le centre de recherche de l'avionneur *Safran* et par le finlandais *Nokia*.

Normale sup Cachan, Télécom ParisTech, AgroParisTech et les départements de biochimie de l'université Paris-Sud sont attendus d'ici à 2021, ainsi que Total ou la R&D du groupe pharmaceutique *Servier*.

Paris-Saclay concentre déjà 15 % de la recherche française, publique et privée. À terme, on devrait atteindre plus de 20 %.

capital.fr, novembre 2018.

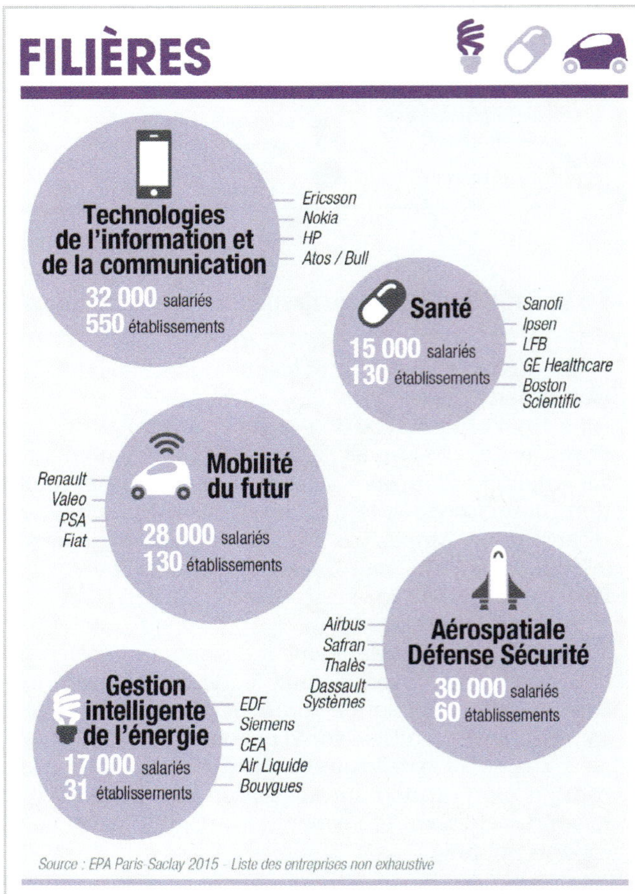

6 ▶ Des filières industrielles motrices d'innovation et de développement économique

7 ▶ Un territoire toujours en projets

Un objectif majeur : conforter le dynamisme et l'attractivité du territoire de la région parisienne.

Magazine *Paris-Saclay*, n° 3, 2017.

8 ▶ La ligne 18 du métro du Grand Paris express

Direction de la communication de la ville de Massy, mars 2016.

En 2027, un métro automatique reliera les pôles urbains existants et le plateau de Saclay aux hubs du Grand Paris : gares LGV, aéroports. Avec 10 gares prévues sur un tracé de 35 km, dont 14 km en aérien, la ligne 18 changera durablement la desserte du territoire de Paris-Saclay.

9 ▶ Paris-Saclay dans le réseau futur du métro du Grand Paris express

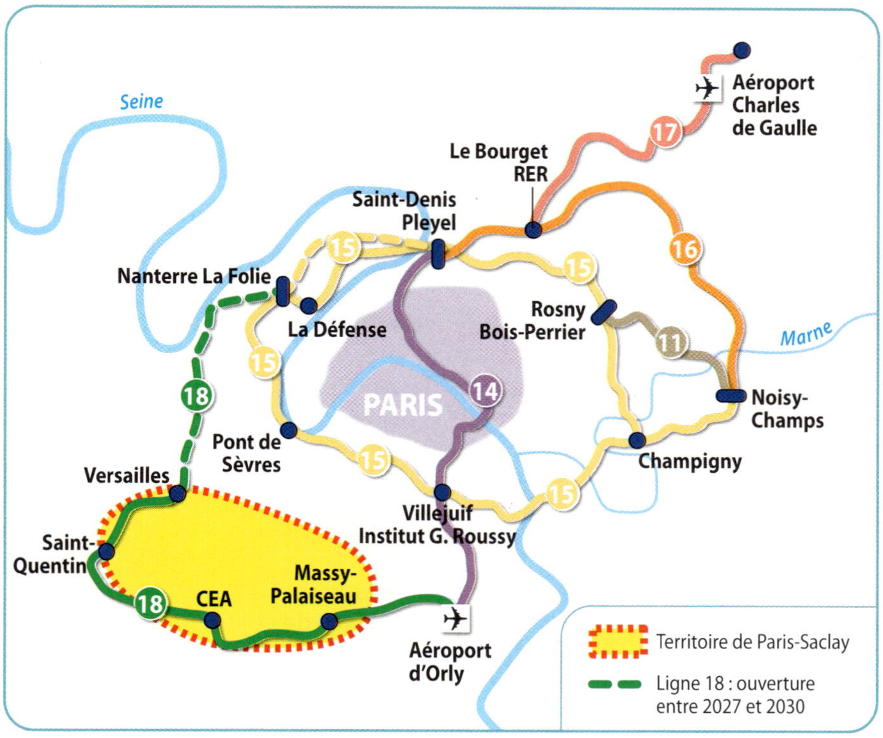

Analyser et confronter les documents

Documents 4, 5 et 7

1. En quoi Paris-Saclay est-il un grand pôle d'innovation ?

Documents 5 et 6

2. Relevez les filières industrielles présentes à Paris-Saclay.

3. Quelle est la place de la R&D ?

Documents 7, 8 et 9

4. Pourquoi faut-il intégrer Paris-Saclay au Grand Paris ?

▶ CONCLURE

Montrez qu'à Paris-Saclay se prépare l'avenir industriel de la France.

Pour mettre en perspective à l'échelle mondiale

Les espaces productifs de la France connaissent de fortes transformations.

- **Comment les espaces productifs français évoluent-ils dans le contexte européen et mondial?** → Cours 1 p. 174
- **Quels sont les atouts de la France pour développer les industries du XXIe siècle?** → Cours 2 p. 176

Cours 1

Les systèmes productifs français, quelle place en Europe et dans le monde ?

CHIFFRES

Les secteurs d'activité dynamiques

Excédents commerciaux
(en milliards d'euros)

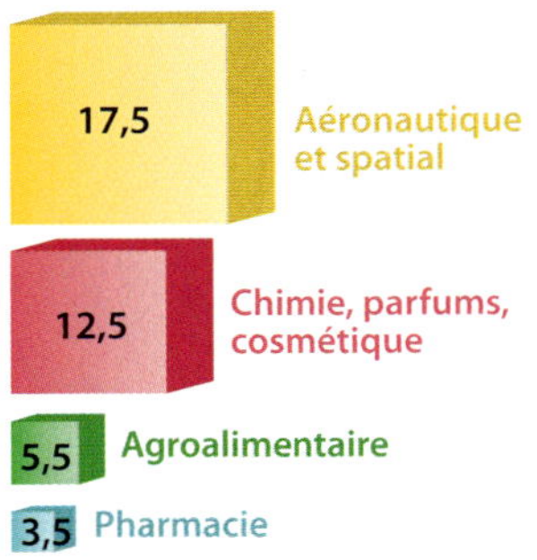

A. Une France désindustrialisée ?

- **La place de l'industrie a diminué en France** depuis les années 1970. Elle ne génère plus que 12,5 % de la richesse nationale et représente moins de 12 % de l'emploi. Ce recul du poids de l'industrie s'observe dans **tous les grands pays européens**.
- **Ce déclin de l'activité industrielle** s'explique par les fermetures d'usines, la concurrence étrangère, la faiblesse des investissements en Recherche et Développement* (R&D) et les délocalisations. Les gains de productivité ont réduit la quantité de main-d'œuvre, tandis que les fonctions périproductives* (marketing, logistique de transport...), autrefois intégrées dans l'entreprise, ont été externalisées.
- La position de la France dans la partie la plus riche de l'Union européenne, ses réseaux de communication performants (LGV, aéroports, ports...), sont des atouts. Le pays est encore très attractif pour **les investissements de capitaux étrangers** : les firmes étrangères fournissent près de 2 millions d'emplois. → Cartes enjeux p. 165 ; dossier p. 182

NOTION

Système productif

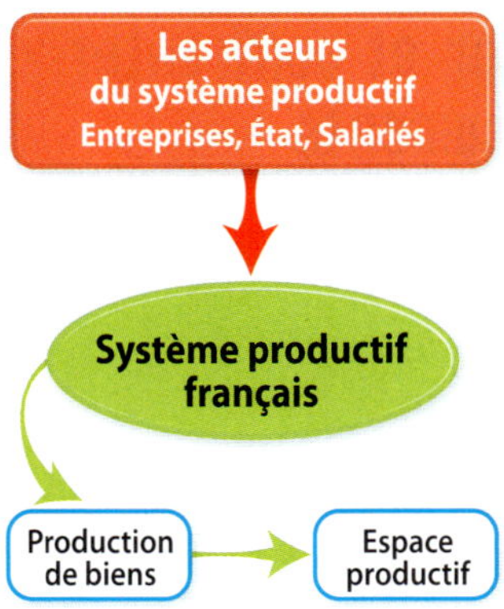

B. Des systèmes productifs encore puissants

- **Le système productif place toujours l'industrie française au 3e rang en Europe** après l'Allemagne et l'Italie, et **au 5e rang dans le monde** malgré la montée des **pays émergents***.
- **La France possède de grandes firmes transnationales,** vitrines de l'internationalisation de son économie. Certaines sont leaders dans leur secteur d'activité : *Renault*, *l'Oréal*, *LVMH*, *Alstom*, *Danone* [doc. 1]... L'aéronautique, les industries agroalimentaires et du luxe, la chimie, sont des **secteurs d'activité dynamiques**.
- **Pourtant, certains secteurs sont dépourvus de firmes de rang mondial** (informatique, machines-outils, logiciels...). De plus, le tissu d'entreprises est très hétérogène. La France manque **d'entreprises de taille intermédiaire*** (ETI) souvent très compétitives et innovantes, en mesure, par leur ancrage local, de revitaliser les territoires [doc. 2].

C. L'industrie du XXIe siècle en marche

- **L'innovation est la clé de l'avenir industriel de la France.** Face à la compétition industrielle mondiale, la France s'est dotée de **pôles de compétitivité*** et d'instituts de recherche technologique (IRT). Un **label *French Tech****, attribué à treize métropoles, permet de dynamiser les territoires les plus favorables au développement de **start-up***. → Étude de cas p. 170 ; dossier p. 178
- L'intégration des technologies numériques dans les processus de fabrication annonce l'**industrie 4.0**. Cette **nouvelle génération d'usines** connectées, robotisées, utilisant **l'intelligence artificielle***, les systèmes 3D... est une véritable opportunité pour l'industrie française.
- **La compétitivité s'obtient autant par la qualité que par les prix.** La position de l'industrie française dans la mondialisation doit davantage miser sur la qualité, ce qui implique **une montée en gamme des productions françaises**. → Dossier p. 180

Définition

Industrie 4.0

Désigne une nouvelle génération d'usines connectées, robotisées et intelligentes, en liaison avec la révolution numérique.

* Lexique p. 298

1 ▶ Les grandes entreprises assurent le rayonnement de l'industrie française dans le monde : usine *Renault* de Tanger (Maroc)

En juillet 2017, *Renault* a célébré le million de véhicules de la marque *Dacia* produits à Tanger. Destinées au marché marocain, les voitures sont aussi expédiées dans plus de 70 pays dans le monde.

2 ▶ Les ETI, atout majeur du système productif français

Les entreprises de taille moyenne (ETI), sont dans la grande majorité très spécialisées sur un secteur du marché dans laquelle elles sont leader. Elles sont compétitives face à des firmes transnationales qui ont un positionnement plus généraliste. C'est le cas par exemple de l'entreprise française *Septodont* qui est le leader mondial des anesthésiants dentaires. C'est un segment du marché des soins dentaires sur lequel les grandes entreprises ne se positionnent pas.

Par ailleurs, le capital des ETI est à 75 % familial, ce qui leur permet d'avoir une stratégie d'investissement sur le long terme plus constante que celle des multinationales. Enfin leur structure plus légère leur fait gagner en réactivité. Elles saisissent rapidement de nouvelles opportunités qu'offre l'innovation ou le marché. Elles assurent le tiers des exportations françaises.

Les ETI sont par essence les entreprises des territoires : 70 % d'entre elles ont leur siège social en dehors des grandes métropoles. Dans leur territoire, les ETI animent l'économie locale en agrégeant des réseaux d'entreprises sous-traitantes, de prestataires de services, de logisticiens… comme le montre le réseau d'entreprises de la *Plastics Vallée* dans le Jura, de la *Cosmetic Valley* autour de Chartres ou de la *Glass Vallée* en Picardie. Par leur situation géographique, elles renforcent le tissu industriel et revitalisent l'emploi local. Elles sont aussi un bouclier contre les délocalisations.

Pierre-Olivier Brial, Président du club ETI Île-de-France, 2019.

Doc bac

Analyse d'un texte

Lire le texte

1. Qu'est-ce qu'une entreprise de taille intermédiaire (ETI) ?
→ *Utilisez le **lexique** p. 298.*
2. Relevez et classez les atouts des ETI par rapport aux entreprises transnationales.
3. Dans le territoire français, où les ETI sont-elles le plus souvent implantées ?

Comprendre le texte

4. Montrez que les ETI constituent un atout majeur du système productif français.

Cours 2

Les systèmes productifs français en recomposition

CHIFFRES

Création d'usines en France

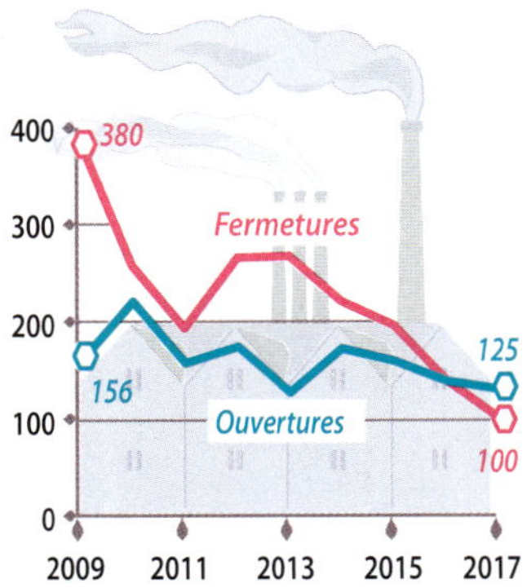

A. Un espace industriel en mutation

- **L'insertion des systèmes productifs dans l'économie mondiale** a bouleversé la répartition des activités sur le territoire français.
- **Aujourd'hui, l'industrie est plus diffuse sur le territoire** ; sa localisation répond à **plusieurs logiques** :

– **les régions d'industries anciennes (Nord, Nord-Est)** oscillent entre déclin et renaissance. Ces régions frontalières, bien situées au cœur de l'Europe, reçoivent des investissements étrangers (*Toyota* à Valenciennes, *Smart* en Lorraine...) ;

– **les espaces productifs littoraux** bénéficient de la **maritimisation*** et du redéploiement des activités lié à la mondialisation. Avec l'essor des échanges, les grandes **zones industrialo-portuaires*** accueillent les **porte-conteneurs***;

– les a**ctivités de transformation** les plus diverses se sont diffusées sur le territoire à travers le tissu d'entreprises innovantes. **[doc. 4]** → Cartes enjeux p. 165 ; dossier p. 182

NOTION

Les territoires de l'innovation

Dépôt de brevets industriels
(en %)

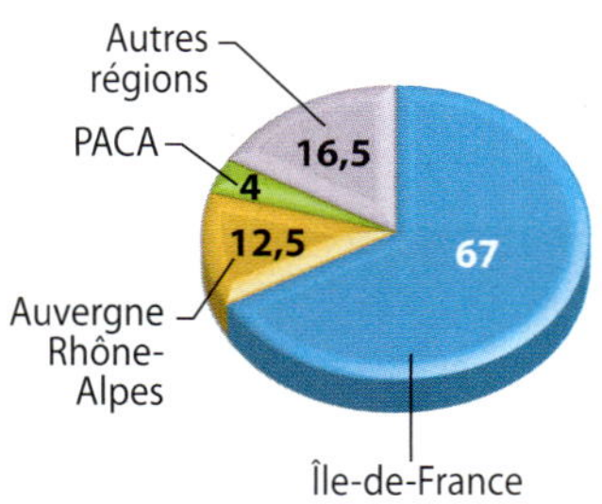

B. Les systèmes productifs au défi de l'innovation

- **Pour conserver son rang de puissance industrielle,** la France doit désormais penser ses systèmes productifs en mettant l'accent sur **l'innovation**.
- **Aux échelles locales et régionales, les territoires de l'innovation** s'organisent en **clusters**. À l'image de la *Silicon Valley* en Californie, spécialisée dans l'informatique, les clusters regroupent des entreprises qui coopèrent en mettant en commun leurs ressources et leurs forces, autour de projets innovants. **[doc. 3]**
- **Impulsés et soutenus par l'État,** les **pôles de compétitivité*** ont été créés en 2004 afin de créer des emplois. Au sein du pôle de compétitivité, **les pouvoirs publics** ont un rôle actif pour faire émerger des **projets de Recherche et Développement (R&D)*** en favorisant les synergies entre entreprises, laboratoires de recherche, établissements de formation.
- Ces dispositifs témoignent du désir de ne pas succomber à la **fatalité du déclin**, voire même du désir de réindustrialiser le **territoire** par la **création d'usines**.

→ Carte enjeux 1 p. 164 ; étude de cas p. 170 ; dossier p. 178

C. Les villes, au cœur des systèmes productifs

- **Les villes sont les centres d'impulsion** du dynamisme économique aux échelles nationales et régionales. Elles concentrent les fonctions périproductives* indispensables à l'activité des systèmes productifs.
- **Les métropoles sont les grandes gagnantes de la nouvelle donne industrielle.** Privilégiées par les réseaux de communication (LGV, aéroports...), elles polarisent moins les usines que les centres de recherche et les fonctions de commandement et de formation (universités, grandes écoles...). Ainsi, à leurs portes, les **technopôles** ou parcs technologiques associent la recherche et l'industrie.
- **Ces nouvelles dynamiques recomposent la géographie des systèmes productifs français.** Elles renforcent la place de Paris et de l'Île-de-France, première région industrielle devant la région lyonnaise. Un croissant périphérique qui s'étire de Brest à Grenoble, en incluant Bordeaux, Toulouse **[doc. 5]**, Montpellier, Aix-Marseille ou Nice, abrite de récents **systèmes productifs spécialisés** : informatique, numérique, aéronautique, biotechnologies... → Étude de cas p. 166

Définitions

Cluster
Réseau d'entreprises proches géographiquement, liées par des activités industrielles communes.

Technopôle (un technopôle)
Parc d'activités réunissant la recherche et des industries de haute technologie.

* Lexique p. 298

3 ▶ En Vendée, une usine à robots

Un ballet de robots anime le vaste hall de l'usine Sepro. « Ici nous testons chaque semaine 70 à 75 robots qui équiperont quatre à cinq usines dans le monde » résume le directeur de l'entreprise de 620 salariés située à La Roche-sur-Yon. Sepro exporte 90 % de sa production.

Ces robots sont capables de fabriquer des pare-chocs, des planches de bords, des tablettes... Pour mettre au point ces machines, Sepro s'est associé techniquement avec les maîtres du domaine, l'allemand Stäubli et le japonais Yaskawa.

L'entreprise sponsorise en partie l'école de management Audencia à Nantes. Elle est membre du pôle de compétitivité EMC2 et de l'Institut de recherche technologique Jules Verne. Sepro est aussi lié à l'université américaine Carnegie Mellon.

Emmanuel Guimard, *L'Usine Nouvelle*, n°3554, mars 2018.

4 ▶ Création d'entreprises industrielles par régions (2009-2016)

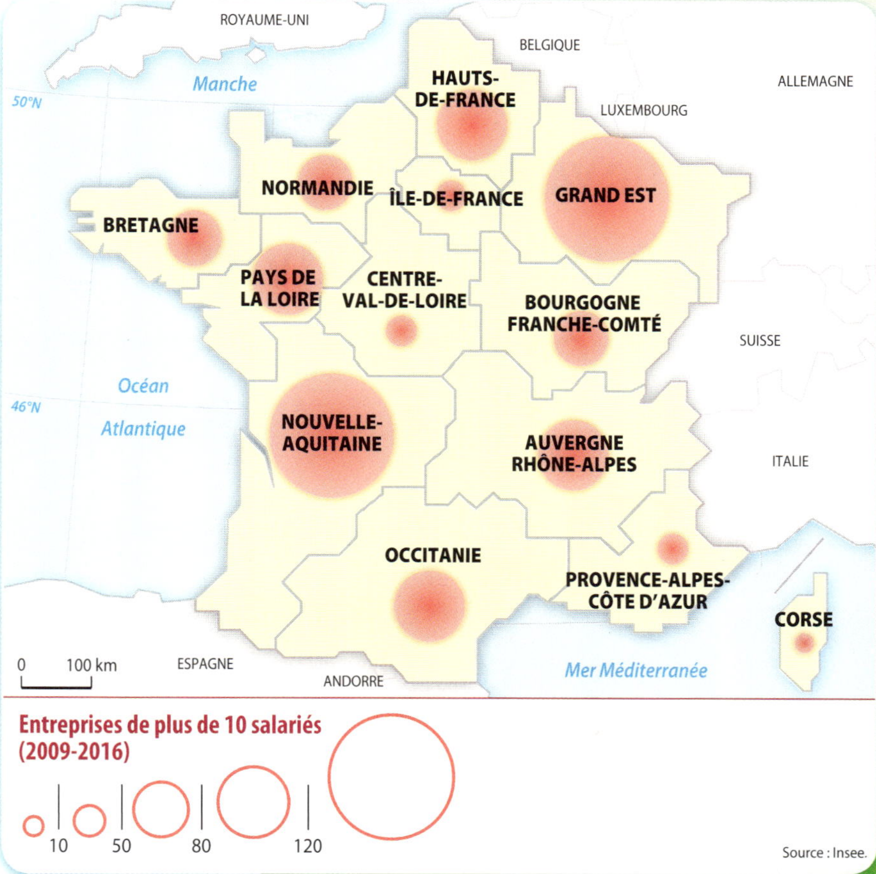

Doc bac

Analyse d'une carte

Identifier la carte

1. Toutes les régions françaises ont-elles créé autant d'usines entre 2009 et 2016 ?
2. Comparez l'importance de la création d'usines dans les régions industrielles du Nord et de l'Est à celles de la façade Atlantique et de l'Île-de-France.

Exercer un regard critique sur la carte

3. Pourquoi une information sur les fermetures d'usines entre 2009 et 2016 aurait-elle permis de mieux évaluer le dynamisme industriel des régions ?

Comprendre la carte

4. Pourquoi peut-on parler d'une recomposition de l'espace industriel français ?

5 ▶ Valoriser l'innovation, un défi majeur

Lettre économique du Conseil Régional Nouvelle Aquitaine, juin 2017.

DOSSIER

POUR APPROFONDIR

LA *COSMETIC VALLEY*, pôle de compétitivité en plein essor

- *La Cosmetic Valley* est un pôle de compétitivité* spécialisé dans la production de parfums et de cosmétiques en France. Les grands noms de l'industrie du luxe (*LVMH*, *Chanel*, *Dior*, *Guerlain*, ou le japonais *Shiseido*....) sont présents.
- Le pôle de compétitivité, qui s'étend sur le Centre-Val de Loire, la Normandie et l'Île-de-France, a pour objectif de valoriser les activités présentes sur son territoire en les mettant en contact avec la recherche afin de favoriser l'innovation.

L'industrie du luxe, atout majeur de la France ?

1 ▶ La *Cosmetic Valley*, pôle de beauté et d'innovation, 2018.
Inventé par Guerlain, les billes de fond de teint sont désormais adoptées par tous les fabricants. L'innovation permet de faire face à la concurrence de pays comme la Chine ou le Brésil.

BEAUTY TECH #Chartres

Depuis 2015, un ensemble de start-ups et d'entreprises innovantes ont construit le réseau de la *Beauty tech* au côté de Chartres métropole et de la *Cosmetic Valley*.

2 ▶ Une industrie puissante

L'industrie cosmétique est un fleuron de l'économie française. Elle est, après l'aéronautique, le 2e secteur exportateur de l'économie française sur un marché très concurrentiel, mais aux perspectives de croissance considérables : le nombre de consommateurs devrait augmenter de 40 % d'ici 2030.

Plus d'un produit sur 10 vendu dans le monde est fabriqué dans la *Cosmetic Valley*, qui incarne les valeurs de la marque France : innovation, sécurité des produits, respect de l'environnement…

cosmetic-valley.com, février 2018.

4 ▶ Innover à l'heure du numérique : *Hackathon Maker*

Le pôle de compétitivité *Cosmetic Valley*, avec le soutien du groupe *LVMH*, organise le *Hackathon Maker* : des équipes de professionnels et d'étudiants, réunis pendant trois jours, conçoivent quasi instantanément grâce à l'impression et la modélisation en 3D un produit de beauté personnalisable et inspiré par la nature.

150 000 emplois (7 500 en 1994)

8 universités **800** entreprises **8 500** chercheurs

220 laboratoires publics

20 % des entreprises, **30 %** des emplois de l'industrie française de la beauté.

Source : www.cosmetic-valley.com, 2016.

3 ▶ La *Cosmetic Valley* en chiffres

5 ▶ Le territoire du pôle de compétitivité

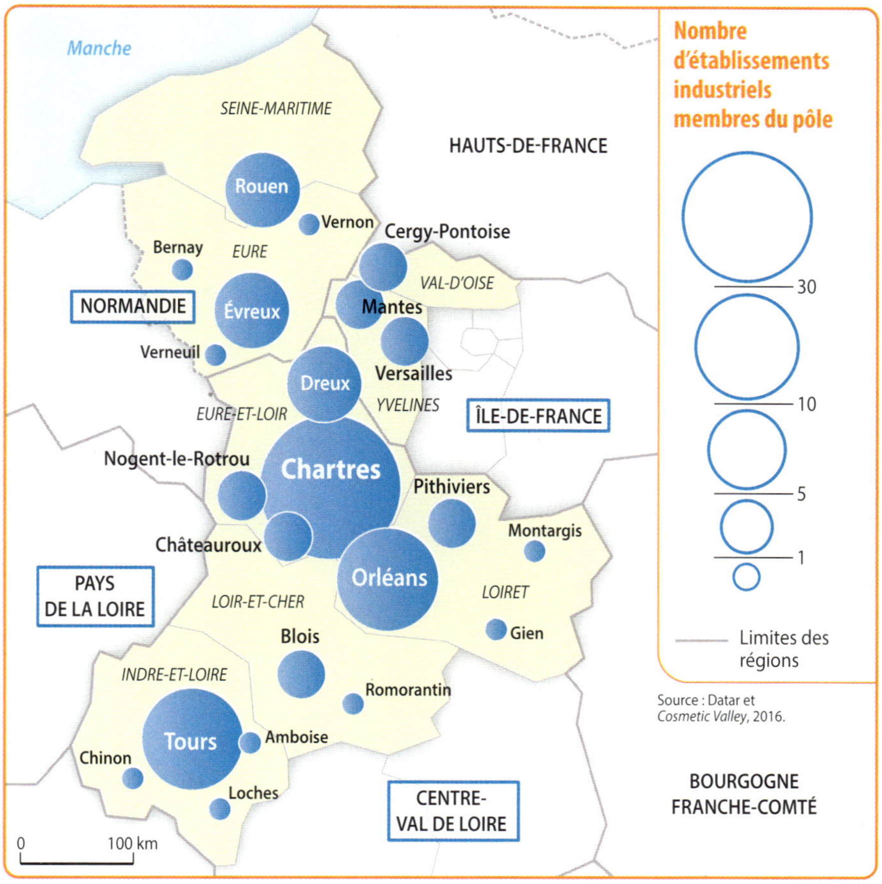

Source : Datar et *Cosmetic Valley*, 2016.

Prolonger le cours

Documents 1, 2, 3 et 5

1. Localisez la *Cosmetic Valley*. Quelle est son activité principale ? Précisez ce qu'est un pôle de compétitivité.
   → *Utilisez le* ***lexique*** *p. 298.*

Documents 3 et 4

2. Pourquoi la recherche et l'innovation sont-elles importantes pour ce secteur d'activité ?

Documents 2, 3 et 5

3. Montrez que le pôle de compétitivité favorise l'emploi.

SYNTHÈSE

En vous appuyant sur l'exemple de la *Cosmetic Valley*, montrez que le pôle de compétitivité est un acteur du dynamisme de l'industrie française.

DOSSIER

POUR APPROFONDIR

PLASTICS VALLÉE, un acteur du dynamisme industriel français

- La *Plastics Vallée*, au cœur du département de l'Ain, dans le Haut-Bugey, concentre depuis le XIXe siècle des entreprises spécialisées dans le plastique. Le pôle de compétitivité* nommé *Plastipolis* permet aujourd'hui à la région d'être leader de la plasturgie européenne.
- Forte de plus de 600 entreprises, la filière de la plasturgie regroupe tous les métiers, formant un cluster* qui favorise l'innovation et dynamise l'ensemble du territoire.

Comment une industrie traditionnelle peut-elle être compétitive ?

1 ▶ Presse à injection de matière plastique
Ces énormes machines, d'apparence désuète, sont en mesure de fournir des pièces de grande précision pour la lunetterie, le mobilier de jardin, les jouets… mais aussi des pièces de haute technologie pour l'automobile, l'informatique, l'aéronautique, le médical…

Vidéo

Reportage

***Plastics Vallée* renoue avec la croissance**
France 3 Rhône Alpes, 2'15'', 2017.
www.lienmini.fr/geo1-21

Fiche d'étude vidéo imprimable
www.lienmini.fr/geo1-22

2 ▶ *Plastics Vallée*, *cluster* dynamique

Situé dans le département de l'Ain, au cœur de l'agglomération de Haut-Bugey, le bassin industriel de la *Plastics Vallée* regroupe plus de 600 entreprises sur 14 parcs industriels. Ici, les compétences passent par la fabrication de moules métalliques, de machines, le design et la conception d'objets, jusqu'aux techniques de recyclage.

Installé dans la *Plastics Vallée*, le centre technique industriel des Plastiques et Composites témoigne du dynamisme industriel de la filière.

Doté de moyens scientifiques et techniques performants, il permet à la filière de bénéficier de la recherche appliquée et de transfert de technologie. À ses côtés gravitent le pôle de compétitivité *Plastipolis*, le site plasturgie de l'INSA, une école d'ingénieurs, le lycée Arbez Carme, et le campus des métiers *Plasticampus*.

Oyonnax, « capitale » de la vallée de plastique, accueille aussi des entreprises de cartonnage et de packaging permettant de concevoir, de produire, et d'emballer un produit sur un même territoire.

www.plasticsvalley.fr ; www.hautbugey-agglomeration.fr ; oyonnax.fr, janvier 2019.

3 ▶ Fabrique de jouets *Smoby* à Arinthod (Jura)

Depuis longtemps, la région est spécialisée dans la production de biens de consommation en plastique : mobilier de jardin, jouets...

Prolonger le cours

Documents 1 et 3

1. Localisez la *Plastics Vallée*. Quelle est son activité industrielle ?

Documents 2, 4 et vidéo

2. Qu'est ce qui permet aujourd'hui à la *Plastics Vallée* d'être compétitive ?
Montrez que la *Plastics Vallée* fonctionne comme un *cluster*.

SYNTHÈSE

En vous appuyant sur l'exemple de la *Plastics Vallée*, montrez que les systèmes productifs français peuvent être compétitifs en Europe et dans le monde.

4 ▶ L'innovation, moteur du dynamisme

L'Usine Nouvelle, 2 septembre 2018.

L'intégration de composants électroniques dans des pièces plastiques (la plastronique) offre de nouveaux débouchés vers le paramédical et l'industrie de haute technologie.

DOSSIER

POUR APPROFONDIR

L'INDUSTRIE FRANÇAISE, entre désindustrialisation et recomposition

La France est-elle condamnée à voir disparaître ses usines ?

- Depuis les années 2000, l'emploi industriel est en chute libre en France : la part des emplois industriels est passée de 20 % en 1990 à 10 % en 2017. La désindustrialisation paraît être un processus irréversible.
- Pourtant, la France est en mesure de rebondir. Elle reste attractive pour les investissements étrangers.
Une quatrième révolution industrielle devrait faire naître les systèmes productifs français du XXIe siècle.

1 ▶ Usine *Toyota* d'Onnaing près de Valenciennes (Nord)
Depuis son installation sur le bassin minier touché par la désindustrialisation, l'usine japonaise *Toyota* a produit plus de 3 millions de *Yaris* et créé 4 000 emplois. L'usine, en grande partie robotisée, produit des voitures pour les marchés européen et nord-américain.

2 ▶ L'usine 4.0, l'industrie du XXIe siècle

Les projets d'usines du futur se multiplient en France, dans un contexte plus favorable à la réindustrialisation. Ainsi *Renault*, *Airbus*, *Safran* ont lancé leurs usines 4.0.

Ce 4.0 correspond à la quatrième révolution industrielle : la première était la mécanisation, la seconde la production de masse dopée par l'électricité et l'électronique, et la troisième l'automatisation.

Il s'agit d'entités repensées de production, propulsées par les toutes dernières technologies : impression 3D, simulateurs de chaîne d'approvisionnement digitalisée ou encore de « cobots », des robots qui viennent en prolongement des êtres humains, en assistants collaboratifs des ouvriers.

Ces nouvelles façons de travailler permettent de concevoir et de fabriquer des produits plus complexes, davantage personnalisés, en intégrant des matériaux nouveaux, une prise en compte plus poussée des questions environnementales et une productivité accrue.

Éric Alonso, *lesechos.fr*, 24 août 2017.

3 ▶ Délocalisation et fermeture d'usines, 16 mars 2017

La production de l'usine *Whirlpool* d'Amiens se fera en Pologne.

4 ▶ Une timide réindustrialisation

2017 a été marquée par des plans sociaux et des restructurations de groupes : *Castorama*, *Pimkie*…, marquée également par des fermetures d'usines : *Tupperware* à Joué-lès-Tours, *Ford* qui arrête son usine de Blanquefort….

Pourtant, les chiffres le montrent, il y a eu plus d'ouvertures de sites que de fermetures l'an dernier : 100 sites industriels ont fermé leurs portes, 125 se sont montés. Au vu de la casse des quinze dernières années, ce chiffre bien que modeste est plutôt encourageant. En 2009, au plus fort de la crise, plus de 380 usines avaient été rayées de la carte industrielle ; même si l'on observe depuis 2014 un léger redressement, la France compte encore 580 usines de moins qu'en 2008.

L'emploi industriel augmente de 16 000 postes en 2017, mais les destructions d'emplois des années 2009 à 2017 restent encore massives avec la perte de 125 000 postes.

Annabelle Grelier, « Le billet éco ». *franceculture.fr*, 2 mars 2018.

5 ▶ Affiche du salon Made in Vosges, 2018.

Prolonger le cours

Documents 3 et 4

1. Montrez que l'industrie française a connu une forte érosion de ses emplois.

Document 1 et 2

2. Pourquoi faut-il relativiser le déclin de l'industrie française ?

Documents 4 et 5

3. Pourquoi peut-on parler d'un possible renouveau ?

SYNTHÈSE

Montrez quels sont les atouts de la France pour surmonter la crise de son industrie.

S'ENTRAÎNER AU BAC 16

CAPACITÉS

- Réaliser des productions cartographiques
- Transposer un texte en croquis

Méthode BAC p. 14-15

➘ **Réaliser un croquis**

Sujet **À l'aide du texte, réalisez le croquis : « Les espaces productifs français, diversité et intégration européenne et mondiale ».**

Conseils

- Notez le **titre** du texte, il indique celui du croquis.
- Relevez les **sous-titres** du texte, ils donnent des indications pour établir les rubriques de la légende du croquis.
- Surlignez les informations qui permettent de localiser les systèmes productifs.

Les espaces productifs français dans la dynamique européenne et mondiale

Des espaces productifs contrastés

Le territoire français juxtapose trois grandes catégories d'espaces productifs :
– de grandes régions industrielles et urbaines s'étendent autour de l'agglomération parisienne et de la région lyonnaise. Une part importante de la production industrielle française y est réalisée ;
– un espace situé en périphérie, englobant la façade atlantique et les régions méditerranéennes, correspond à des régions aux systèmes productifs récents tournés vers la haute technologie et la recherche ;
– au Nord et au Nord-Est, tournés vers l'Europe, sont localisés les anciens bastions industriels aujourd'hui en reconversion.
Entre ces trois espaces, dans une France moins industrialisée, plus agricole, des systèmes productifs locaux regroupés en *clusters*, tendent aussi à revitaliser le territoire.

Des métropoles qui dynamisent les espaces productifs

Sur presque tout le territoire, les métropoles, souvent dotées de parcs technologiques (technopôles), sont les moteurs de systèmes productifs innovants.

Des espaces productifs intégrés à l'Europe et au monde

Grâce à ses grands ports (Marseille, Le Havre, Dunkerque) et à leurs zones industrialo-portuaires, à ses axes de communication rapide, la France dispose d'espaces productifs ouverts sur l'Europe et le monde. Cette ouverture se traduit aussi par les investissements étrangers (IDE), lesquels se dirigent vers les régions frontalières et les grandes métropoles.

ÉTAPE 1

Lire le sujet et le texte d'accompagnement

1. Lisez le sujet.

– À quel territoire le sujet s'applique-t-il ?

– Que faut-il comprendre par « diversité » et « intégration européenne et mondiale » ?

2. Lisez le texte d'accompagnement.

– Relevez les sous-titres des paragraphes du texte. Comparez les titres aux rubriques de la légende du croquis. Les rubriques de la légende forment-elles une réponse au sujet ?

– Reproduisez le tableau, puis reportez-y les informations fournies par chacun des paragraphes du texte et qui vous seront utiles pour réaliser le croquis.

Informations du 1er paragraphe	Informations du 2e paragraphe	Informations du 3e paragraphe
Grandes régions industrielles Exemples : …………	*Les métropoles*………… Exemples : …………	*Ouverture sur l'Europe et le monde*………… Exemples : …………

Croquis interactif

www.lienmini.fr/geo1-65

Croquis et légende imprimables

www.lienmini.fr/geo1-64

Croquis : ....

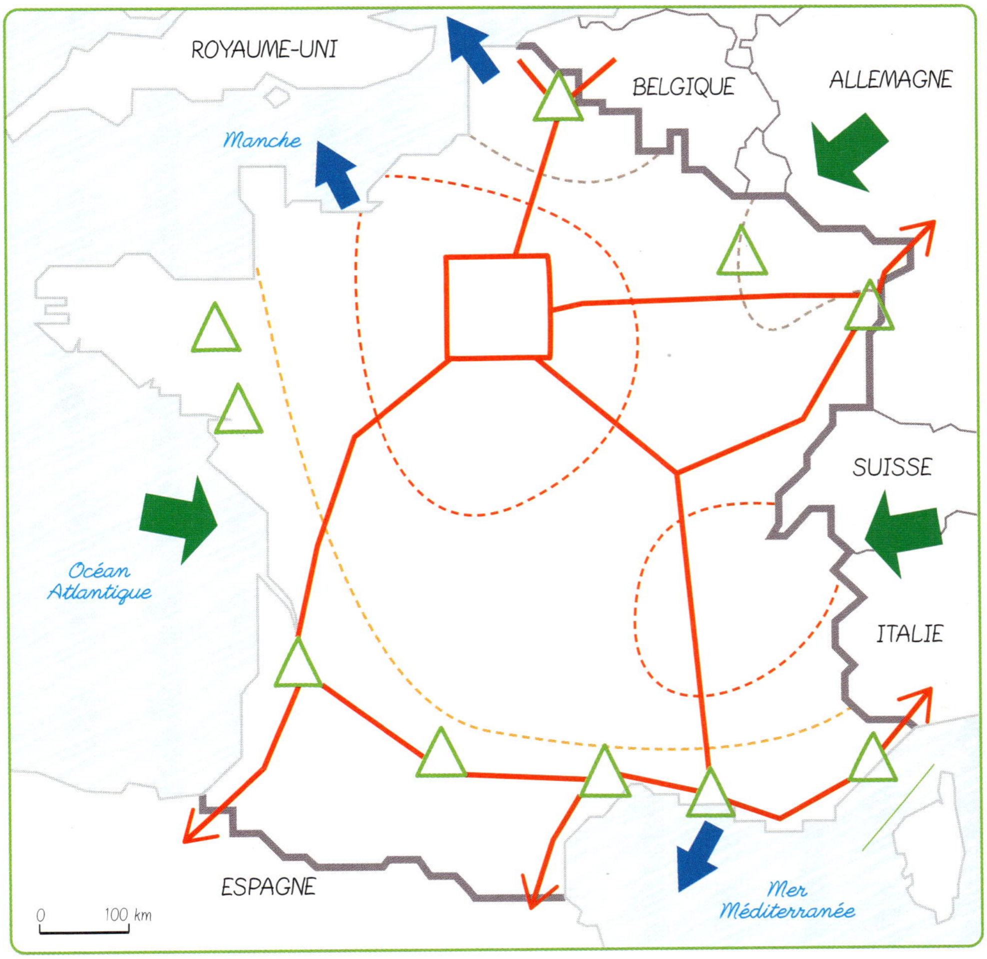

1. Des espaces productifs contrastés

- Grande région urbaine et industrielle
- Région aux systèmes productifs récents
- Région industrielle en reconversion
- Espace peu industrialisé

2. Les métropoles cœur du dynamisme

- ....
- ....

3. Des espaces productifs ouverts sur l'Europe et le monde

- .... Grand port ouverture sur le monde
- .... Axe de communication majeur
- .... Investissements étrangers (IDE)

ÉTAPE 2

Organiser la légende et choisir les figurés

3. Classez les informations.

– Observez les titres des rubriques de la légende : à quelles informations des trois paragraphes correspondent-ils ?

4. Choisissez les figurés.

– Quels sont les différents types de figurés utilisés ?

Conseils

- Observez le fond du croquis pour connaître les limites de l'espace à cartographier.
- Utilisez le langage cartographique (rabat arrière du manuel).

ÉTAPE 3

Réaliser le croquis

5. Reproduisez ou téléchargez le croquis et sa légende.

6. Mettez en forme la légende et dessinez le croquis.

– Reportez, sur le croquis, les figurés de la première rubrique de la légende.
→ *Aidez-vous des tracés en pointillés.*

– Dans la 2e rubrique, quel figuré correspond à « Métropole mondiale » ? « Métropole dotée de technopôles » ?

– Complétez le croquis et la légende.

– Quels figurés du croquis correspondent aux informations de la 3e rubrique ? Complétez la légende.

– Complétez la nomenclature en indiquant les noms des métropoles.
→ *Utilisez les **Repères spatiaux** p. 80.*

– Donnez **un titre** au croquis.

7. Vérifiez si le croquis possède tous les attributs d'un bon croquis.
→ *Aidez-vous de la **méthode** p. 15.*

S'ENTRAÎNER AU BAC 17

Méthode BAC p. 12-13

Analyse de documents

CAPACITÉS

- Savoir lire, comprendre et critiquer des documents
- Produire un écrit construit et argumenté

Analyser une affiche et un texte

Sujet Les systèmes productifs français, dynamiques spatiales et intégration européenne et mondiale

Questions

1. Quelles sont les dynamiques spatiales des systèmes productifs français ?
2. À l'échelle de l'Europe et du monde, le territoire français est-il toujours attractif ?
3. Le document 2 évoque-t-il toutes les dynamiques des systèmes productifs français ?

ÉTAPE 1 Identifier les documents

1. Quelle est la nature du document 1 ?
Localisez Beauvais. Quelle est sa situation par rapport à l'espace national et européen ?
2. Quels sont le titre, la source et la date du document 2 ? Quel est le thème abordé par le document ?

ÉTAPE 2 Analyser les documents

3. Décrivez l'affiche :
   - quelle est la nationalité de la société qui réalise cet IDE à Beauvais ? Quelle est l'activité de la société BYP ?
   → *Définissez « IDE » en utilisant le* ***lexique*** *p. 298.*
   - quel est l'impact de son implantation sur l'emploi local ?
4. À l'aide du document 2, nommez et localisez :
   - les grandes régions industrielles ;
   - les régions qui accueillent le plus d'industrie sur leur territoire.
5. Expliquez la phrase soulignée.

ÉTAPE 3 Exercer un regard critique sur les documents

6. Le document 2 évoque-t-il le rôle des métropoles dans les nouvelles dynamiques spatiales du système industriel ?
→ *Utilisez le* ***chapitre 6*** *et les expressions : « technopôle », « pôle de compétitivité », « industrie 4.0 ».*

Rédiger la réponse au sujet

Introduction *L'affiche et le texte montrent l'évolution des systèmes productifs français et leur ouverture sur le monde.*

1er paragraphe *Les systèmes productifs sont marqués par une distribution plus homogène sur le territoire. Des bastions industriels perdurent. Cependant, un glissement de l'industrie s'opère du Nord et du Nord-Est vers la périphérie.* → Donnez des exemples.

2e paragraphe *L'affiche permet d'affirmer que l'intégration de la France en Europe et dans le monde est une réalité. La société chinoise BYP, par ses IDE, a choisi un territoire industriel bien situé aux portes de l'Union européenne.*

Regard critique *Si le texte évoque l'évolution des systèmes industriels des régions, il n'informe pas sur le rôle majeur qu'ont les métropoles dans la dynamique industrielle ni celui des pôles de compétitivité.* → Utilisez les **études de cas** p. 166 et 170.

Conclusion *Les documents permettent d'appréhender la recomposition spatiale des systèmes productifs de la France.*

Doc. 1 ▶ Investissements chinois en France

L'entreprise chinoise *BYD* a choisi la France pour implanter son usine d'assemblage de bus et autocars électriques. L'usine est installée sur l'ancien site *Michelin* à Beauvais dans l'Oise (Hauts-de-France).

Doc. 2 ▶ Les dynamiques des territoires de l'industrie

L'érosion de l'emploi industriel a affecté la quasi-totalité des territoires, bien qu'elle ait été particulièrement forte dans certaines régions. Ces baisses ont eu pour conséquence de réduire les disparités régionales. L'industrie est aujourd'hui répartie de manière plus homogène en France qu'elle ne l'était dans les années 1970.

En dépit de ces évolutions, la hiérarchie entre les régions n'a pas été fondamentalement modifiée. Le Nord et l'Est de la France (Hauts-de-France, Grand Est, Île-de-France, Auvergne-Rhône-Alpes, Bourgogne-Franche-Comté et Normandie) demeurent les espaces qui accueillent ou concentrent le plus les emplois industriels. Mais leur prédominance au sein du tissu industriel français s'est cependant largement amoindrie.

En effet, si globalement ces régions pèsent encore fortement dans l'industrie française, c'est dans l'Ouest du pays que l'on retrouve majoritairement les zones d'emploi les plus en croissance et les plus orientées vers l'industrie. Cette dynamique de l'espace industriel français illustre un mouvement encore timide mais qui semble s'affirmer : le glissement de l'industrie d'un grand quart Nord-Est vers les régions périphériques de l'Ouest et du Sud.

Ce glissement de l'industrie est perceptible à travers les créations d'entreprises industrielles. Même si les zones d'emploi du Nord et du Nord-Est restent celles où les taux de création d'entreprises industrielles sont parmi les plus importants de France, c'est globalement en Bretagne, Pays de la Loire, Nouvelle-Aquitaine, Occitanie, PACA et Auvergne-Rhône-Alpes que l'essentiel de ces créations a désormais lieu.

www.observatoire-des-territoires.gouv.fr, 14 novembre 2018.

Conseils

- Notez le titre du document : il indique le thème du texte.
- Surlignez les informations qui précisent la localisation géographique des espaces productifs.

S'ENTRAÎNER AU BAC 18

Méthode BAC : p. 16-17

Question problématisée

CAPACITÉS

- Utiliser une approche géographique pour construire un argumentaire
- Produire un écrit construit et argumenté

Sujet Les espaces productifs en France : quels acteurs ? quelle recomposition ?

ÉTAPE 1 Comprendre le sujet et définir la problématique

1. Lisez le sujet et réfléchissez à l'emploi des mots clés :
   - quels sont les « acteurs » des espaces productifs français ? Sont-ils uniquement français ?
   - que faut-il comprendre par « recomposition des espaces productifs » ?

   → *Définissez « IDE » (investissement direct étranger) et « espaces productifs » en utilisant le **lexique** p. 298.*
2. Définissez sous forme de questions la problématique de votre réponse au sujet.

ÉTAPE 2 Mobiliser ses connaissances et organiser le plan

3. Dans la liste ci-dessous, sélectionnez les mots et expressions utiles pour répondre au sujet.

☐ Pôles de compétitivité	☐ Espaces productifs dynamiques	☐ Technopôles	☐ Start-up
☐ Rôle de l'État	☐ Milieux naturels	☐ R&D	☐ Industrie 4.0
☐ IDE	☐ Réindustrialisation	☐ FMN françaises	☐ *Cluster*
☐ Pollution	☐ Métropoles	☐ 3ᵉ puissance industrielle en Europe	☐ Tunnel ferroviaire
☐ Label Frech Tech	☐ Mégalopole	☐ Périurbanisation	☐ Maritimisation
☐ Espaces productifs en crise			☐ Risques naturels

4. Dans le **tableau**, **classez** les mots et expressions retenus à la question 3 dans les **deux parties** de la réponse.

1re partie *Les acteurs des systèmes productifs*	2e partie *Une recomposition des espaces productifs*
....	....
....	....

Conseil

- Utilisez les **études de cas** p.166 et 170 ; les **dossiers** p. 178, 180 et 182.

ÉTAPE 3 Rédiger la réponse au sujet à l'aide des pistes suivantes

Introduction

L'industrie française est toujours puissante.
De nombreux acteurs nationaux et internationaux participent à la recomposition de ses espaces productifs.

→ *N'oubliez pas de rédiger la problématique.*

Quels sont les acteurs (1re partie) et les nouveaux espaces productifs (2e partie) ?

1re partie

Une grande diversité d'acteurs : FTN, IDE, État, R&D…

2e partie

1er paragraphe : *De nouveaux systèmes productifs*

2e paragraphe : *Les dynamiques spatiales des systèmes productifs (voir schéma)*

Conclusion

→ *Rédigez la conclusion en deux temps : le bilan du sujet et ses perspectives.*

Schéma – Recomposition des espaces productifs

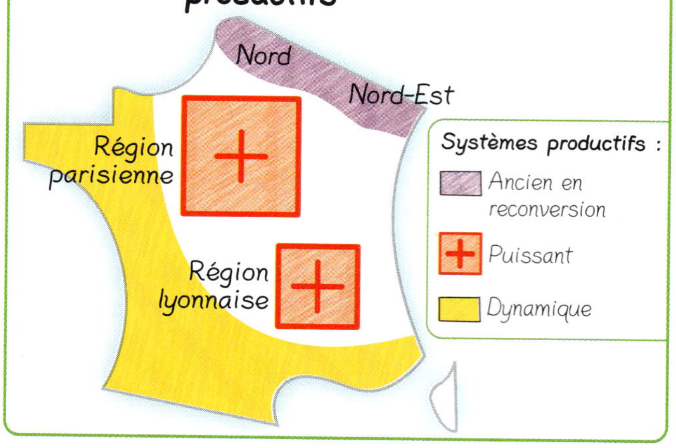

RÉVISER POUR LE BAC

Chapitre 6 • La France : les systèmes productifs entre valorisation locale et intégration européenne et mondiale

Idées clés pour répondre à une question problématisée

IDÉE 1

Quelle place pour les systèmes productifs français ?

1 Une France désindustrialisée ?

- La place de l'industrie a diminué depuis les années 1970.
- Les causes du déclin : concurrence étrangère, fermetures d'usines, **délocalisations**, faiblesse de la Recherche et Développement **(R&D)**.
- La France est encore attractive pour les investissements de capitaux étrangers.

2 Des systèmes productifs encore puissants

- L'industrie française : 3e rang en Europe, 5e rang dans le monde.
- De grandes **firmes transnationales**, mais certains secteurs sont dépourvus de firmes de rang mondial.

3 L'industrie du XXIe siècle en marche

- La France s'est dotée de **pôles de compétitivité** et d'instituts de recherche technologique (IRT) pour favoriser l'innovation.
- L'**industrie 4.0** est une véritable opportunité pour les systèmes productifs français.

IDÉE 2

Les systèmes productifs en recomposition

1 Un espace industriel en mutation

- Du fait de la mondialisation, l'industrie est plus diffuse sur le territoire :
  - reconversion des régions d'industries anciennes (Nord, Nord-Est) stimulées par les investissements étrangers ;
  - **maritimisation** des espaces productifs littoraux ;
  - diffusion des activités de transformation sur l'ensemble du territoire.

2 Les systèmes productifs au défi de l'innovation

- Aux échelles locales et régionales, les territoires de l'innovation s'organisent en *clusters*.
- Rôle des pouvoirs publics pour aider les projets de R&D au sein des pôles de compétitivité.

3 Les villes, au cœur des systèmes productifs

- Elles concentrent les centres de recherche, les fonctions de commandement et de formation, les **technopôles**.
- De nouvelles dynamiques spatiales : renforcement de la place de Paris et de l'Île-de-France ; essor d'un croissant périphérique qui recueille les systèmes productifs récents.

Mots clés

À l'aide du cours p. 174 et 176, définissez les termes suivants :

- ☑ *Cluster*
- ☑ Délocalisation
- ☑ Firmes transnationales
- ☑ Industrie 4.0.
- ☑ Maritimisation
- ☑ Pôle de compétitivité
- ☑ Réindustrialisation
- ☑ Système productif
- ☑ Technopôle

Schéma pour comprendre et retenir

Les dynamiques des espaces de production en France

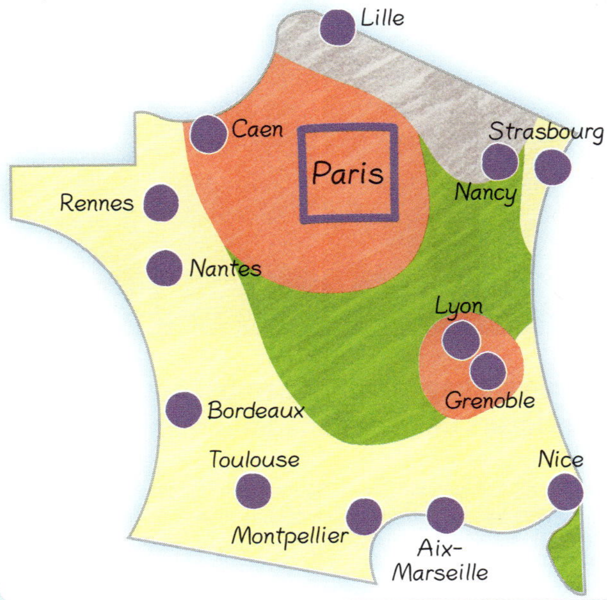

1. Espace industriel en recomposition
- Grande région industrielle
- Région en reconversion
- Périphérie dynamique systèmes productifs récents

2. Les métropoles moteur du dynamisme
- Ville mondiale
- Métropole technopolitaine

3. Espace peu industrialisé
- Région à dominante rurale

THÈME 3 Les espaces ruraux : multifonctionnalité ou fragmentation ?

Shanghai, la ville gagne sur les campagnes : un espace périurbain au service des loisirs de riches citadins chinois et des touristes

Le *Tianma Golf and country club* à Shanghai, l'un des golfs chinois les plus luxueux, est situé au cœur de la réserve naturelle de Seshan, dans « l'auréole de récréation » de cette grande métropole chinoise. À ce golf de 146 hectares et 27 trous qui se déploie au milieu de lacs et de paysages verdoyants, sont associées des activités annexes de détente et de divertissements ainsi que 200 villas de luxe.

Chapitres

Problématiques Quelles dynamiques

1 Comment définir l'espace rural ?

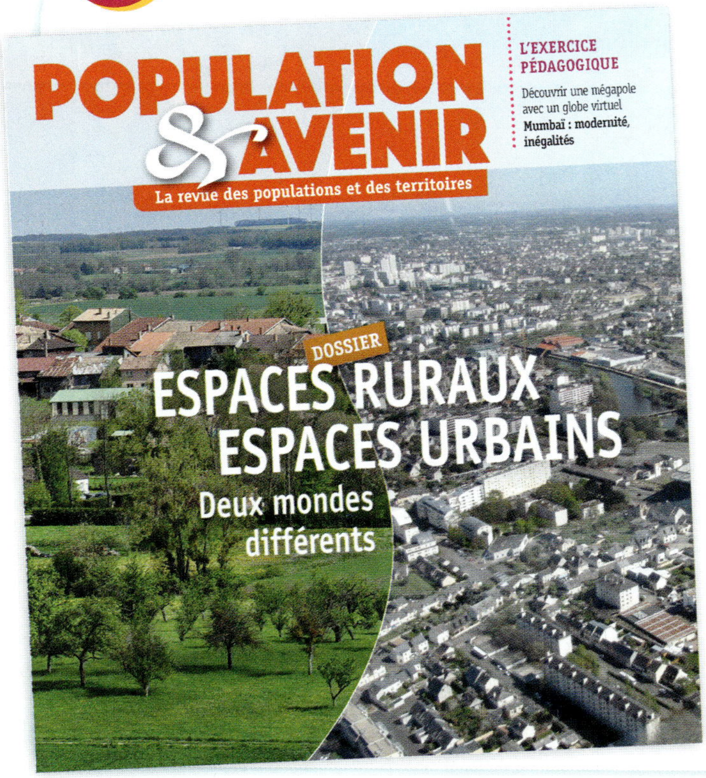

Couverture de la revue *Population & Avenir*, n° 741, janvier-février 2019.

▸ **L'espace rural correspond à des zones de faible densité** au sein desquelles l'utilisation du sol (importance des formations végétales et de l'agriculture), **voire les modalités de vie sociale** (populations attachées à leur territoire), sont spécifiques.

▸ **On parle de ruralité pour insister sur les caractères des espaces ruraux** et sur **les images que les sociétés véhiculent à leur propos.** La notion de **campagne** est synonyme de champs cultivés et ouverts.

Les contrastes sont forts entre les campagnes densément peuplées d'Asie méridionale ou d'Afrique orientale et les "déserts" ruraux des pays occidentaux.

2 Comment les activités et les populations rurales évoluent-elles ?

Vue aérienne du bourg de Xinba de la ville de Yangzhong, province chinoise du Jangsu, 2017.
L'espace périurbain, ni tout à fait urbain, ni tout à fait rural

▸ **Les ruraux,** situés majoritairement en Asie et en Afrique, **représentent encore plus de 3,4 milliards de personnes dans le monde.**

▸ **Les espaces ruraux sont aujourd'hui étroitement liés aux dynamiques urbaines :** l'accroissement des échanges villes-campagnes et l'extension des espaces périurbains sont des phénomènes majeurs de l'évolution des campagnes.

▸ **Les ruralités connaissent**, à toutes les échelles, **un processus de fragmentation** socioéconomique et géographique.

Entre proximité urbaine et isolement, entre "renaissance rurale" et abandon, entre "embourgeoisement" et appauvrissement, les espaces ruraux sont très diversifiés.

3 Quelles recompositions pour les espaces ruraux ?

▸ **Les espaces ruraux connaissent une diversification de leurs fonctions** (agricole, résidentielle, industrielle, touristique, environnementale).

▸ **Certains restent marqués par le poids de l'agriculture** alors que d'autres ont su transformer et développer leurs activités.

▸ **L'enjeu des politiques de développement** est à la fois de réduire les inégalités dans les espaces ruraux, de répondre aux enjeux d'une agriculture durable et de surmonter les conflits d'usage pour la terre dans les campagnes.

La multifonctionnalité des espaces ruraux s'affirme pour répondre aux exigences des sociétés du XXIe siècle.

→ Dessin de Philippe Tastet, 2015.
Des missions complexes sont dévolues aux campagnes.

4 Les espaces ruraux français : entre fragmentation et multifonctionnalité ?

▸ **À l'instar des espaces ruraux des pays développés,** on assiste, **en France,** à la **redistribution des citadins vers des zones périurbaines,** ou plus éloignées, et à un processus de **fragmentation sociale et territoriale** au sein des campagnes et entre villes et campagnes.

▸ **Parallèlement, la diversification des fonctions** est source de développement local et parfois de conflits d'usage avec des pressions renforcées sur les ressources (eau, terre...).

Les transformations des espaces ruraux français accentuent les fragmentations locales et territoriales

→ Manifestants à Kolbsheim, 27 septembre 2014.
Non au Grand Contournement Ouest de Strasbourg (GCO)
Des citoyens s'opposent à un projet d'autoroute : celui-ci permettrait de désengorger la section strasbourgeoise de l'A35, mais entraînerait la destruction de terres agricoles, d'une partie de forêt et d'un espace naturel exceptionnel.

CHAPITRE 7

Les espaces ruraux : des mondes en mouvement

De la problématique du document...

Qu'est-ce qui fait l'originalité des campagnes toscanes ?

1. Localisez et décrivez la photographie.
2. Quels sont les atouts de cette région ?
3. Comment le dynamisme de ces campagnes apparaît-il dans le paysage ?

... aux problématiques du chapitre

> **Quelles sont les spécificités des populations et des espaces ruraux dans un monde de plus en plus urbanisé ?**

> **Quelles sont les dynamiques des populations et des espaces ruraux dans le monde ?**

> **Quelles sont les lignes de clivage qui traversent les espaces ruraux aux différentes échelles ?**

Un hôtel de luxe (*Il Falconiere resort hotel*) dans la campagne toscane, province d'Arezzo, en Italie.

La province d'Arezzo marque les limites orientales de la Toscane dans cette Italie médiane caractérisée par la fonction résidentielle de ses campagnes (résidences principales ou secondaires), ses beaux paysages de vigne et d'oliviers témoins de l'ancienne *coltura promiscua* (cultures mélangées pratiquées en terrasses).

Cartes Enjeux

Quelles sont les dynamiques de peuplement des espaces ruraux dans le monde ?

1 La population agricole dans le monde

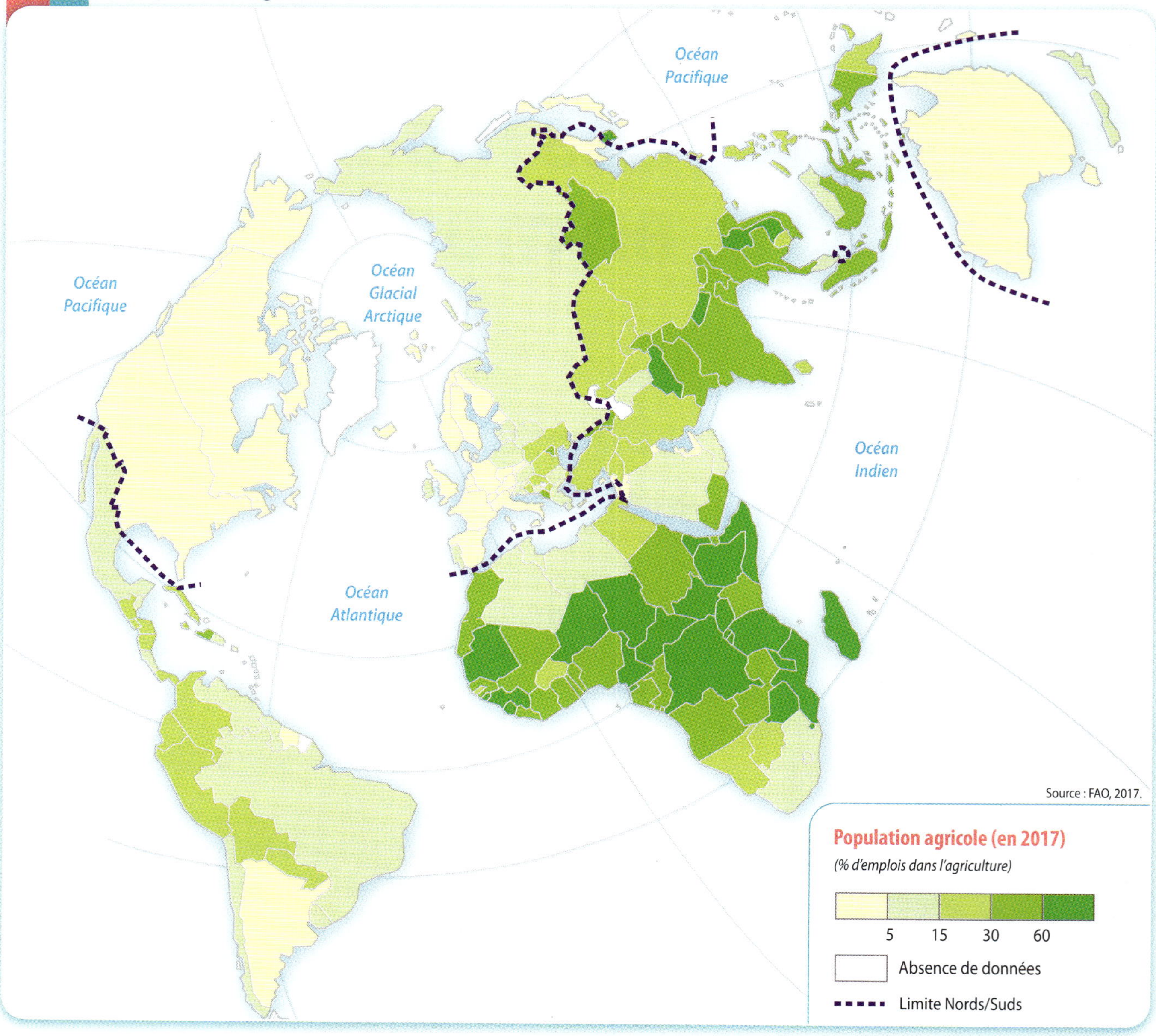

Analyser les cartes

Carte 1

1 Présentez les contrastes Nords / Suds dans les emplois agricoles.

2 Qu'observe-t-on entre les pays des Suds ?

Carte 2

3 Dans quelles parties du monde se concentrent les plus fortes densités de population rurale ? Les plus faibles densités ?

4 Où la population rurale augmente-t-elle ? Où baisse-t-elle ?

Carte 3

5 Dans quelles parties du monde la population rurale est-elle la plus nombreuse ?

6 Où se situent les zones rurales peu peuplées ?

Mettre les cartes en relation

Existe-t-il une correspondance entre peuplement rural et population agricole dans le monde ?

2 Le peuplement des espaces ruraux dans le monde

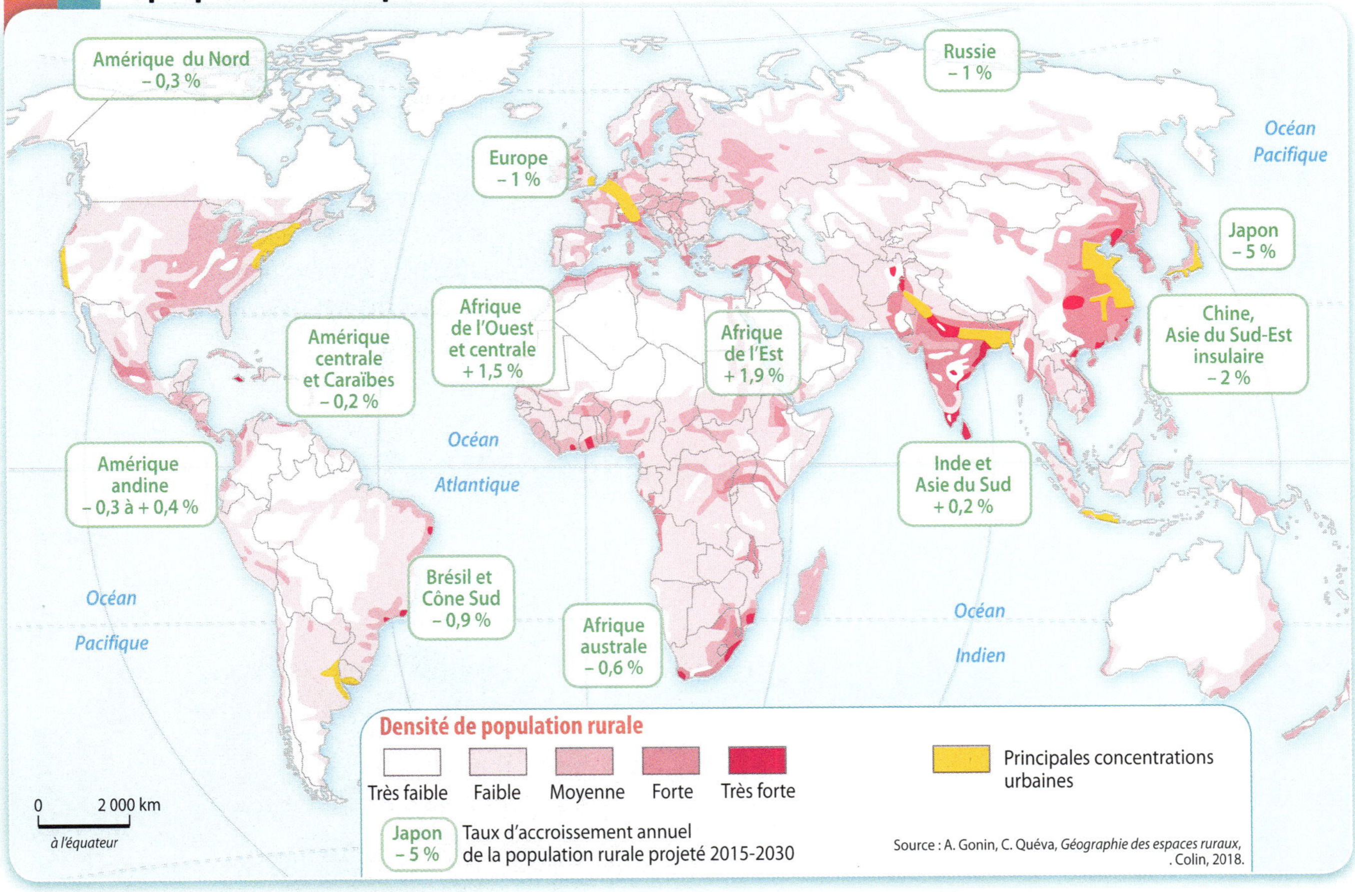

Source : A. Gonin, C. Quéva, *Géographie des espaces ruraux*, . Colin, 2018.

3 La distribution spatiale de la population rurale dans le monde

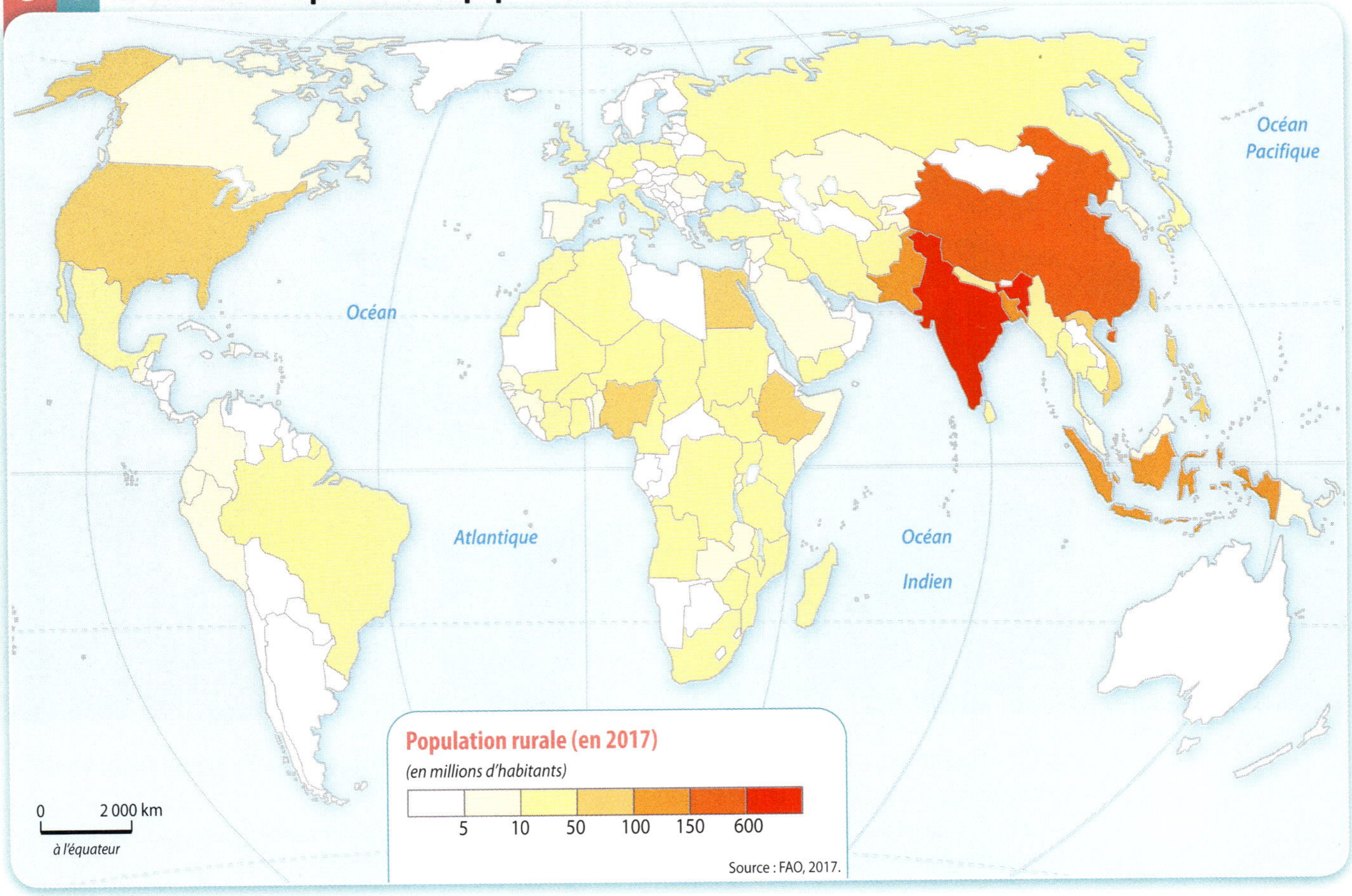

Source : FAO, 2017.

ÉTUDE DE CAS

Inde, quelle recomposition des espaces ruraux dans la mondialisation ?

A L'Inde est le plus grand pays rural du monde avec plus de 800 millions de ruraux. La « révolution verte* » a permis d'augmenter la production, mais ce modèle agricole semble atteindre ses limites.

B Lentement et inégalement, les campagnes indiennes s'urbanisent et s'industrialisent ; elles connaissent aussi de nombreuses difficultés. Le développement rural est un enjeu majeur, inégalement perçu par les autorités.

A Un grand pays rural des Suds en « révolution verte » ?

1 ▶ Paysannes indiennes actionnant des micro-pompes d'irrigation à l'aide de pédales de bambous dans l'État d'Uttar Pradesh

Cette technique d'irrigation, à faible coût, est simple à mettre en œuvre. Elle permet de pomper l'eau de façon mesurée, là où la nappe phréatique est peu profonde, sans consommer de carburant.

2 ▶ La « révolution verte » : quel bilan ?

Lancée après la crise alimentaire de 1965-1966, la « révolution verte » a réussi à faire disparaître les dernières disettes sans relever le défi de la malnutrition[1].

Fondée sur l'expansion des variétés de semences à haut rendement, de l'irrigation et des engrais, elle ne s'est appliquée que dans les régions propices, vallées ou poches irrigables au bénéfice premier de la riziculture et du blé, et sans toucher les zones d'agriculture pluviale.

Le moteur en fut les paysans disposant d'assez de capital pour investir et bénéficier des aides de l'État et qui appartenaient le plus souvent aux castes dominantes des campagnes. Cependant, pris dans les filets de l'endettement, 272 000 paysans se sont suicidés en Inde entre 1995 et 2010.

Le modèle de la « révolution verte » semble toucher à sa fin. Une nouvelle révolution verte, dite parfois « révolution doublement verte » est attendue, plus en accord avec les principes écologiques et le développement durable*.

D'après Jean-Luc Racine, « Géopolitique de l'agriculture indienne », *Hérodote* 156, © éd. La Découverte, 2015.

1. 20 % des enfants de moins de 5 ans étaient mal-nourris en 1992, 21 % en 2015.

3 ▶ Des campagnes inégalement dynamiques et fragiles

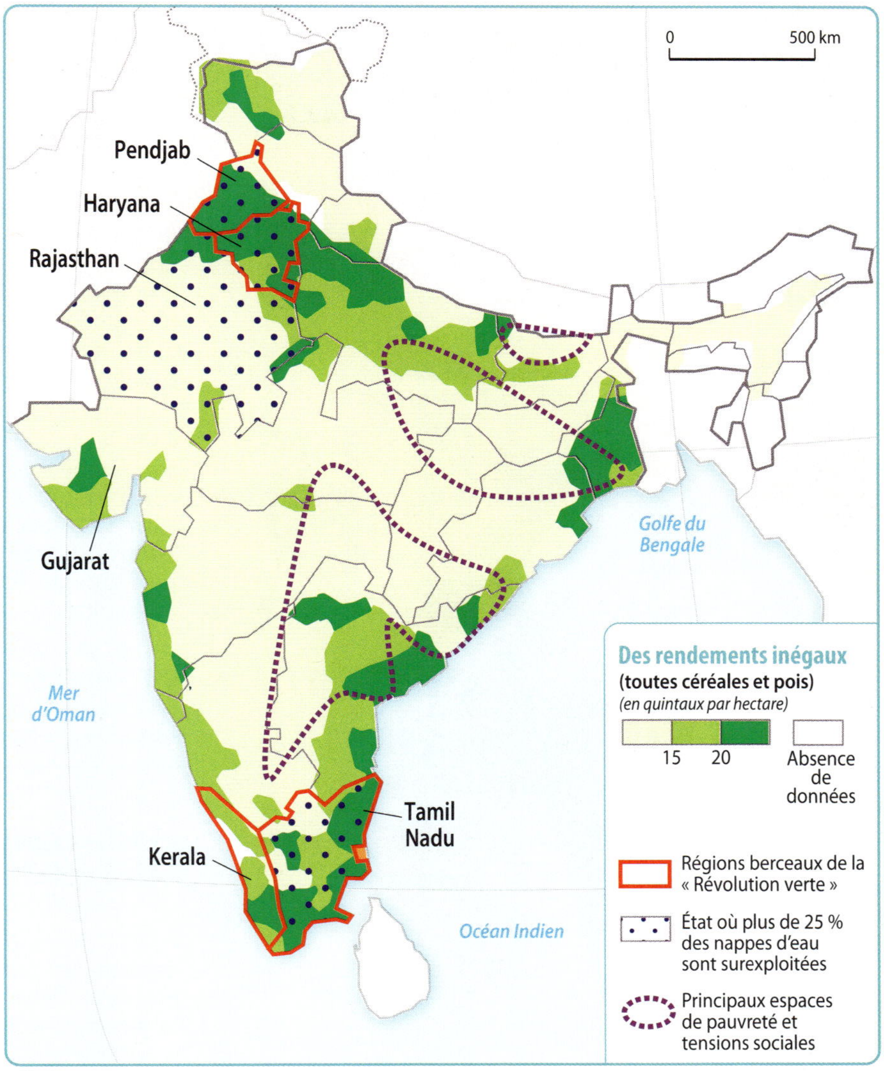

4 ▶ Le poids des campagnes et de l'agriculture en Inde

	Population rurale (% de la pop. totale)	**Population active agricole** (% de la pop. active totale)	**PIB agricole** (% du PIB*)	**Production de céréales** (indice 100 en 2017)
1991	74	64	28	65
2000	72	60	22	80
2006	70	55	17	82
2017	66	43	15	100

Source : *Banque mondiale*, 2018.

Analyser et confronter les documents

Documents 1 et 2

1. Qu'est-ce que la « révolution verte » ? Quelles en sont les limites ?
2. En quoi la photographie illustre-t-elle les orientations de la « nouvelle révolution verte » ?

Document 3

3. Quelles difficultés rencontrent les campagnes indiennes ? Dans quelles régions ?

Document 4

4. Comment évolue la place des campagnes et de l'agriculture dans la population et l'économie du pays ?

▶ **CONCLURE**

Quel bilan contrasté de la « révolution verte » peut-on établir dans ce vaste pays rural et agricole ?

B Des campagnes indiennes entre mutations lentes et tensions

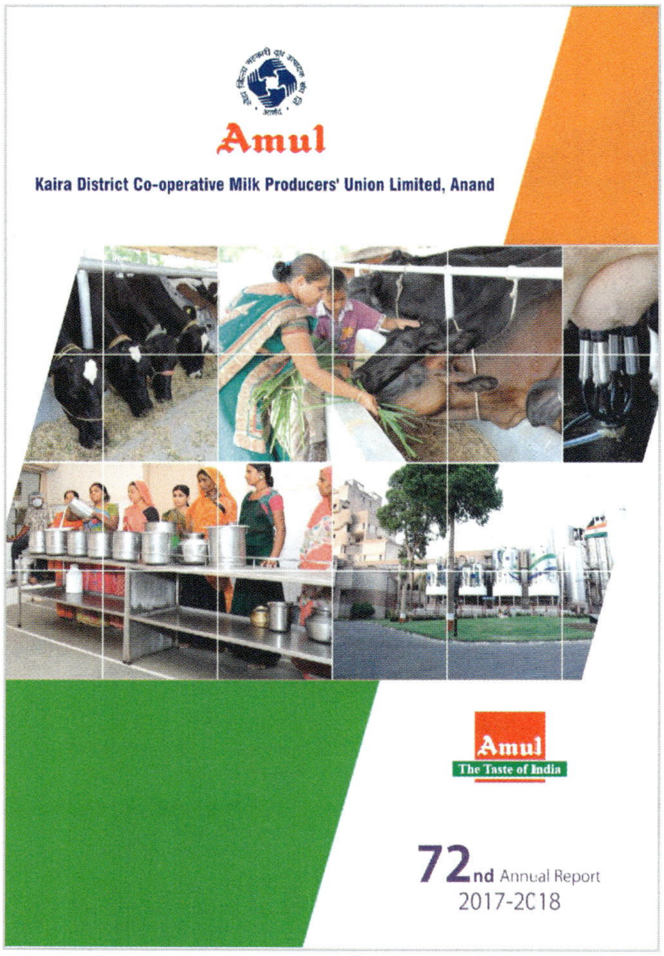

5 ▶ La « révolution blanche »

En Inde, le développement de l'élevage et de l'industrie laitière s'est appuyé sur le 1er réseau de coopératives agricoles du monde. Ici, le centre de recherche de la société coopérative de produits laitiers *AMUL* : 15 millions de producteurs, 140 000 coopératives laitières.

Traduction : District de Kaira, municipalité d'Anand, État de Gujarat.

Couverture du 72e rapport annuel, amuldairy.com, 2018.

6 ▶ Un grand pays rural qui s'urbanise lentement

L'Inde reste majoritairement rurale (on y trouve plus de 600000 villages dont la taille moyenne dépasse 1200 habitants). [...] Au cours du temps, certains villages tendent à grandir et à développer de nouveaux services et industries, qui attirent de nouveaux habitants. Les villages sont alors intégrés administrativement dans les villes, ce qui compte pour environ 20 à 25 % de la croissance urbaine.

D'autre part, les migrations intérieures restent faibles en Inde et concernent majoritairement des migrations de campagne à campagne. Le pays n'a pas connu d'exode rural massif. On estime ainsi que le solde migratoire entre villes et campagnes ne participe que pour environ 20 % à la croissance urbaine totale. C'est très peu comparé aux processus d'urbanisation observés dans le reste du monde au cours du XXe siècle. [...]

On peut penser qu'à ce rythme, le taux d'urbanisation n'aura pas passé les 50 % au milieu du siècle.

Joël Querci et Sébastien Oliveau, « Le système urbain indien : une construction ancienne en changement rapide », *Géoconfluences*, 2015.

7 ▶ Des zones rurales innovantes et intégrées à la mondialisation

[...] Un certain nombre de ces petites villes sont aussi des espaces dans lesquels innovations et dynamiques économiques mettent en évidence (ou rappellent) que la globalisation n'est pas le seul fait des réseaux entre grandes villes.

[...] Prenons ainsi l'exemple de Tiruchengode (Tamil Nadu)[1] où de nombreux habitants vivent grâce à l'industrie du forage, spécialité de la ville. En trois générations, les petites sociétés familiales sont passées de la fabrication de chars à bœufs aux plate-formes mobiles de forage qu'elles exportent depuis quelques années au Kenya, à Oman ou encore au Ghana.

Marie-Hélène Zerah (IRD), *Theconversation.com*, 8 mars 2018.

1. État du Sud de l'Inde (voir carte p. 199).

8 ▶ Développer un réseau de « smart villages »

Le ministère du Développement rural cherche à structurer le développement des campagnes indiennes. En 2018, il a organisé un concours pour récompenser les projets ruraux innovants.

mygov.in, 2018.

9 ▶ La pauvreté rurale dans l'Inde émergente : quelles perspectives ?

[…] Même dans le Gujarat, souvent présenté comme une vitrine de l'Inde en croissance […], il existe des espaces ruraux marqués par la pauvreté. Mais cette pauvreté n'est pas uniforme socialement ; elle est largement due à une inégale répartition de la terre et de l'eau […] tandis que les migrations vers la ville ne permettent pas autre chose que des revenus de survie, assurant à grand-peine le maintien du reste de la famille au village mais en aucune façon son enrichissement ou une quelconque capitalisation. […]

On ne voit alors que trois solutions pour les campagnes du Gujarat, et sans doute de l'Inde : la rémunération des services environnementaux produits par l'agriculture (biodiversité, éco-tourisme…) ; la diversification économique au profit d'activités non agricoles vraiment rémunératrices ; ou bien, […] la poursuite de véritables réformes agraires et d'un développement agricole fondé sur la petite exploitation […]. Autant de fenêtres, mais difficiles à ouvrir largement…

Extraits de Frédéric Landy, « Le grand écart spatial de l'Inde : introduction », *Echogéo* n° 32, 2015.

10 ▶ Une critique des politiques rurales du gouvernement

Ce dessin de Satish Acharya évoque le programme gouvernemental *Digital India* pour le développement du numérique, lancé en 2015.

Traduction : le Premier ministre Narendra Modi : « On te donnera des hectares dans *Farmville*[1], en échange de ta terre ».

1. *Farmville* est un jeu en ligne de gestion de fermes virtuelles.

Analyser et confronter les documents

Documents 5 et 6

1. Quelles transformations connaissent les campagnes indiennes ? À quel rythme ?

Documents 7 et 8

2. Montrez que les campagnes indiennes sont des territoires d'initiatives et d'innovations. Quels en sont les acteurs ?

Documents 9, 10, 11

3. Quelles sont les conséquences de ces évolutions récentes ? Quelles solutions pourraient être envisagées ?

▶ **CONCLURE**

Montrez qu'il existe diverses voies pour un développement rural en Inde, mais qu'elles restent difficiles à emprunter.

11 ▶ Développement urbain contre développement rural ?

Le 17 mai 2018, des centaines de paysans du Maharashtra protestent à Mumbai contre des projets de train à grande vitesse Mumbai-Ahmedabad et de voie rapide Mumbai-Nagpur qui traversent leurs terres.

Pour mettre en perspective à l'échelle mondiale

Les espaces ruraux se transforment et se diversifient.

▶ Comment évoluent les campagnes des pays des Suds ? → Cours 1 et 2 p. 206 et p. 208

▶ Comment les changements atténuent-ils ou aggravent-ils les problèmes ? → Cours 3 p. 210

ÉTUDE DE CAS

États-Unis, quel rôle joue l'agribusiness dans l'organisation des espaces ruraux ?

A L'agribusiness* est une agriculture d'exploitations intensives qui organisent les territoires ruraux états-uniens et qui cherchent en permanence à augmenter leur productivité et leurs bénéfices financiers.

B L'agribusiness représente seulement 13 % des exploitations, mais assure 85 % du revenu agricole national. Les fractures sociales s'aggravent dans les campagnes et de nombreux agriculteurs sont en grande difficulté.

A L'agriculture intensive structure les espaces ruraux

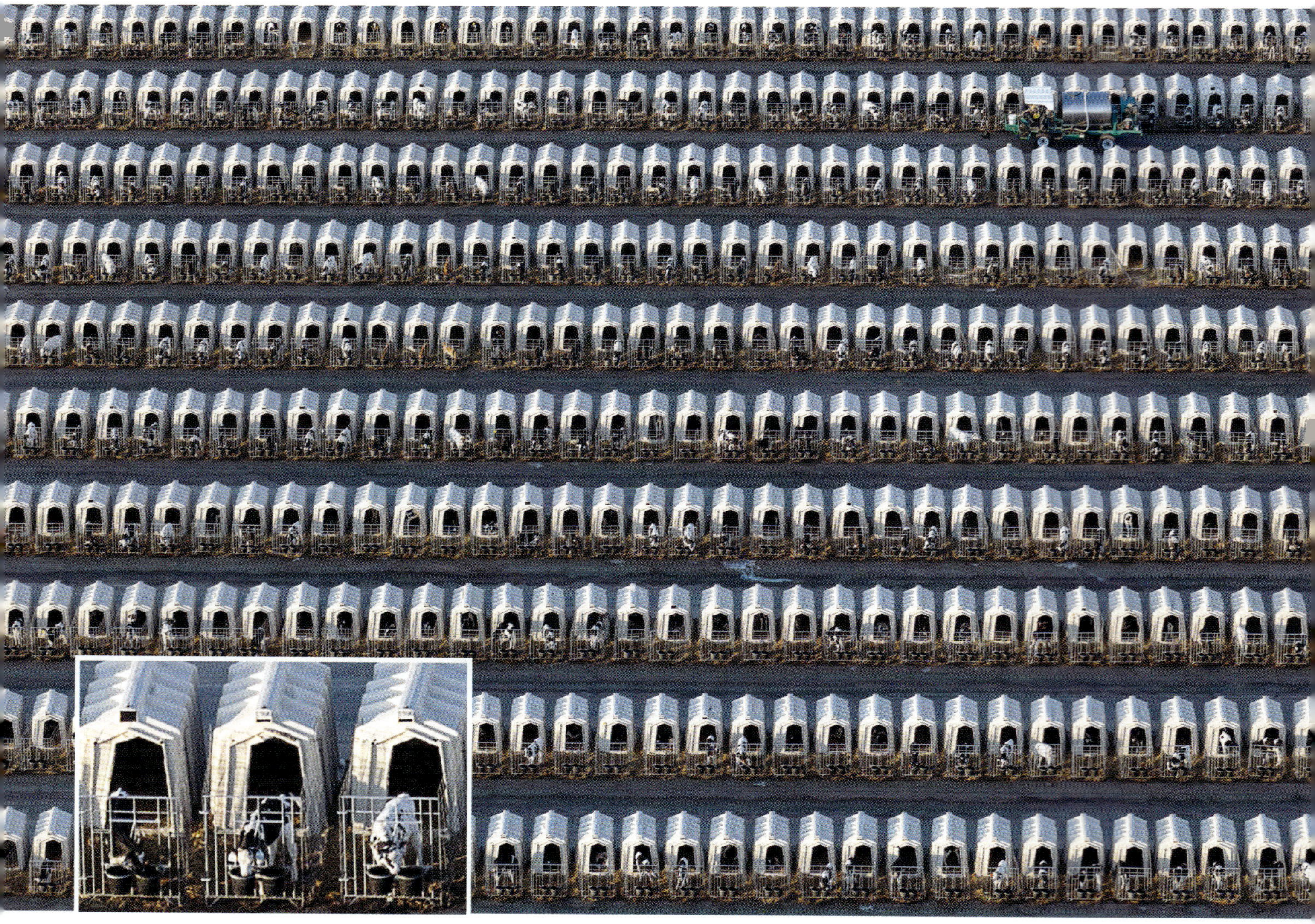

1 ▶ L'élevage intensif poussé à l'extrême : une ferme hors-sol dans le Wisconsin
La ferme *Milk* rassemble 26 000 vaches laitières de type Holstein, appréciées pour leurs très hauts rendements. Les veaux sont conçus par insémination artificielle et vivent dans ces 3 300 cabines de leur naissance jusqu'à l'âge de six mois. Pour optimiser la rentabilité, une approche scientifique de l'élevage est développée, grâce à des innovations technologiques (traitement du fumier, usine de biogaz, etc.).

2 ▶ La domination des très grandes exploitations agricoles

- 2,5 millions d'exploitations agricoles sur 3,7 millions de kilomètres carrés (soit 37 % de la superficie totale des États-Unis).
- Taille moyenne d'une exploitation : 179 hectares.
- Entre 2010 et 2017 : diminution de 4,6 % du nombre d'exploitations agricoles, et augmentation de 4,5 % de la superficie moyenne des exploitations agricoles.
- 13 % des exploitations assurent 85 % du revenu agricole national.
- 50 % des exploitations peinent à vivre de leurs activités agricoles.

Source : Ministère de l'agriculture états-unien (USDA – *United States Department of Agriculture*), 2017.

3 ▶ L'agribusiness et la spécialisation des régions agricoles aux États-Unis

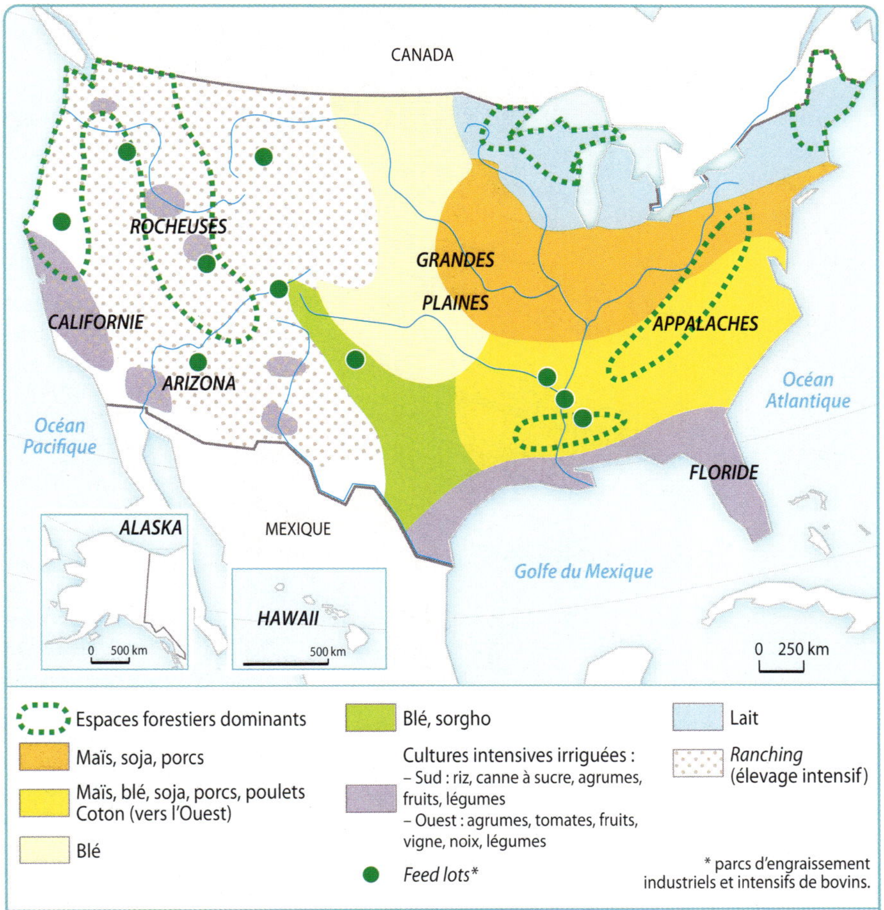

La domination de l'agribusiness aux États-Unis contribue à la spécialisation d'immenses régions autour de certaines productions agricoles : on parle alors de ceintures agricoles ou *belt* en anglais. Certaines sont caractérisées par de la monoculture, d'autres par une articulation de cultures.

4 ▶ L'agribusiness, moteur de la spécialisation et de l'intensification de l'agriculture états-unienne

L'agribusiness est une filière intégrée « de la ferme à la fourchette » : fourniture d'intrants agricoles, production et transformation de produits agricoles (végétaux comme animaux) et distribution aux consommateurs finaux. Elle représente 9,3 % de l'emploi et 4,7 % du PIB du pays.

Elle est caractérisée par une forte concentration : les cinq plus grandes firmes contrôlent plus de 40 % de chaque segment de la filière. L'agribusiness s'est largement financiarisée depuis trente ans, renforçant le rôle de la place boursière spécialisée de Chicago et le poids des investisseurs.

Les OGM peuvent être vus comme le symbole de cette intégration, car ils sont issus des recherches menées par les firmes de biotechnologie mondialisée, comme *Monsanto*, dont le siège se trouve à Saint-Louis. Ces dernières vendent les OGM aux agriculteurs, qui leur achètent ensuite des produits phytosanitaires adaptés (qu'elles produisent donc elles-mêmes) pour traiter leurs semences rendues stériles par la modification génétique. Alors que les OGM demandent plus d'eau que les variétés traditionnelles, ils représentent pourtant 90 % des principales graines aux États-Unis.

Christian Montès, Pascale Nédélec, *Atlas des États-Unis. Un colosse aux pieds d'argile*, © éd. Autrement, 2016.

Analyser et confronter les documents

Documents 1, 3 et 4

1. Définissez ce qu'est une agriculture intensive.

Documents 2 et 3

2. Décrivez l'organisation des espaces agricoles aux États-Unis et leurs évolutions.

Documents 1, 2 et 4

3. Expliquez comment l'agribusiness favorise la formation de très grandes exploitations agricoles.

▶ **CONCLURE**

Montrez comment l'agriculture intensive organise et structure les espaces ruraux aux États-Unis.

B Une fragmentation sociale de plus en plus forte du monde rural

5 ▶ Des petits paysans privés d'accès à l'eau

Dessin de Chris Madden, 2011.

L'irrigation à grande échelle pratiquée par les grandes exploitations agricoles, liées à l'agribusiness, prive les petits producteurs d'un accès à l'eau, pourtant vital au développement de leurs cultures.

Traduction : « Multinationale agricole : ne pas entrer ».

6 ▶ Des agriculteurs en grande difficulté socio-économique

Dégringolade de leurs revenus, incertitudes causées par la politique commerciale de Washington : le stress s'aggrave pour les agriculteurs américains, incitant des organisations à monter au créneau pour dénoncer les risques de suicide, élevés dans cette profession. [...] Les agriculteurs sont particulièrement vulnérables : les suicides sont cinq fois plus élevés que la moyenne, selon le Centre de contrôle et de prévention des maladies (CDC). [...]

La situation économique des agriculteurs s'est aussi détériorée : après avoir baissé d'environ 50 % depuis 2013, leur revenu devrait atteindre cette année son plus bas niveau depuis 2006. Un facteur qui s'ajoute à toutes les sources habituelles de stress : forte volatilité des prix sur les marchés, météo imprévisible, isolement croissant dans des zones rurales qui se dépeuplent, lourds emprunts à rembourser. Le CDC met aussi en avant « l'exposition chronique des agriculteurs aux pesticides » qui « peut affecter le système neurologique et contribuer à des symptômes dépressifs. »

« USA : crainte d'une recrudescence des suicides chez les agriculteurs », *Le Figaro.fr*, 10 juin 2018.

7 ▶ « Mort à la ferme »

Couverture du magazine *Newsweek*, 18 avril 2014.

Traduction : « Mort à la ferme. Les agriculteurs sont une espèce en voie de disparition en raison de taux de suicides record. »

Analyser et confronter les documents

Document 5

1. Que cherche à dénoncer le dessin ? Pourquoi les petits paysans n'ont-ils pas le même pouvoir que les grandes exploitations intensives ?

Documents 5, 6 et 7

2. À quels défis doivent faire face les agriculteurs états-uniens ? Sont-ils tous exposés de la même manière ?

▶ CONCLURE

Montrez comment le développement de l'agriculture intensive a provoqué une fragmentation sociale et économique entre petits et grands exploitants agricoles.

Pour mettre en perspective à l'échelle mondiale

L'agribusiness façonne les espaces ruraux et accroît les inégalités entre les agriculteurs.

▶ Comment l'agriculture structure-t-elle les espaces ruraux ? → Cours 1 p. 206
▶ Quelles sont les différentes formes de fragmentation des espaces ruraux ? → Cours 3 p. 210

Vidéo
Arizona, les fermes de la démesure
France 2, 3'40", 26 février 2018.
www.lienmini.fr/geo1-28

Reportage

L'élevage intensif aux États-Unis : le règne de l'agribusiness

L'immensité des terres disponibles aux États-Unis permet le développement d'exploitations agricoles géantes qui façonnent les espaces ruraux. Elles peuvent combiner l'élevage et la production de fourrage pour nourrir les bêtes, voire l'autosuffisance énergétique grâce aux déchets agricoles.

À propos du reportage

- À Casa Grande, en Arizona, cet élevage intensif de 3 600 vaches et de 660 hectares est optimisé et rationalisé pour obtenir les meilleurs rendements de lait possibles.
- La traite est automatisée et les déchets issus des animaux sont réutilisés pour fournir de l'énergie à l'exploitation.
- Parallèlement, l'exploitation essaie de garantir le bien-être des animaux et de réduire au maximum le recours aux produits pharmaceutiques.

Décrypter la vidéo

Réfléchir à la présentation et à l'organisation de la vidéo

1 Présentez la vidéo.
2 Comment est-elle construite ? Identifiez les différentes séquences.

Comprendre la vidéo

3 Quelles sont les différentes activités présentes dans cette exploitation agricole ?
4 Quels sont les moyens et techniques mis en œuvre pour optimiser les rendements ?
5 Comment le bien-être des animaux est-il pris en compte ? Quelles peuvent en être les motivations ?

Conclure

Comment la ferme organise-t-elle l'espace rural dans cet État majoritairement désertique de l'Arizona ?

Fiche d'étude vidéo imprimable
www.lienmini.fr/geo1-29

Cours 1

Le monde est encore rural et agricole

CHIFFRES

Emplois dans l'agriculture

Part moyenne des emplois dans l'agriculture *(en %)*

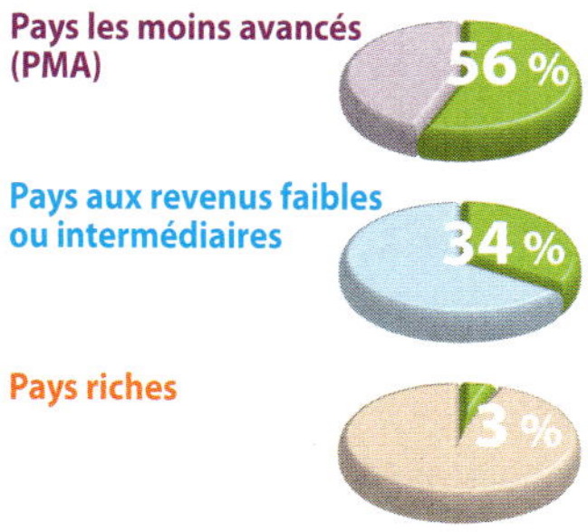

A. Les espaces ruraux n'ont jamais été aussi peuplés

- **En valeur relative, la part de la population rurale diminue au profit de la population urbaine:** 84 % en 1900, **45 % en 2018**. En valeur absolue, le nombre de ruraux augmente depuis 1950 **(3,4 milliards de personnes en 2018)**.
- **92 % de la population rurale se concentre dans les pays à revenu faible et intermédiaire. Les campagnes de l'Afrique subsaharienne** (avec près de 600 millions de campagnards) et surtout l'**Asie** (avec 2,2 milliards) n'ont jamais été aussi peuplées. **Ces populations rurales continuent d'augmenter** grâce à une natalité élevée, mais aussi par arrivées migratoires depuis les villes où les ressources manquent. Par contre, **celles des pays développés continuent de décroître** [doc. 2]. → Carte enjeux 1 p. 196
- **Le taux de population rurale varie considérablement d'un État à l'autre;** d'une manière générale, plus un pays est pauvre, plus sa population rurale demeure importante (80 % au Niger). Les ruraux représentent encore plus de **50 % de la population des pays des Suds** contre **19 % en Amérique du Nord (27 % en Europe).** → Étude de cas p. 198

NOTION

Agriculture, activité structurante

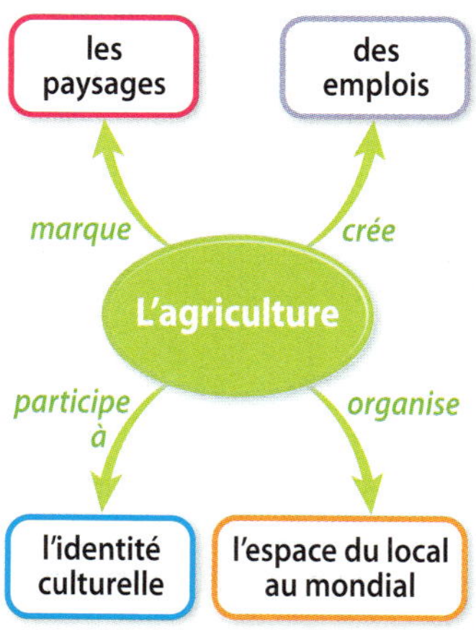

B. Des liens étroits entre villes et campagnes

- **Dans un monde où les citadins sont devenus majoritaires, les liens entre les mondes rural et urbain sont de plus en plus étroits.** Les campagnes constituent toujours une source d'approvisionnement de produits agricoles pour les villes qui fournissent emplois, services et encadrement aux campagnes. Ces dernières sont aussi des **réservoirs d'espace pour la ville**; habitats et activités s'y éparpillent, des citadins viennent y résider car le prix des terrains est moins élevé et le cadre de vie jugé plus agréable au prix de navettes domicile-travail quotidiennes.
- **Les réseaux de transports permettent de repousser très loin cette périurbanisation.** Les limites villes-campagnes deviennent floues; les territoires ruraux sont remodelés par de multiples acteurs qui, parfois, entrent en concurrence sur l'utilisation des sols ruraux, voire en conflits. Les agriculteurs doivent parfois se replier dans des secteurs de plus en plus éloignés des villes.

C. L'agriculture demeure structurante dans les campagnes

- **L'agriculture reste l'activité structurante des espaces ruraux; elle met en valeur environ un tiers des terres émergées** (un peu moins de 5 milliards d'hectares, sur près de 15 milliards) et marque des paysages dont les aménagements (parcellaire, habitat, chemins) s'inscrivent dans le temps long (rizières irriguées, bocages, champs ouverts, terrasses de cultures…) [doc. 1]. Si les défrichements continuent dans les Suds, leur progression est lente, tandis que des pertes de terres agricoles s'expliquent par des étalements urbains.
- **29 % des emplois de la planète relèvent encore des métiers de la terre et de l'élevage,** même si, avec les progrès de la mécanisation et l'agrandissement des exploitations dans les pays des Nords, la part des agriculteurs a fortement diminué au sein des populations rurales. → Cartes enjeux p. 197
- **L'agriculture offre des services multiples:** productions alimentaires et non alimentaires (agro-carburants, coton), contribution aux emplois ruraux, gestion de l'environnement et de la biodiversité*, participation à l'identité culturelle et à l'organisation de l'espace du local au mondial.

Définition

Périurbanisation

Urbanisation diffuse d'un espace rural situé à proximité d'une ville, mais sans continuité du bâti avec celle-ci.

* Lexique p. 298

1 ▶ Paysage de rizières à Bali, en Indonésie.
Ce paysage rural, façonné depuis des siècles pour nourrir les très fortes densités de population, est emblématique de l'Asie tropicale.

2 ▶ Les dynamiques démographiques des espaces ruraux

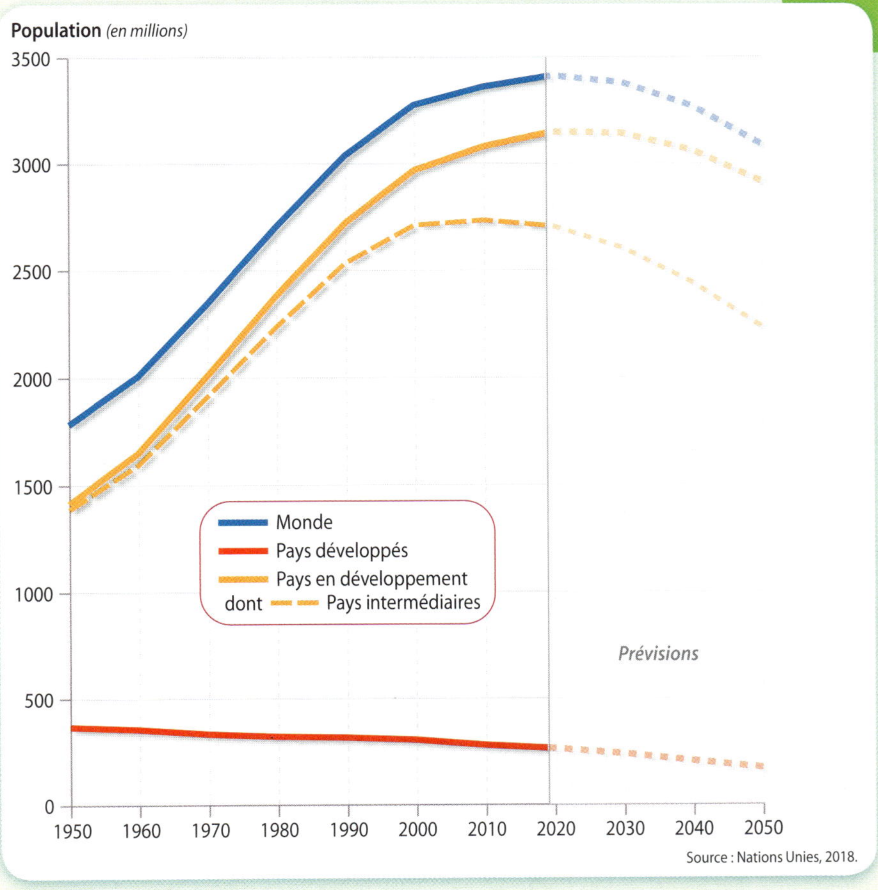

Source : Nations Unies, 2018.

Doc bac

Analyse d'un graphique

Lire le graphique

1. Décrivez l'évolution de la population rurale mondiale ainsi que celle des trois sous-ensembles. À quelle date note-t-on une inversion dans les courbes ?
2. Quelles différences peut-on relever dans les dynamiques démographiques de chacun des trois sous-ensembles ?
3. Comment s'expliquent-elles ?

Comprendre le graphique

4. Quelles sont les conséquences de ces différentes dynamiques sur les espaces ruraux ?

Cours 2

La « renaissance rurale » et ses limites

CHIFFRES

Évolution de la population rurale entre 2005 et 2015
(en %, par an)

- **Monde : + 0,2**
- **Pays développés : – 0,6**
- **Pays en développement : + 0,3**
  - Pays les moins avancés : + 1,8
  - Pays émergents : – 0,3

NOTION

Renaissance rurale

Arrivée de nouvelles populations
↓
Diversification de la société
↓
Création d'emplois et de services
↓
Entretien de l'espace

A. Une nouvelle attractivité des espaces ruraux

- **L'évolution du nombre total de ruraux est très variable dans le monde.** Même si **l'exode rural*** se poursuit aux Suds, un mouvement contraire se déploie depuis les années 1970-1980 dans les pays des Nords. La **« renaissance rurale »** débute avec des arrivées de nouvelles populations à la campagne et donc des soldes migratoires positifs.
- **Ces migrations peuvent s'expliquer par « l'urbanisation des campagnes »** en raison d'une périurbanisation de plus en plus lointaine et diffuse. Dans le même temps, les migrations concernent aussi des campagnes plus éloignées qui attirent grâce à leur image positive (qualité de vie, terrains et habitat moins coûteux).
- **La fonction première des campagnes des pays développés devient résidentielle.** Celle-ci ne cesse de se renforcer dans les pays des Nords et elle se développe à partir des années 2000 dans les Suds (notamment dans les pays émergents).

B. Des conséquences sur l'habitat et les paysages

- **Le renouvellement des populations dans les campagnes est à l'origine d'une nouvelle économie résidentielle.** Elle crée des besoins et induit la création de services et d'emplois.
- **L'espace agricole et semi-naturel est grignoté par des constructions modernes** (maisons individuelles ou lotissements, zones commerciales ou industrielles) et des infrastructures (transports, réseaux d'eau et d'assainissement), même si les paysages ruraux conservent des spécificités (espaces ouverts et végétalisés).
- **Ces mutations conduisent à une grande diversification des populations et de leurs habitats dans l'espace rural :** ouvriers, artisans et commerçants, employés et cadres, retraités… Les modes d'habiter des sociétés rurales (lieux de vie, pratiques quotidiennes) sont de plus en plus marqués par l'urbain [doc. 4]. Les emplois agricoles sont en baisse, même si ce recul est moins marqué dans les pays en développement.

C. Une diversification des campagnes

- **Les espaces ruraux sont désormais très variés : les campagnes proches des villes, dynamisées par leur proximité avec les centres urbains,** s'opposent aux espaces ruraux plus éloignés. Ces espaces ruraux en marge se dissocient entre territoires bien vivants grâce aux activités agricoles, industrielles, voire touristiques, et ceux en cours d'abandon, à la population vieillissante.
- **Dans les pays en développement ou émergents, les trajectoires sont multiples.** En Asie de l'Est et du Sud, des **espaces hybrides se constituent,** mêlant peuplement dense et fonctions rurales diversifiées (agriculture, petite industrie, résidences périurbaines) [doc. 4]. **En Afrique et en Amérique latine, les « vides » ruraux côtoient les « pleins »** que l'on quitte pour défricher de nouvelles terres ou rejoindre les périphéries urbaines.
- **Les campagnes européennes, nord-américaines ou japonaises sont peu peuplées.** Depuis le fort exode rural des XIXe et XXe siècles et la fin de la transition démographique*, leur peuplement est lâche ; mais certaines connaissent un phénomène de « rebond » lié à la « renaissance rurale » [doc. 3].

Définition

Économie résidentielle

Activités et emplois destinés à satisfaire les besoins des populations résidentes sur un territoire.

* Lexique p. 298

3 ▶ Attractivité des espaces ruraux du Massachussetts (Nouvelle-Angleterre, États-Unis)

4 ▶ Une nouvelle ruralité dans les pays des Suds

Bien souvent, les campagnes les plus prospères sont les mieux reliées aux centres urbains et sont situées dans les régions les plus urbanisées. La multiplication des échanges entraîne une « urbanisation » des campagnes qui se voit dans le changement des mentalités et dans les paysages ; c'est le cas dans l'habitat en Afrique subsaharienne avec l'évolution des matériaux (murs en ciment, toits en tôle) et des formes des bâtiments ou dans les vêtements (maillots à l'effigie des stars du football portés par les garçons…).

La multiplication des échanges, l'urbanisation des espaces ruraux, la dilatation des villes et parfois même une certaine ruralisation amènent à analyser les relations villes-campagnes moins en termes de coupures spatiales ou fonctionnelles qu'en termes de continuum des sociétés, des espaces et des territoires.

De même, les phénomènes de migrations pendulaires, de déplacements des entreprises autour des métropoles comme Mexico, le Caire et autour de beaucoup de grandes villes d'Asie du Sud-Est, entraînent la construction d'espaces intermédiaires ni totalement ruraux ni franchement urbains, dont les *desakota*[1] en Asie du Sud-Est fournissent un bon exemple.

D'après Jean-Louis Chaléard, Thierry Sanjuan, *Géographie du développement. Territoires et mondialisation dans les Suds*, © éd. Armand Colin, 2017.

1. *desakota* : formes de peuplement propre à l'Asie qui ont pour caractéristiques une mixité des activités agricoles et non-agricoles et une forte mobilité des populations.

Doc bac

Analyse d'une photographie

Identifier la photographie

1. Dans quelle partie des États-Unis se situe cette région ?
2. Décrivez la photographie (paysages, peuplement, ambiance générale).
3. Quels peuvent être les facteurs d'attractivité des espaces ruraux de cette région ?

Comprendre la photographie

4. À quel type d'espaces ruraux correspondent ceux présentés par la photographie ?

Cours 3

Des espaces ruraux fragmentés

A. Une fragmentation sociale et économique

- **Des oppositions anciennes entre micros paysans et très grands propriétaires ont toujours existé, mais la « renaissance rurale »** et la diversification des emplois génèrent un **renforcement des contrastes sociaux et la fragmentation des espaces ruraux**.
- **Les espaces périurbains** sont habités à la fois par **des classes moyennes et populaires** et par **des minorités aisées** qui se sont installées depuis les années 1980 dans des périphéries rurales « embourgeoisées ». Parallèlement, **les campagnes plus éloignées** sont **marquées** par la **pauvreté des agriculteurs, retraités ou nouveaux arrivants,** ainsi que par une **gentrification** liée à l'installation de résidences secondaires pour riches citadins. → Photographie p. 190
- **Les contrastes se creusent aussi au sein des activités économiques** qui peuvent être prospères et innovantes (petites industries, tourisme, certaines filières agricoles) ou en crise, notamment du fait de l'ouverture de ces espaces à la concurrence mondiale. → Études de cas p. 198 et p. 202

B. Une fragmentation des mondes agricoles

- **De très grandes entreprises capitalistes,** gérant des dizaines voire des milliers d'hectares, **voisinent avec une agriculture familiale** et des **exploitations de subsistance**. Les grandes firmes agroalimentaires dominent une production et une commercialisation de plus en plus mondialisées.
- **L'agriculture de firme,** historiquement présente dans le monde tropical sous la forme de **plantations spécialisées*** (café, cacao, sucre, bananes, palmiers à huile…) **[doc. 5]** se consolide en **bassins de production*** autour de certaines spéculations (céréales, arboriculture, viticulture, *ranching**). Cet **agribusiness** mondialisé, caractéristique de l'Amérique du Nord, se généralise à tous les continents et se combine avec des petites et moyennes exploitations familiales. → Étude de cas p. 202
- **Les agricultures familiales qui réalisent 60 % de la production mondiale** regroupent des systèmes peu productifs, mais qui peuvent être soit extensifs (cultures pluviales*, élevage), soit intensifs, grâce à la mobilisation d'une main-d'œuvre importante (riziculture, oasis). Elles peuvent aussi être innovantes et adaptées aux contraintes (aléas climatiques…). → Étude de cas p. 198

C. La fragmentation territoriale dans les pays des Suds

- **La place croissante de la grande agriculture capitaliste marginalise la petite agriculture familiale** qui, pourtant, représente encore la majorité des actifs dans les pays pauvres. La mise en concurrence des différentes agricultures sur les mêmes marchés, les choix défendus par l'Organisation mondiale du commerce* (OMC) et les grands pays exportateurs conduisent à des inégalités accrues **[doc. 6]**.
- **Le mouvement récent d'accaparement des terres (*land grabbing**)** par achat ou location par des étrangers, accentue ce déséquilibre car les terres sont alors cultivées à des fins non-alimentaires (agro-carburants, coton, fleurs…) pour l'exportation. → Dossier p. 212
- **Des politiques favorables aux exportations agricoles creusent les inégalités.** Toutefois, autour des villes, des petites exploitations maraîchères, fruitières ou d'élevage s'organisent pour alimenter la famille et commercialiser une partie de leur production. Ce système du **« vivrier-marchand* »**, forme d'agriculture périurbaine, permet d'amortir les crises.

CHIFFRES

Agriculture familiale

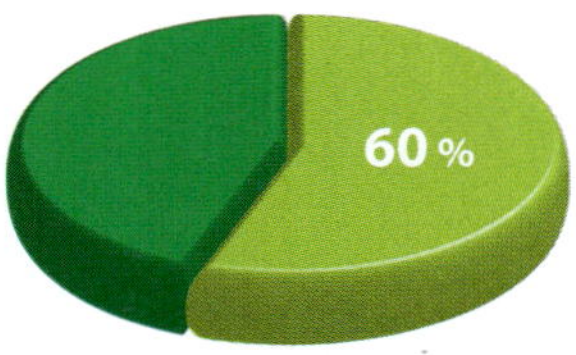

Agriculture familiale = 60 % de la production agricole mondiale

NOTION

Fragmentation des espaces ruraux

Définition

Agri ou Agrobusiness

Économie agricole tournée vers la rentabilité commerciale et insérée dans des filières de production, de transformation et de commercialisation des produits.

* Lexique p. 298

5 ▶ L'agribusiness mondialisé : plantation de palmiers à huile en Malaisie
Dans l'État de Tarengganu, sur la côte orientale de la Malaisie, des sociétés agro-industrielles à capitaux nationaux ou étrangers disposent de fortes capacités d'investissement qui permettent la mise en valeur de vastes espaces après déforestation.

6 ▶ Quel rôle pour l'Organisation mondiale du commerce (OMC) ?

Dessin de Samson, 2009.

Doc bac

Analyse d'un dessin de presse

Identifier le dessin

1. Décrivez le dessin de presse : quels sont les acteurs mis en scène ? Comment sont-ils représentés ? Comment sont évoqués leurs rapports ?
2. Expliquez les termes : « *Export Agro business* », « Et que le meilleur gagne ! ».
3. Que suggère le dessin sur le rôle et l'attitude de l'Organisation mondiale du commerce (OMC) ?

Comprendre le dessin

4. Ce dessin rend-il compte de la situation de tous les agriculteurs des pays des Suds ?

DOSSIER

POUR APPROFONDIR

LE LAND GRABBING, quels effets pour les pays des Suds ?

- L'accaparement des terres* (*land grabbing*) par vente ou location à des firmes étrangères a été multiplié par 8 en surface dans le monde, de 2006 à 2016.
- En 2019, 50 millions d'hectares sont sous contrats et 30 sont en cours de négociations, principalement aux Suds. Près de la moitié concernent des cultures non alimentaires, agro-carburants et fibres textiles.

Le *land grabbing* : bonne ou mauvaise piste pour le développement agricole et rural ?

1 ▶ Manifestation des populations locales contre le *land grabbing* en Papouasie-Nouvelle-Guinée

Via des contrats de location souvent à long terme (60 ans), plus d'un tiers des terres du pays sont aux mains de grandes firmes. Celles-ci pratiquent une agriculture commerciale (comme l'huile de palme) ou l'exploitation forestière, entraînant la dépossession foncière des populations locales, la destruction des forêts et l'accélération de l'érosion.

Traduction des pancartes : « Nous, propriétaires des terres indigènes de Mu (village du district de Pomio, province de Nouvelle-Bretagne orientale), invitons Greenpeace » ; « La terre est notre mère, la forêt est notre marché, la mer est notre congélateur » ; « Stop à la corruption, aux affaires et à la fraude ».

2 ▶ L'appropriation de terres à l'étranger dans le monde

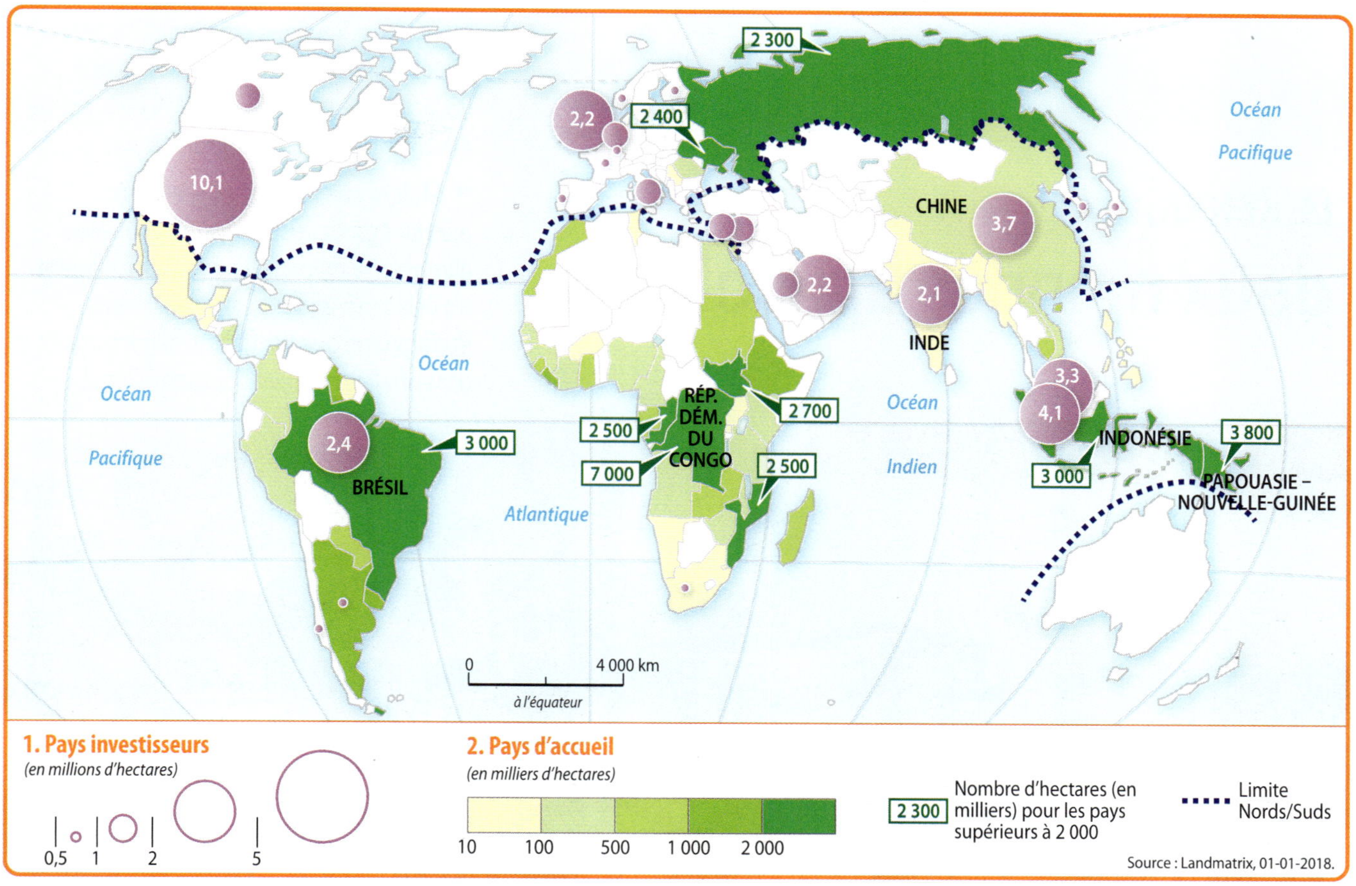

3 ▶ Promouvoir des investissements agricoles responsables, le cas du Congo

L'engouement des investisseurs étrangers pour les terres agricoles africaines a suscité des critiques liées notamment aux spoliations de communautés paysannes. Au Congo, comme dans plusieurs autres pays, les résultats agricoles mitigés remettent en question ces modèles de type agrobusiness promus par les organisations internationales : on n'observe pas d'amélioration de la sécurité alimentaire dans les pays concernés.

Malgré (ou à cause de) leur faible besoin en main-d'œuvre, ces entreprises agro-industrielles, originaires d'Espagne, du Brésil ou d'Afrique du Sud, ne réussissent pas à s'implanter durablement. Les responsables politiques locaux soutiennent l'agro-industrie (élevage, huile de palme, cacao) basée sur le capital, la technique et le salariat tandis que le monde paysan, affaibli par les récentes guerres de milices, demeure sans équipement, avec une jeunesse sans formation agricole.

Les politiques publiques devraient au contraire opter davantage pour l'intégration de l'agriculture familiale dans les politiques de développement agricole, en visant à promouvoir des « investissements responsables » et en conditionnant l'octroi de subventions aux investisseurs étrangers à la participation des agriculteurs locaux aux projets.

Mélanie Favrot, Elisabeth Dorier, « Les politiques agricoles face au paradigme du sous-peuplement en République du Congo », *Espace populations sociétés*, n° 3, 2018.

Prolonger le cours

Documents 1 et 3

1. Qu'est-ce que le *land grabbing* ? Pour quels types de cultures ?
2. Quelles sont les conséquences du *land grabbing* sur les populations locales et l'environnement ?

Document 2

3. De quels pays sont originaires les principaux investisseurs dans des terres à l'étranger ? Quels pays accueillent le plus ces investissements ?

Document 3

4. En quoi les politiques agricoles d'investissements étrangers ont-elles échoué au Congo ? Quelles orientations le texte suggère-t-il ?

SYNTHÈSE

Expliquez les effets négatifs du *land grabbing* pour une dynamique de développement durable des campagnes des pays des Suds.

DOSSIER

POUR APPROFONDIR

LE KENYA, deux mondes agricoles ?

- Base de l'économie nationale, l'agriculture kenyane emploie 75 % de la population active en 2016, contribue à 36 % du PIB et représente plus de la moitié des exportations du pays en valeur.
- Malgré son importance, elle ne parvient pas à assurer l'autosuffisance alimentaire du pays. L'agriculture vivrière n'a ni les mêmes moyens ni le même dynamisme que les filières exportatrices essentielles au développement local.

Une agriculture à deux vitesses ?

1 ▶ Production de roses au Kenya destinée à l'exportation
Le Kenya fournit un tiers des fleurs du marché européen et en tire 600 millions de dollars par an, presqu'autant que le tourisme (820 millions). Concentrée autour du lac Naivasha, bien connectée à l'aéroport de Nairobi, la production de fleurs a favorisé le développement de filières amont pour les intrants et aval pour la commercialisation.

Vidéo

Reportage

L'industrie de la rose au Kenya
Geo, 2'13'', 1er décembre 2016.
www.lienmini.fr/geo1-30

Fiche d'étude vidéo imprimable
www.lienmini.fr/geo1-31

2 ▶ Un secteur horticole florissant

Stimulée par la demande européenne, par la libéralisation de l'économie kényane et par la consommation nationale, la production horticole intensive (légumes, fruits, fleurs et plantes aromatiques et médicinales) a crû à un rythme de 15 à 20 % par an au cours de la décennie 2000. L'horticulture occupe aujourd'hui 600 000 hectares (12 % des terres cultivées) et fournit 8 millions d'emplois directs et indirects.

La filière des fleurs coupées (roses principalement) est un exemple réussi d'insertion du Kenya dans la mondialisation. Les entreprises floricoles sont soit des unités délocalisées des Pays-Bas à la recherche de coûts de production moins élevés, soit des domaines détenus par des investisseurs transnationaux ou kényans.

Alain Dubresson, Géraud Magrin, Olivier Ninot, *Atlas de l'Afrique*, © éd. Autrement, 2018.

3 ▶ Les grandes zones de productions au Kenya

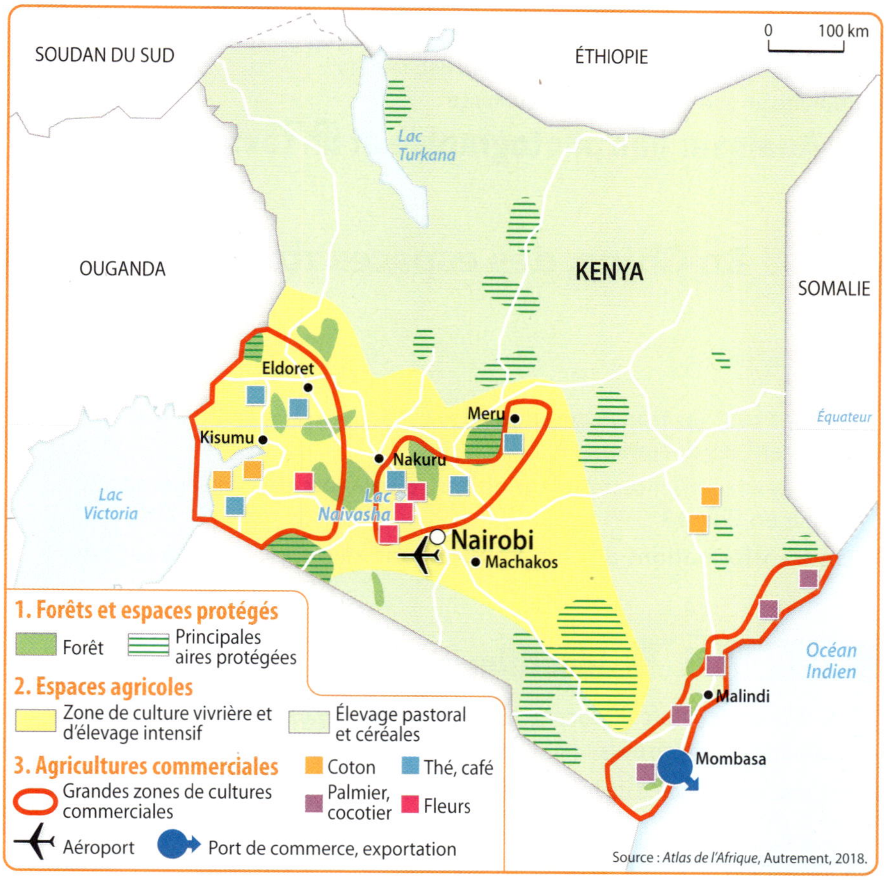

Source : *Atlas de l'Afrique*, Autrement, 2018.

4 ▶ Agriculture vivrière au Kenya

L'agriculture vivrière extensive (maïs, riz, sorgho, pomme de terre, manioc…) peine à nourrir la population locale. Elle repose sur le modèle familial et l'augmentation des surfaces cultivées ; cependant, ses rendements sont faibles, ils n'ont augmenté que de 1,2 % depuis 2000.

Prolonger le cours

Documents 1, 3, 4 et vidéo

1. Quels sont les deux grands types d'agriculture qui se côtoient au Kenya ? Relevez leurs principales caractéristiques.

Documents 2 et 3

2. Quelles sont les grandes productions agricoles du Kenya ? Dans quelles régions l'agriculture commerciale se concentre-t-elle ?

Documents 1, 2 et vidéo

3. Comment s'explique le dynamisme du secteur horticole ?

SYNTHÈSE

En vous appuyant sur l'exemple du Kenya et les cours p. 206 à 211, montrez que l'agriculture kenyane reflète la situation des agricultures de l'Afrique subsaharienne.

S'ENTRAÎNER AU BAC 19

Méthode BAC : p. 12-13

➘ **Analyse de documents**

CAPACITÉS

- Savoir lire, comprendre et critiquer des documents
- Produire un écrit construit et argumenté

➘ Analyser une photographie et un texte

Sujet En Chine, des espaces ruraux multifonctionnels et fragmentés

Questions

1. Quelles sont les transformations des espaces ruraux chinois que montrent les documents ?
2. Comment se manifestent la multifonctionnalité et la fragmentation rurale en Chine ?
3. Les transformations de l'espace rural sont-elles spécifiques à la Chine ?

Conseils

- Lisez attentivement le sujet.
- Définissez « multifonctionnel » et « fragmentation rurale ».
  → *Utilisez le* ***lexique*** *p. 298.*

ÉTAPE 1 Identifier les documents

1. Quelle est la nature du document 1 ? Quel pays est concerné ?
   Localisez la région de la photographie par rapport aux régions littorales de la Chine. → *Utilisez les* ***repères spatiaux*** *p. 276.*
2. Quelle est la source du texte 2 ? Quel thème illustre-t-il ?

ÉTAPE 2 Analyser les documents

3. Décrivez la photographie :
   – qu'est-ce qui montre l'urbanisation galopante de la Chine ?
   – à quel type d'espace rural décrit par le texte la photographie correspond-elle ?
4. À l'aide de la phrase soulignée, notez comment l'auteur classe les espaces ruraux.
   Combien de types d'espaces ruraux distingue-t-il ?
5. Quels espaces ruraux sont transformés par la ville ?
6. Le texte montre-t-il l'accroissement des usages ? L'augmentation des contrastes sociaux ?
   Justifiez le titre du texte.

ÉTAPE 3 Exercer un regard critique sur les documents

7. Le texte situe-t-il le processus de multifonctionnalité et de fragmentation rurale en Chine par rapport à ce qui se produit dans d'autres pays du monde ? → *Utilisez le* ***cours 3*** *p. 210.*

Rédiger la réponse au sujet

Introduction *La photographie et le texte fournissent un éclairage sur la recomposition des espaces ruraux en Chine.*

1er paragraphe *L'espace rural en Chine subit de fortes transformations. L'intense urbanisation, les besoins des populations urbaines (produits agricoles, loisirs...), recomposent le tissu rural et l'agriculture.*
→ *Utilisez les* ***études de cas*** *p. 224 et 228.*

2e paragraphe *Plusieurs types d'espaces ruraux se juxtaposent en auréoles par rapport à la ville. La fragmentation de l'espace se traduit aussi par des écarts sociaux.*
→ *Donnez des exemples en vous appuyant sur le texte.*

Regard critique *On retrouve cette fragmentation rurale dans la majorité des espaces ruraux, notamment dans les pays des Suds.* → *Donnez des exemples en utilisant les* ***chapitres 7 et 8****.*

Conclusion *À l'exemple de la Chine, dans le monde, les espaces ruraux sont à la fois multifonctionnels et fragmentés.*

Doc. 1 ▶ Une urbanisation galopante aux dépens des terres agricoles en Chine
La province du Henan, dans la vallée du fleuve Yangzi, est une riche région agricole peuplée de près de 100 millions d'habitants.

Doc. 2 ▶ Les dynamiques des territoires ruraux chinois

En Chine, plusieurs types d'espaces ruraux peuvent être identifiés en fonction de leur articulation aux pôles urbains.

Les anciennes campagnes périurbaines, gagnées par l'industrialisation, les équipements urbains, et de plus en plus les opérations immobilières et les espaces de loisirs, sont absorbés par la ville.

Les périphéries agricoles ayant orienté leur production en fonction des marchés urbains (volailles, légumes, fruits, fleurs) sont chassées toujours plus loin par l'extension urbaine.

Les espaces ruraux industrialisés pleinement intégrés à l'économie urbaine et aux marchés locaux, nationaux, voire internationaux, voient se multiplier les noyaux urbains et les infrastructures de production industrielles ou de transport indispensables au développement économique.

Les campagnes à la marge, alimentant en hommes les pôles de dynamisme économique, maintiennent plus aisément des productions agricoles de base; elles peinent à diversifier leur orientation économique à cause d'une faible liaison avec les grandes villes et l'économie de marché.

Les espaces ruraux éloignés, enclavés, mal reliés à la ville comme au marché, sont des espaces répulsifs et pauvres.

Thierry Sanjuan, *Atlas de la Chine*, © éd. Autrement, 2018.

Conseils

- Au brouillon, classez dans un tableau les caractéristiques de chacun des espaces ruraux.
- Relevez leur position par rapport au centre urbain.
- Notez que les espaces agricoles ne sont pas tous éloignés de la ville.

S'ENTRAÎNER AU BAC 20

Méthode BAC : p. 17-18

Question problématisée

CAPACITÉS

- Utiliser une approche géographique pour construire un argumentaire
- Produire un écrit construit et argumenté

Sujet Les espaces ruraux : diversité et fragmentation ?

ÉTAPE 1 Comprendre le sujet et rédiger la problématique

1. Lisez le sujet et réfléchissez aux mots clés :

Les espaces ruraux : diversité et fragmentation ?

Que faut-il comprendre par «diversité» des espaces ruraux ?

Vous devez réfléchir à la séparation des usages, et à l'accentuation des contrastes sociaux.

2. À l'aide des réponses aux questions suivantes, définissez et reformulez la problématique du sujet :
   - quelle est la place des espaces ruraux dans le monde ?
   - comment ont-ils évolué ?
   - quelles sont les conséquences de la diversification du monde rural ?

ÉTAPE 2 Mobiliser ses connaissances et organiser le plan

3. Reproduisez le **tableau** ; complétez-le en listant les informations qui répondent aux **trois questions** posées :

Quelles sont la place et l'évolution des espaces ruraux dans le monde ?	*L'espace rural est-il en marge ou attractif ?*	*Pourquoi peut-on parler de fragmentation des espaces ruraux ?*
....	....	....
→ *Utilisez le **cours** p. 206, les **études de cas** p. 198 et 202, le **dossier** p. 212.*	→ *Utilisez le **cours** p. 208, les **étude de cas** p. 198 et 224.*	→ *Utilisez le **cours** p. 210, les **études de cas** p. 198 et 228, les **dossiers** p. 212 et 214.*

4. Regroupez, dans le **tableau**, les informations sélectionnées dans chacune des parties et chacun des paragraphes de la réponse.

1re partie *Un monde rural et agricole*	2e partie *Une recomposition des campagnes*	3e partie *Des espaces ruraux fragmentés*
1er paragraphe *Dans le monde, des espaces ruraux encore importants :*	1er paragraphe *Des espaces ruraux devenus très attractifs*	1er paragraphe *Des espaces ruraux fragmentés :* .... - socialement : .... - économiquement : ....
2e paragraphe *Régions métropolitaines* .... Exemples : *Des liens entre villes et campagnes*	2e paragraphe *Une diversification des campagnes* .... Exemples :	2e paragraphe *Une fragmentation forte dans les espaces ruraux des pays des Suds.* ....

ÉTAPE 3 Rédiger la réponse au sujet à l'aide des pistes suivantes

Introduction

Présentation du sujet : *Les espaces ruraux occupent une place importante dans le monde. Ils connaissent cependant d'importantes transformations.*

Problématique : *Comment se traduit leur mutation ? Quelles formes prend la fragmentation de leurs espaces, de leurs sociétés ?*

Annonce du plan : *Dans une première partie, on décrira le monde rural ; on évoquera, dans une seconde partie, sa diversité et enfin on montrera, en troisième partie, sa fragmentation.*

Pour **rédiger les trois parties de la réponse** : → *Utilisez le tableau 4 de l'étape 2.*

Pour **rédiger la conclusion** : → *Présentez le bilan et les perspectives du sujet.*

RÉVISER POUR LE BAC

Idées clés pour répondre à une question problématisée

IDÉE 1
Le monde est encore rural et agricole

1 Les espaces ruraux n'ont jamais été aussi peuplés
– Diminution de la part relative de la population rurale (45 % en 2018), mais augmentation en valeur absolue (3,4 milliards).
– La part des ruraux est plus forte dans les pays des Suds.

2 Des liens de plus en plus étroits entre villes et campagnes
– Avec la **périurbanisation**, les limites villes-campagnes deviennent floues.

3 L'agriculture demeure structurante pour les campagnes
– L'agriculture représente 1/3 des terres émergées, 29 % des emplois, et elle façonne les paysages.
– L'agriculture offre de multiples services.

IDÉE 2
« La renaissance rurale » et ses limites

1 Une nouvelle attractivité des espaces ruraux
– Poursuite de l'**exode rural** dans les Suds ; à l'inverse, soldes migratoires positifs pour les campagnes aux Nords : « **renaissance rurale** ».
– La fonction première des campagnes devient résidentielle.

2 Des conséquences très inégales
– Développement de l'**économie résidentielle** et diversification des populations rurales et de leurs habitats.

3 Une diversification des campagnes
– Opposition entre les campagnes proches des villes et les campagnes plus lointaines.
– Espaces ruraux plus ou moins peuplés et/ou dynamiques selon les continents.

IDÉE 3
Des espaces ruraux fragmentés

1 Une fragmentation sociale et économique
– Opposition entre les espaces périurbains aux profils sociaux variés et les campagnes éloignées oscillant entre pauvreté et **gentrification rurale**.

2 Une fragmentation des mondes agricoles
– Cohabitation entre grandes entreprises capitalistes et petites exploitations familiales (60 % de la production mondiale).
– Développement de l'**agribusiness**.

3 L'accentuation de la fragmentation territoriale dans les pays des Suds
– Creusement des inégalités.
– Fragilisation des petites exploitations familiales par les grandes exploitations capitalistes, essor du ***land grabbing***.

Mots clés

À l'aide du cours p. 206 à 211, définissez les termes suivants :

- ☑ Activité structurante
- ☑ Agriculture commerciale
- ☑ Agriculture vivrière
- ☑ Économie résidentielle
- ☑ Exode rural
- ☑ Fragmentation rurale
- ☑ Gentrification rurale
- ☑ Périurbain
- ☑ Plantations spécialisées
- ☑ Renaissance rurale

Schéma pour comprendre et retenir

Complétez le schéma à l'aide des mots soulignés.

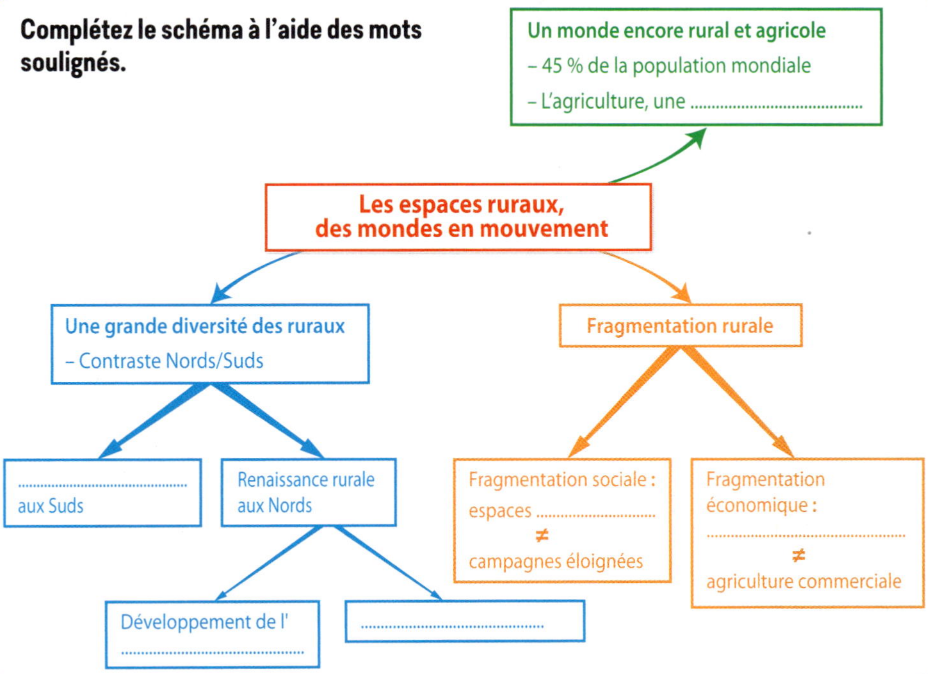

文化遺産
川郷
平成20年9月22日
世界文化遺産
白川郷
平成20年9月22日

CHAPITRE 8

Les espaces ruraux : des fonctions recomposées

De la problématique du document...

Quels sont les nouveaux moteurs de développement des espaces ruraux ?

1. Localisez et décrivez la photographie (cadre, paysages, style architectural des habitations...).
2. Quelles activités coexistent ?
3. Par quoi sont attirés, ici, les touristes et que recherchent-ils ?

... aux problématiques du chapitre

> Comment évolue la fonction agricole dans les espaces ruraux ?

> Quelles sont les autres fonctions qui s'y développent et comment cohabitent-elles ?

> Quelles potentialités recèlent les espaces ruraux pour favoriser leur développement ?

Shirakawa-gō, l'attractivité touristique de villages traditionnels japonais.

Situé dans les Alpes japonaises (partie centrale de Honshu), cet ensemble de villages est classé au Patrimoine mondial de l'humanité de l'UNESCO. Il accueille, chaque année, plus d'un 1,5 million de touristes venus du monde entier, attirés par les habitations aux toits de chaume dans lesquelles vivaient, autrefois, des familles entières sur plusieurs niveaux ; le dernier, sous les combles, était réservé à l'élevage des vers à soie.

Cartes
Enjeux

Quelles sont les recompositions des espaces agricoles dans le monde ?

1 La diversité des systèmes agricoles dans le monde

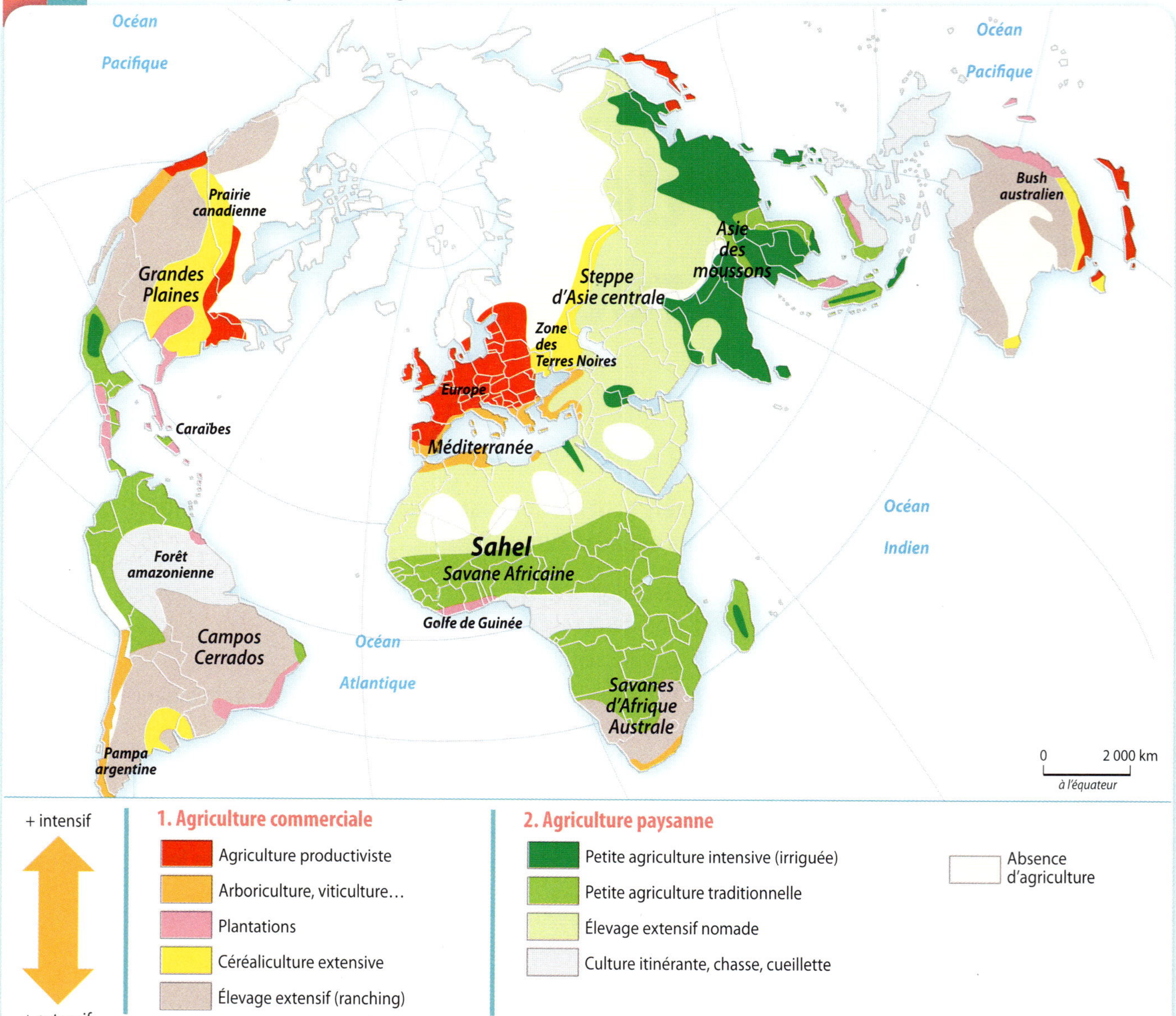

D'après A. Gonin, C. Quéva, *Géographie des espaces ruraux*, A. Colin, 2018.

Analyser les cartes

Carte 1

1 Quels sont les types de systèmes agricoles les plus ouverts sur les marchés ?

2 Pour chacun des deux grands types d'agriculture, expliquez la plus ou moins grande intensivité des activités agricoles.

Carte 2

3 Quelles sont les régions du monde les plus touchées par des gains de terres agricoles ? Par des pertes ? Comment expliquer ces phénomènes ?

Carte 3

4 Dans quelles régions du monde l'engrais est-il le plus utilisé ? Où a-t-on le plus recours aux OGM ? À l'agriculture biologique ?

5 En quoi les modes de production de l'Afrique, de l'Amérique et de l'Europe sont-ils différents ?

Mettre les cartes en relation

Pourquoi les espaces agricoles dans le monde sont-ils de plus en plus opposés ?

Cartes interactives
www.lienmini.fr/geo1-37

2 L'évolution des terres agricoles

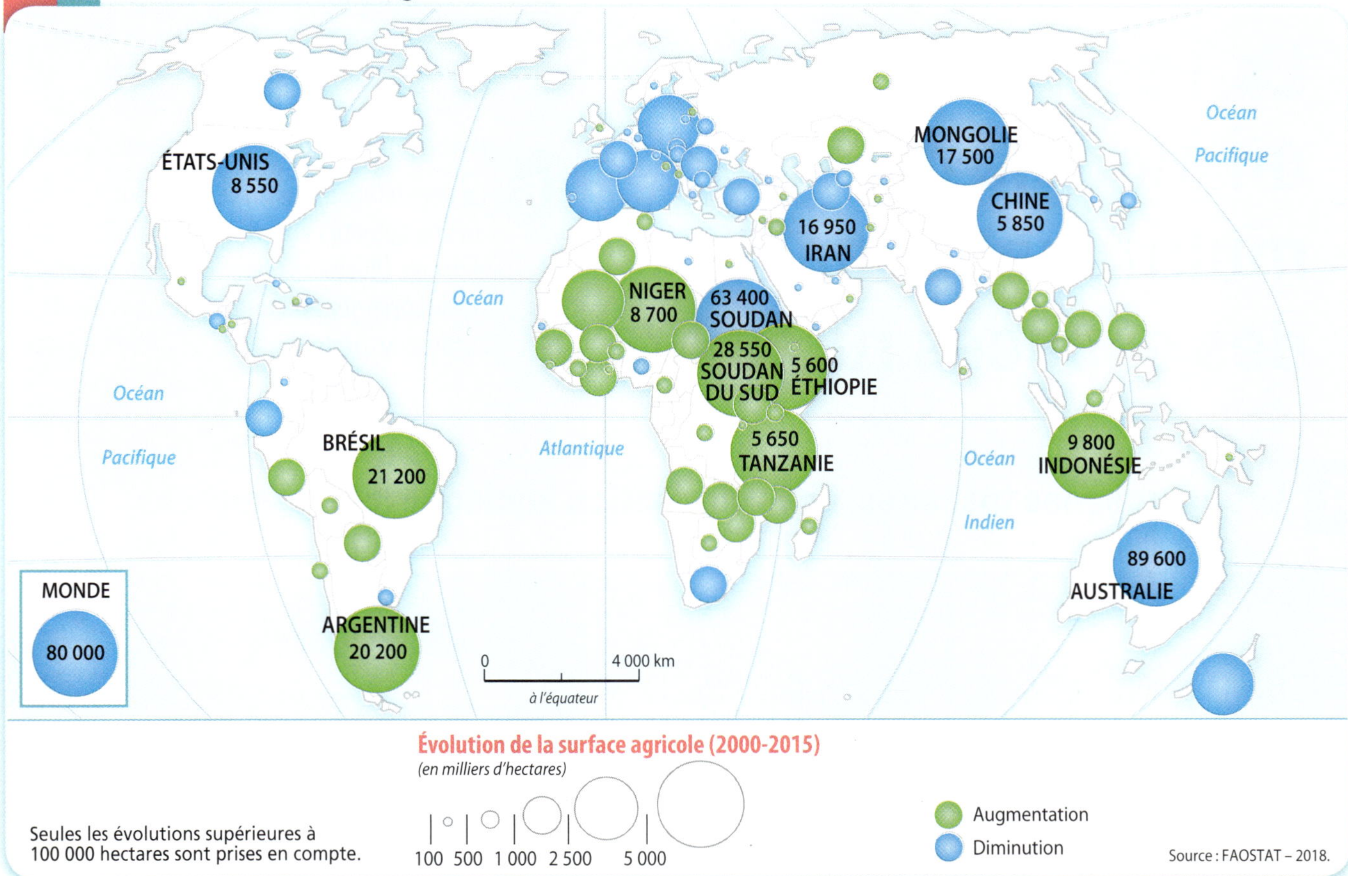

3 Des contrastes dans les modes de production

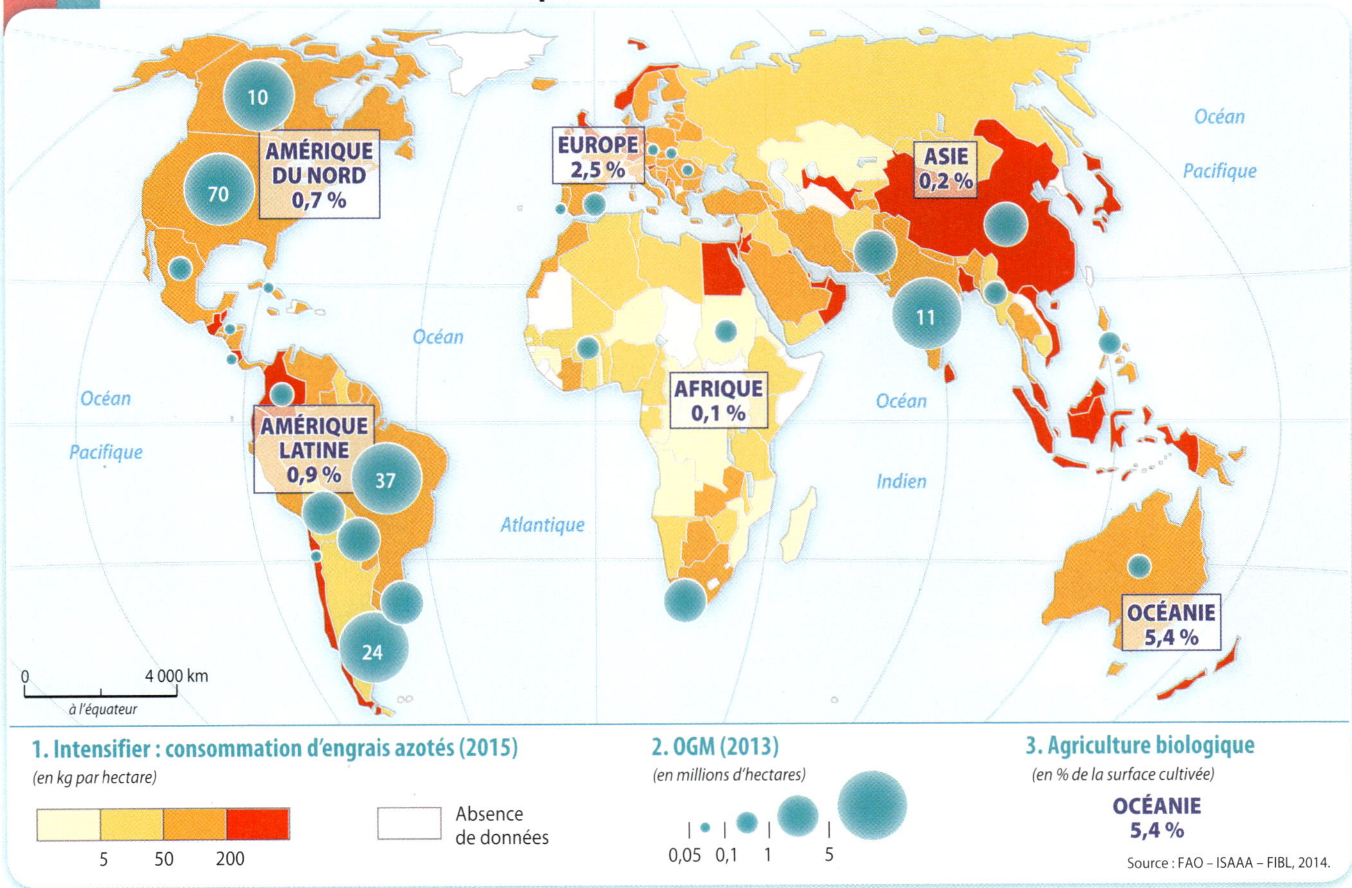

ÉTUDE DE CAS

La Toscane, un modèle de multifonctionnalité des espaces ruraux ?

A La Toscane présente un paysage typique du périurbain associant, en plus d'une agriculture renommée, un tissu industriel diffus et un tourisme culturel. C'est la deuxième région touristique d'Italie où se développe une économie résidentielle forte.

B La coexistence, sur un espace réduit, de ces activités entraîne des conflits d'usage. Plusieurs objectifs s'affrontent : développement du tourisme, maintien de l'industrie, protection de l'environnement.

A Les campagnes toscanes, une valorisation ancienne des ressources

1 ▶ La région du Chianti, un paysage de renommée mondiale

Du fait de ses paysages remarquables, le Chianti a développé un agritourisme* reposant sur le vin, l'huile d'olive et l'artisanat. Les touristes qui résident dans cette ferme-auberge peuvent admirer les tours de la cité médiévale de San Gimignano et se rendre en une heure à Sienne ou à Florence, toutes trois inscrites au Patrimoine mondial de l'UNESCO.

2 ▶ L'*agriturismo*, un tourisme rural

Instauré par les familles de l'aristocratie terrienne de Toscane, *l'agriturismo* désigne une forme de tourisme dans laquelle les prestations offertes sont en lien avec l'exploitation agricole : fermes-auberges, tables d'hôtes, étapes de circuits gastronomiques.

L'offre agritouristique est concentrée dans le Trentin, la Vénétie et surtout la Toscane, où les liens entre valorisation touristique, paysages agraires et produits du terroir demeurent les plus étroits.

Encadré par diverses législations, l'agritourisme est souvent présenté comme un élément fondamental de la diversification des activités agricoles et de la revalorisation de l'économie rurale, mais il ne saurait être considéré comme un remède unique à la crise du monde agricole.

Aurélien Delpirou, Stéphane Mourlane, *Atlas de l'Italie contemporaine*, © éd. Autrement, 2011.

3 ▶ Des espaces ruraux aux multiples fonctions

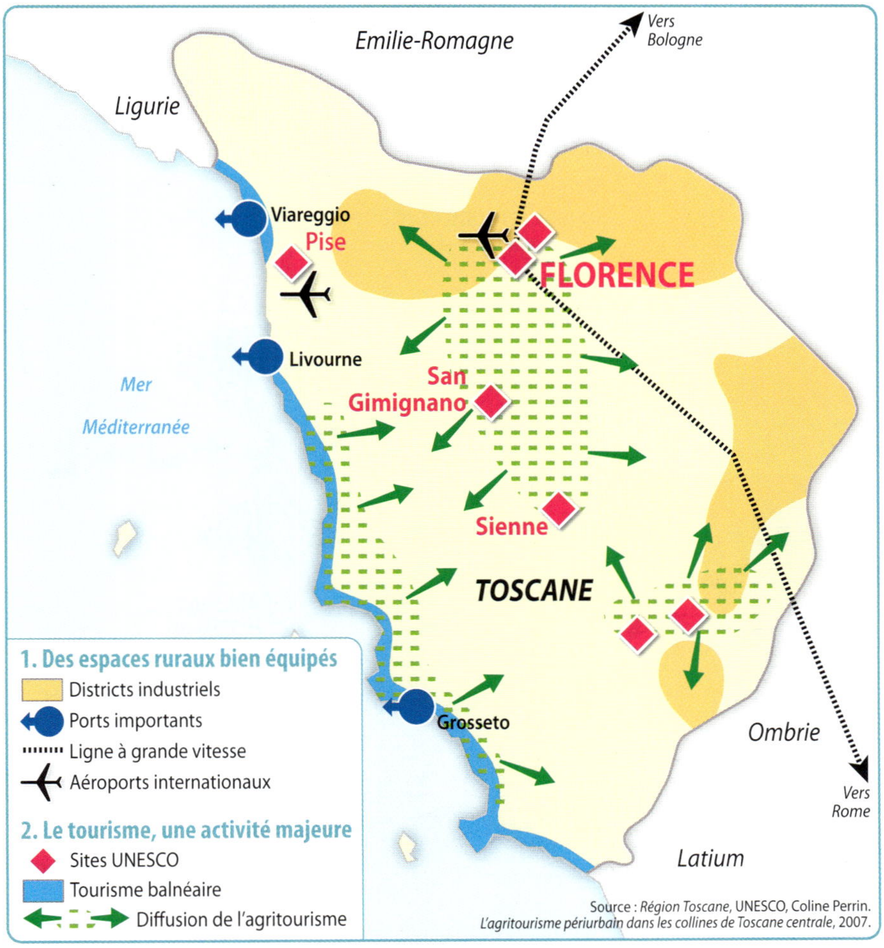

Source : *Région Toscane*, UNESCO, Coline Perrin. *L'agritourisme périurbain dans les collines de Toscane centrale*, 2007.

4 ▶ La Toscane, espace rural multifonctionnel

Traditionnellement, les campagnes toscanes entretenaient des liens étroits avec les villes, au premier rang desquelles Florence, et comportaient un réseau dense de bourgs avec une forte tradition artisanale (travail de la laine et de la soie).

Après 1960, et alors que l'agriculture locale se recomposait douloureusement, un « système productif industriel » est apparu autour de nombreuses PME innovantes et d'une main-d'œuvre bon marché, habile et attachée au « pays ». Malgré la concurrence internationale, les entrepreneurs s'adaptent en permanence en visant la qualité des produits.

Parallèlement, les campagnes ont bénéficié très tôt des effets de la périurbanisation et de l'accueil touristique valorisant un bâti rural de qualité, sans que le territoire ne perde ses paysages et son identité.

Une agriculture en circuits courts tente désormais de répondre à la demande alimentaire des nouveaux résidents en produits frais, notamment biologiques… Sur les collines, comme celles du Chianti, l'agritourisme de luxe se développe avec de nouveaux dispositifs comme des routes du vin et de l'huile d'olive. Les reliefs boisés sont aussi devenus des espaces de loisirs ou protégés (parc national Foreste Casentinesi).

Entretien avec Laurent Rieutort, © éd. Magnard, février 2019.

Analyser et confronter les documents

Documents 1, 2 et 4

1. Sur quelles ressources l'agritourisme s'appuie-t-il ?
2. Comment cette activité évolue-t-elle ?

Documents 1, 3 et 4

3. Identifiez les autres activités des espaces ruraux toscans.
4. Comment ces activités se renouvellent-elles ?

▶ **CONCLURE**

Quels facteurs expliquent la multifonctionnalité des espaces ruraux toscans ?

B Une multifonctionnalité, source de conflits

5 ▶ Extension de l'aéroport de Florence, des intérêts divergents

Une extension de l'aéroport de Florence contestée

pianacontronocivita.noblogs.org, 2016 et 2018.

Le projet de construction d'une deuxième piste pour l'aéroport dans la couronne périurbaine de Florence rencontre l'opposition de « l'assemblée de la plaine contre les nuisances ». Ces associations environnementales et de riverains critiquent la perte de biodiversité sur des terres agricoles et une pollution atmosphérique et sonore accrue.

Une association en faveur de l'aéroport de Florence

Logo du mouvement « *si aeroporto* », avril 2018.

L'association *Valentino Gianotti*, composée de citoyens et de représentants du monde économique et social, défend l'extension de l'aéroport, élément stratégique pour le territoire. Celui-ci se révélerait en effet déterminant pour l'économie et l'emploi, pour le développement des foires, des congrès, pour la culture, la recherche, et accompagnerait l'essor international de la ville et de la région.

6 ▶ Un projet motivé par la croissance du tourisme

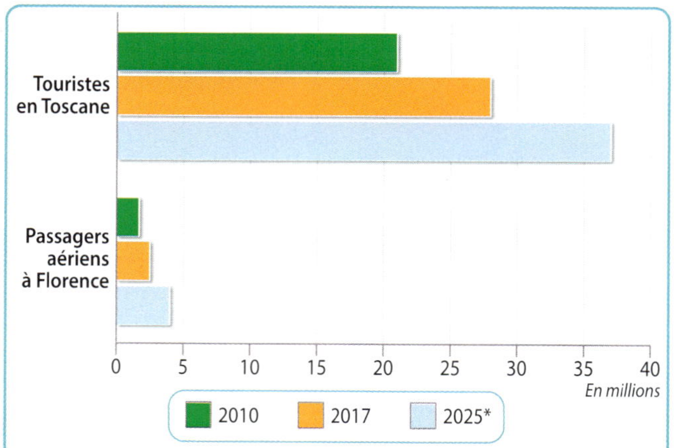

*2025 : prévisions.

Sources : *Région Toscane (IRPET)*, ENAC.

Analyser et confronter les documents

Documents 5 et 6

1. Pourquoi l'aéroport de Florence a-t-il besoin d'être agrandi ?

Document 5

2. Qui s'oppose à ce projet ? Pourquoi ?

▶ **CONCLURE**

À travers le cas de l'aéroport de Florence et celui de l'usine chimique de Rossignano (vidéo p. 227), montrez que le développement touristique et industriel peut entrer en conflit avec la protection de l'environnement.

Pour mettre en perspective à l'échelle mondiale

La multifonctionnalité des espaces ruraux est source de fragmentation et de conflits d'usages.

▶ **Comment les activités et les fonctions des espaces ruraux se recomposent-elles ?** → Cours 1 et 2 p. 232 et 234

▶ **Quels sont les types de conflits et les nouveaux enjeux dans les espaces ruraux ?** → Cours 2 et 3 p. 234 et 236

Reportage

Vidéo
La plage de Rosignano, en Toscane, n'a rien de paradisiaque.
France 2, 2'43", 2018.
www.lienmini.fr/geo1-38

Conflits d'usages du bord de mer

Grâce à ses ressources naturelles et culturelles, la Toscane est l'une des grandes régions touristiques d'Italie. L'activité touristique, en plein essor, entre parfois en concurrence avec l'agriculture et l'industrie.

À propos du reportage

- Mer turquoise, sable immaculé... ce décor époustouflant, qui attire nombre de touristes, se trouve près de Livourne, en Toscane. L'usine chimique de Rosignano déverse des déchets dans la mer.
- Ces pollutions, méconnues des touristes, sont dénoncées par des associations de défense de l'environnement.

Décrypter la vidéo

Réfléchir à la présentation et à l'organisation de la vidéo

1 Présentez la vidéo.
2 Comment est-elle construite ? Identifiez les différentes séquences.

Comprendre la vidéo

3 Pourquoi la couleur de l'eau et du sable est-elle surprenante sur cette plage de Toscane ?
4 D'après les associations de défense de l'environnement, que contiennent les déchets de l'usine rejetés dans la mer ?
5 D'après les riverains et les associations de défense de l'environnement, quelles sont les conséquences de ces déversements de déchets industriels dans la mer ?
6 Quelle est la réponse de l'entreprise *Solvay* aux critiques sur l'usine de Rosignano ?
7 Comparez l'attitude des touristes avant qu'on leur ait révélé l'origine de ce paysage de plage, et après.

Conclure

À l'appui de l'exemple des « plages blanches de Toscane », montrez que le développement industriel, le développement touristique et la protection de l'environnement peuvent entrer en conflit.

Fiche d'étude vidéo imprimable
www.lienmini.fr/geo1-39

ÉTUDE DE CAS

Les espaces ruraux canadiens, quels sont les effets de la multifonctionnalité ?

A Le Canada est le 2e pays le plus grand au monde (près de 10 millions de km²). Cette immensité est composée essentiellement d'espaces ruraux, qui s'étendent des plaines fertiles du Sud au Grand Nord Arctique.

B On distingue quatre types d'usages de ces espaces : productif, résidentiel, récréatif et de préservation. Cette multifonctionnalité génère des conflits dans l'usage de l'espace rural, par exemple entre Amérindiens et industriels ou agriculteurs et néo-ruraux.

A Une fragmentation des espaces ruraux

1 ▶ Blackcomb, premier domaine skiable d'Amérique du Nord
À 120 km au Nord de Vancouver, la montagne de Blackcomb Whistler, en Colombie Britannique, accueille des skieurs d'Amérique du Nord et du monde entier. Les Jeux Olympiques d'hiver de 2010 s'y sont déroulés.

2 ▶ Migrer vers les campagnes : les néo-ruraux

Dans les sociétés européennes et nord-américaines, les migrations urbaines en direction des espaces ruraux ne cessent de se développer. La recherche d'un cadre de vie plus proche de la nature, le désir d'espace et de tranquillité, voire même d'implication au sein de nouveaux collectifs, le coût élevé du logement urbain, la quête d'un lieu sécurisant pour élever une famille, l'exclusion du monde du travail ou au contraire, une opportunité d'emploi « à distance » [expliquent]ce mouvement.

À la faveur des innovations technologiques, la mobilité des biens et des personnes et la circulation de l'information se sont développées.

L'appréhension des distances tant spatiales que psychologiques, techniques etc., entre les campagnes et les villes paraît s'être partiellement estompée.

Luc Bossuet, Myriam Simard, « Mutations des espaces ruraux sous l'effet des migrations : regards croisés entre la France et le Québec », *Géographie, économie, société,* vol. 15, n° 1, 2013 - Lavoisier SAS.

3 ▶ Les espaces ruraux : diversification des activités et des fonctions

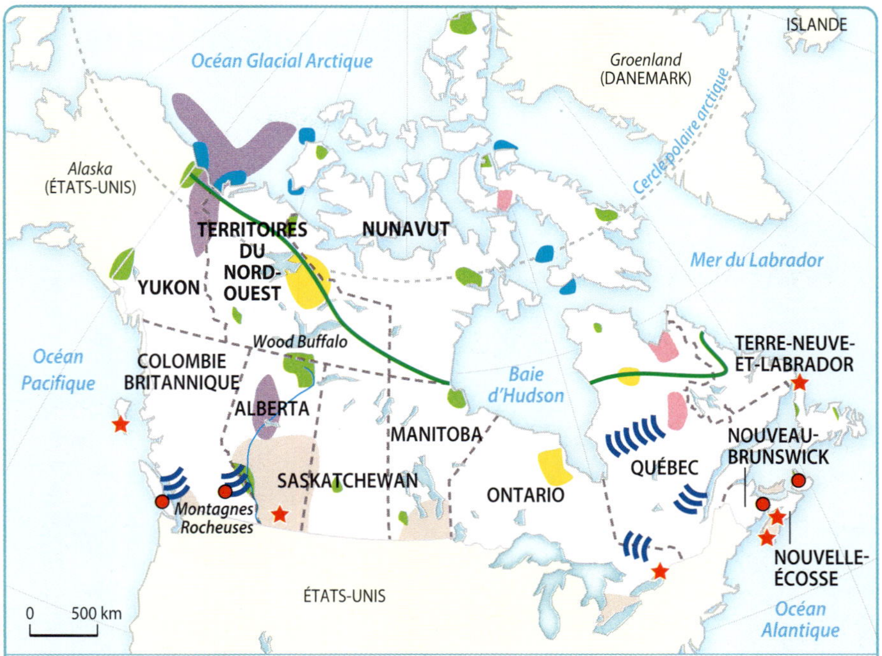

1. De multiples formes d'exploitation des ressources

A. Ressources agricoles et forestières
- Production agricole intensive
- Limite Nord d'exploitation des forêts

B. Ressources énergétiques
- Pétrole et gaz
- Ressources hydroélectriques

C. Ressources minières
- Diamants
- Fer

2. Des espaces récréatifs et des espaces à protéger

A. Loisirs et tourisme
- Sites les plus visités
- Sites UNESCO

B. Des aires de protection
- Parcs nationaux
- Aires marines nationales

Source : Philippe Lemarchand (dir.), « *L'Amérique du Nord. Un atlas* », Atlande, 2013 et Magnard Seconde, édition 2015.

4 ▶ Des campagnes très productives

Production et rang mondial des cinq principaux produits de la terre (en 2017)

Sirop d'érable

1er rang mondial
57 millions de litres

Bois

3e rang mondial
160 millions de m³

Avoine

2e rang mondial
3,7 millions de tonnes

Colza

2e rang mondial
21,3 millions de tonnes

Blé

5e rang mondial
25 millions de tonnes

Analyser et confronter les documents

Documents 1 et 3

1. Identifiez les activités de loisirs possibles dans ces espaces ruraux.

Document 2

2. Pourquoi les espaces ruraux attirent-ils de nouveaux résidents ?

Documents 3 et 4

3. Montrez qu'il s'agit à la fois d'espaces productifs et d'espaces protégés.

▶ CONCLURE

Montrez que les espaces ruraux canadiens remplissent de multiples fonctions.

B Une affirmation des fonctions non-agricoles, source de conflits d'usages

5 ▶ L'exploitation des sables bitumineux en Alberta

La firme transnationale *Suncore* exploite des sables bitumineux sur les berges de la rivière Athabasca, qui se jette dans le delta du parc national de Wood Buffalo. Le sable est imprégné de bitume et son extraction dans des raffineries spécialisées demande beaucoup d'eau et d'énergie.

6 ▶ Une militante indienne de l'AFCN (Premières Nations Chipewyan de l'Athabasca)

Portrait d'Eriel Deranger, *Greenpeace*, 2013. Traduction : « Notre peuple et notre terre nourricière ne peuvent plus se permettre d'être les otages économiques d'une course à l'industrialisation de nos terres natales. Il est temps pour notre peuple de se relever et de reprendre notre rôle de gardien et de protection de la terre. »

7 ▶ Les impacts environnementaux des sables bitumineux

Nous avons observé un déclin rapide de la faune sauvage dans le delta et avons noté des changements troublants dans la santé des animaux.

– Les oiseaux changent leurs parcours de migration pour éviter les zones de sables bitumineux à cause du bruit et de la pollution.

– Les castors et les rats musqués disparaissent lorsque le delta est asséché.

– Sans courant suffisant, l'eau qui reste dans les rivières et les marécages est souvent « morte » ou sale. Il y a régulièrement une pellicule de pétrole visible à la surface. Dans de nombreux endroits l'eau n'est plus considérée comme potable.

– On observe des hécatombes ainsi que des malformations de poissons dans la rivière Athabasca.

– Beaucoup d'Indiens Mikisew évitent désormais de manger du poisson à cause de possibles pollutions et de changement dans le goût et la texture de la chair.

– Le caribou des bois dépérit car ses derniers habitats disparaissent.

Rapport « L'eau, c'est tout. Une approche indigène de la valeur universelle exceptionnelle du parc national de Wood Buffalo », *Mikisew Cree First Nation*, association indienne, 2016.

8 ▶ L'installation de néo-ruraux, des effets contrastés

D'abord, tous les acteurs reconnaissent que les nouvelles populations provoquent une diversification d'activités sur le plan économique par leurs demandes de services, la création de nouvelles entreprises et l'essor de la consommation locale. Les néo-ruraux soutiennent les commerces existants, dont ceux liés à la rénovation, la construction et l'entretien des maisons. De plus, ils valorisent les produits locaux, plus spécialement ceux du terroir.

Mais, du point de vue environnemental, les ruraux de longue date et les élus locaux déplorent les nombreux désaccords et conflits occasionnés par les représentations idylliques de la campagne des nouveaux résidents. Les sujets d'affrontement portent notamment sur les nuisances liées à l'agriculture et sur la préservation du patrimoine naturel et paysager.

Les acteurs dépeignent alors les néo-ruraux comme des personnes s'opposant à des projets ou activités sans tenir compte du développement rural. « Les personnes qui arrivent des grands centres voient la campagne comme une carte postale. Mais quand elles réalisent qu'il y a des activités, notamment agricoles, et que cela amène du bruit ou d'autres inconvénients, elles protestent auprès de la municipalité. »

Myriam Simard, Laurie Guimond, Des « étrangers parmi nous ? », *Géographie, économie, société,* vol. 15, n° 1, 2013 - Lavoisier SAS.

10 ▶ Le rôle des granges

Les granges font partie du patrimoine rural du Québec. Si certaines sont à l'abandon ou démantelées, d'autres sont reconverties par les néo-ruraux en habitations ou musées.

9 ▶ Au Sud du Québec, des espaces sous influence urbaine

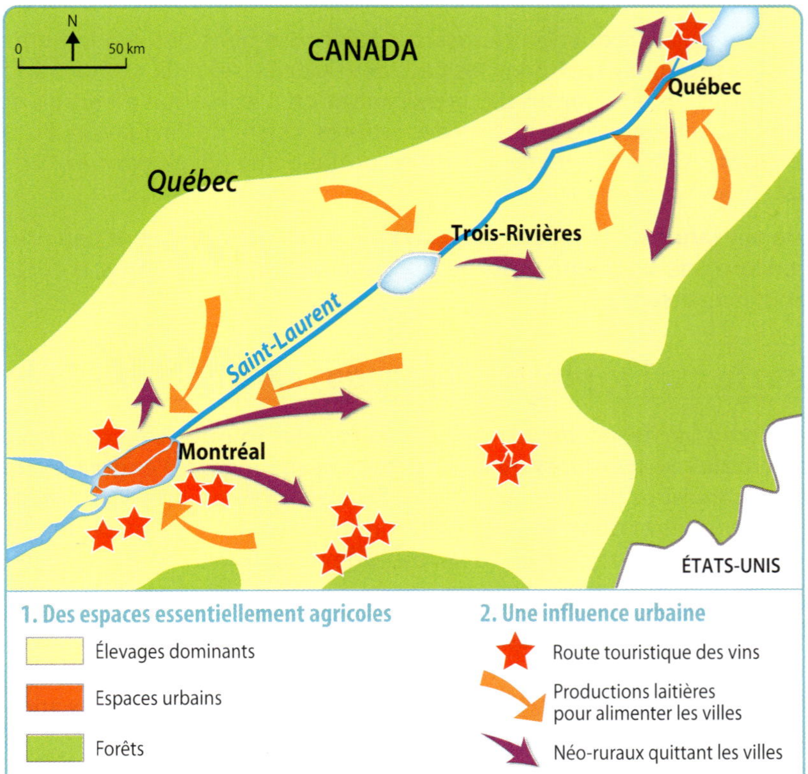

Source : Philippe Lemarchand (dir.), « *L'Amérique du Nord. Un atlas* », Atlande, 2013 et Magnard Seconde, édition 2015.

Analyser et confronter les documents

Documents 5, 6 et 8

1. Quels acteurs s'opposent concernant l'utilisation de ces espaces ruraux ? Pourquoi ?

Document 7

2. Quels sont les impacts environnementaux des sables bitumineux ?

Documents 8, 9 et 10

3. En quoi l'influence des villes sur les espaces ruraux est-elle ambivalente ?

▶ **CONCLURE**

Montrez que la multifonctionnalité représente à la fois une opportunité et une source de conflits pour les espaces ruraux.

Pour mettre en perspective à l'échelle mondiale

La multifonctionnalité des espaces ruraux est source de renouveau, mais aussi de fragmentation et de conflits d'usages.

Comment les activités et les fonctions des espaces ruraux se recomposent-elles?

→ Cours 1 et 2 p. 232 et p. 234

Quels sont les types de conflits et les nouveaux enjeux dans les espaces ruraux?

→ Cours 2 et 3 p. 234 et p. 236

Cours 1

Les défis d'une agriculture mondialisée

A. Une demande alimentaire en hausse

- **Globalement, la production agricole mondiale permet de nourrir la planète.** Cependant, si les pays développés sont autosuffisants et exportateurs grâce à des politiques agricoles volontaristes, à des prix garantis et à des aides à la production, nombre de pays pauvres souffrent encore d'insécurité alimentaire. Une part **importante de population reste sous-alimentée ou malnutrie***, et dépend de l'aide alimentaire internationale.

- **La croissance de la population mondiale induit celle de la demande alimentaire.** De plus, l'urbanisation croissante et l'augmentation du niveau de vie accroissent la consommation de produits d'origine animale. **Cette transition alimentaire accentue la demande en céréales pour les élevages**, en particulier ceux de volailles et de porcs, qui absorbent près de 30 % de la production mondiale de grains. **Dans ce contexte, la production alimentaire devrait augmenter de 70 % d'ici 2050.**

B. Produire plus

- **Le gain de terres agricoles est désormais limité.** L'étalement des villes ainsi que la hausse de la part consacrée aux agrocarburants* et à la production de céréales ou de légumineuses pour le bétail entraînent des pertes de superficies [doc. 2]. → Cartes enjeux p. 223

- L'augmentation de la production repose sur l'accroissement des rendements selon le modèle productiviste* dans les pays développés, selon la « Révolution verte* » en Asie. Ils ont été permis par la mécanisation, l'utilisation d'engrais et de produits phytosanitaires, la sélection des espèces, l'essor de l'irrigation, l'utilisation des OGM*. Cette forme d'agriculture continue à se développer. → Carte enjeux 1 p. 222 ; Études de cas p. 198, p. 202

- **L'agriculture paysanne ou familiale* des pays pauvres**, le plus souvent peu productive, a **encore une marge de progrès**, mais elle manque de moyens, d'encadrement et d'investissements.

C. Assurer la qualité grâce à l'essor de l'agriculture durable

- **Le modèle productiviste est très critiqué en raison des lourdes conséquences environnementales et sanitaires qu'il entraîne.** L'usage massif d'engrais et de produits phytosanitaires pollue eaux et sols. Érosion, salinisation sont causées par des défrichements et des irrigations mal conduits. Ce modèle provoque une hausse des émissions de gaz à effet de serre et une réduction de la biodiversité.

- **De nouvelles formes d'agriculture durable se développent.**
  – **L'agriculture raisonnée*** limite l'usage des intrants* chimiques d'origine industrielle et se met en œuvre sur de petites exploitations [doc. 1].
  – **L'agriculture de précision** réduit les traitements chimiques ou la consommation d'eau en concentrant leur utilisation sur chaque plante.
  – **L'agriculture biologique*** interdit les intrants industriels. Malgré des rendements plus faibles et des produits plus chers, elle continue son expansion car elle répond à une demande de qualité. → Cartes enjeux p. 223

- **Parallèlement, les modes de consommation évoluent ; il s'agit désormais de consommer des produits locaux,** frais et de saison, de réduire les apports de protéines animales et de lutter contre le gaspillage alimentaire. Des productions locales et des filières de commercialisation courtes entre producteurs et consommateurs sont ainsi promues, comme aux États-Unis [doc. 3] ou en Toscane. → Études de cas p. 224

CHIFFRES
Sous-alimentation et malnutrition

800 MILLIONS de personnes sous-alimentées (moins de 2 500 kcal/jour)

2 MILLIARDS de personnes malnutries

NOTION
Agriculture durable

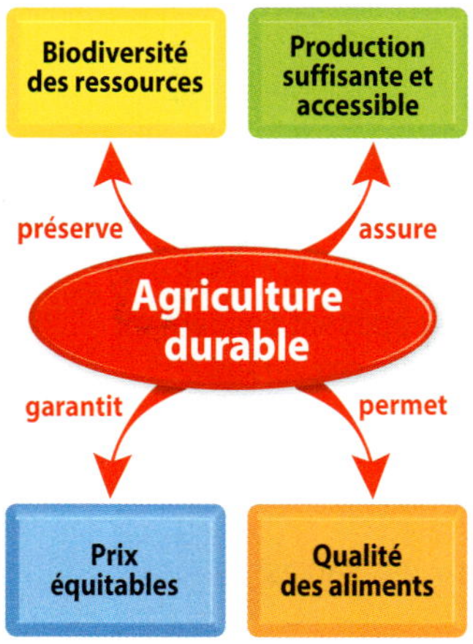

Définition
Transition alimentaire
Modification du régime alimentaire où la proportion de calories d'origine animale augmente au détriment des calories végétales.

* Lexique p. 298

1 ▶ L'agriculture raisonnée, une agriculture durable ?

L'agriculture raisonnée (en anglais, *integrated farming*), respectueuse de l'environnement, recommande des apports d'intrants strictement limités aux besoins des cultures, l'intégration de la culture d'engrais verts dans les assolements, une gestion fine de l'irrigation, la prise en compte du bien-être animal, la traçabilité de la production, l'entretien des paysages et de la biodiversité… Des réductions de 20 à 30 % des apports de pesticides sont possibles.

Les cahiers des charges de l'agriculture raisonnée ont, pour une part, inspiré la réforme de la politique agricole commune et servi de références pour l'élaboration des niveaux de certification des agricultures à haute valeur environnementale (HVE).

Pour les agriculteurs qui pratiquent l'agriculture biologique, l'agriculture raisonnée ne constitue pas une véritable agriculture durable dans la mesure où la rupture avec les modèles de l'agriculture productiviste n'est que partielle. Les tenants de l'agriculture raisonnée considèrent qu'elle est une voie qui tend vers l'agriculture durable : elle apporte un certain nombre de garanties sur les produits et son référentiel constitue un outil utile et performant de gestion et de pilotage de l'exploitation.

Jean-Paul Charvet, *Atlas de l'agriculture*, © éd. Autrement, 2012.

Doc bac

Analyse d'un texte

Lire le texte

1. Quelles pratiques culturales caractérisent l'agriculture raisonnée ?
2. Quelles sont ses autres préoccupations environnementales ?
3. À quel type d'agriculture s'oppose-t-elle ?

Comprendre le texte

4. Pourquoi l'agriculture raisonnée apparaît-elle comme un changement et non comme une rupture radicale ?

2 ▶ Production de soja OGM au Mato Grosso, la première région productrice au Brésil

3 ▶ Production de salades en circuit court, « *Three Springs farm* », Oaks, États-Unis (État de l'Oklahoma)

Cours 2

Des espaces ruraux de plus en plus multifonctionnels

CHIFFRES

Diversification de l'emploi

Emploi en France, dans les zones peu ou très peu denses *(en %)*

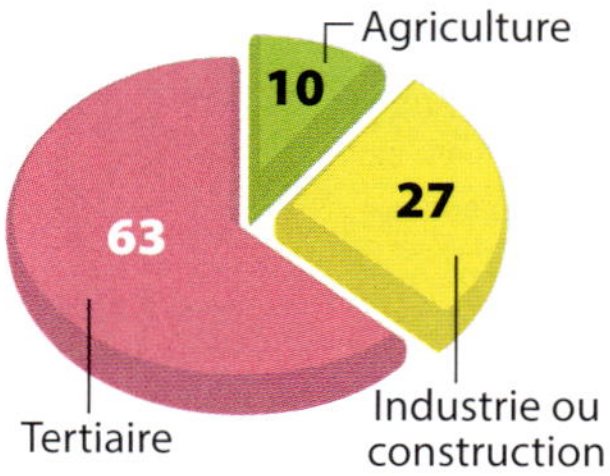

NOTION

Multifonctionnalité des espaces ruraux

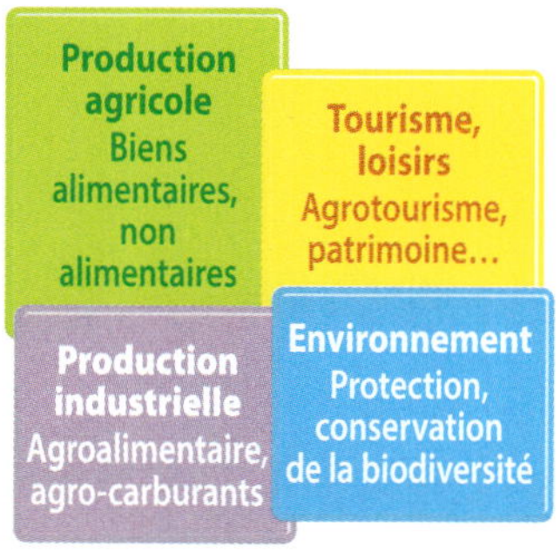

A. Les campagnes bénéficient d'une diversification industrielle

- **Les espaces ruraux sont de plus en plus multifonctionnels. Aux côtés de l'agriculture, l'industrie est aussi présente dans les campagnes** où elle permet une **diversification de l'emploi**. Surtout constituée de petits ateliers hérités d'activités anciennes (agroalimentaire, travail du bois, métallurgie, textile...), l'industrie s'est renouvelée grâce aux atouts de certaines régions rurales.
- **Les employeurs viennent y trouver des ressources spécifiques,** mais aussi des terrains et une main-d'œuvre bon marché, et parfois même des aides financières attribuées par l'État ou les collectivités territoriales. Certaines campagnes ont une tradition d'industrialisation née du dynamisme des communautés qui ont accumulé des savoir-faire, de petites structures de production s'adaptant vite aux variations des marchés. Elles sont le siège de **districts industriels** (Italie du Nord et du Centre, Portugal, Jura, Vendée...). → Étude de cas p. 224
- **Les zones périurbaines bénéficient de l'arrivée d'usines** cherchant à s'éloigner des cœurs urbains. Dans les Suds, les ateliers de montage ou de confection liés à des investissements étrangers de grands groupes produisent généralement pour l'exportation [doc. 5].

B. Entre tourisme et pratiques de loisirs

- **Le tourisme rural est ancien** (résidences secondaires des bourgeoisies urbaines, thermalisme et tourisme de santé en montagne, colonies de vacances...), mais **il s'est rénové** dès les années 1960 en Europe ou en Amérique du Nord et depuis les années 2000 dans les Suds. Les pratiques de loisirs sont également nombreuses (chasse, pêche, randonnée, sports de nature...). → Photographie p. 190
- **Ce tourisme s'appuie sur des paysages perçus comme «naturels», sur des produits ou des cultures locales.** Le patrimoine occupe une grande place, notamment dans les aires protégées où émerge un «**écotourisme**» (Afrique subsaharienne). Certains agriculteurs développent l'accueil dans leurs fermes transformées en gîtes ruraux ou en auberges. → Photographie p. 220; dossier p. 240
- **Les effets du tourisme sont sensibles:** installation de nouveaux habitants, accroissement des revenus et des emplois. Des flux importants concernent les arrière-pays des littoraux ou des stations de montagne, les zones de loisirs périurbaines, les parcs de loisirs ou d'attraction. → Études de cas p. 224 et p. 228

C. Les conflits d'usages se multiplient

- **Avec la diversification des populations, mais aussi des modèles agricoles et des visions différentes de l'espace rural, de multiples sources de conflits d'usages apparaissent:** rejet d'aménagements de grands équipements (barrages, aéroports et voies de communication, zones d'activités...), refus des politiques de créations d'aires protégées, difficile conciliation des usages (pollutions agricoles ou industrielles, accaparement de terres*, utilisations productives et récréatives...). → Études de cas p. 224 et p. 228
- **Les conflits d'usages relèvent souvent de logiques différentes d'acteurs** locaux et d'acteurs extérieurs (autorités régionales, États, organisations non gouvernementales*). Des initiatives visant à faciliter la concertation locale, à reconnaître les savoir-faire des communautés locales, voire à rémunérer les services rendus par les agriculteurs, sont nombreuses et montrent des potentialités pour l'avenir [doc. 4].

Définitions

Districts industriels
Espace géographique dans lequel se sont tissés des liens forts entre des petites entreprises dynamiques.

Écotourisme
Forme de tourisme fondée sur la valorisation de la nature et le respect des communautés

* Lexique p. 298

Gestion des ressources naturelles de la NACC

Appel à tous les agriculteurs de la région NACC

En 2017-18, 3 500 dollars sont offerts par km de clôture pour protéger des zones de végétation persistante

- L'objectif est d'aider l'amélioration et l'extension de l'habitat où vivent des espèces menacées et des communautés écologiques.
- Pour les exploitants agricoles candidats, c'est l'opportunité de démarrer ou de poursuivre des travaux de protection, y compris sur les terres touchées par la salinisation.
- Ce projet est soutenu par le Conseil des circonscriptions agricoles du nord (NACC), grâce au fond du Programme national de protection du territoire du gouvernement australien.

Doc bac

Analyse d'une affiche

Identifier l'affiche

1. Quelle est la source du document (origine, type de pays) ?
2. Quel public est visé ?
3. Quel projet est présenté ? Pour quels objectifs ?

Comprendre l'affiche

4. Quelle mission est ici confiée aux agriculteurs ? Par qui ?

4 ▸ Campagne pour la protection des zones de végétation au Nord de Perth, en Australie

Northern Agricultural Catchments Council, nacc.com.au, 2017.

Grâce aux fonds du Programme national de protection du territoire du gouvernement australien lancé en octobre 2017, des subventions sont versées aux agriculteurs pour protéger par des clôtures les espaces résiduels de végétation naturelle.

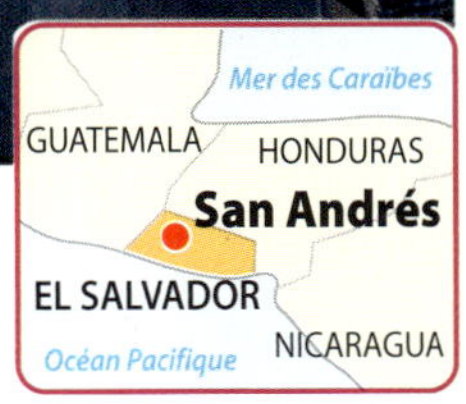

5 ▸ Industrie textile dans la vallée de San Andrés au Salvador

Dans beaucoup de pays d'Amérique centrale, les industries de type « *maquiladoras** » se développent depuis les années 1990 et fournissent des emplois aux ruraux, notamment aux femmes des espaces voisins.

Cours 3

Quel avenir pour les espaces ruraux ?

A. La voie de la multifonctionnalité pour dépasser les fractures

- **Le développement des campagnes passe par la diversification des activités.** Cette multifonctionnalité est promue grâce à des politiques d'aménagement et de développement. Portées par les États et relayées par d'autres acteurs (élus locaux, associations, entrepreneurs, habitants), **ces politiques visent à réduire les inégalités entre territoires ruraux et urbains**, à apporter des équipements (transport, numérique, eau et électricité dans les Suds) et à améliorer les conditions de vie. → Étude de cas p. 250
- **Certaines politiques nationales ciblent leurs actions et leurs aides financières sur les zones les plus fragiles ;** d'autres encouragent l'émergence de projets « par le bas » sur des petits territoires (parcs naturels, programme *LEADER**) [doc. 7]. → Dossier p. 238, p. 264 et p. 266
- **Cependant, toutes ces actions sont loin d'avoir résorbé les fractures territoriales.** D'une part, parce que de nouvelles fragmentations apparaissent au sein même des campagnes, entre réussites localisées et décrochages aggravés ; d'autre part, parce que la métropolisation engendre des inégalités aux dépens des zones rurales les plus éloignées.

B. L'ancrage territorial pour répondre à la mondialisation

- **Pour mieux valoriser le patrimoine et les produits issus d'un territoire, les États et les consommateurs militent pour un ancrage territorial qui favorise la labellisation*** des produits (agricoles, artisanaux ou industriels) et des paysages. En Europe, la législation sur les « Appellations d'Origine Protégée (AOP) » reconnaît le terroir spécifique d'un produit. → Étude de cas p. 224
- La **patrimonialisation** tend à créer l'image d'une campagne idéalisée, conservatoire d'espaces naturels. Les acteurs du développement rural cherchent à concilier différents usages de la ruralité et d'associer les communautés locales [doc. 8]. → Dossier p. 240
- **Le renforcement de l'accès et des liens avec les villes** permet d'attirer de nouvelles populations et activités. Cette proximité valorise également l'**agriculture périurbaine**.

C. L'espace rural : un patrimoine à gérer

- **Depuis la fin du XIXe siècle, avec les premières préoccupations écologiques,** sont nés les parcs naturels, d'abord aux États-Unis (parc de Yellowstone, en 1872), puis en Europe. Aujourd'hui, les dispositifs de protection sont plébiscités par les sociétés urbaines afin de conserver et d'accéder à l'environnement. Ils se sont multipliés dans les campagnes (réserves naturelles, parcs nationaux ou régionaux, sites *NATURA 2000* en Europe) avec, parfois, **une stricte séparation spatiale entre milieux à préserver et espaces exploités.** → Étude de cas p. 228
- **La gestion de ces espaces représente un défi majeur pour l'avenir de l'Humanité** [doc. 6]. La préservation de leurs ressources (eau, bois, sols), la lutte contre les pollutions locales ou la protection contre les risques naturels font l'objet d'actions de mobilisation, même si concilier l'objectif de protection avec celui de développement rural et agricole ne se révèle pas toujours facile.

CHIFFRES

Agricultures périurbaine et urbaine

Pratiquées par **800 MILLIONS** de personnes dans le monde

Fournissent **20 %** de la nourriture mondiale

NOTION

Ancrage territorial

Définition

Patrimonialisation
Processus collectif de reconnaissance et de mise en valeur d'édifices, d'espaces, d'objets ou de pratiques hérités du passé.

* Lexique p. 298

6 ▶ Les espaces ruraux, des territoires majeurs pour l'avenir de l'Humanité ?
Couverture de la revue *Population et Avenir*, n° 740, novembre-décembre 2018.
Des chercheurs en géographie s'interrogent sur le rôle passé et futur des espaces ruraux dans l'évolution du monde.

7 ▶ Image de la ruralité promue par l'Union européenne à travers le programme *LEADER*
Magazine *Ruralité*, n° 35, mai 2018.

8 ▶ L'écotourisme en Namibie

En Namibie, gouvernement et population travaillent ensemble pour protéger la nature grâce à l'écotourisme*. En 1996, le gouvernement a voté une loi pour préserver sa faune unique. L'objectif est d'encourager les vingt-neuf ethnies du pays à protéger la faune en les intégrant dans l'économie touristique.

Au cœur de cette stratégie se trouve le concept des « *conservancies* ». Elles sont définies comme « un territoire où les communautés travaillent ensemble volontairement pour prendre soin de leur écosystème »

En vingt ans, 83 « *conservancies* » ont ainsi été créées en Namibie. Les infrastructures touristiques doivent respecter deux obligations : embaucher les villageois et leur verser une part de leurs bénéfices. L'argent est utilisé pour construire des écoles, des dispensaires ou installer des réseaux électriques. Les excédents sont ensuite partagés équitablement entre chaque membre de la communauté.

Cette stratégie a porté ses fruits. Selon NACSO (*The Namibian Association of Community Based Natural Resource Management Support Organisations*), 44 % du territoire sont aujourd'hui classés comme zone naturelle protégée. Certaines espèces ont même pu être sauvées. La population d'éléphants au Nord du pays, par exemple, est passée de 7 500 à 20000 en vingt ans.

Francetvinfo.fr, 20 février 2018.

Doc bac

Analyse d'un texte

Lire le texte

1. Situez la Namibie.
2. Présentez sa stratégie de conservation des espèces. En quoi est-elle originale ?
3. Quel est le bilan de cette politique ?

Comprendre le texte

4. Quelles sont les conséquences du développement de l'écotourisme sur les espaces ruraux de la Namibie ?

DOSSIER

POUR APPROFONDIR

LA GRÈCE, gérer et développer les territoires ruraux

- Avec ses petites plaines méditerranéennes agricoles et ses montagnes souvent dépeuplées, la Grèce est confrontée à de multiples enjeux de gestion de l'espace et de développement rural, notamment en Thessalie, région au Nord d'Athènes.
- Depuis son adhésion à l'Union européenne en 1981, la Grèce bénéficie d'importants soutiens financiers européens, mais les acteurs locaux contribuent aussi activement à la revitalisation des espaces ruraux.

Quelle revitalisation des espaces ruraux dans la région isolée de Thessalie ?

1 ▶ Nouvelle agriculture (vignes irriguées, apiculture) dans la moyenne montagne dépeuplée de Thessalie

Ellinopyrgos est un village perché à 600 mètres d'altitude sur les premiers contreforts du massif du Pinde, en Thessalie, à 330 kilomètres au Nord d'Athènes. Frappés en 2010 par de graves difficultés économiques, de nombreux travailleurs Grecs sont revenus dans leur village natal et participent à sa revitalisation.

2 ▶ « En Grèce, le retour à la terre... »

Face à la violence de la crise économique, bien des Grecs retournent vivre dans les villages d'où sont partis leurs parents et lancent des projets de remise en valeur.

À Ellinopyrgos[1], village enclavé il y a peu encore, Athanatos Georgulas n'a pas tardé à revenir avec sa femme, dès sa retraite. Il attend Dimitris, leur fils de 27 ans, technicien en électronique au chômage ; ce dernier se forme à l'élevage des abeilles et a déjà installé une dizaine de ruches au bout du vignoble paternel.

« Les Grecs n'ont jamais coupé le lien avec leur village d'origine, souligne Dimitris Goussios. L'Union européenne reproche l'absence de mobilité du foncier en Grèce, mais c'est précisément parce que les Grecs n'ont pas vendu leurs terres (prêtées ou louées à des proches) que la nature et les paysages ont été préservés, et qu'ils peuvent aujourd'hui remettre les terres en valeur ».

D'après Marie Verdier, *La Croix*, 14 décembre 2013.

1. Ce village comptait 1 150 habitants en 1960, 90 au début des années 2000, 150 en 2013.

3 ▶ Rénovation du bâti rural dans l'arrière-pays de la ville de Volos

Dans cette ville, les rénovations bénéficient du soutien du programme européen *LEADER**.

4 ▶ En Thessalie, nouveau viaduc construit sur la ligne ferroviaire Athènes-Thessalonique

La ligne ferroviaire a été doublée et électrifiée, avec le soutien de financements européens pour l'aménagement régional.

Prolonger le cours

Documents 1, 3 et 4

1. Décrivez les paysages ruraux de Thessalie : végétation, relief, présence et activités humaines traditionnelles.

Documents 1 et 2

2. Quelles activités nouvelles sont pratiquées dans ce village ? Par qui ? Quels facteurs ont favorisé ce « retour à la terre » ?

Documents 3 et 4

3. Quelles politiques mène l'Union européenne pour le développement rural ?

SYNTHÈSE

Présentez les acteurs et les orientations de la revitalisation rurale en Thessalie.

DOSSIER

POUR APPROFONDIR

LE NÉPAL, tourisme de haute montagne et développement rural

Comment le Népal joue-t-il la carte du tourisme vert* et culturel ?

- Enclavé entre l'Inde et la Chine, au cœur de l'Himalaya, le « toit du monde », le Népal est un petit État de 147 000 km² peuplé de 30 millions d'habitants. Il est constitué de montagnes élevées, haut lieu de l'alpinisme et du trekking. Figurant parmi les Pays les moins avancés (PMA), le Népal mise sur le tourisme pour assurer son développement. Les campagnes connaissent une mutation forte de leur système touristique.
- Le patrimoine est valorisé par des acteurs multiples (État, ONG*, villageois et ethnies locales comme les Sherpas) qui tentent de mieux associer les cultures locales, l'architecture et la qualité des produits agricoles.

1 ▶ Le monastère de Tengboche (Parc national de Sagarmatha, région du Khumbu, à l'Est de Katmandou)
Inscrit au patrimoine de l'*UNESCO*, le monastère tibétain offre une vue panoramique sur les montagnes himalayennes, notamment l'Everest (8 848 m). L'économie touristique du Khumbu s'est développée dans la seconde partie du XXe siècle sur le modèle du trek avec l'arrivée des alpinistes et des randonneurs du monde entier. Elle s'est orientée au début du XXIe siècle vers un modèle « *Yak Donald's* », associant éléments culturels locaux et culture mondialisée (pubs, salons de café, restauration...).

2 ▶ Développement touristique et patrimoine au Sud des Annapurna.

La région des Annapurna a vu, depuis 1986, la mise en place du projet d'aire de conservation de l'Annapurna (ACAP) qui combine protection des ressources patrimoniales et développement local impliquant les communautés locales, sous l'égide d'une ONG, le National Trust for Nature Conservation.

Les expressions les plus accessibles des cultures locales (architecture, costumes, fêtes…), en particulier celle de l'ethnie *Gurung*, font depuis longtemps partie de l'expérience vécue par les trekkeurs ; l'élaboration d'une offre touristique culturelle à leur intention (musée regroupant des objets traditionnels, spectacles de danses et de chants…) a été imaginée dès les années 1990 à Ghandruk, avec le soutien de l'ACAP.

Mais la mise au point d'une offre de même nature dans des villages à l'écart des grands itinéraires de trekking est plus nouvelle : elle est fondée sur la proposition de séjours chez l'habitant, destinés à des visiteurs venus se baigner dans la culture et le mode de vie des montagnards, et qui ne sont plus seulement des trekkeurs de passage.

Mauve Létang, Pierre Dérioz et Justine Le Noac'h, « Développement touristique… au Népal », BAGF, 2017.

3 ▶ Les aires protégées au Népal

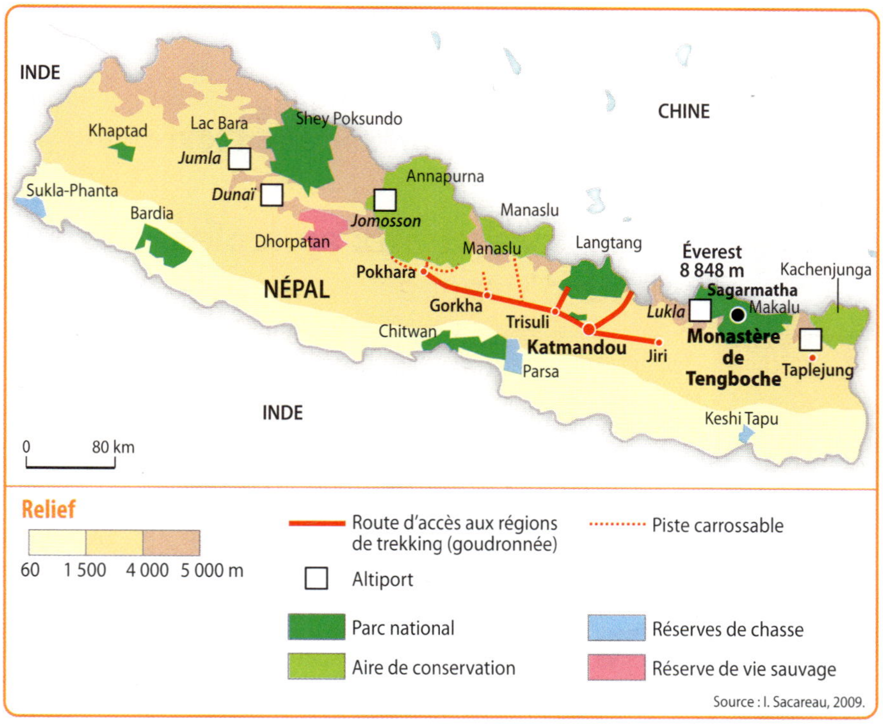

Source : I. Sacareau, 2009.

4 ▶ La promotion de l'écotourisme* et du patrimoine naturel (parc national Sagarmatha)

Prolonger le cours

Documents 1 et 3

1. Présentez le cadre géographique du Népal, ses contraintes et ses atouts pour le développement touristique en milieu rural.

Documents 1, 2, 3 et 4

2. Sur quelles formes spécifiques de tourisme le Népal mise-t-il ?
3. En quoi sont-elles adaptées au contexte particulier du Népal ?
4. Quels sont les acteurs des projets de développement touristique ? Comment les populations locales y sont-elles associées ?

SYNTHÈSE

Montrez comment le projet touristique du Népal cherche à combiner protection des ressources patrimoniales et développement rural local.

S'ENTRAÎNER AU BAC 21

Méthode BAC : p. 12-13
➘ **Analyse de documents**

CAPACITÉS
- Savoir lire, comprendre et critiquer des documents
- Produire un écrit construit et argumenté

➘ **Analyser un dessin de presse et un texte**

Sujet : Les espaces ruraux agricoles, entre multifonctionnalité et conflits d'usages

Questions

1. Quelles sont la place et l'importance de l'agriculture dans le monde ?
2. Quels défis la multifonctionnalité des espaces ruraux pose-t-elle à l'agriculture ? Quelles sont les causes des conflits d'usages ?
3. Pour quelles raisons l'auteur a-t-il placé un oiseau en évidence sur le dessin ?

Conseils

- Lisez attentivement le sujet.
- Identifiez les thèmes auxquels se rapportent les questions.
- Notez les définitions de « multifonctionnalité » et « conflits d'usages ». → *Utilisez le* ***lexique*** *p. 298.*

ÉTAPE 1 Identifier les documents

1. Quel est le thème illustré par le dessin ?
2. Comment le dessin montre-t-il qu'il s'agit d'un espace rural ? Est-ce l'espace rural d'un pays développé ou d'un pays en développement ?
3. Quels sont le titre, la source et la date du doc. 2 ?
4. Sur quelle question du sujet ce document apporte-t-il un éclairage particulier ?

ÉTAPE 2 Analyser les documents

5. Relevez et classez les différentes activités de l'espace rural représentées par le dessin. S'agit-il d'un espace rural proche ou éloigné d'une ville ?
6. Comment le dessin illustre-t-il les conflits d'usages dans les espaces ruraux ?
7. Comment la demande de produits agricoles devrait-elle évoluer dans les futures décennies ? Pour quelles raisons ?
8. Quelles en seront les conséquences sur la superficie des terres agricoles dans le monde ? Dans quelles parties du monde y aurait-il expansion ou bien recul des terres agricoles ?

ÉTAPE 3 Exercer un regard critique

9. Dans le doc. 1, sur quelle fonction de l'espace rural l'auteur du dessin souhaite-t-il attirer l'attention en plaçant un oiseau au premier plan ? Cette fonction est-elle toujours aisément compatible avec les autres usages de l'espace rural ?

Rédiger la réponse au sujet

Introduction *Le sujet invite, à l'aide d'un dessin de presse et d'un texte, à réfléchir à la place de l'agriculture dans des espaces ruraux aujourd'hui de plus en plus multifonctionnels.*

1er paragraphe *Dans le monde, l'agriculture est une activité toujours importante. Celle-ci doit encore croître en fonction d'une demande en essor. L'expansion des terres agricoles se fera surtout dans les pays en développement d'Afrique subsaharienne et d'Amérique latine.*

2e paragraphe *Dans les pays développés, la multifonctionnalité de l'espace rural débouche souvent sur des conflits d'usages, en particulier avec les activités agricoles.*

Regard critique *L'auteur du dessin pose clairement la question des difficultés à concilier la diversification des fonctions de l'espace rural et la préservation de l'environnement.*

Conclusion *La gestion de l'espace rural, aujourd'hui comme demain, est un défi majeur pour toutes les sociétés humaines.*

Conseil
- Citez des exemples de multifonctionnalité et de conflits d'usages en utilisant les **cours 1 et 2** p. 232 à 235, les **études de cas** p. 224 et 228, le **dossier** p. 238.

Doc. 1 ▶ L'espace rural, de multiples usages.
Dessin de Chappatte, *Le Temps* (Suisse), avril 2018.

Conseil

- Pour comprendre le message du dessin, pensez que celui-ci ne répond pas à une question mais qu'il la pose.

Doc. 2 ▶ L'agriculture mondiale, un bel avenir

La population mondiale devrait augmenter de plus d'un tiers, soit 2,3 milliards de personnes, d'ici 2050. Parallèlement, les prévisions indiquent, pour 2050, une augmentation du revenu par habitant. La croissance économique mondiale prévue, d'environ 2,9 % par an, permettrait une réduction sensible, voire l'élimination quasi générale de la pauvreté absolue dans les pays en développement (PED).

Ces tendances signifient que la demande de consommation de produits alimentaires continuerait de croître. La demande de céréales (destinées à la consommation humaine et animale) pourrait atteindre quelque 3 milliards de tonnes d'ici à 2050, contre 2,1 milliards aujourd'hui.

Par ailleurs, le développement des biocarburants peut aussi faire progresser la demande mondiale de productions végétales.

La demande d'autres denrées alimentaires (produits animaux et laitiers…), plus sensible à la hausse des revenus dans les PED, augmentera encore plus rapidement que celle des céréales.

90 % de la croissance de la production agricole dans le monde devraient provenir de l'accroissement des rendements, le restant découlant de l'expansion des terres.

La superficie arable n'augmenterait que de 70 millions d'hectares (soit moins de 5 %). En effet, l'expansion d'environ 120 millions d'hectares (12 %) enregistrée dans les pays en développement sera compensée par un recul de 50 millions d'hectares (8 %) dans les pays développés.

L'augmentation de la superficie des terres cultivées dans les PED concernerait essentiellement l'Afrique subsaharienne et l'Amérique latine.

D'après « *Comment nourrir le monde en 2050* », *fao.org*, 2009.

Conseil

- Notez les chiffres :
  – de la croissance de la population mondiale ;
  – de la demande en céréales ;
  – de l'expansion des terres agricoles.

S'ENTRAÎNER AU BAC 22

Méthode BAC : p. 16-17

Question problématisée

CAPACITÉS

- Utiliser une approche géographique pour construire un argumentaire
- Produire un écrit construit et argumenté

Sujet : Les espaces ruraux : comment gérer la multifonctionnalité croissante et les conflits d'usages ?

ÉTAPE 1 Comprendre le sujet et rédiger la problématique

1. Lisez le sujet et réfléchissez aux mots clés :

Les espaces ruraux : comment gérer la multifonctionnalité croissante et les conflits d'usages ?

- gérer : Expliquez le terme « gérer ».
- multifonctionnalité : Qu'évoque le terme de « multifonctionnalité » ?
- conflits d'usages : Définissez « conflits d'usages »

2. À l'aide des réponses aux questions suivantes, définissez et reformulez la problématique du sujet : quelles sont les nouvelles fonctions des espaces ruraux dans le monde ? quels sont les différents types d'espaces ruraux ? la multifonctionnalité des espaces ruraux est-elle source de conflits ?

ÉTAPE 2 Mobiliser ses connaissances et organiser le plan

3. Reproduisez le **tableau** ; complétez-le en listant les informations et les exemples illustrant chacun des **thèmes**.

Thèmes	Informations	Exemples
L'agriculture, une activité qui se renouvelle	.... → *Utilisez le* ***cours 1*** *p. 232.*	.... → *Utilisez les* ***études de cas*** *p. 198 et 202, le* ***dossier*** *p. 214*
L'industrie présente dans les campagnes	.... → *Utilisez le* ***cours 2*** *p. 234.*	.... → *Utilisez les* ***études de cas*** *p. 224 et 228.*
La périurbanisation, facteur de diversification des espaces ruraux	.... → *Utilisez le* ***cours 2*** *p. 234.*	.... → *Utilisez les* ***études de cas*** *p. 224 et 228.*
L'espace rural, un espace pour le tourisme et les loisirs	.... → *Utilisez le* ***cours 2*** *p. 234.*	.... → *Utilisez le* ***dossier*** *p. 240.*
Des conflits d'usages	.... → *Utilisez le* ***cours 2 et 3*** *p. 234 et 236.*	.... → *Utilisez les* ***études de cas*** *p. 224 et 228.*
L'espace rural, gérer la multifonctionnalité	→ *Utilisez le* ***cours 3*** *p. 236.*	.... → *Utilisez les* ***études de cas*** *p. 224 et 228, le* ***dossier*** *p. 238.*

4. **Regroupez** les informations et exemples du tableau dans les **parties** et **paragraphes** de la réponse

1re partie *Des fonctions recomposées pour les espaces ruraux*		2e partie *Des conflits d'usages, une nécessaire gestion du patrimoine rural*	
1er paragraphe	*Des espaces ruraux agricoles*	1er paragraphe	*Des conflits d'usages liés à la diversité des fonctions des espaces ruraux*
2e paragraphe	*L'industrie présente dans les campagnes*	2e paragraphe	*Gérer la multifonctionnalité des espaces ruraux*
3e paragraphe	*La périurbanisation gagne le rural*		
4e paragraphe	*L'espace rural entre tourisme et pratiques de loisirs*		

ÉTAPE 3 Rédiger la réponse au sujet

Rédigez les deux parties de la réponse à l 'aide des deux tableaux.

→ *Utilisez les notions et expressions suivantes : « multifonctionnalité » ; « agriculture périurbaine » ; « écotourisme ».*

RÉVISER POUR LE BAC

Idées clés pour répondre à une question problématisée

IDÉE 1
Les défis d'une agriculture mondialisée

1 Une demande alimentaire en hausse
- On assiste à une augmentation de la demande alimentaire mondiale.
- La demande est globalement satisfaite, mais la **sous-alimentation** et la **malnutrition** persistent dans les pays pauvres.

2 Produire plus
- Le gain de terres est désormais limité.
- La hausse des rendements suit le **modèle productiviste**

3 L'essor de l'agriculture durable
- Le modèle productiviste est critiqué pour ses lourdes conséquences environnementales.
- De nouvelles formes d'agriculture se développent : **agriculture raisonnée, de précision, biologique**.
- La tendance est à promouvoir les circuits courts.

IDÉE 2
Des espaces ruraux de plus en plus multifonctionnels

1 Une diversification industrielle sous diverses formes
- Présence de l'industrie dans les campagnes : des activités anciennes se renouvellent grâce aux districts industriels et aux délocalisations d'usines.

2 Entre tourisme et loisirs
- Attractivité des paysages et des cultures locales (**écotourisme**).
- Impact important sur les territoires ruraux.

3 Des conflits d'usages qui se multiplient
- Multiples sources de conflits (État, ONG), rejet d'aménagement, concurrences pour les terres…
- Opposition entre acteurs locaux et extérieurs.

IDÉE 3
Quel avenir pour les espaces ruraux ?

1 La voie de la multifonctionnalité pour dépasser les fractures
- Les politiques d'aménagement valorisent la diversification des activités.
- D'importantes fractures territoriales perdurent néanmoins.

2 L'ancrage territorial pour répondre à la mondialisation
- Stratégie de **labellisation** (ex. : AOP) et de **patrimonialisation**.

3 L'espace rural : un patrimoine à gérer
- Multiplication des dispositifs de **protection** dans les campagnes (réserves naturelles, parcs nationaux ou régionaux…).
- Difficulté à concilier protection et développement.

Mots clés

À l'aide du cours p. 232 à 237, définissez les termes suivants :

- ☑ Agriculture durable
- ☑ Agriculture raisonnée
- ☑ Ancrage territorial
- ☑ Conflits d'usages
- ☑ Écotourisme
- ☑ Labellisation
- ☑ Malnutrition
- ☑ Modèle productiviste
- ☑ Multifonctionnels
- ☑ Patrimonialisation

Schéma pour comprendre et retenir

Complétez le schéma à l'aide des mots soulignés.

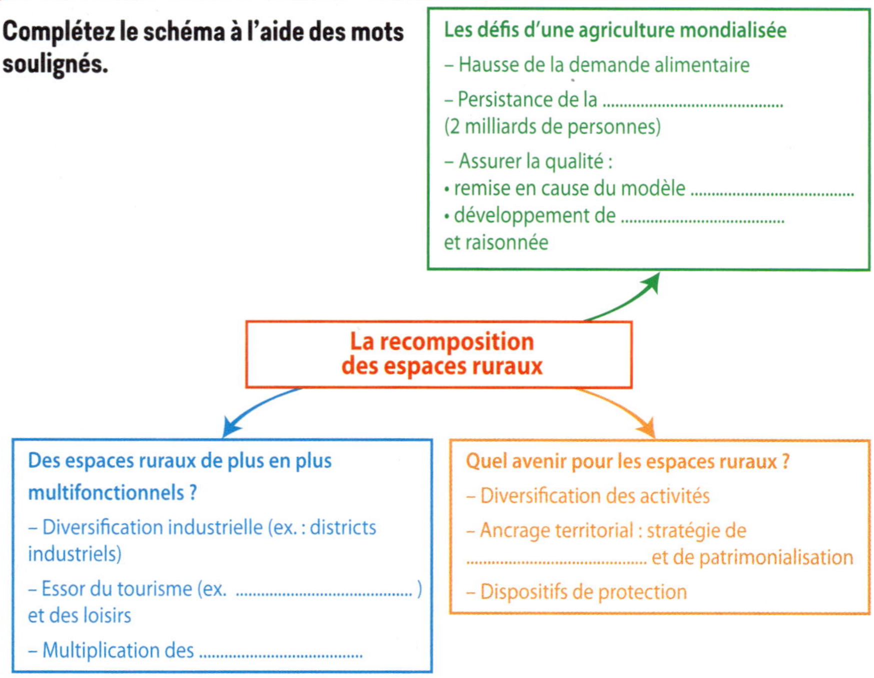

CHAPITRE 9

La France : des espaces ruraux multifonctionnels, entre initiatives locales et politiques européennes

De la problématique du document…

À quelles transformations sont sujets les espaces ruraux français ?

1. Localisez et décrivez la photographie. Montrez qu'il s'agit d'un espace à dominante rurale.
2. Quelles sont les nouvelles fonctions de cet espace rural ?
3. En quoi la photographie illustre-t-elle la multifonctionnalité des campagnes françaises ?

… aux problématiques du chapitre

> **En quoi les espaces ruraux français connaissent-ils une renaissance ?**

> **La multifonctionnalité est-elle l'avenir des espaces ruraux ?**

Éoliennes et champs de panneaux solaires dans le village d'Avignonet-Lauragais près de Toulouse (Région Occitanie)
Proche du Canal du Midi, le village est implanté au cœur d'un terroir agricole typique des campagnes du Midi aquitain. Le paysage et ses fonctions ont évolué. Le secteur énergétique et l'accueil des touristes (20 000 visiteurs par an) ont désormais une place majeure dans l'économie et la société villageoises.

Cartes Enjeux

Des espaces ruraux français fragmentés ?

1 Deux grands systèmes agricoles

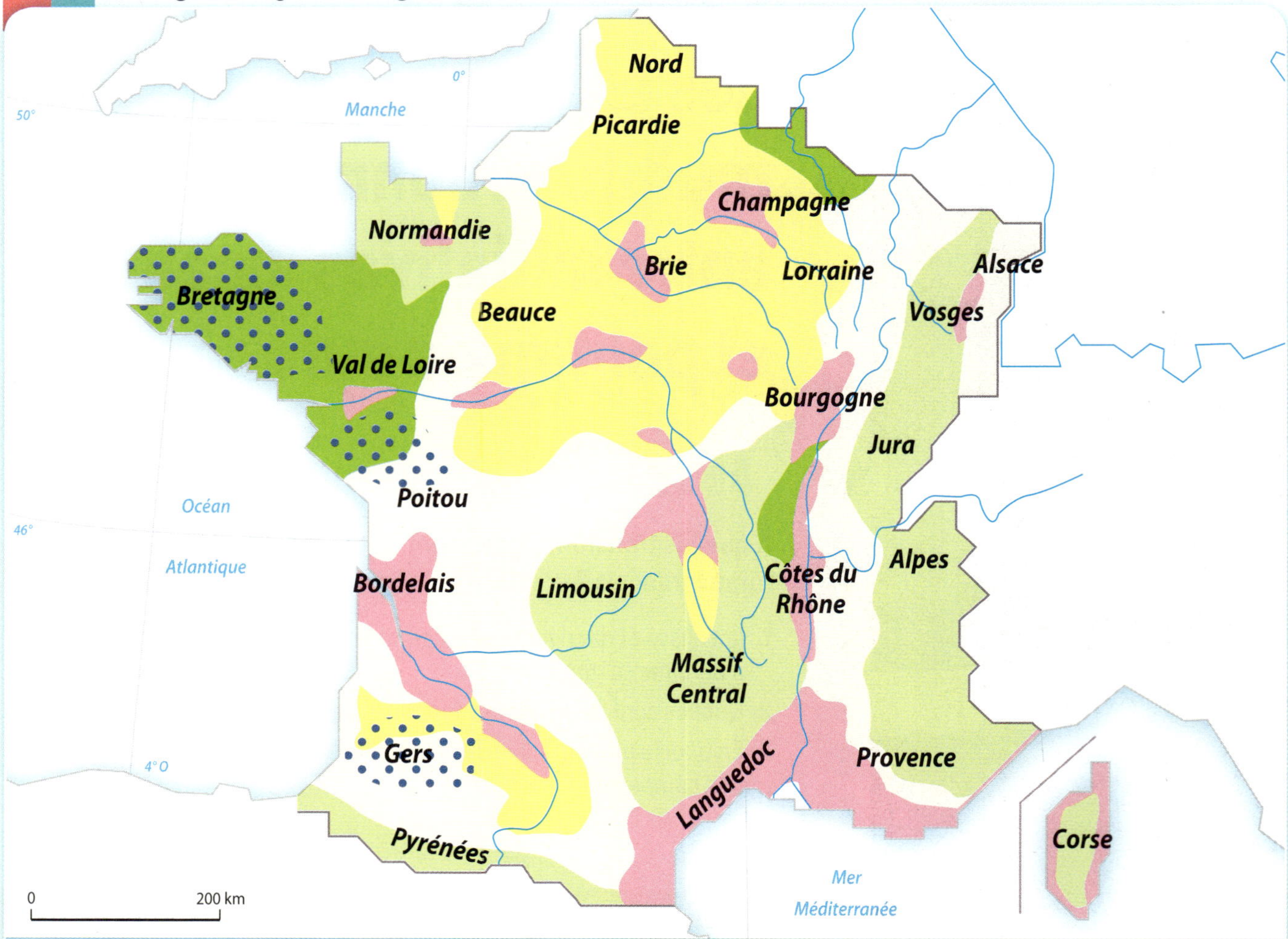

1. Agriculture intensive intégrée à l'industrie agroalimentaire

- Système céréalier et cultures industrielles
- Système d'élevage intensif (viande, lait)
- Agriculture spécialisée : vignobles, cultures maraîchères, arboriculture…
- Élevage porcin et/ou avicole

2. Agriculture extensive à faible productivité

- Polyculture et élevage
- Élevage dominant et/ou espace « naturel »

Source : Magnard, 2019.

Analyser les cartes

Carte 1

1 Pourquoi peut-on parler de deux modèles agricoles aux objectifs et au fonctionnement très différents ?

2 Localisez les régions agricoles françaises d'agriculture intensive et d'agriculture extensive.

Carte 2

3 Où se situent les zones rurales les plus dynamiques ?

4 À l'inverse, où se situent les espaces ruraux à faible densité et peu dynamiques ?

Mettre les cartes en relation

En vous appuyant sur ces deux cartes, montrez en quoi les espaces ruraux français sont « fragmentés ».

2 Trois France rurales

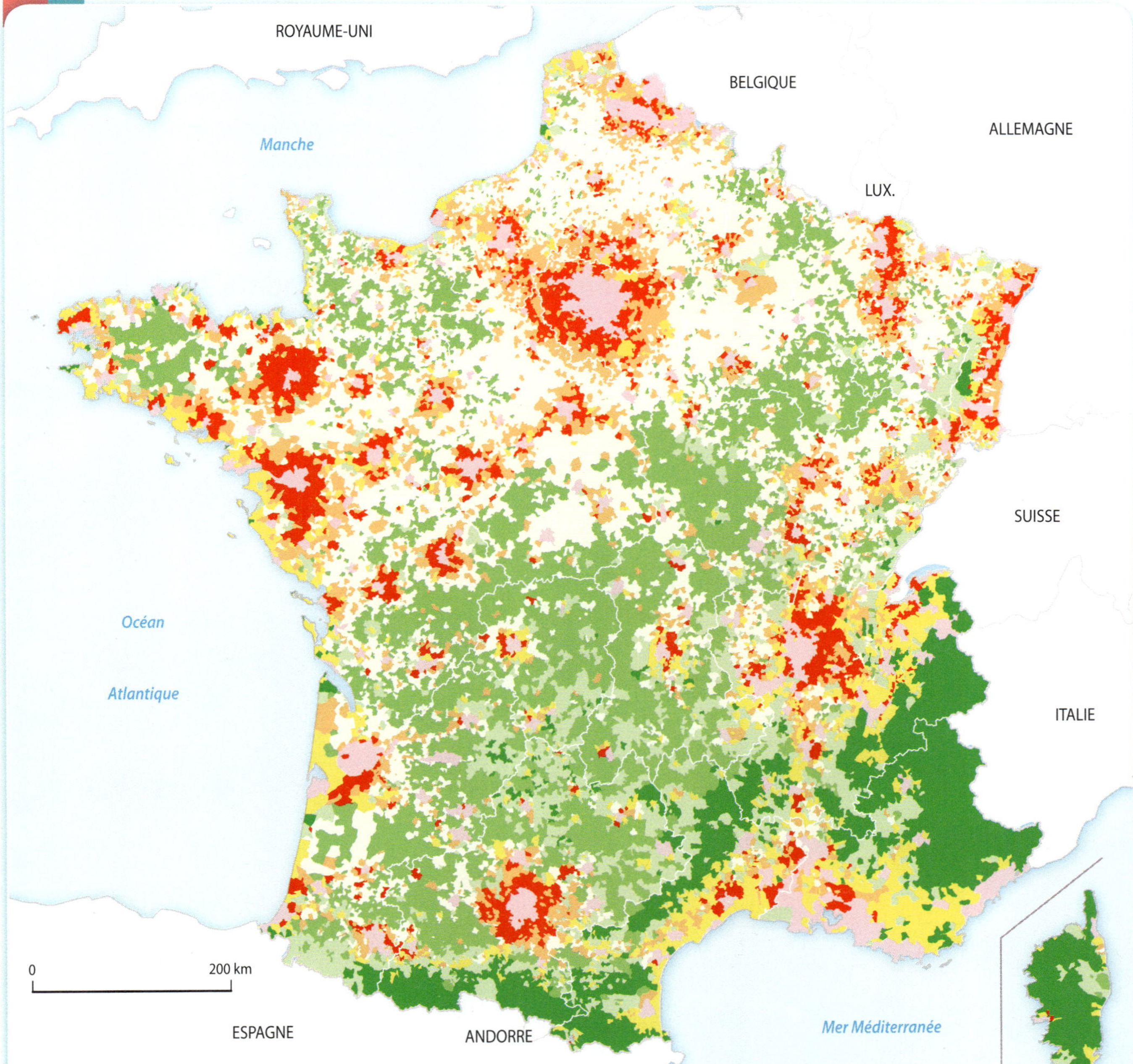

Traitement des données et conception de la typologie : INRA UMR 1041 CESAER / ufc-cnrs umr 6049 théma / Cemagref dtm metafort, 2011 d'après : IGN, INSEE, INRA UMR 1041 CESAER - Réalisation d'après CGET-DST-cellule carto, KH, 2015.

1. Campagnes périurbaines du littoral et des vallées urbanisées
- Campagne périurbaine
- Rural en voie de périurbanisation
- Rural à attractivité touristique résidentielle

2. Campagnes agricoles et industrielles
- Plus faible influence urbaine

3. Campagnes vieillies à très faible densité
- Rural agricole vieilli peu dense
- Rural à attractivité touristique résidentielle peu dense
- Rural à économie touristique très peu dense

4. Espaces urbanisés
- Unités urbaines supérieures à 10 000 emplois

ÉTUDE DE CAS

Les Cévennes, vers un territoire rural multifonctionnel ?

A Les Cévennes constituent un ensemble de moyennes montagnes à dominante rurale. Les villes proches, densément peuplées (Montpellier, Nîmes, Alès), exercent une influence croissante sur le massif.

B Longtemps dominés par l'agriculture traditionnelle, les paysages cévenols connaissent d'importantes transformations. De nouvelles activités gagnent ce territoire devenu multifonctionnel.

A Les Cévennes, un espace rural montagnard pour les citadins ?

1 ▶ Un espace récréatif pour les urbains
De nombreuses randonnées en Cévennes sont proposées à des citadins. La qualité des paysage, le calme des espaces ruraux constituent des atout majeurs de ce territoire pour attirer les habitants des métropoles.

Vidéo

Reportage

Un jour en Lozère : Cévennes authentiques
Office de tourisme, Gorges du Tarn, Causses, 3'19", 2019.
www.lienmini.fr/geo1-06

Fiche d'étude vidéo imprimable
www.lienmini.fr/geo1-07

2 ▶ Un territoire pour les néo-ruraux

À Sainte-Croix-Vallée-Française, en Lozère cévenole, un immense immeuble HLM fait aujourd'hui office de « plate-forme de départ pour ceux qui s'installent chez nous après des accidents de la vie » explique son maire Jean Hannart.

« Mon prédécesseur l'avait conçu il y a une trentaine d'années comme un tremplin pour les jeunes; il accueille aujourd'hui des familles en difficulté, qui peuvent louer un T3 pour 240 euros par mois ».

Ces « néo-ruraux » sont mieux acceptés par les locaux que ceux qui s'installent selon une tactique de plus en plus courue et désormais bien rodée, d'après l'élu: « Je vois des jeunes arriver, acheter un terrain, y construire une cabane; et puis la cabane devient maison sans qu'ait été signé le moindre permis de construire. Ils ne paient pas la moindre taxe d'habitation ou de ramassage des ordures, mais, parce qu'ils font vivre les commerces et contribuent à l'économie locale, je suis obligé de fermer les yeux ».

L'hebdo *Le un*, n° 201, 9 mai 2018.

3 ▶ Vivre à la campagne : une nouvelle ruralité

Maisons Guitard, constructeur de maisons individuelles dans l'Hérault et le Gard, 2019.

Publicité en ligne pour un lotissement pavillonnaire dans le village de Sumène.

maisons GUITARD JFM CONCEPT

4 ▶ Maîtriser l'urbanisation tout en développant la ville

Saint-Hippolyte-du-Fort, aux portes des Cévennes dans le Gard, connaît une croissance démographique depuis 1999 (3 399 habitants en 1999, 3 802 en 2009, 3 900 en 2015, avec la possibilité d'atteindre, à l'horizon 2022, 4 400 habitants environ).

En parallèle de cet accroissement de la population, l'urbanisation est grandissante. De nombreux espaces agricoles et naturels ont, au cours du temps, été occupés par une urbanisation peu dense et consommatrice d'espace.

Le projet communal repose sur la volonté d'assurer un équilibre entre la maîtrise de l'urbanisation, la préservation des espaces agricoles, la protection des espaces naturels. Il s'agit de maîtriser l'urbanisation grandissante.

La municipalité souhaite avoir la possibilité de réaliser d'autres types d'habitat que le logement individuel pavillonnaire majoritaire sur la commune : des petits collectifs, de l'individuel groupé…

De plus en plus d'habitants actifs se déplacent tous les jours vers les pôles d'emploi de Nîmes, Montpellier, Alès ou Le Vigan. La municipalité souhaite pouvoir inciter la population du bassin de vie à privilégier la proximité et les circuits courts, en créant un pôle artisanal et commercial intercommunal.

Extrait du *Plan local d'urbanisme de St-Hippolyte-du-Fort*, 2013.

Analyser et confronter les documents

Documents 1, 2 et 3

1. Quels atouts attirent les populations urbaines dans les Cévennes ?

2. Quels sont les profils de citadins qui s'installent dans cette région ?

Documents 2, 3 et 4

3. Comment l'espace cévenol est-il transformé par ces installations ?

Document 4 et vidéo

4. Quelles stratégies les acteurs locaux mettent-ils en avant pour assurer un développement équilibré de leurs territoires ?

▶ CONCLURE

Montrez les raisons de l'attractivité des Cévennes sur les citadins et les transformations spatiales qui en résultent.

B Les Cévennes, un territoire rural en mutation

5 ▶ Le *Pôle mécanique Alès* implanté au cœur des Cévennes
Complexe automobile de plus de 90 hectares regroupant cinq circuits asphaltés et cinq circuits en terre pour voitures, motos, karts, et plus de 90 entreprises liées aux sports mécaniques. Le site a créé de nombreux emplois et attire des milliers de passionnés.

6 ▶ L'essor du tourisme estival
Office de tourisme Cévennes d'Ardèche, Guide des campings 2018.

7 ▶ Des conflits d'usages liés au tourisme ?

Un camping géant, associé à un parc de loisirs, s'est développé à Thoiras dans les Cévennes. Un opposant à cet équipement touristique a écrit le texte ci-dessous sur son blog (extraits).

Le détournement massif des ressources hydriques au profit des implantations touristiques compromet l'approvisionnement en eau potable des populations permanentes [...].

Le détournement des terres cultivables au profit du tourisme entre en compétition déloyale avec les projets agricoles, en soustrayant les terres à leur usage agricole, en en faisant monter les prix de façon à les rendre inaccessibles aux agriculteurs déjà installés ou à ceux qui pourraient s'installer.

Les Cévennes concentrent les handicaps dans ces deux domaines : l'eau y est depuis toujours un bien rare (et le sera de plus en plus), et la terre cultivable un bien excessivement rare.

Ce n'est pas un hasard si l'*UNESCO* a classé l'ensemble « Causses et Cévennes » au Patrimoine Culturel Immatériel de l'humanité, en tant que vaste ensemble de vallées et plateaux ; ce que recherchent ici les touristes, ce sont le calme et une certaine intimité.

José Rodrigues dos Santos « Non à la disneylandisation des Cévennes », *Médiapart*, 2017.

8 ▶ Le parc national des Cévennes : un territoire de projets de développement durable

Créé en 1970, le Parc national des Cévennes (PNC) est l'un des dix parcs nationaux de France. Il est, en métropole, le seul parc national habité (67 000 habitants), y compris dans le cœur.

• Il se compose de 120 communes. Des règles spécifiques encadrent les activités humaines et visent à limiter les pressions sur le milieu naturel.

• Dans l'aire d'adhésion, le PNC accompagne des projets de développement durable compatibles avec une logique de protection.

• Le PNC contribue à la pérennisation d'une agriculture respectueuse de l'environnement et de la biodiversité, soutient le tourisme durable et valorise les services touristiques locaux (hébergements, restaurants, sites de visite, séjours, produits du terroir…).

cevennesparcnational.fr, 17 octobre 2018.

Parc national des Cévennes

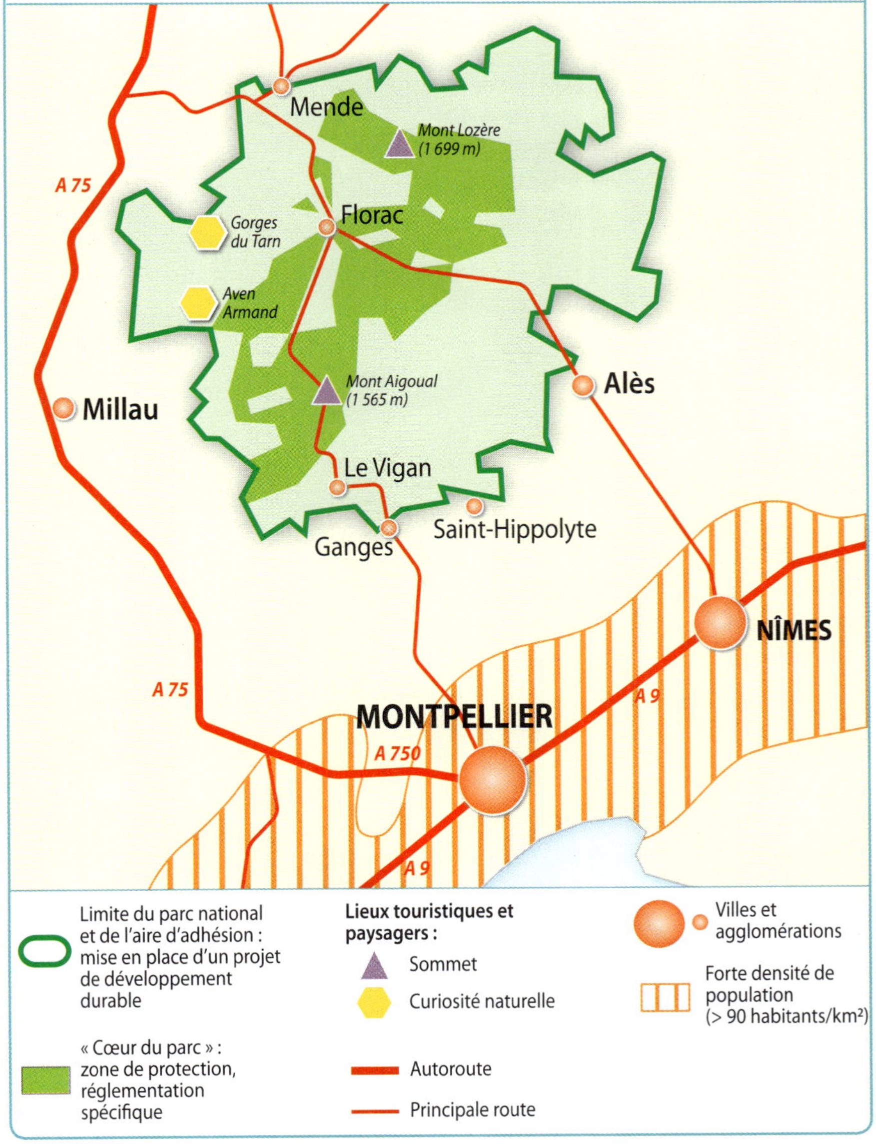

9 ▶ Un lieu touristique

Illustration Pierre-Marie Valat, *Encyclopédie du voyage Parc national des Cévennes* © Gallimard Loisirs, 2017.

Analyser et confronter les documents

Documents 5 et 6

1. En quoi les activités touristiques et l'aménagement du pôle mécanique d'Alès représentent-ils une mutation des paysages et une diversification de l'économie régionale ?

Document 7

2. Quels conflits d'usage apparaissent dans ce texte ?

Documents 8 et 9

3. Quels sont les enjeux et les missions du parc national des Cévennes ?

▶ CONCLURE

Montrez comment les différentes activités qui se développent dans les Cévennes s'efforcent de concilier renouveau économique et conservation du patrimoine.

Pour mettre en perspective à l'échelle française

Quel avenir pour les espaces ruraux en France ?

▸ Les espaces ruraux connaissent-ils une renaissance? → Cours 1 p. 258
▸ La multifonctionnalité est-elle l'avenir des espaces ruraux? → Cours 2 p. 260

ÉTUDE DE CAS

La Bretagne, un « modèle » agricole en recomposition ?

A Depuis les années 1950, la Bretagne a connu de profondes mutations, devenant la première région en France pour l'élevage et les industries agroalimentaires. Ce « modèle agricole » est toutefois remis en cause par l'impact négatif qu'il génère sur l'environnement.

B Dans ce contexte, le monde agricole breton tente de s'adapter, voire de se réorienter : essor de l'agriculture biologique, développement des filières courtes, diversification économique...

A Le « modèle » agricole breton contesté

Part de la Bretagne dans la production française (en %)

Bovins	37
Veaux	22
Porcs	58
Volailles	35
Charcuteries et conserves de viande	32

Source : AGRESTE

1 ▶ L'usine de poudre de lait de Carhaix, symbole de l'industrialisation de l'agriculture bretonne
Inaugurée en 2017, cette usine est un site ultramoderne de production de lait infantile. Financée initialement par un groupe chinois (*Synutra*), elle a été depuis rachetée par le premier groupe laitier français (*Sodiaal*) en 2018. Elle compte 400 salariés, produit 120 000 tonnes de poudre de lait par an et exporte sa production dans le monde entier dans le cadre d'un marché en pleine croissance.

2 ▶ Les tensions liées aux élevages hors-sol géants

Landunvez s'enorgueillit de ses plages de sable doré, mais la commune a gardé sa vocation agricole. Et dans le bourg, les tensions montent autour d'un élevage industriel de porcs, l'une des plus grandes usines à cochons de la région sur le point de s'agrandir – encore – pour atteindre une production de 26 000 porcs par an.

Cette fois, les riverains se rebiffent. Les protestataires dénoncent une étude d'impact insuffisante mais leurs griefs tiennent en un mot : trop. Trop d'odeurs, trop de lisier (22 200 tonnes par an annoncées), trop d'algues vertes dans le port de plaisance, d'eaux marron non identifiées ruisselant vers la mer, de tracteurs et d'épandage d'azote dans une zone déjà en excédent structurel, d'ammoniac, de poussières. Le tout à 250 mètres de l'école et à 1,5 kilomètre de la mer.

Martine Valo, *Le Monde*, 29 août 2016.

3 ▶ Les algues vertes, un problème environnemental lié au modèle agricole productiviste (Plomodiern, Baie de Douarnenez)

Les algues vertes sont une des conséquences négatives de l'usage massif d'engrais chimiques dans l'agriculture intensive et de rejets de lisier par les stations d'élevage de porcs.

4 ▶ Les entreprises agro-alimentaires, des acteurs incontournables

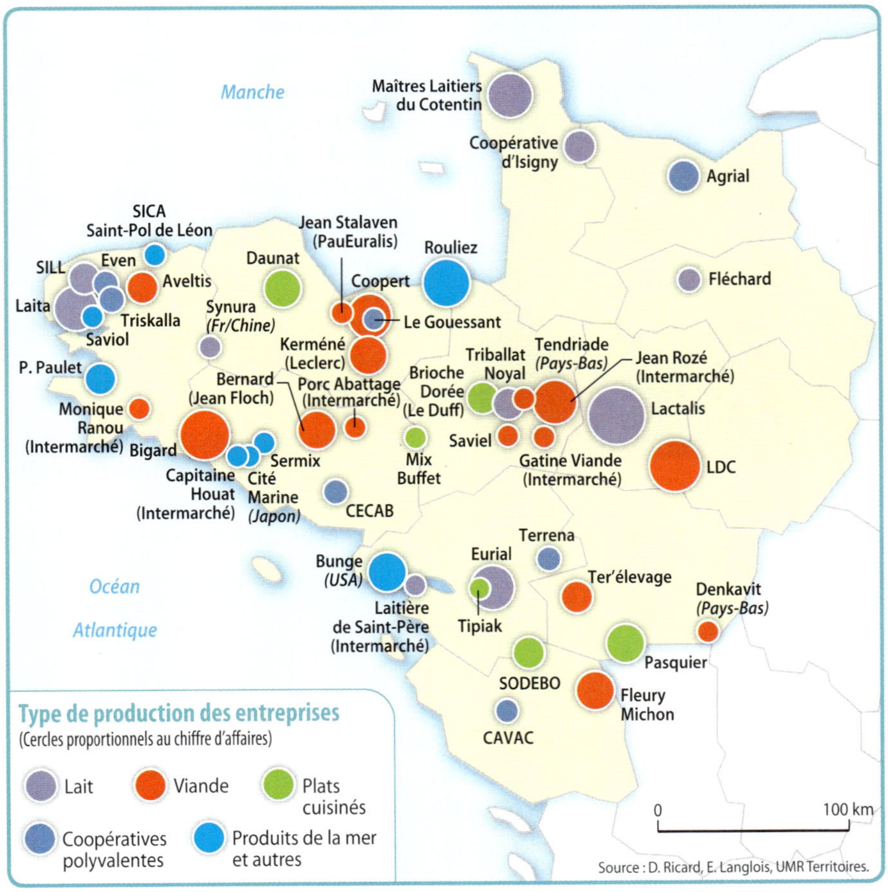

Analyser et confronter les documents

Documents 1 et 4

1. Dans quels secteurs agricoles et agro-alimentaires la Bretagne s'est-elle spécialisée ?
2. Pourquoi la Bretagne peut-elle être considérée comme une région agricole majeure à l'échelle nationale ?
3. En quoi cette usine témoigne-t-elle d'un mode de production agricole productiviste ?

Documents 2 et 3

4. Quelles sont conséquences de ce modèle agricole productiviste sur l'environnement ?

▶ CONCLURE

Montrez sur quoi repose la performance économique du modèle breton. Quelles en sont les conséquences négatives ?

ÉTUDE DE CAS

B Vers une transition rurale et agricole ?

5 ▶ L'essor de l'agriculture bio
Document d'information « d'Initiative Bio en Bretagne » (IBB), un réseau d'entreprises et d'acteurs bretons qui contribue au développement et à la promotion de la filière « Agriculture Biologique » et des produits biologiques.
bio-bretagne-ibb.fr, 2018.

6 ▶ Un village redynamisé grâce au développement durable

Langouët (village de 602 habitants situé à une vingtaine de kilomètres de Rennes) joue le jeu du développement durable : centrale solaire, logements sociaux passifs, maisons avec potagers et voitures électriques partagées et gratuites.

[...] la réussite écologique du village a fait des émules dans toute la région. « Nous sommes partis à trois communes, en 2005, pour s'entraider sur le développement durable, se souvient le maire. Et le réseau est aujourd'hui composé de 163 communes sur les cinq départements de la Bretagne historique. Le réseau commence à peser sur les décisions concernant les questions environnementales ».

Langouët est victime de son succès, à tel point que chaque année environ 300 personnes demandent à s'y installer. [...] Malheureusement, les terres sont rares dans ce village bientôt autonome sur le plan énergétique qui espère désormais atteindre l'indépendance alimentaire.

7 ▶ Les élevages se tournent vers la production d'énergie renouvelable
Créé en 2015, le site d'élevage de volailles, *La ville aux houx*, à Tredion dans le Morbihan, est le premier élevage à énergie positive de Bretagne. Les poulaillers sont couverts de panneaux solaires et chauffés par le lisier des volailles.

Analyser et confronter les documents

Documents 5 et 6

1. Pourquoi peut-on parler d'un essor de l'agriculture bio à l'échelle de la région ?

2. Quelles initiatives montrent la volonté du village de Langouët de s'inscrire dans une logique de développement durable ?

Document 7

3. Quelle perspective nouvelle pour les exploitations agricoles cet exemple d'élevage donne-t-il ?

▶ CONCLURE

Montrez que le monde rural et agricole breton tente de se réorienter vers un nouveau modèle plus respectueux de l'environnement.

Pour mettre en perspective à l'échelle française

La diversification des activités dans les zones rurales est un enjeu majeur pour leur permettre de rester attractives.

▶ Vers une renaissance des espaces ruraux français ? → Cours 1 p. 258
▶ Les espaces ruraux deviennent-ils multifonctionnels ? → Cours 2 p. 260

Reportage

Vidéo
Terres de Sources
France 3 Bretagne, 1'29", 2018.
www.lienmini.fr/geo1-23

Des initiatives pour développer l'agriculture bio

TERRES DE SOURCES
LES PRODUCTEURS D'ICI PROTÈGENT L'EAU

Une exploitation de 200 hectares du pays de Fougères, en Ille-et-Vilaine, a été sélectionnée pour approvisionner les écoles de Rennes en yaourts bio. Les producteurs ont fait le choix de pratiquer une agriculture de qualité respectueuse de l'environnement.

À propos du reportage

- Dans le cadre du projet, « *Terre de sources* », la ville de Rennes fait appel à une vingtaine de producteurs de son bassin pour approvisionner les écoles en produits bio. Cette initiative est soutenue par l'État qui assure une dotation de 300 000 euros.
- Un des principaux objectifs est de proposer une alimentation de qualité aux écoliers tout en préservant l'environnement, et plus particulièrement la qualité de l'eau de l'ensemble du bassin rennais.
- Le reportage montre une initiative conduite par les acteurs locaux permettant de favoriser l'agriculture bio.

Décrypter la vidéo

Réfléchir à la présentation et à l'organisation de la vidéo

1. Présentez la vidéo.
2. Comment est-elle construite ? Identifiez les différentes séquences.

Comprendre la vidéo

3. Quel est l'intérêt d'approvisionner les cantines scolaires en produits bio ?
4. Expliquez sur quels principes fonctionne cette exploitation agricole.
5. Quel lien peut-on faire entre la production agricole bio et la préservation de la qualité des cours d'eau ?
6. Pourquoi ce projet peut-il être qualifié de succès économique ?
7. Pourquoi l'État soutient-il ce genre de projet ?

Conclure

Dégagez les évolutions entre le « modèle agricole breton » productiviste et les projets centrés sur l'agriculture bio.

Fiche d'étude vidéo imprimable
www.lienmini.fr/geo1-24

Cours 1

Une renaissance des espaces ruraux français ?

CHIFFRES

Les espaces ruraux français

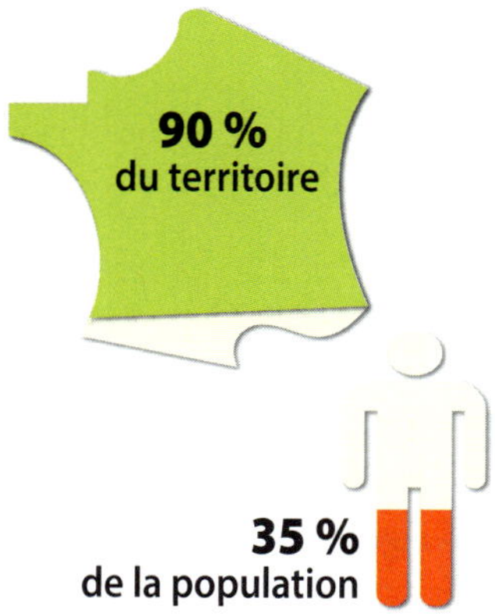

A. Les espaces ruraux, des espaces attractifs

- **Les espaces ruraux occupent les 9/10e du territoire de la France.** Ils se définissent par une faible densité de population et des paysages à dominante végétale où le bâti est peu dense et diffus.
- **Aujourd'hui, les campagnes sont globalement attractives.** Depuis 1975, elles gagnent de la population avec des taux de croissance élevés, plus de 1 % par an depuis les années 2000 ; cette croissance est deux fois supérieure à celle des espaces densément urbanisés. Elle est principalement liée à **l'attractivité migratoire** des communes situées à proximité des agglomérations, mais aussi à un **excédent des naissances** sur les décès [doc. 2].
- **Le bilan migratoire favorable des espaces ruraux** se traduit par l'installation de nouveaux habitants aux profils sociologiques diversifiés, attirés à la fois par des facteurs économiques (emplois, prix inférieurs du logement) et par une vision positive suscitée par les représentations de la **ruralité** : qualité de vie, image de nature… [doc. 1].

B. L'espace rural à l'ombre de la ville

- **La totalité de l'espace rural est intégrée dans la société urbaine. Les échanges sont nombreux** entre les cœurs des agglomérations et les zones peu denses : **mobilités quotidiennes** de travail, accès aux services, circuits alimentaires de proximité, usages récréatifs et touristiques, gestion des déchets et des ressources… [doc. 1].
- **Dans les campagnes, les bourgs-centres et les villes petites et moyennes** (entre 2 000 et 20 000 habitants) sont moteurs par l'offre d'emploi, de services et de commerces qu'ils proposent à leurs habitants.
- **Inversement, la ville s'empare aussi de ce qui faisait la spécificité du rural** : l'agriculture et l'alimentation. Beaucoup de **projets d'aménagement urbains** comportent de plus en plus souvent un volet agricole, y compris dans le centre des villes, avec l'essor des **jardins urbains** par exemple.

NOTION

Fragmentation rurale

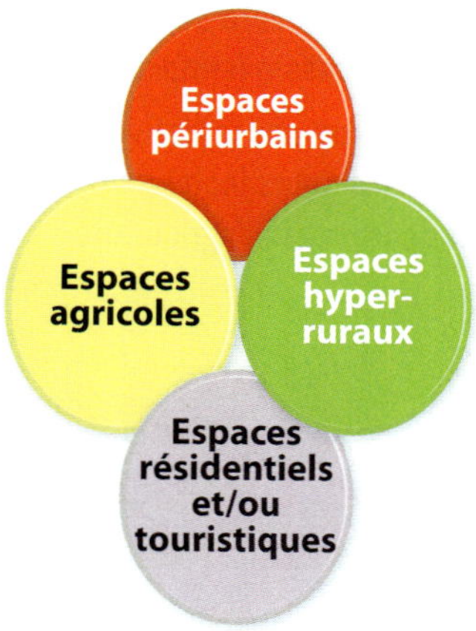

C. Une grande diversité de ruraux

- **La population rurale présente une forte diversité sociale.** Globalement, les ruraux sont plus âgés, moins qualifiés, avec trois catégories socioprofessionnelles bien représentées : **agriculteurs, ouvriers, employés**. Face à la dégradation de la conjoncture économique, l'espace rural assiste à l'arrivée de nouveaux résidents en situation précaire.
- **L'espace rural attire des catégories de population plus aisées** à la recherche d'une **meilleure qualité de vie** pour leurs projets familial et professionnel. Ce sont des cadres supérieurs, des chefs d'entreprise… qui peuvent utiliser le **télétravail*** ou qui sont très mobiles [doc. 4]. → Dossier p. 262
- **À l'opposé des espaces ruraux périurbains en croissance**, plus jeunes et actifs, avec des catégories socioprofessionnelles aisées et des classes moyennes, se situent **des campagnes de très faible densité** dites **hyper-rurales**, plus fragiles et isolées, vieillies, et aux revenus inférieurs à la moyenne nationale.
- **Une fragmentation rurale** s'affirme en France en raison de la diversité des habitants et des espaces ruraux, tant sur le plan social, économique que spatial.
→ Cartes enjeux p. 248

Définition

Ruralité
Représentation que la société se fait des campagnes : espaces peu denses, naturels…

* Lexique p. 298

1 ▶ Un espace rural attractif : Treffieux (Loire-Atlantique), janvier 2019.
Par sa position géographique, la commune attire des habitants. En 1990, la commune comptait 626 habitants, contre 862 en 2016.

2 ▶ Les campagnes françaises, une nouvelle démographie

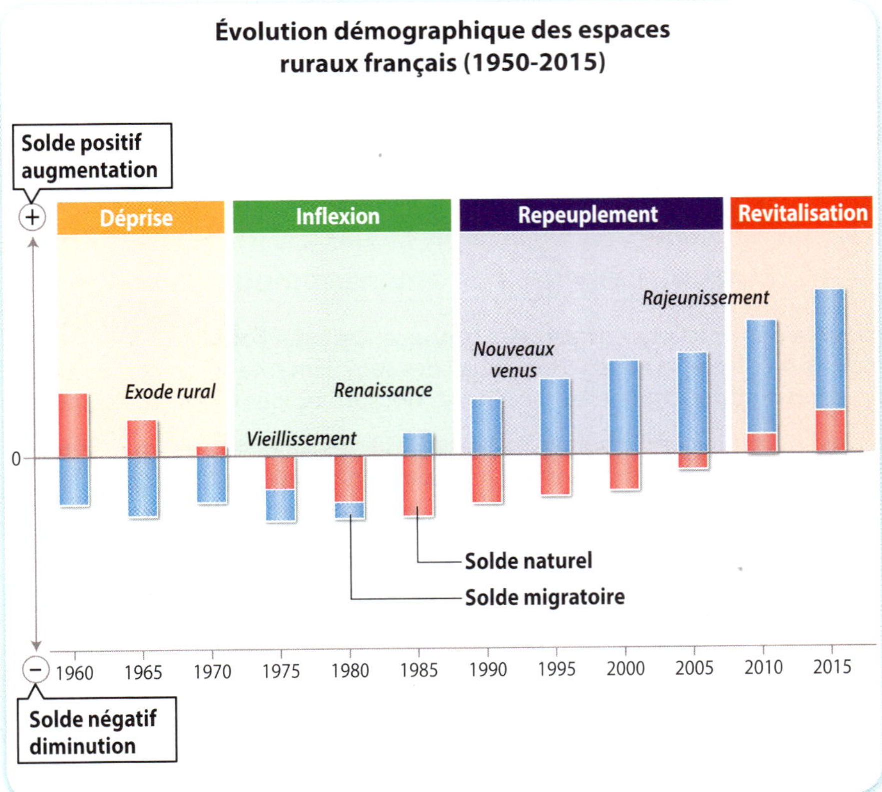

Doc bac

Analyse d'une photographie

Identifier la photographie

1. Localisez Treffieux, puis décrivez la photographie.
2. Quels sont les arguments utilisés par la municipalité pour inciter la population à s'installer à Treffieux ?
3. Pourquoi le panneau indique-t-il la proximité de Rennes et de Nantes ?

Exercer un regard critique

4. Toutes les communes rurales ont-elles les mêmes atouts que Treffieux ?

Comprendre la photographie

5. En quoi la photographie illustre-t-elle la diversité des espaces ruraux français ?

Cours 2

Des espaces ruraux multifonctionnels

CHIFFRES

Emplois ruraux

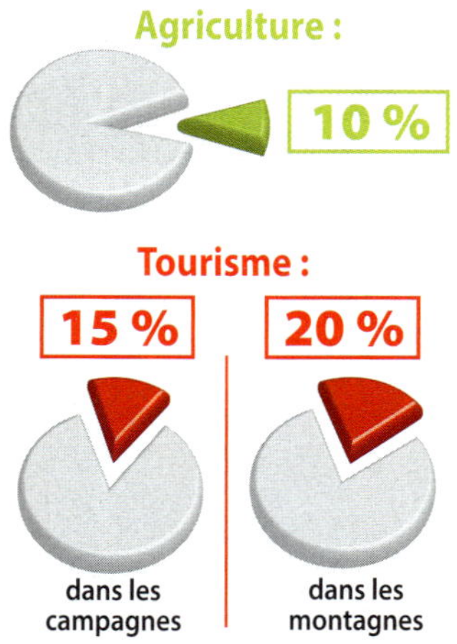

A. Des campagnes toujours agricoles

- **Dans les campagnes, l'agriculture est toujours présente.** L'agriculture représente 10 % des **emplois ruraux** et participe à l'entretien de l'espace. Associée directement à des emplois dans les services et l'industrie de transformation, elle participe à la **vitalité rurale**.
- **Les espaces agricoles français sont bien intégrés aux marchés internationaux,** grâce à la spécialisation, à l'agrandissement des exploitations, mais aussi à l'impulsion des **firmes de l'agroalimentaires** et de la **Politique Agricole Commune***. Quelques grands modèles se dessinent : systèmes de **grande culture** du Bassin parisien et de ses marges **[doc. 3]**; **élevage intensif** (lait, volailles, porcs) de l'Ouest ou plus **extensif** (fromages, viande) en montagne; **cultures spéciales** (vigne, fruits et légumes) des vallées et des plaines méridionales.
- **Cette agriculture combine différentes formes** : grande entreprise productive; exploitation recherchant une proximité des consommateurs via la vente directe; différenciation par des **labels*** de qualité (AOC, IGP, AOP) ou **agro-écologie** plus respectueuse de l'environnement (produits bio). → Carte enjeux 2 p. 249; étude de cas p. 254; dossier p. 266

B. L'espace rural, de nouveaux usages

On peut distinguer d'autres espaces ruraux en fonction de leur **activité dominante**.

- **Les campagnes industrielles** occupent 20 % des emplois, en particulier dans le Nord et le Nord-Est du pays. L'activité industrielle est le fait des **Industries agroalimentaires***(IAA), de petites et moyennes entreprises (PME).
- Des **espaces ruraux sont le théâtre d'une nouvelle ruralité** caractérisée par l'accueil de retraités, de résidences secondaires, et le développement des activités de **tourisme et de loisirs**. Des formes de « **gentrification** » gagnent le rural **[doc. 4]**.
- **Des espaces ruraux en marge** connaissent parfois un **renouveau autour de leur potentiel naturel**. Ils bénéficient de dispositifs de protection des ressources (forêts, cours d'eau), du maintien de la biodiversité (réserves et parcs naturels) et de la protection contre les risques (zones inondables, incendies...). → Étude de cas p. 250

C. L'espace rural, des enjeux d'aménagements

- **La pluralité des fonctions entraîne des concurrences pour l'espace** et des **conflits d'usages** ou d'aménagement, mais aussi des complémentarités comme dans les campagnes multifonctionnelles de l'Ouest, du Nord ou des Alpes touristiques.
- **Dans les couronnes périurbaines**, la pression sur les sols est forte, mais la **planification urbaine** tente de préserver des espaces naturels et agricoles.
- **Les espaces hyper-ruraux sont l'objet de nouvelles actions** (équipements numériques, services à la population) et bénéficient des **actions de l'Union européenne**, financées par des fonds communautaires (programme **LEADER***). → Dossier p. 266
- **Des actions plus locales de valorisation** s'appuient sur **l'organisation collective** des habitants (élus, entreprises, associations...), et sur les **ressources spécifiques** (agriculture de qualité, forêt, patrimoine culturel...), mais aussi sur les complémentarités avec les villes, en jouant sur **l'attrait résidentiel.** → Dossier p. 264

Définitions

Conflits d'usages
Concurrence entre plusieurs personnes ou plusieurs activités pour l'utilisation d'un espace et de ses ressources.

Espace hyper-rural
Espace rural peu peuplé, vieillissant, isolé et disposant de peu de services publics (école, poste) et de santé...

Gentrification rurale
Dans les campagnes, transformations sociale (installation de nouvelles classes sociales moyennes et supérieures) et spatiale (rénovation, reconversion du bâti).

* Lexique p. 298

3 ▶ La Beauce (Eure-et-Loire), un espace rural agricole

La Beauce est le grenier à céréales de la France et de l'Europe. La France, avec 17 % de la production en valeur, est le 1er pays agricole de l'Union européenne et le 5e exportateur mondial.

1 Silos à grains
2 Lotissement pavillonnaire

4 ▶ Les campagnes françaises, une nouvelle ruralité

Depuis les années 1980, on assiste à une recomposition des structures socioprofessionnelles des espaces ruraux. En même temps que les actifs agricoles et les ouvriers ont continué de décroître, le volume des actifs les plus qualifiés ont progressé sensiblement. Les effectifs de bacheliers ont été multipliés par 4 depuis 1982 dans les espaces ruraux et même par 6 dans les espaces moins denses.

Si l'accès des populations rurales aux études supérieures s'est amélioré, une part de cette croissance tient à l'installation de migrants. Ces derniers peuvent être qualifiés de « gentrificateurs » au regard de leur profil socioéconomique et culturel et des raisons pour lesquelles ils s'installent en milieu rural.

Certains sont motivés par le contexte environnemental : la recherche d'un jardin, d'un cadre de vie typique des campagnes périurbaines. D'autres ménages font le choix de ruptures plus radicales en quittant la ville et leur emploi pour s'installer dans des espaces très peu denses (Massif central par exemple), et concrétiser un idéal écologisant par une installation en agriculture biologique.

Si tous les espaces ruraux ne sont pas gentrifiés, certains sont exposés à ce processus, notamment là où s'exerce une économie touristique.

Yves Jean, Laurent Rieutort, *Les espaces ruraux en France*, © éd. Armand Colin, 2018.

Doc bac

Analyse d'un texte

Lire le texte

1. Quelles transformations socioprofessionnelles les espaces ruraux connaissent-ils ?
2. Quelle dynamique explique ces transformations ?
3. Pourquoi parle-t-on de gentrification des campagnes ?

Exercer un regard critique

4. Tous les espaces ruraux français connaissent-ils les mêmes mutations ?

Comprendre le texte

5. Comment se manifeste la nouvelle ruralité dans les campagnes françaises ?

DOSSIER POUR APPROFONDIR

LES ESPACES RURAUX transformés par la périurbanisation

- Les communes rurales sont souvent placées sous l'influence d'une ville. Une partie importante de leurs résidents travaille en ville mais bénéficie, en zone rurale, de logements moins chers et plus spacieux.
- La périurbanisation transforme fortement les communes rurales. De nombreux défis en termes de développement durable se posent aux élus locaux.

La ville à la conquête des espaces ruraux ?

1 ▶ Montbazon, aux portes de Tours (Indre-et-Loire)
Montbazon, située à 12 km de Tours, a vu sa population passer de 1700 habitants en 1946 à plus de 4 000 aujourd'hui. Cette transformation du territoire sous l'effet de la périurbanisation n'est pas sans poser de nombreux problèmes : 1300 hectares de terres agricoles ont été urbanisés.

Vidéo

Reportage

L'étalement urbain en Indre-et-Loire
TV Tours, 2'48'', 2013.
www.lienmini.fr/geo1-09

Fiche d'étude vidéo imprimable
www.lienmini.fr/geo1-10

2 ▶ Des espaces ruraux multifonctionnels : Houtaud (département du Doubs, Bourgogne-France Comté)

Houtaud, proche de Pontarlier, a vu sa population passer de 182 habitants en 1946 à plus de 1000 aujourd'hui, et son espace rural se transformer profondément.

1 zone commerciale et artisanale

2 lotissements

3 ▶ Évolution de l'artificialisation des sols en France

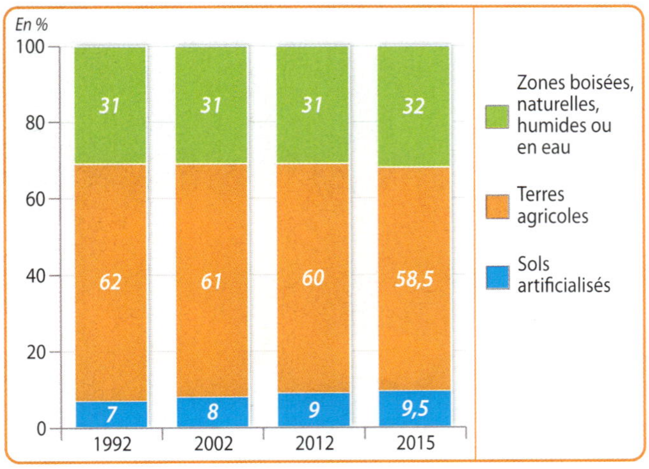

4 ▶ Une urbanisation à risques

L'emprise des villes sur les espaces ruraux est croissante ; celles-ci ont tendance à s'étaler, une partie des activités urbaines se dispersant dans les campagnes environnantes formant ainsi des espaces périurbains au sein desquels les sols artificialisés s'étendent. Près de la moitié des surfaces artificialisées entre 2006 et 2014 l'ont été pour de l'habitat, qui couvre en 2014 plus de 40 % des sols artificialisés

Or, un sol imperméabilisé est un sol perdu, sans réversibilité : la biodiversité est affectée par la perte d'habitats naturels et la contamination des milieux ; les espèces spécifiques disparaissent au profit d'espèces plus généralistes, voire invasives. La structure du sol est, elle aussi, détruite.

Les impacts de l'artificialisation se manifestent également sur l'hydrologie (ruissellement accru pouvant provoquer des inondations), la création d'îlots de chaleur, la pollution de l'air, le bruit…

Les impacts de l'artificialisation des sols en zones périurbaines sont aussi très fortement ressentis au niveau de l'agriculture : pression foncière à l'origine d'une augmentation du prix des terres, fragmentation des territoires agricoles, difficultés d'exploitation.

Et pourtant, l'artificialisation des sols répond à des besoins des sociétés humaines et permet de satisfaire les multiples besoins en logement, en immobilier tertiaire, en zones économiques et en infrastructures de transport.

Rapport de l'INRA, mai 2018.

Prolonger le cours

Documents 1, 2 et 4

1. Quelles transformations les espaces ruraux périurbains connaissent-ils ?
2. Expliquez la phrase surlignée dans le texte 4.

Documents 2, 3 et 4

3. Quelles sont les conséquences de la périurbanisation sur les milieux naturels ? Sur les activités agricoles ?

SYNTHÈSE

À quels défis les espaces ruraux périurbains sont-ils confrontés ?

DOSSIER

POUR APPROFONDIR

L'avenir des espaces hyper-ruraux français

Les espaces hyper-ruraux, quels enjeux de développement ?

- Les espaces hyper-ruraux* réunissent 8 % de la population sur plus de 40 % du territoire français. Ils sont marqués par le vieillissement de leur population, l'isolement, la faiblesse des revenus et de l'activité économique.
- Néanmoins, ils disposent d'atouts naturels favorables au développement du tourisme, et sont parfois devenus attractifs pour des populations séduites par la qualité de leur cadre de vie.

1 ▶ Village de vacances (VVF Village) à Bassignac dans le Cantal
Le Cantal est un espace de faible peuplement. Le riche patrimoine naturel (forêts, lacs, reliefs volcaniques...) constitue un potentiel favorable à l'essor du tourisme vert* et à l'implantation de villages de vacances (ici, village de l'association VVF, Villages Vacances Familles).

2 ▶ Des moyennes montagnes en marge

On parle d'hyper-ruralité pour désigner les espaces moins bien insérés dans l'économie mondialisée et peu dynamiques.

En France, ce sont les espaces les moins accessibles, connaissant les plus fortes pertes de populations ; ils se situent dans les régions de moyenne montagne, dans des départements comme la Creuse dans le Massif central.

De même, les Vosges connaissent un déclin démographique qui se double d'un certain isolement spatial par rapport aux centres urbains, les bourgs ruraux y étant particulièrement touchés par la désertification et la fermeture des services publics.

Les Ardennes sont également une marge rurale touchée par la déprise agricole et la crise industrielle.

Eloïse Libourel, *Géographie de la France*, © éd. Armand Colin, 2017.

3 ▶ Les espaces hyper-ruraux français

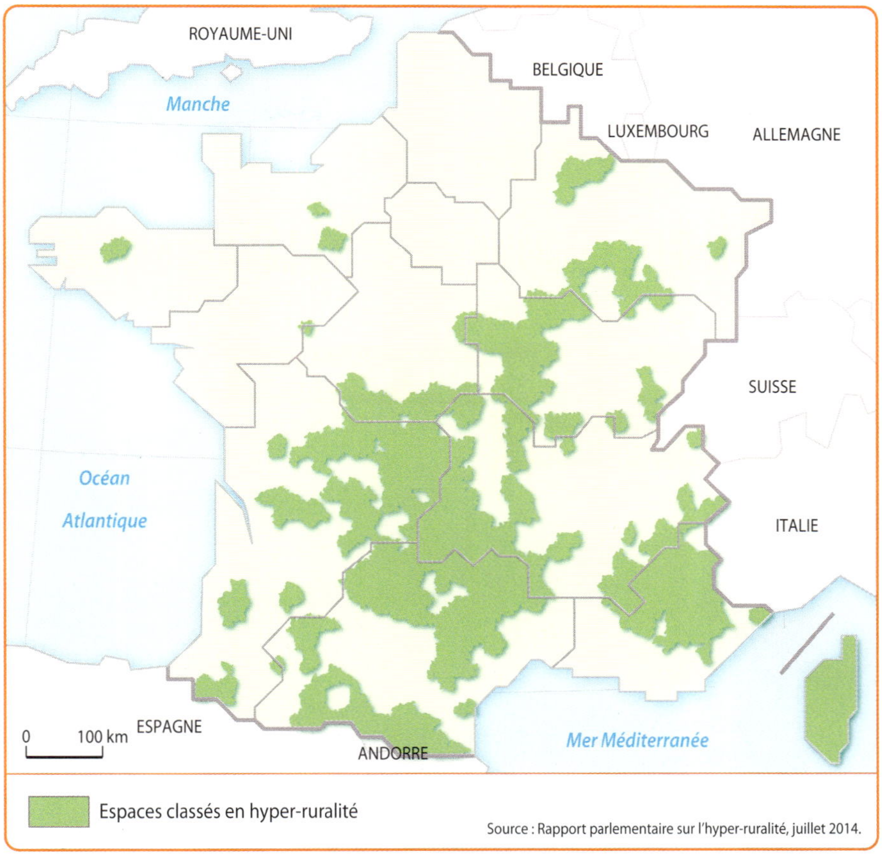

Source : Rapport parlementaire sur l'hyper-ruralité, juillet 2014.

4 ▶ Les déserts médicaux

Dessin de Deligne
L'écho républicain, 2016.

5 ▶ Les néo-ruraux investissent le rural

Magazine *Village*, août 2017.

Prolonger le cours

Documents 1, 2 et 3

1. Localisez les espaces hyper-ruraux. À quel type de relief correspondent-ils ?

Documents 1, 4 et 5

2. Relevez et classez les handicaps et les atouts des espaces hyper-ruraux.

SYNTHÈSE

Quel développement peut-on envisager pour les espaces hyper-ruraux français ?

DOSSIER

POUR APPROFONDIR

LA GUADELOUPE

L'agriculture des territoires d'outre-mer

L'agriculture de la Guadeloupe, valorisée par l'Union européenne ?

- À l'instar de La Guadeloupe, l'agriculture des espaces ruraux d'outre-mer se heurte à de multiples difficultés : contraintes naturelles climatiques, insularité et faible superficie, éloignement des marchés et surtout concurrence internationale.
- Ces territoires d'outre-mer bénéficient de programmes de l'Union européenne de mise en valeur de leur potentiel agricole, ainsi que d'actions de valorisation locale.

1 ▶ Plantation de café à la Grivelière en Guadeloupe

L'Union européenne soutient les producteurs de café dans le cadre du Programme d'Options Spécifiques à l'Éloignement et à l'Insularité (POSEI). Le POSEI a pour but d'améliorer la compétitivité économique et technique des filières agricoles en tenant compte de leurs handicaps géographiques et économiques.

2 ▶ Une initiative locale, la « banane équitable »

Les producteurs de Guadeloupe et de Martinique ont annoncé le lancement d'une marque « Banane française équitable ». L'objectif: garantir un revenu aux exploitations les plus modestes.

En 2015, les producteurs antillais avaient déjà lancé la « Banane française ». Une gamme de fruit premium, vendue à la pièce et entourée d'un ruban bleu blanc rouge signifiant clairement son origine.

« Le concept a bien fonctionné, la marque est maintenant distribuée dans près de 2 100 magasins et nous espérons atteindre le seuil des 3 000 échoppes d'ici fin 2018 », indique le directeur de l'Union des groupements de producteurs de bananes (UGPBAN).

La « Banane française équitable » reprendra les mêmes codes de présentation que sa grande sœur. Avec cette nouvelle appellation, *« nous souhaitons soutenir les petites exploitations familiales, de trois à cinq hectares, qui produisent moins de 500 tonnes de banane par an »*, explique le directeur.

Grâce à cette marque, chaque banane pourra être vendue 5 centimes d'euros plus cher, soit 50 centimes au lieu de 45 avec la « Banane française ». De quoi assurer un prix fixe au producteur tout au long de l'année.

Pour obtenir l'appellation, les cultivateurs devront respecter un cahier des charges prenant en compte des normes environnementales, sociales et qualitatives.

Louis Delatronchette, *Le Figaro économie*, 1er mars 2018.

3 ▶ L'Union européenne soutien les producteurs de bananes

La campagne vise à soutenir les producteurs des régions ultrapériphériques* de l'Europe, en informant les consommateurs européens sur les atouts de ces produits et ainsi accroître leur notoriété.
exotictasteofeurope.eu, 2017.

Prolonger le cours

Documents 1 et 4

1. Quelles sont les contraintes et les difficultés de l'agriculture en Guadeloupe ?

Documents 1 et 3

2. Comment l'Union européenne agit-elle pour valoriser l'agriculture guadeloupéenne ?

Document 2

3. Qui est à l'origine du lancement de la « banane équitable » ?
4. Quels sont les buts poursuivis ?

SYNTHÈSE

En vous appuyant sur l'exemple de La Guadeloupe, montrez comment se réalise la valorisation de l'agriculture des territoires d'outre-mer.

4 ▶ L'agriculture guadeloupéenne en perte de vitesse

Évolution de la surface agricole utile (SAU) des exploitations agricoles

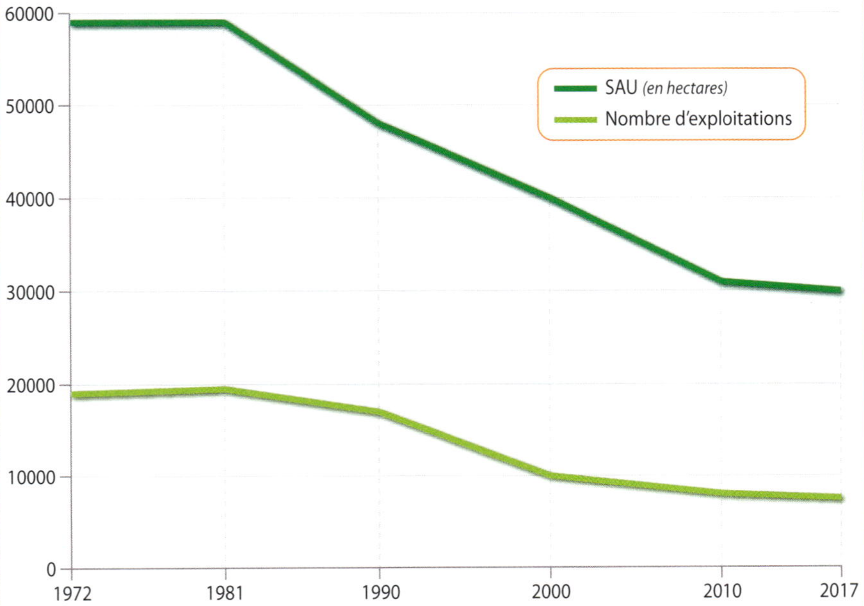

Source : *Agreste Recensement agricole*, 2018.

S'ENTRAÎNER AU BAC 23

Méthode BAC : p. 14-15

➘ **Réaliser un croquis**

CAPACITÉS

- Réaliser des productions cartographiques
- Transposer un texte en croquis

Sujet À l'aide du texte, réalisez le croquis : « La France, des espaces ruraux multifonctionnels ».

Conseils

- Notez le **titre** du texte, il indique celui du croquis.
- Relevez les **sous-titres** du texte, ils donnent des indications pour établir les rubriques de la légende du croquis.
- Surlignez les informations qui permettent de localiser les différents types de campagnes.

Des campagnes françaises

Les espaces ruraux français connaissent de fortes mutations. Il n'y a pas une campagne française, mais des campagnes aux fonctions très diverses.

Les campagnes dynamiques proches des grandes villes

La périurbanisation s'est largement diffusée dans les périphéries urbaines, plus ou moins largement selon l'importance de la ville. Elles sont caractérisées par une forte croissance résidentielle et une économie diversifiée : agriculture, centres commerciaux, lotissements s'y côtoient.

Les campagnes résidentielles et touristiques

Bordant les littoraux de la Manche, de l'océan Atlantique et de la Méditerranée, occupant les espaces montagnards (Pyrénées, Alpes…), ou remontant dans les vallées (vallée du Rhône, couloir alsacien…), ces campagnes se sont ouvertes au tourisme. Sports d'hiver, parcs naturels, économie résidentielle… ont revitalisé des espaces ruraux à faibles revenus et éloignés des services courants.

Les campagnes agricoles et industrielles

Ces territoires ruraux (Bassin parisien, Bretagne…), sont à l'origine de la puissance agricole de la France. L'industrie est présente dans les villes moyennes, notamment celles du secteur agroalimentaire.

Les campagnes vieillies à faible densité

Ces campagnes occupent une diagonale qui s'étire des Pyrénées jusqu'au Nord-Est en passant par le Massif central et une partie des régions de l'Ouest. Certaines sont classifiées en espaces hyper-ruraux. L'agriculture y est difficile, les densités de population et d'équipements faibles, au point que l'on parle pour ces territoires, d'une « diagonale du vide ».

ÉTAPE 1

Lire le sujet et le texte d'accompagnement

1. **Lisez le sujet.**
   – À quel territoire le sujet s'applique-t-il ?
   – Expliquez l'expression « espaces ruraux multifonctionnels ».
2. **Lisez le texte d'accompagnement.**
   – Justifiez le titre du texte.
   – Relevez les quatre sous-titres des paragraphes du texte : comparez les titres aux rubriques de la légende du croquis. Les rubriques de la légende répondent-elles à la question posée par le sujet ?

– Reproduisez le tableau, puis notez les noms des espaces concernés.

→ *Utilisez les* ***repères spatiaux****, rabat avant du manuel et p. 80 ; la* ***carte enjeux 1*** *p. 248.*

Les campagnes dynamiques proches des grandes villes	Les campagnes résidentielles et touristiques	Les campagnes agricoles et industrielles	Les campagnes vieillies à faible densité
Ex. : Paris, Lyon…	…………	…………	…………

Conseils

- Observez le fond du croquis pour connaître les limites de l'espace à cartographier.
- Utilisez le langage cartographique (rabat arrière du manuel).

Croquis interactif

www.lienmini.fr/geo1-69

Croquis et légende imprimables

www.lienmini.fr/geo1-68

▶ Croquis : ....

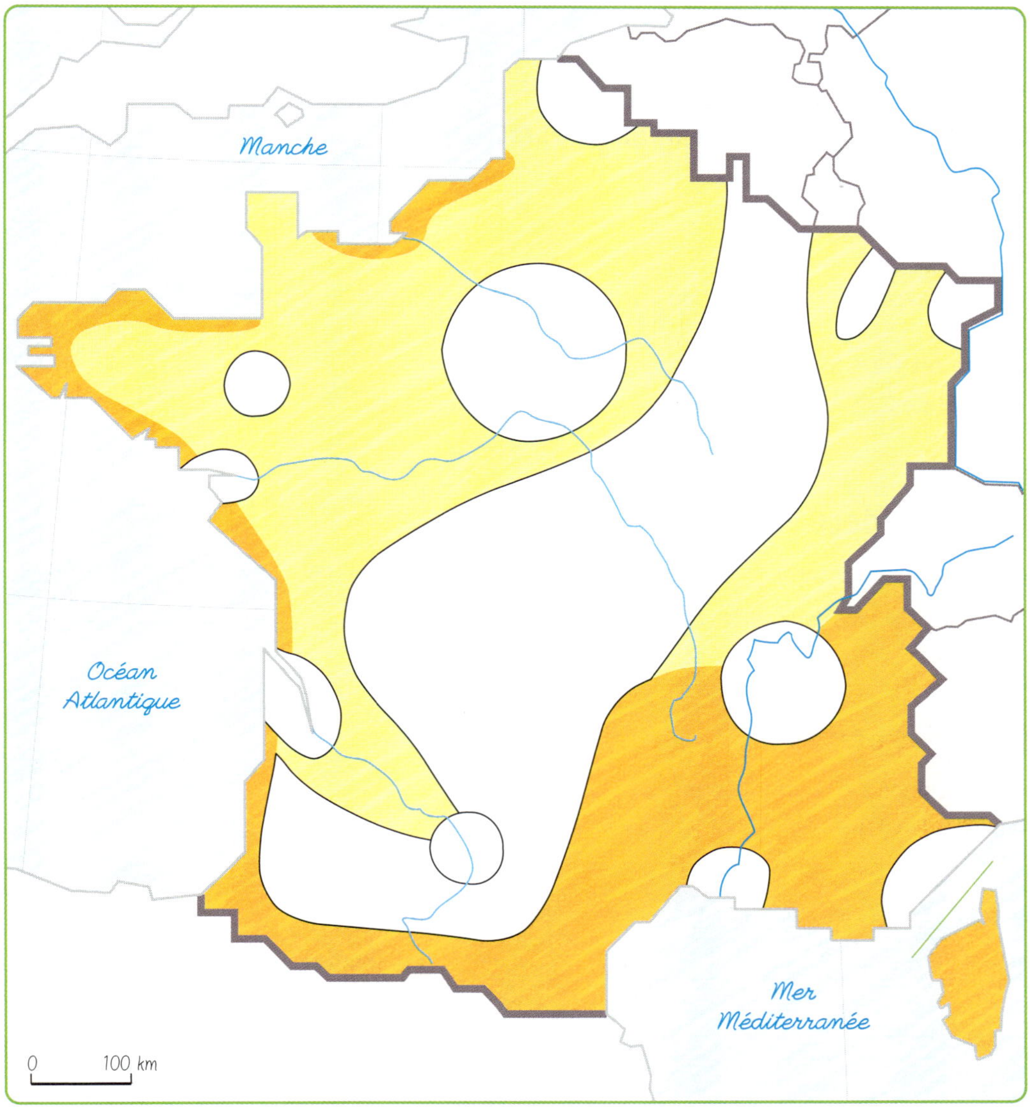

Légende

Rubrique 1

....

....

Rubrique 2

....

....

Rubrique 3

....

....

Rubrique 4

....

....

ÉTAPE 2

Organiser la légende et choisir les figurés

3. Classez les informations.
Comparez les informations du tableau p. 268 avec celles de la légende. Quels sous-titres correspondent aux rubriques de la légende ? Complétez la légende.

4. Choisissez les figurés
Quel est le type de figurés le plus utilisé sur le croquis ? Pourquoi ?

ÉTAPE 3

Réaliser le croquis

5. Reproduisez ou téléchargez le croquis et sa légende.

6. Mettez en forme la légende et dessinez le croquis.

– Reportez, sur le croquis, les figurés de la légende correspondant aux campagnes dynamiques proches des grandes villes et aux campagnes vieillies à faible densité.

– Complétez la légende en reportant les informations qui conviennent.

– Complétez la nomenclature : noms figurant dans le texte et noms des villes ; donnez un **titre** au croquis.

7. Vérifiez si le croquis possède tous les attributs d'un bon croquis.

→ *Aidez-vous de la **méthode** p. 15.*

S'ENTRAÎNER AU BAC 24

Méthode BAC p. 12-13

Analyse de documents

CAPACITÉS

- Savoir lire, comprendre et critiquer des documents
- Produire un écrit construit et argumenté

Analyser deux cartes topographiques

Sujet Des espaces ruraux multifonctionnels

Questions

1. Quelles transformations a connu l'espace rural autour de la ville de Cabestany entre les années 1950 et aujourd'hui ?
2. Quel processus est à l'origine de ces transformations ?
3. Dans quelle mesure l'espace rural de Cabestany est-il un espace multifonctionnel ?

ÉTAPE 1 Identifier les documents

1. Quel est le type des deux cartes ? Notez la date de chaque carte.
2. Quelles informations sont représentées sur les deux cartes topographiques ?

Conseil

- La carte topographique représente le relief, la végétation, l'habitat, les routes, et certaines activités économiques, au moyen de figurés spécifiques.

ÉTAPE 2 Analyser les cartes

3. Décrivez la carte 1. Où est situé Cabestany par rapport à Perpignan ? Quelle est l'activité dominante de l'espace rural de Cabestany dans les années 1950 ?
4. Décrivez la carte 2.
5. Reproduisez le **tableau** et complétez-le avec les informations tirées de l'analyse de la carte.

Thèmes	Informations
Habitat	....
Activités économiques et sociales	....
Agriculture	....
Équipements: routes, écoles (Éc.), collège (Coll.)...	....

6. Comment peut-on expliquer les transformations de l'espace rural de Cabestany ?
   → *Utilisez les **cours** p. 258 et 260, le **dossier** p. 262.*
7. Montrez que l'espace rural de Cabestany est un espace multifonctionnel.

Rédiger la réponse au sujet

Introduction *Les deux cartes topographiques permettent de découvrir les mutations d'un espace rural proche d'une grande ville.*

1er paragraphe *Entre les années 1950 et aujourd'hui, la petite ville de Cabestany a connu de nombreuses transformations.*
→ *Décrivez les transformations de l'espace rural à l'aide des informations réunies dans le tableau.*

2e paragraphe *La périurbanisation est le processus qui explique l'évolution de l'habitat et des activités présentes sur le territoire de Cabestany. Celle-ci se justifie par la proximité géographique de Perpignan. L'espace rural est désormais multifonctionnel.* → *Définissez « périurbanisation » et « multifonctionnel ».*

Conclusion *La périurbanisation est un facteur essentiel de la transformation des campagnes françaises.*

Doc. 1 ▶ Extrait de la carte topographique (Institut géographique national) de Perpignan **en 1950** (échelle : 1/50 000)

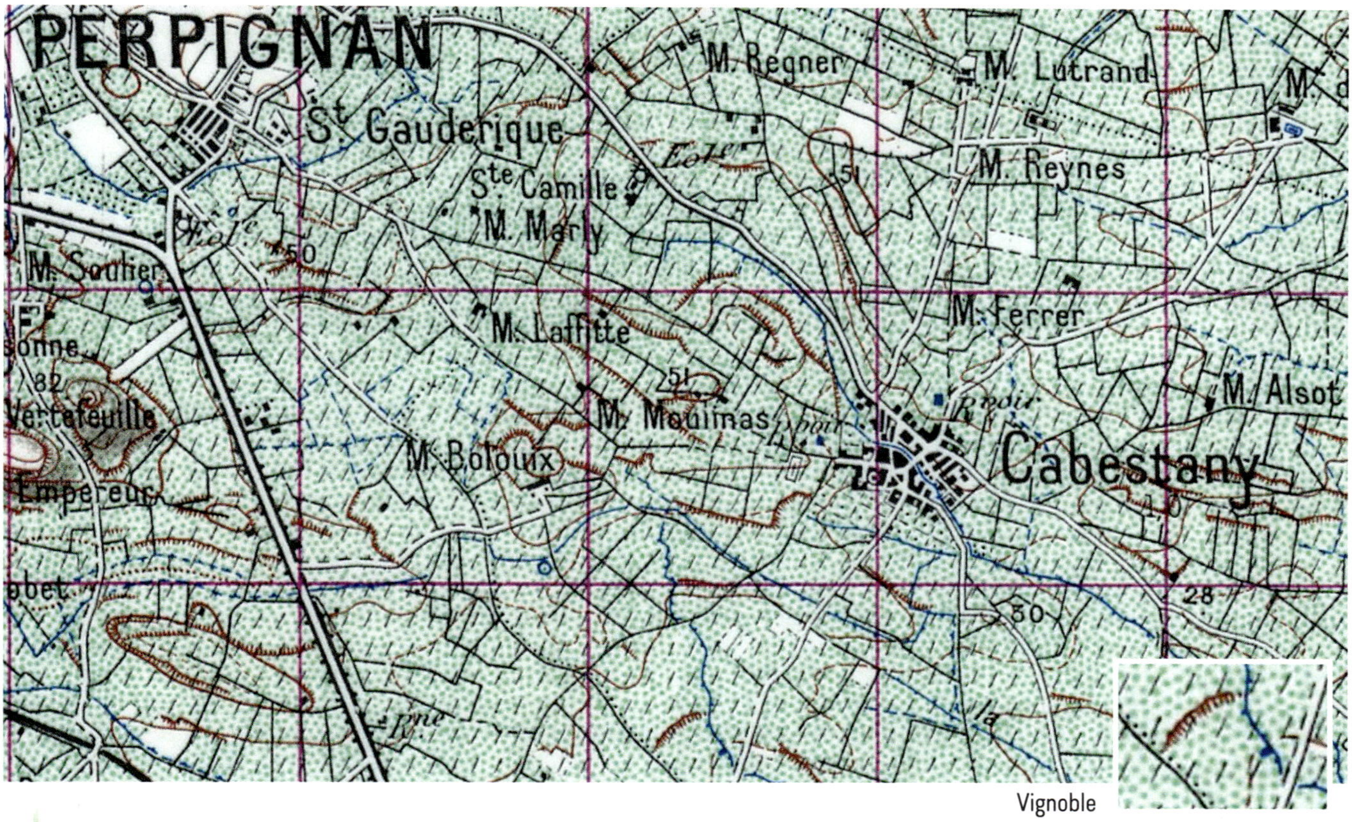

Vignoble

Doc. 2 ▶ Extrait de la carte topographique (Institut géographique national) de Perpignan **en 2018** (échelle : 1/25 000)

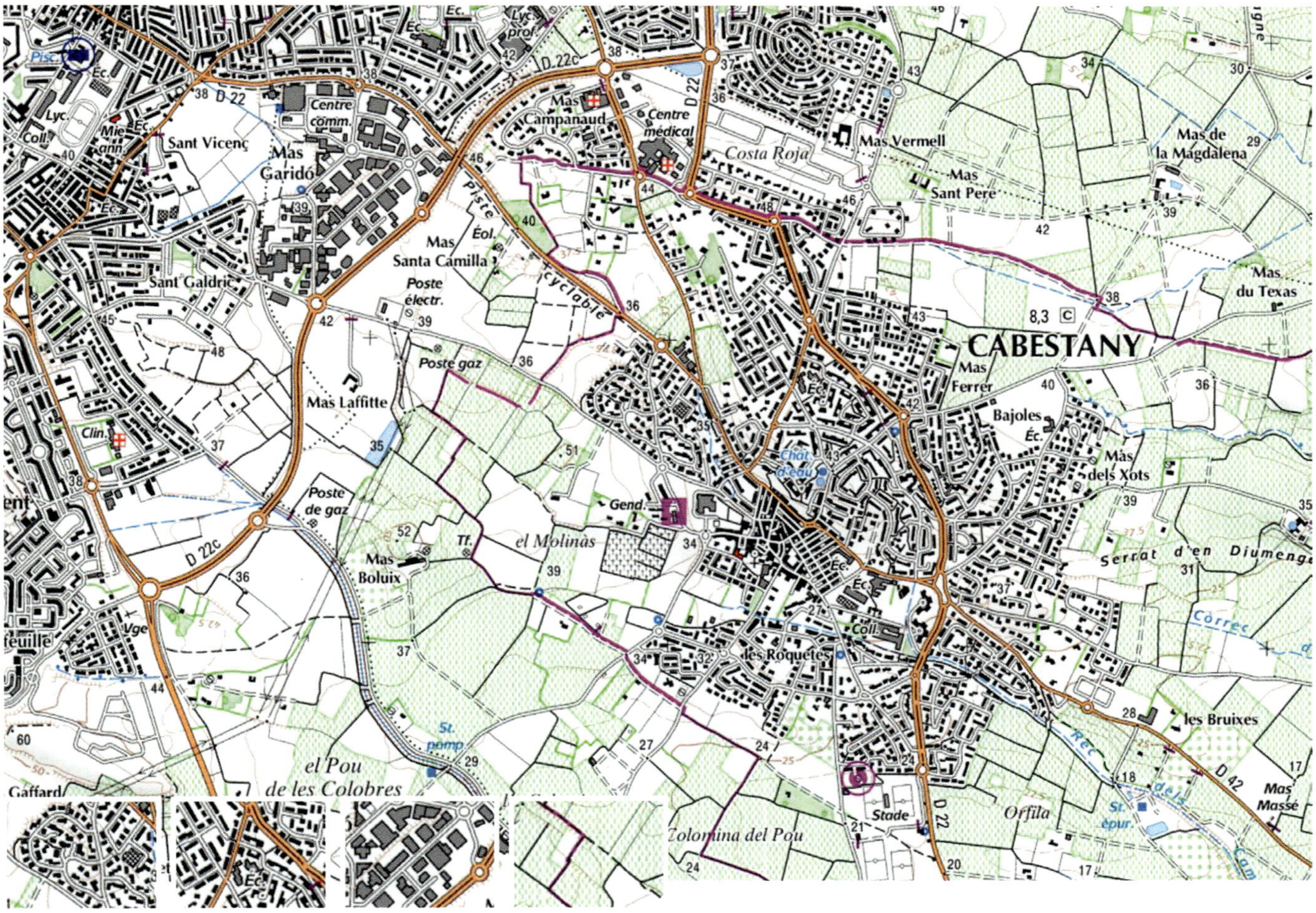

Lotissement

Immeubles en barre

Zone d'activité

Vignoble

S'ENTRAÎNER AU BAC 25

Méthode BAC : p. 16-17

Question problématisée

CAPACITÉS

- Utiliser une approche géographique pour construire un argumentaire
- Produire un écrit construit et argumenté

Sujet La France, un espace rural ou des espaces ruraux ?

ÉTAPE 1 Comprendre le sujet et rédiger la problématique

1. Lisez le sujet et réfléchissez à sa forme interrogative :
   Le sujet doit-il :
   - montrer les causes de la multifonctionnalité de l'espace rural français ?
   - montrer les différents types d'espaces ruraux ?
2. À l'aide des réponses aux questions précédentes, dégagez la problématique du sujet.

Conseils

- Utilisez les **cours** du **chapitre 9** p. 258 à 261.
- Définissez « multifonctionnalité » en utilisant le **lexique** p. 298.
- N'oubliez pas d'évoquer les territoires d'outre-mer.

ÉTAPE 2 Mobiliser ses connaissances et organiser le plan

3. Reproduisez **le tableau** et **regroupez les informations** et les **exemples** tirés du manuel dans les colonnes.

Les causes de la transformation des espaces ruraux	*Les différents types d'espaces ruraux*
....	....
....	....
....	....
→ *Utilisez : le* ***cours*** *1 p. 258 ; les* ***dossiers*** *p. 262 et 266 ; l'****étude de cas*** *p. 254*	→ *Utilisez : le* ***cours*** *2 p. 260 ; les* ***cartes enjeux*** *p. 248-249 ; l'****étude de cas*** *p. 250*

Conseil

- Relevez et utilisez les mots et notions suivantes : « ruralité », « fragmentation rurale », « hyper-rural », « gentrification rurale ».

4. Organisez le plan selon les deux parties suivantes :

1re partie : *Des espaces ruraux en mutation*

2e partie : *Une grande diversité d'espaces ruraux*

ÉTAPE 3 Rédiger la réponse au sujet à l'aide des pistes suivantes

Introduction *Les espaces ruraux se transforment. À la fonction agricole se sont ajoutées d'autres activités.*

1re partie
- *Quelles sont les causes des transformations ?*

Employez les mots et expressions suivants :
périurbanisation • nouvelle ruralité • gentrification des campagnes • mutation des systèmes agricoles • valorisation locale • politiques européennes...

2e partie
- *Quels sont les grands types d'espaces ruraux ?*

Exploitez les idées suivantes.
Des espaces ruraux d'une grande diversité :
– des campagnes dynamiques proches des grandes villes ;
– des campagnes résidentielles et touristiques ;
– des campagnes à dominante agricole ;
– des campagnes en marge (voir schéma).

Conclusion → *Rédigez le bilan et les perspectives.*

Schéma – Espaces hyper-ruraux

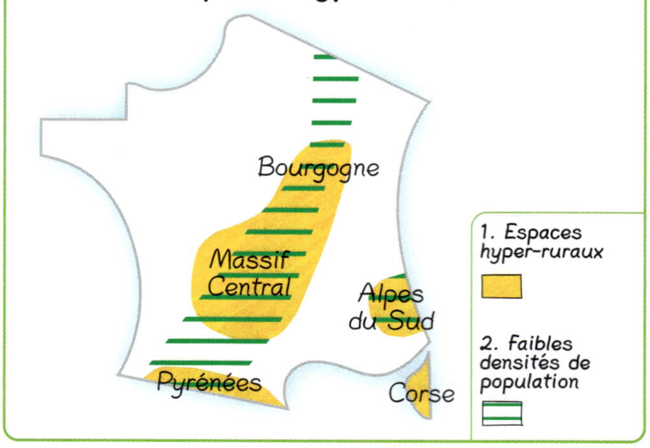

RÉVISER POUR LE BAC

Chapitre 9 • La France : des espaces ruraux multifonctionnels, entre initiatives locales et politiques européennes

Idées clés pour répondre à une question problématisée

IDÉE 1

Une renaissance des espaces ruraux ?

1 Des espaces ruraux attractifs

– Les zones rurales occupent 90 % de l'espace français, mais seulement 35 % de la population y résident.
– Les campagnes sont attractives avec un taux de croissance élevé (+ 1 % par an depuis 2000).
– Le bilan migratoire favorable est lié à l'installation de nouveaux habitants attirés par la **ruralité**.

2 L'espace rural à l'ombre de la ville

– La majorité de l'espace rural est intégrée dans la société urbaine avec de nombreux échanges (mobilités quotidiennes) de travail, de loisirs...
– Les bourgs-centres et les villes intermédiaires (2 000 à 20 000 habitants) jouent un rôle essentiel par l'offre de services et de commerces qu'ils proposent.

3 Une grande diversité de ruraux

– La population rurale est plus âgée et moins qualifiée, et elle présente une forte diversité sociale : arrivées de résidents en situation précaire, mais aussi de catégories plus aisées (**gentrification rurale**).
– Nette opposition entre espaces ruraux **périurbains** en croissance et campagnes **hyper-rurales** isolées et vieillissantes. On parle donc de **fragmentation rurale**.

IDÉE 2

Des espaces ruraux multifonctionnels

1 Des campagnes toujours agricoles

– L'agriculture est toujours présente avec 10 % des emplois ; elle participe à la vitalité rurale.
– Une forte intégration aux marchés internationaux par la spécialisation, l'agrandissement des exploitations, l'impulsion des entreprises agroalimentaires, la Politique Agricole Commune **(PAC)**.
– De grands systèmes agricoles : grande culture du Bassin parisien, élevage intensif (lait, volailles, porcs) de l'Ouest...

2 L'espace rural, de nouveaux usages

– Des espaces ruraux très différents en fonction de leur activité dominante : les **campagnes industrielles** (20 % des emplois), les espaces ruraux dynamiques qui bénéficient des activités de tourisme et de loisirs, des espaces ruraux en marge qui connaissent parfois un renouveau par leur potentiel naturel.

3 L'espace rural, des enjeux d'aménagements

– Des **conflits d'usages** et des concurrences dans l'espace rural apparaissent.
– Dans les couronnes périurbaines, forte pression sur les sols.
– Les zones hyper-rurales bénéficient des actions de l'Union européenne (programme LEADER).

Mots clés

À l'aide du cours p. 258 à 261, définissez les mots ou expressions clés suivantes :

- ☑ Campagnes industrielles
- ☑ Entreprises agroalimentaires
- ☑ Fragmentation rurale
- ☑ Gentrification rurale
- ☑ Périurbanisation
- ☑ Programme LEADER
- ☑ Ruralité
- ☑ Zones hyper-rurales

Schéma pour comprendre et retenir

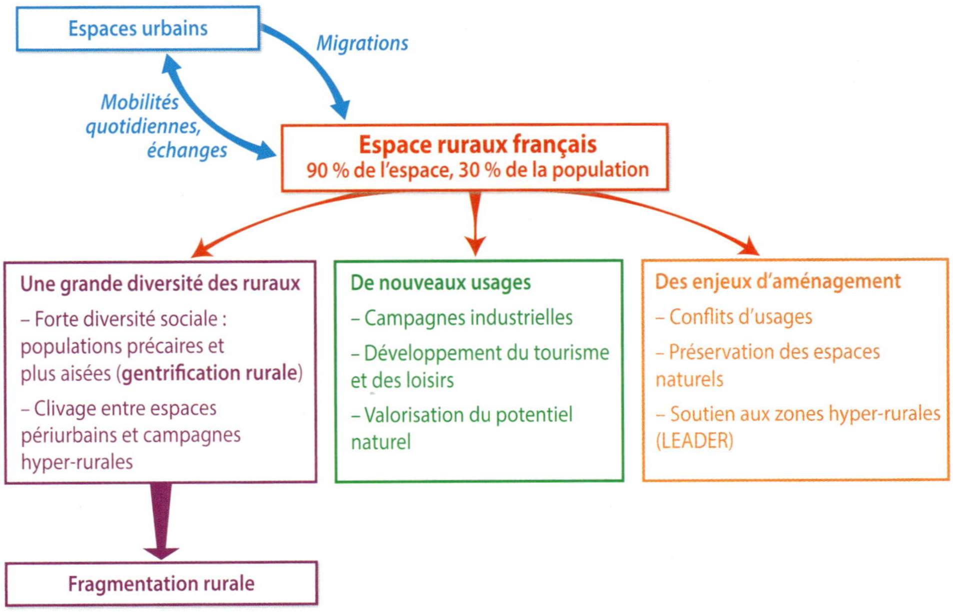

THÈME CONCLUSIF 4

La Chine : des recompositions spatiales multiples

Chongqing, l'ambition d'une « nouvelle Shanghai » pour la Chine intérieure
(image de synthèse)

À 1500 km à l'Ouest de Shanghai, *Raffle City*, en construction à l'extrémité de la presqu'île entre Yangzi et Jialing, rappelle la transformation du quartier de Pudong à Shanghai. Chongqing, la plus vaste et la plus peuplée des municipalités autonomes chinoises (34 millions d'habitants dont 13 dans l'agglomération) créée en 1997, incarne les politiques de développement de l'Ouest intérieur de la Chine : aménagement du Yangzi, désenclavement ferroviaire, pôle urbain de développement et « nouvelles routes de la soie » (Chongqing – Duisburg inaugurée en 2014).

Cours

REPÈRES SPATIAUX

La Chine, un territoire immense

Principaux repères à connaître

Une diagonale Nord-Est/Sud-Ouest entre deux Chine

- La Chine des plaines, des bas plateaux et des collines à l'Est.
- La Chine des terres arides, des hauts plateaux et des très hautes montagnes à l'Ouest.

Les grandes régions de la Chine

- Himalaya; hauts plateaux du Tibet
- Déserts de Gobi et du Takla-Makan
- Plaines de Chine et de Mandchourie

Les grands fleuves

- Huanghe ou fleuve jaune
- Yangzi ou fleuve bleu

Les mers bordières

- Mer de Chine orientale, Mer de Chine méridionale
- Mer Jaune

Retenir l'essentiel de la carte

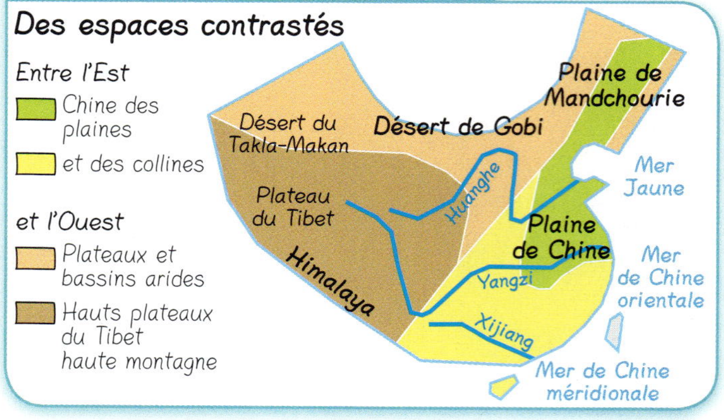

La Chine, les contrastes de peuplement

Cartes interactives
www.lienmini.fr/geo1-40

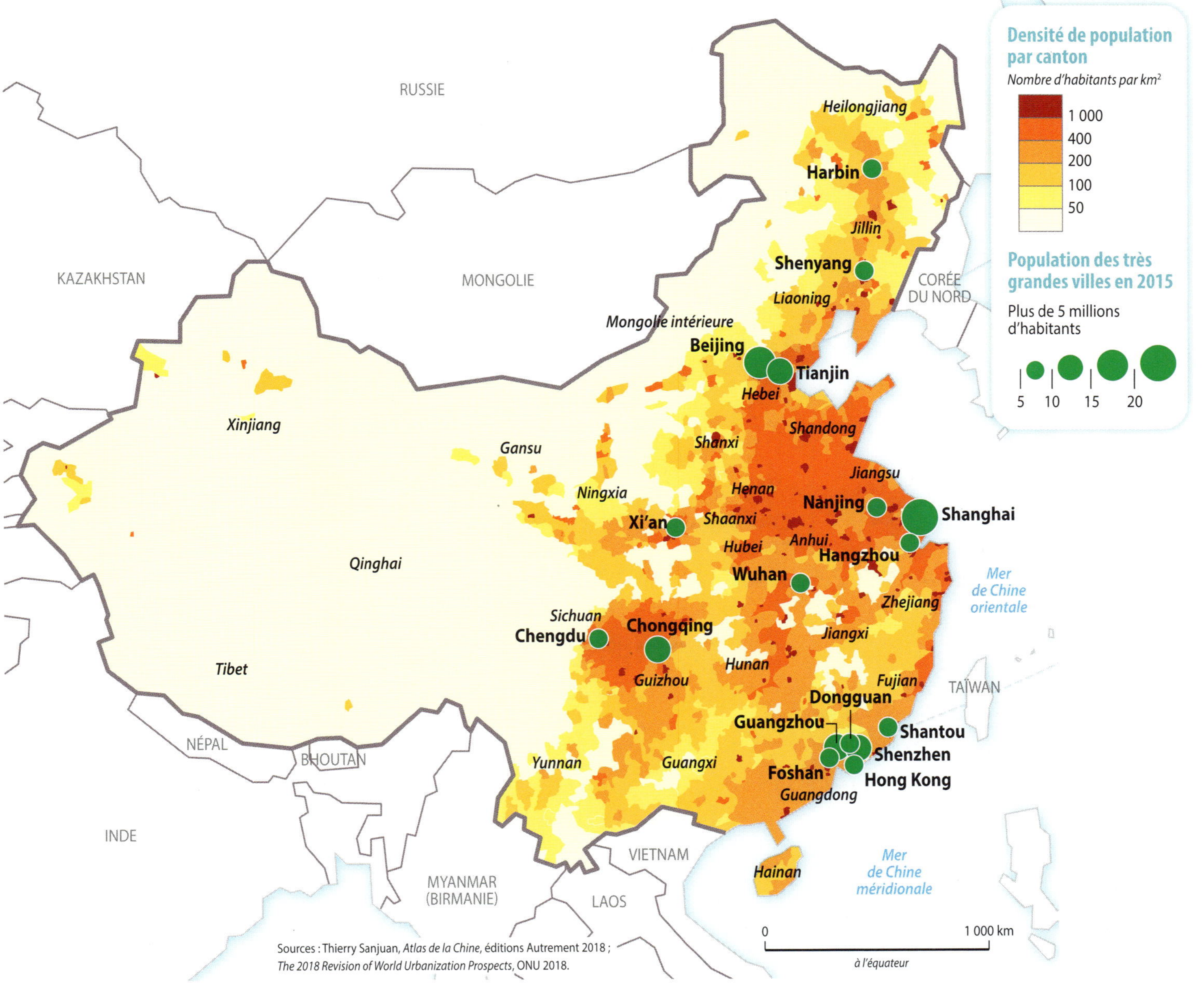

Sources : Thierry Sanjuan, *Atlas de la Chine*, éditions Autrement 2018 ; *The 2018 Revision of World Urbanization Prospects*, ONU 2018.

Principaux repères à connaître

Une diagonale Nord-Est/ Sud-Ouest entre deux Chine

- La Chine peuplée avec les plus fortes densités et les grandes villes à l'Est
- La Chine intérieure très faiblement peuplée à l'Ouest

Les grands contrastes de peuplement entre provinces

- Les plus densément peuplées : Shandong, Jiangsu, Guangdong.
- Les moins densément peuplées : Tibet, Xinjiang, Mongolie intérieure

Les 6 premières villes (plus de 10 millions d'habitants)

- 5 villes entre la Côte pacifique et 100 km à l'intérieur : Shanghai, Beijing, Tianjin, Guangzhou, Shenzhen
- 1 ville à l'intérieur : Chongqing

Retenir l'essentiel de la carte

De très grandes inégalités de peuplement

Cartes
Enjeux

La Chine, quelles recompositions spatiales ?

1 Les « nouvelles routes de la soie », une nouvelle phase de l'ouverture depuis 2013 ?

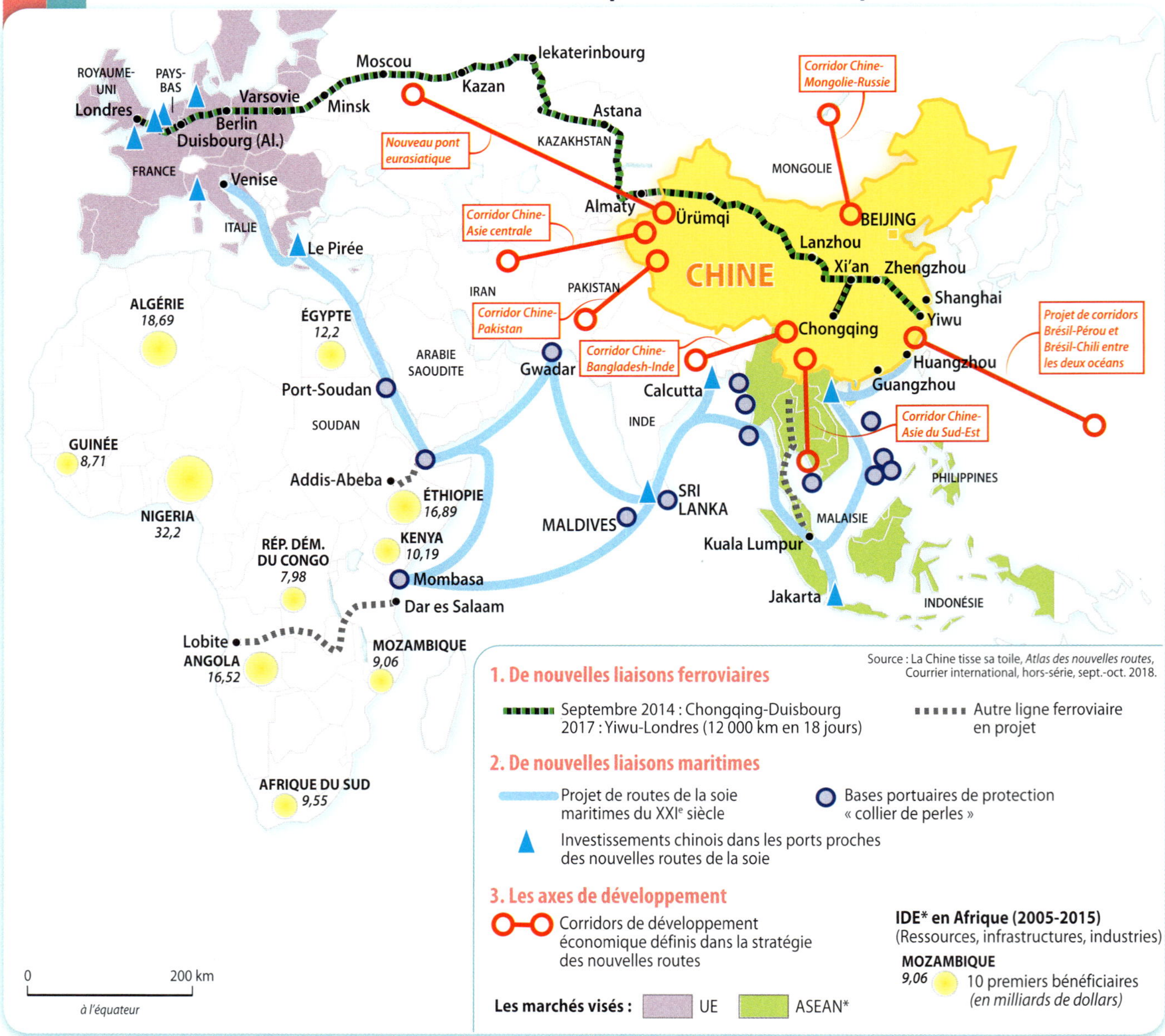

Analyser les cartes

Carte 1

1 Comment les « nouvelles routes de la soie »* peuvent-elles renforcer la place de la Chine dans la recomposition du monde ?

2 De quelles parties du territoire chinois pourraient-elles favoriser le développement économique ?

Carte 2

3 Quelles sont les inégalités territoriales engendrées par quarante années de développement économique accéléré ?

4 Comment le gouvernement chinois essaie-t-il de réduire les inégalités territoriales depuis les années 2000 ?

Carte 3

5 Quels types de pollutions la carte met-elle en évidence ?

6 Quelles parties du territoire sont particulièrement touchées ? Pourquoi ?

Mettre les cartes en relation

Montrez quels sont les grands traits de l'organisation du territoire chinois. Quelle recomposition spatiale les « nouvelles routes de la soie » peuvent-elles entraîner ?

Cartes interactives
www.lienmini.fr/geo1-41

2 Ouverture et recomposition du territoire

1. De fortes inégalités

Le littoral privilégié

PIB/habitant : 72 500 yuans
87 % des exportations

Grande ville

Métropole mondiale

Les provinces en retrait

PIB/habitant : 44 000 yuans
11 % des exportations

L'Ouest périphérique

PIB/habitant : 41 400 yuans
2 % des exportations

2. Vers un rééquilibrage depuis 2000 ?

Nouvelle ville relais

Modernisation des axes vers l'Ouest

Valorisation du bassin du Yangzi

3. Les villes de plus de 5 millions d'habitants (en 2015)

5 10 15 20

Autres villes d'importance

Source : Thierry Sanjuan, *Atlas de la Chine*, éd. Autrement, 2018, Laurent Carroué, *Atlas de la mondialisation*, éd. Autrement, 2018

3 L'impact écologique du développement accéléré

1. Pollution de l'air

Taux moyen de pollution aux particules fines de moins de 2,5 micromètres

(en micromètres par m³ en 2015)

180

80

55

35 Seuil de dangerosité pour la santé selon l'OMS

Ville extêmement polluée

2. Pollution de l'eau

Très mauvaise qualité des eaux :

de rivières

côtières

Source : Celine Marin, « En Chine, la ligne rouge du virage vert. Niveaux extrêmes de pollution », *Le monde diplomatique*, juillet 2017.

Cours 1

Chine, les nouveaux défis : développement et inégalités

CHIFFRES

Le rattrapage de la Chine

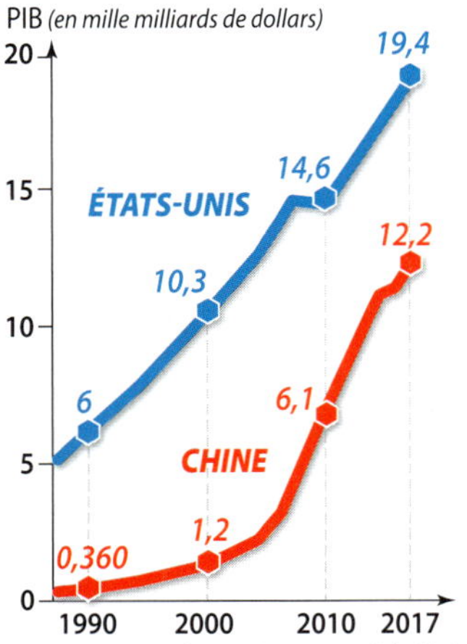

Source : Banque mondiale, 2018.

NOTION

Dividende démographique

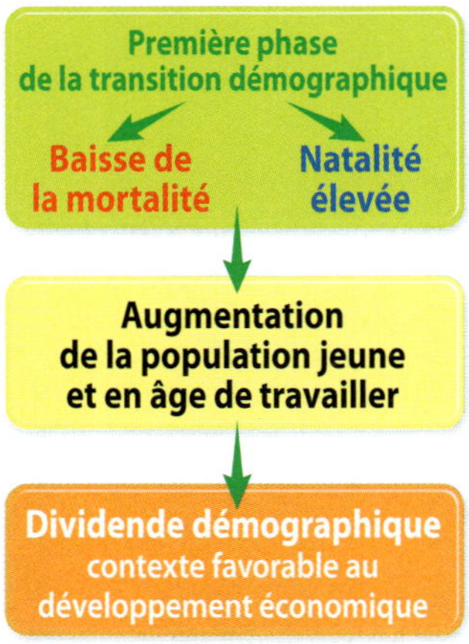

Définition

Décollectivisation

Le retour à la sphère privée de biens collectifs, la dissolution des coopératives. En Chine, la décollectivisation a consisté en une redistribution de la terre cultivée aux familles paysannes en usufruit, la terre restant la propriété de l'État.

*Lexique p. 298

A. Une puissance économique mondialisée

- **Deuxième puissance économique mondiale, premier producteur industriel et exportateur,** la Chine est un acteur incontournable de la mondialisation et elle **opère un rattrapage sur les États-Unis**. Elle a amorcé sa transition économique à la fin des années 1970, dans le cadre de « la réforme et l'ouverture ». La **décollectivisation** des terres a libéré une importante main-d'œuvre. Le territoire s'est ouvert au commerce international et aux IDE*. L'accession à l'OMC* en 2001 a favorisé l'explosion des exportations chinoises et des IDE étrangers en Chine, devenue « l'atelier du monde ».
- **Depuis les années 2000, l'intégration de la Chine à l'économie mondiale** est également illustrée par l'envolée de ses IDE dans le monde. Si des contrôles plus stricts de la part du gouvernement chinois, contre la fuite de capitaux, et de certains pays occidentaux pour protéger des secteurs stratégiques, ont pu freiner les flux, les activités chinoises à l'étranger devraient poursuivre leur essor, notamment dans le cadre des « nouvelles routes de la soie* ». → Cartes enjeux p. 278, p. 110 ; dossier p. 284 ; étude de cas p. 112

B. Les nouveaux défis de la croissance

- **L'objectif est désormais de construire une véritable puissance** dans les secteurs industriels de pointe et les services, dotée d'entreprises capables d'innover et d'investir à l'étranger. Lancé en 2015, le projet « *Made in China* 2025 » [doc. 1] veut construire une puissance technologique majeure de la numérisation et de la robotisation. → Dossier p. 128
- **Un autre défi est de rééquilibrer l'économie vers la consommation intérieure et les services.** Il s'agit de favoriser la consommation des ménages aux dépens des industries lourdes longtemps prioritaires, mais qui aujourd'hui sont très endettées et en surcapacité.
- **Cependant, le contexte a changé avec le ralentissement de l'économie** dont le taux de croissance est passé de 10,6 % en 2010 à 6,9 % en 2017. Afin d'en limiter les effets sur la production industrielle et l'emploi, les autorités multiplient les mesures visant à maintenir et à créer de l'activité.

C. Vieillissement et permanence des inégalités

- **La Chine est confrontée au vieillissement accéléré de sa population.** La proportion des plus de 60 ans devrait bondir de 15 % en 2015 à 36 % en 2050. La baisse de la population active depuis 2012 et ce vieillissement annoncent la fin du « **dividende démographique** » qui a contribué au succès économique. Or, la Chine n'est pas encore un pays riche, en dépit de la réduction de la pauvreté [doc. 3].
- **Les autorités ont abandonné la politique de l'enfant unique en 2015** avant sans doute de supprimer toute limitation des naissances vers 2020 [doc. 2]. Néanmoins, beaucoup de couples chinois ne sont pas disposés à avoir plus d'enfants en raison de l'augmentation du coût de la vie.
- **Malgré l'aménagement du territoire et la diffusion de la croissance** des provinces côtières vers l'intérieur et les périphéries, les inégalités restent fortes entre les provinces [doc. 3]. En 2016, si les municipalités de Beijing, Shanghai et Tianjin affichaient un PIB par habitant proche de celui du Portugal, le Guizhou, le Yunnan et le Gansu étaient à peine plus riches que la Namibie. → Cartes enjeux p. 279

1 ▶ Les enjeux majeurs du plan « *Made in China 2025* »

Les droits de douane des États-Unis contre la Chine ne visent pas au hasard. Ils frappent en particulier le secteur des hautes technologies, évitant de taxer les produits de consommation courante des Américains. Ce faisant, ils s'attaquent à une stratégie industrielle essentielle pour Beijing, son plan « *Made in China* 2025 ».

Adopté par le gouvernement chinois en 2015, celui-ci vise à soutenir la montée en gamme de l'économie chinoise, en réduisant sa dépendance aux technologies étrangères. Il se décline en plusieurs axes : augmenter les investissements dans la recherche et développement, améliorer l'automatisation des usines chinoises, développer des secteurs stratégiques comme la robotique ou les puces électroniques. L'objectif à mi-parcours, en 2020, est d'arriver à un produit réalisé avec 70 % de composants et matériaux chinois. Aujourd'hui, la plupart des smartphones chinois sont équipés des puces de l'américain *Qualcomm*.

Mais le plan voit plus loin : il veut faire de la Chine un des trois pays leaders dans l'industrie d'ici à 2049, année des 100 ans de la République populaire de Chine. Il répond ainsi à une inquiétude des autorités face au ralentissement de l'économie : le « piège des pays à revenus intermédiaires », autrement dit, le fait de rester coincé au milieu de son développement sans atteindre une réelle prospérité.

Simon Leplâtre, « Le plan *Made in China 2025* visé par les taxes américaines », *Le Monde*, 5 avril 2018.

2 ▶ Relancer la natalité pour enrayer le vieillissement ?

La politique universelle des deux enfants a été adoptée en octobre 2015. Depuis sa mise en œuvre en 1979, la politique de l'enfant unique avait été assouplie à plusieurs reprises.

3 ▶ Les transformations économiques et sociales en 10 ans

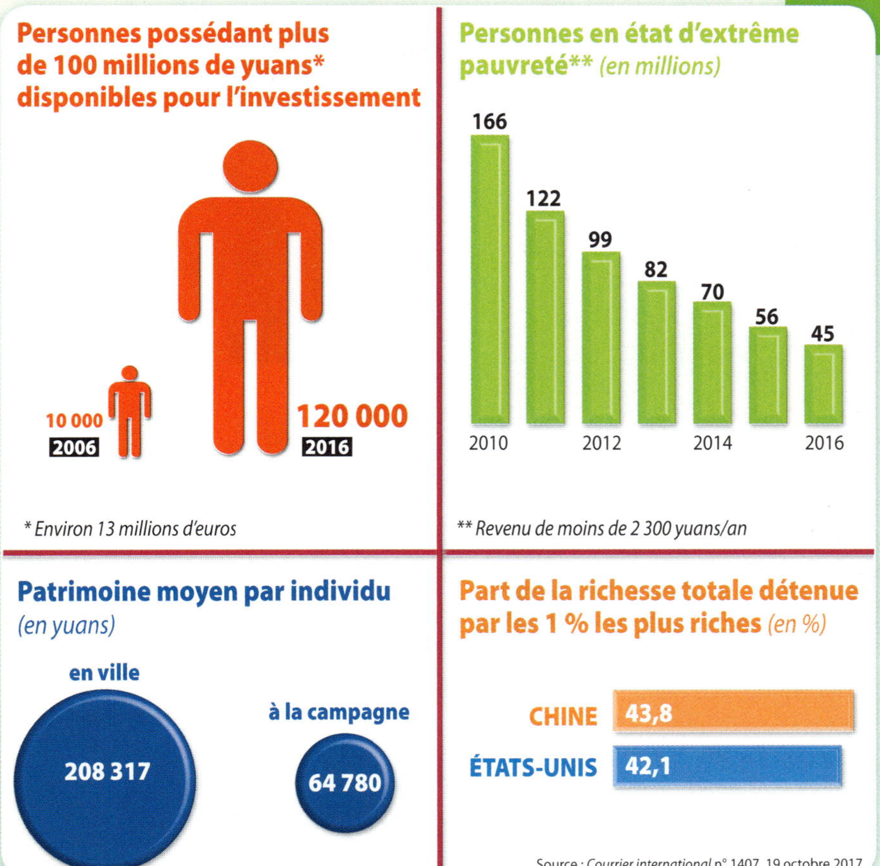

Source : *Courrier international* n° 1407, 19 octobre 2017.

Doc bac

Analyse de graphiques

Lire les graphiques

1. Quelles évolutions peut-on relever en 10 ans sur le nombre de riches et de pauvres dans la société chinoise ?
2. Quel constat peut-on faire sur les situations patrimoniales moyennes dans les villes et dans les campagnes ?
3. Que montre la comparaison entre la Chine et les États-Unis pour la répartition de la richesse ?

Comprendre les graphiques

4. Quels ont été les effets positifs du développement économique pour la société ? Avec quelles limites importantes ?

DOSSIER POUR APPROFONDIR

AMÉNAGER LA CHINE à grande vitesse

Le TGV peut-il aider au développement de la Chine intérieure ?

- Depuis la première ligne à grande vitesse inaugurée en 2008 entre Beijing et Tianjin, la Chine s'est dotée du premier réseau mondial. L'objectif du plan quinquennal (2016-2020) vise les 30 000 kilomètres, pour connecter la plupart des villes de 200 000 habitants.
- Si le TGV a d'abord rapproché les métropoles prospères de l'Est, il peut contribuer également à sortir les provinces intérieures de leur isolement, à favoriser leur ouverture à la mondialisation.

1 ▶ L'inauguration du premier TGV Xi'an- Chengdu, le 6 décembre 2017

Désormais, le TGV relie les deux capitales des provinces centrales du Shaanxi et du Sichuan, distantes de 710 km, en 3 heures contre 16 auparavant. L'objectif est triple : désenclaver ces provinces, valoriser les ressources naturelles, assurer leur développement économique notamment le tourisme.

▶▶ Vidéo

Reportage

Ligne ferroviaire à grande vitesse Xi'an-Chengdu

CGTN, 1'58'', 2017.

www.lienmini.fr/geo1-46

Fiche d'étude vidéo imprimable

www.lienmini.fr/geo1-47

2 ▶ Le plus grand réseau mondial de lignes ferroviaires à grande vitesse

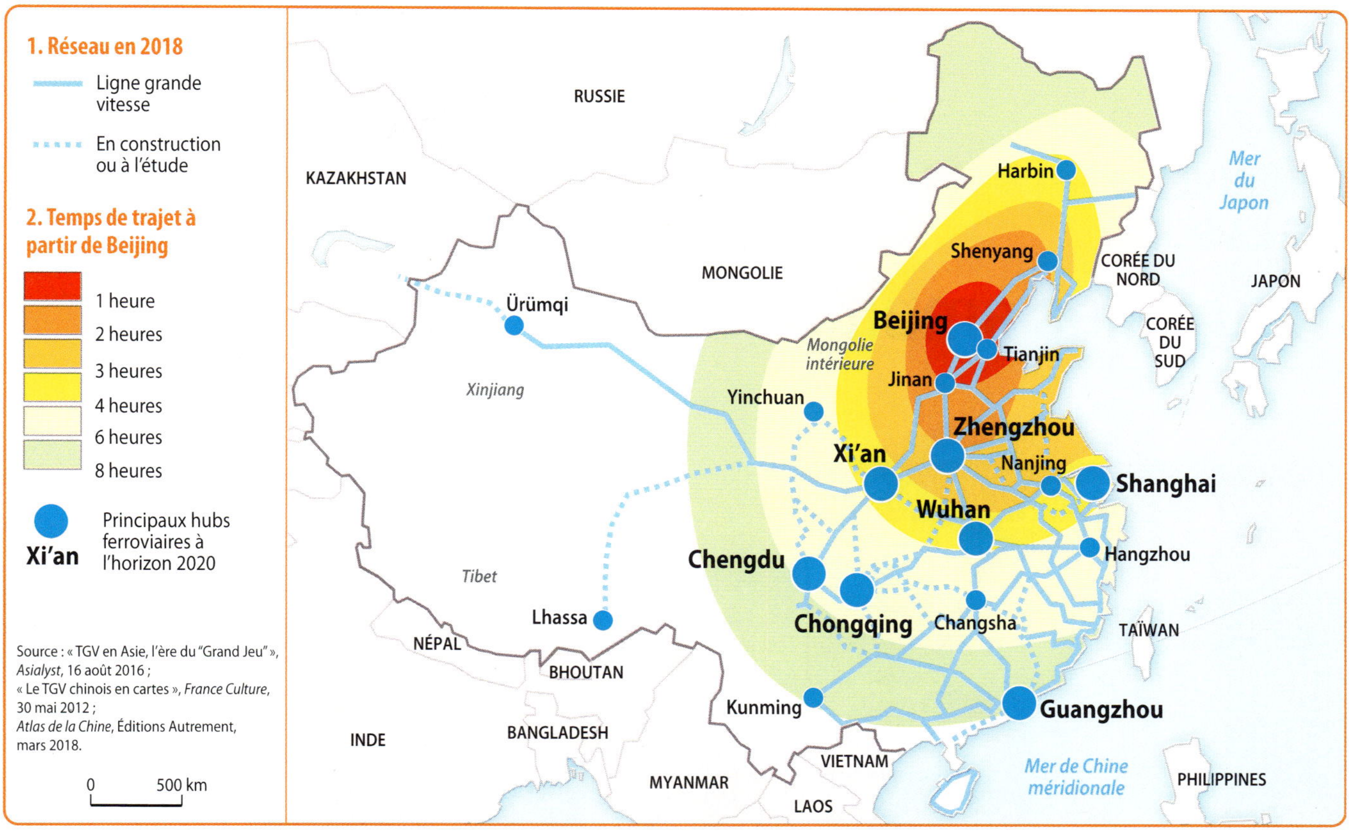

Source : « TGV en Asie, l'ère du "Grand Jeu" », *Asialyst*, 16 août 2016 ;
« Le TGV chinois en cartes », *France Culture*, 30 mai 2012 ;
Atlas de la Chine, Éditions Autrement, mars 2018.

Prolonger le cours

Documents 1, 2 et vidéo

1. Pourquoi peut-on parler de révolution du transport en Chine ? Dans quelle partie de l'espace chinois le réseau est-il principalement aménagé ?
→ *Utilisez les **repères spatiaux** p. 276.*

Documents 1 et 3

2. Comment les nouvelles lignes à grande vitesse TGV valorisent-elles les provinces de l'intérieur par rapport à la côte ? Avec quels effets possibles pour leur développement ?

Documents 2 et 3

3. Quelles sont les raisons politiques qui poussent la Chine à raccorder toutes ses provinces au réseau TGV ?

SYNTHÈSE

Montrez que le réseau TGV en Chine est un outil de développement et d'intégration des différentes régions dans le territoire chinois et dans le monde.

3 ▶ De nouvelles perspectives pour la Chine de l'intérieur

Le boom économique chinois a fait connaître des mégapoles comme Beijing, Shanghai ou Canton. Il faudra désormais s'habituer à bien d'autres noms, car le réseau TGV désenclave désormais la plupart des capitales de province éloignées des côtes.

Zhengzhou, Wuhan, mais aussi Xi'an, l'énorme Chongqing et même Chengdu, située à 1 600 km de Shanghai. Soudain connectées, elles offrent un potentiel économique aux entreprises. La moitié des plus grandes compagnies mondiales ont déjà commencé à migrer leurs sites de production vers l'intérieur du pays. Le coût de la main-d'œuvre et des terrains attire les multinationales. La population locale, grâce au TGV, peut penduler plus vite et plus loin, donc saisir des opportunités professionnelles. Bref, la Chine compte sur le chemin de fer pour réduire les disparités économiques avec les provinces de l'intérieur.

La liaison avec le Xinjiang, ce *Far West* chinois, constitue une deuxième étape du développement du réseau TGV. Il s'agit de faciliter l'intégration et le développement de cette vaste région « autonome » en proie à une agitation récurrente, les Ouïgours turcophones[1] et musulmans n'appréciant guère l'augmentation constante de la population Han et sa domination tant économique que politique.

L'ouverture de lignes TGV vers l'Asie centrale doit permettre de faire du Xinjiang le passage obligé d'une nouvelle route de la soie*. De même, la future ligne entre Mongolie et Hainan doit connecter la minorité du Nord avec l'économie de la Chine des Han.

Andrés Allemand, « La Chine à fond de train », *La Tribune de Genève*, 28 janvier 2015.

1. Les Ouïgours musulmans sont la principale minorité ethnique de la région autonome de Xinjiang.

DOSSIER

POUR APPROFONDIR

« NOUVELLES ROUTES DE LA SOIE », nouvelles ambitions

Une nouvelle stratégie de puissance mondiale pour la Chine ?

- Dès son arrivée au pouvoir en 2013, le président Xi Jinping lançait son projet phare des « nouvelles routes de la soie » inspiré de l'ancienne route qui relia l'Empire du Milieu à l'Europe pendant des siècles.
- L'initiative *« Belt and Road »* ambitionne de tisser un vaste réseau de voies commerciales et d'infrastructures entre la Chine, l'Asie, l'Europe et l'Afrique. Ce programme conforte la puissance économique chinoise, ouvre la Chine intérieure et satisfait les ambitions régionales et planétaires du pays.

1 ▶ Cérémonie pour l'arrivée du Yuxinou dans le port rhénan de Duisbourg

Inauguré le 24 mars 2014 lors de son arrivée en Allemagne en présence du Président chinois, ce train de 50 conteneurs transportant surtout des produits informatiques (assemblés en Chine pour *Hewlett Packard*, *Apple*) a parcouru plus de 10 000 km, de Chongqing à Duisbourg, en 16 jours. Cette ligne baptisée « Yuxinou » est un symbole fort des « nouvelles routes de la soie ». Les voies ferroviaires apparaissent plus sûres et plus rapides que les voies maritimes.

▶▶ Vidéo

Reportage

Les nouvelles routes de la soie

Cerium, université de Montréal, 2'54", 2018.
www.lienmini.fr/geo1-42

Fiche d'étude vidéo imprimable
www.lienmini.fr/geo1-43

2 ▶ Un projet ambitieux

Si l'Asie centrale reste le voisinage privilégié des investissements chinois dans les infrastructures, c'est bien toute l'économie mondiale qui pourrait être, à terme, bouleversée par l'ambition de Beijing.

En effet, l'initiative de « la ceinture et de la route » englobe près de 65 pays asiatiques et européens, représentant près de 55 % du PIB mondial, 70 % de la population mondiale – 4,4 milliards d'habitants –, 75 % des réserves énergétiques mondiales, pour une durée d'investissement pour l'ensemble des projets d'environ trente à trente-cinq ans. Le coût estimé des premiers projets est de l'ordre de 900 milliards de dollars.

Une accélération du rapprochement de la Chine avec les pays traversés par les routes de la soie permettra aux entreprises chinoises de développer leurs activités industrielles hors du territoire.

En outre, le projet devrait permettre à la Chine de sécuriser ses approvisionnements énergétiques. Il est également important pour les ouvriers puisqu'il pourrait offrir à ceux dont les industries sont en régression en Chine, la possibilité d'emplois à l'extérieur du territoire.

Enfin, la Chine, qui a déjà remplacé la Russie dans de nombreux pays d'Asie centrale comme principal fournisseur de biens manufacturés, pourra accéder via l'intensification du réseau d'infrastructures à de grands marchés émergents en croissance (Iran, Turquie) ou arrivés à maturation (Russie).

Emmanuelle Hache, « *Belt and Road Initiative (BRI)* : une lecture économique », *IRIS*, 28 novembre 2017.

3 ▶ Le corridor économique Chine-Pakistan : un projet clé

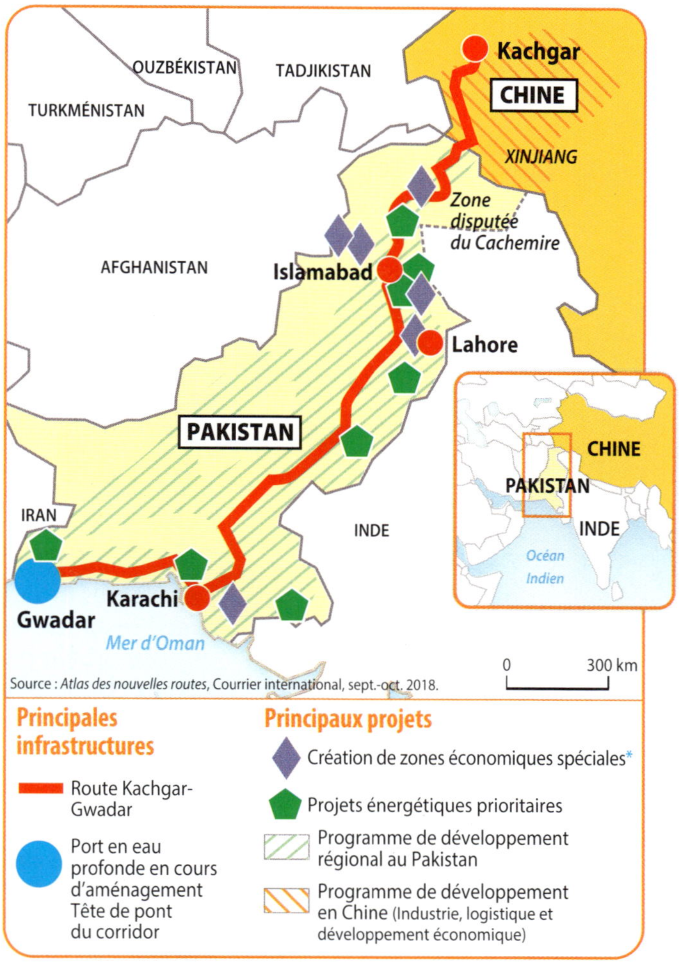

Source : *Atlas des nouvelles routes*, Courrier international, sept.-oct. 2018.

Prolonger le cours

Documents 1, 2 et vidéo

1. En quoi consiste le projet « *Belt and Road Initiative* » ?
   → *Utilisez la* ***Carte enjeux 1*** *p. 278.*

Documents 1, 2 et 3

2. Comment le projet peut-il assurer la croissance économique de la Chine ?
3. Comment permet-il d'ouvrir les provinces intérieures et de stimuler leur développement ?

Documents 1, 2 et 4

4. Pourquoi ce projet suscite-t-il à la fois enthousiasme et méfiance ?

SYNTHÈSE

Montrez pourquoi les « nouvelles routes de la soie » sont une manifestation de la montée en puissance de la Chine.

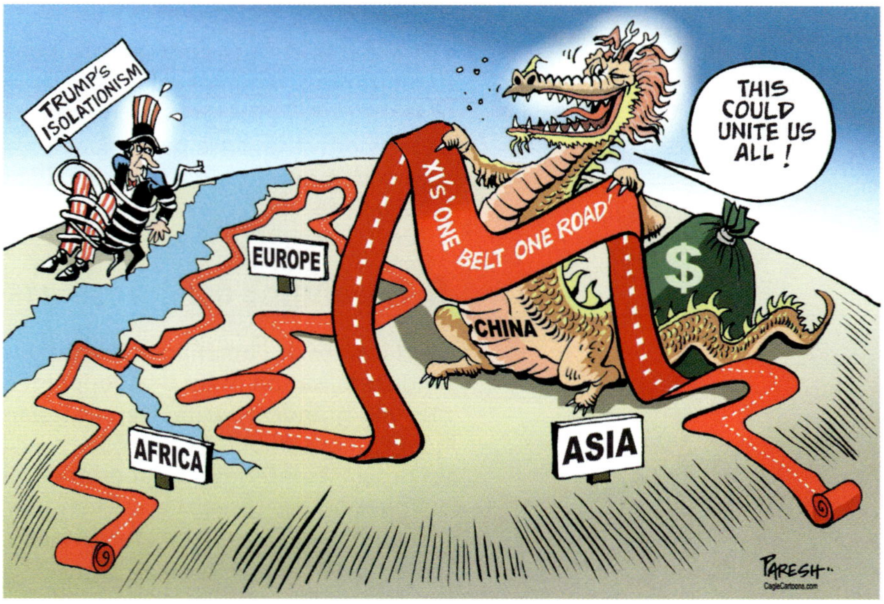

4 ▶ Le rêve chinois : des ambitions planétaires ?

Dessin de Paresh, *National Herald*, Inde, 24 mai 2017.

L'Inde déplore l'isolationnisme américain qui laisse les mains libres aux ambitions chinoises.

Traduction : « Cela pourrait tous nous unir ! ».

Cours 2

Chine, un territoire en permanente recomposition

A. Croissance urbaine et mutation des espaces urbains

- **En quarante ans, la Chine a connu une intense** transition urbaine*, alimentée par l'extension des espaces urbanisés au détriment des espaces ruraux périphériques et par d'importants flux migratoires des campagnes vers les villes.
- **De très vastes régions urbaines, réunissant plusieurs grandes agglomérations** et leur réseau de villes satellites, ont vu le jour dans le delta du Yangzi, autour de Shanghai, dans le delta de la rivière des Perles, le long d'un axe Canton-Shenzhen-Hong Kong [doc. 4] et, dans le Nord, avec la conurbation Pékin-Tianjin. Elles regroupent chacune plus de vingt millions d'habitants, se rangent parmi les plus grandes concentrations urbaines du monde et constituent les principaux moteurs du développement économique et industriel du pays. → Cartes enjeux p. 279 ; dossier p. 288.
- **Les espaces urbains, notamment ceux des plus grandes villes,** se transforment avec l'irruption de quartiers d'affaires et commerciaux, souvent aux dépens du tissu urbain plus ancien, et grâce à la modernisation des infrastructures de transports. Les périphéries accueillent de nouvelles zones résidentielles et industrielles. → Photographie p. 274

B. Mutations de l'agriculture et des espaces ruraux

- **Nourrir 20,5 % de la population mondiale** en bénéficiant seulement de 9 % de la surface labourable et 6,5 % des ressources en eaux de la planète constitue un défi ; la Chine réussit à le relever grâce à une hausse des rendements, rendue possible par une importante utilisation d'engrais et par des innovations techniques. Elle encourage les importations et la multiplication des investissements à l'étranger. La Chine est le premier producteur mondial de blé, de riz, de porcs, de volailles ou de produits de la mer et le 2e producteur de maïs.
- **Les espaces ruraux sont encore majoritairement constitués de très petites exploitations familiales** d'une taille moyenne de 0,5 hectare. Toutefois, dans le secteur de l'élevage, de grandes structures de production se développent. Leur essor est favorisé par l'exode rural et le soutien des autorités. Ces espaces ruraux demeurent aussi très inégalement transformés selon leur distance avec les villes [doc. 5].

C. Révolution des transports et des NTIC

- **Clé de voûte de l'aménagement du territoire** et des échanges, de la diffusion de l'industrialisation et du développement économique, les transports sont devenus une grande priorité. Depuis les années 2000, ils bénéficient d'un puissant financement public. Il s'agit de relier les grandes métropoles, de désenclaver les provinces intérieures et périphériques, de réduire les inégalités territoriales. L'expansion des réseaux a été considérable. La Chine possède les deux tiers du réseau mondial de lignes ferroviaires à grande vitesse. → Cartes enjeux p. 279 ; dossier p. 282
- **La révolution des NTIC est visible dans la croissance du nombre des utilisateurs de l'Internet** et de la téléphonie mobile depuis les années 1990, mais aussi dans l'émergence d'une dynamique économie numérique dominée par quelques grands groupes (*Alibaba*, *Huawei*.). Après s'être développés sur le marché chinois, ces groupes multiplient leurs implantations à l'étranger. [doc. 8] p. 125 ; dossier p. 128

CHIFFRES

La transition urbaine

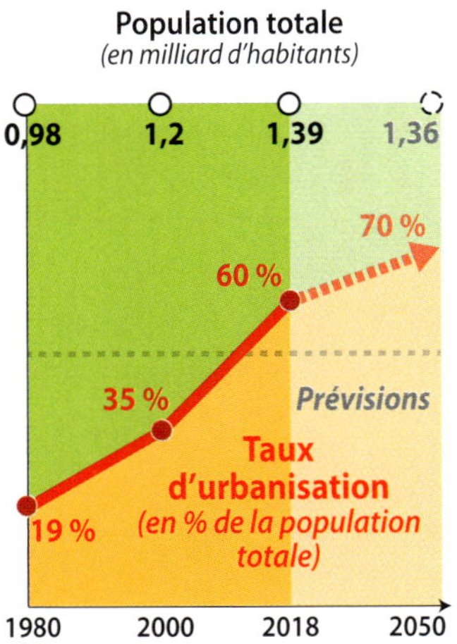

Source : ONU.

Définition

Conurbation

Vaste ensemble urbain, polarisé sur un noyau principal et réalisé par le développement autonome de plusieurs villes ou agglomérations proches les unes des autres.

* Lexique p. 298

4 ▶ Shenzhen, du village de pêcheurs à la « *Silicon Valley* » chinoise
Shenzhen a connu une évolution spectaculaire de sa population : 22 000 en 1970, 875 000 en 1990, 6,5 millions en 2000, 11,9 millions en 2018. Première zone économique spéciale* crée en 1980, dans le cadre de la nouvelle politique de réforme et d'ouverture, Shenzhen est devenue l'une des principales métropoles chinoises, industrielle et portuaire, tournée aujourd'hui vers les hautes technologies et l'intelligence artificielle. Elle accueille les sièges sociaux de *Huawei* et *Tencent*.

5 ▶ Une ville nouvelle à la campagne pour désengorger Beijing

Pour l'instant, c'est encore une petite route de campagne, filant à travers des champs de blé. Aux alentours, les villageois vivent de la production d'emballages en plastique et du textile. Des bandes de fourrure de renard sèchent au soleil avant d'être cousues sur des capuches de doudounes destinées au marché russe. Le paysage est bucolique mais tout va disparaître pour laisser place à la « nouvelle zone » de Xiong'an.

Située à environ 100 kilomètres au Sud de Beijing, Xiong'an s'étendra sur 2000 kilomètres carrés, soit presque 20 fois la taille de Paris. En 2019, la ville sera même reliée à Hongkong via une ligne grande vitesse à 350 km/h, en construction depuis la fin mai.

La capitale chinoise n'a cessé de s'étaler, accroissant la pression sur les ressources, notamment en eau. Pour limiter la pollution et les embouteillages, le pouvoir central a déjà fait émerger un centre administratif auxiliaire, dans la banlieue. Il s'agit aussi de limiter la croissance démographique de Beijing. La ville souhaite plafonner sa population à 23 millions d'habitants d'ici 2020.

« Autrefois, le mode de développement consistait à rassembler les ressources, mais nous devons désormais les répartir et les délocaliser pour réaliser un développement mieux planifié et plus durable », explique un officiel proche du dossier. La ville-satellite de Xiong'an est également une base de relance économique pour le Nord de la Chine.

Raphaël Balenieri, « Pour désengorger Beijing, la Chine crée une énième ville nouvelle », *Libération*, 28 juin 2017.

Doc bac

Analyse d'un texte

Lire le texte

1. Comment se présente le site choisi à 100 km de Beijing pour implanter Xiong'an ? Les activités des habitants sont-elles marquées par l'ouverture de la Chine ?
2. Quelle est l'ampleur de l'aménagement programmé ?
3. Quels sont les objectifs de la ville nouvelle ?

Comprendre le texte

4. À quels problèmes les grandes métropoles chinoises sont-elles exposées aujourd'hui ?
5. Quelle politique nouvelle les autorités semblent-elles vouloir mettre en œuvre ?

DOSSIER

POUR APPROFONDIR

SHANGHAI, métropole de l'ouverture sur le monde

• Shanghai doit sa réussite à son implantation exceptionnelle au centre du littoral chinois, au débouché du Yangzi. De la fin du XIXe siècle aux années 1930, la ville portuaire a attiré les implantations étrangères, donnant naissance à une métropole commerçante et cosmopolite.

• Favorisée par l'État chinois depuis les années 1980, Shanghai est une grande métropole mondiale. Troisième agglomération du monde, première en Chine avec 23 millions d'habitants, son influence s'étend à la Chine de l'intérieur, notamment dans la vallée du Yangzi.

Shanghai, quel rôle dans la Chine d'aujourd'hui ?

1 ▶ Pudong, vitrine de la modernité et de l'émergence de la Chine

Sur d'anciennes friches et terres agricoles, en face du quartier traditionnel du Bund, le quartier d'affaires surgit depuis les années 1990, avec ses célèbres gratte-ciel (la Perle de l'Orient et la *Shanghai Tower*, 632 m), et de nouveaux espaces (ports, aéroport international, hautes technologies, *Disneyland*...).

2 ▶ Shanghai, métropole mondiale et pôle de croissance de la vallée du Yangzi

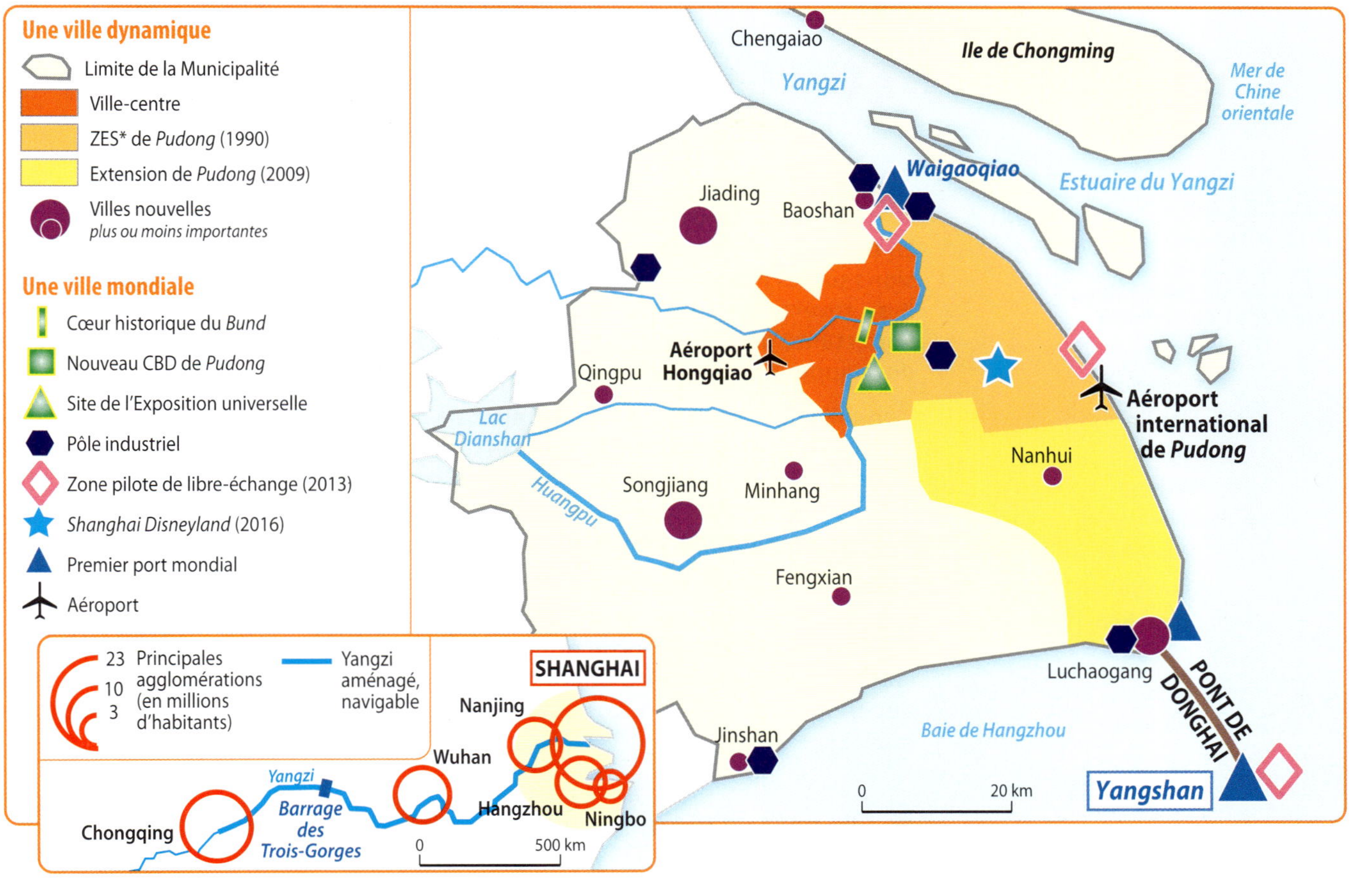

Prolonger le cours

Documents 1 et 3

1. Pour quelles raisons le quartier de Pudong apparaît-il comme la vitrine de l'émergence de la Chine ?

Documents 2 et 3

2. Quelles activités font de Shanghai un pôle moteur de la puissance économique chinoise ?
3. Pourquoi est-elle considérée comme la métropole de l'ouverture sur le monde ?

Documents 2 et 3

4. Sur quelles régions de Chine le rayonnement de Shanghai s'exerce-t-il ?

SYNTHÈSE

Montrez que Shanghai joue un rôle très important dans la Chine d'aujourd'hui.

3 ▶ Shanghai, ville de la modernité

Shanghai se veut le modèle d'une modernité chinoise qui résiste à la banalisation des sociétés mondialisées, tout en proposant une alternative à Hong Kong et Singapour. Elle connaît un développement économique rapide, un renouvellement profond de ses structures économiques et de son bâti, et une extension de son rayonnement régional.

Au début des années 1990, avec l'accession au pouvoir central de ses anciens maires Jiang Zemin et Zhu Rongji, Shanghai a bénéficié de la volonté du gouvernement de reprendre la main face à l'essor des provinces méridionales : Shanghai est située au centre du littoral et au débouché de l'axe Est-Ouest du Yangzi, que la construction du barrage des trois gorges doit renforcer.

Shanghai symbolise aujourd'hui le nouveau rôle des villes comme pôles de croissance chinois. Elle possède une bourse, développe des services aux entreprises, redistribue ses activités industrielles en périphérie, satellise les villes de sa région proche, et ré-articule des réseaux d'échelles régionale et nationale. La ville accueille des courses de Formule 1 et a été le siège de l'Exposition universelle en 2010.

Si Shanghai détruit ses anciens lilong[1] et expulse une large partie de ses populations en périphérie au profit de tours de bureaux ou d'appartements inaccessibles au plus grand nombre, une politique de secteurs préservés se met également en place.

Thierry Sanjuan, *Atlas de la Chine*, © éd. Autrement, 2018.

1. lilong : habitat traditionnel organisé en cités dans la ville.

Cours 3

Chine, les défis des ressources et du développement durable

CHIFFRES

Pollution de l'air

8 villes chinoises se classent parmi les 15 plus grandes villes du monde les plus polluées (en 2018)

- 4e Chengdu
- 5e Tianjin
- 7e Wuhan
- 9e Beijing
- 10e Chongqing
- 11e Shanghai
- 13e Guangzhou
- 14e Shenzhen

Source : OMS.

A. Une crise environnementale d'une ampleur inédite

- **La transformation accélérée de la Chine s'est accompagnée de très fortes pressions sur les milieux et les ressources.** Le pays est confronté à la désertification, à de sévères **pollutions de l'air**, des eaux, des sols auxquelles s'ajoute une importante pénurie hydrique en Chine du Nord [doc. 7], avec la surexploitation des nappes phréatiques. → Cartes enjeux p. 279
- **Une telle dégradation environnementale a des conséquences sur la croissance économique et surtout sur la santé** et le bien-être de la population. La pollution atmosphérique serait la cause de plusieurs centaines de milliers de décès prématurés par an depuis le milieu des années 2000. Le mécontentement croissant au sein de la société est devenu un enjeu politique que les autorités chinoises ne peuvent plus négliger.
- **L'heure est donc à la promotion d'un développement durable*** depuis le début des années 2010. Elle repose principalement sur la réduction des émissions polluantes, des économies d'énergie et la redéfinition du mix énergétique* trop dépendant du charbon. Les autorités multiplient aussi les projets d'**éco-cité** [doc. 6]. → Dossier p. 292

B. Un acteur majeur du réchauffement climatique

- **La Chine est, depuis 2007, le premier émetteur mondial de gaz à effet de serre***. En 2017, ses émissions ont dépassé les 10 milliards de tonnes, soit un peu plus que les émissions américaines et européennes réunies et 27 % des émissions mondiales.
- **De telles émissions contribuent fortement au réchauffement climatique global*** et dotent la Chine d'une importante responsabilité dans la lutte contre celui-ci. Lors de la **COP 21** à Paris en 2015, les autorités chinoises se sont engagées à ralentir la croissance des émissions du pays avant de les faire diminuer autour de 2030. → Dossier p. 293
- **Cependant, dans le contexte du ralentissement de la croissance économique,** le gouvernement chinois multiplie les mesures de relance qui ont pour conséquence une augmentation importante de la consommation énergétique et donc, malgré le développement des énergies vertes, de la combustion de charbon dont elle est le premier producteur mondial.

NOTION

Sécuriser les approvisionnements

C. Une quête mondiale pour trouver des ressources

- **Sécuriser les approvisionnements est l'un des objectifs majeurs des « nouvelles routes de la soie »** car la très forte croissance économique et l'importance de la population génèrent des besoins toujours plus grands en ressources naturelles et agricoles. Dans le secteur des hydrocarbures, le pays est de plus en plus dépendant des importations. En 2030, d'après les prévisions de l'Agence Internationale de l'Énergie, les importations chinoises de pétrole et de gaz devraient représenter 80 % et 50 % de la consommation du pays. → Carte enjeux p. 278
- **La Chine est le principal importateur mondial de produits agricoles.** Les acteurs de l'agroalimentaire chinois ont également multiplié les investissements à l'étranger. S'ils ont dans un premier temps cherché à acquérir des terres, principalement en Asie du Sud-Est et en Afrique, les difficultés ou oppositions rencontrées dans certains pays les ont amenés à redéfinir leurs stratégies et à acquérir des parts au sein de producteurs locaux.

Définitions

COP 21
Sommet (réunissant 195 pays) qui a permis un accord international afin de lutter contre le réchauffement climatique.

Éco-cité
Projet d'aménagement urbain intégrant des objectifs de développement durable.

* Lexique p. 298

6 ▶ ***Liuzhou Forest City*, ville forestière anti-pollution en construction depuis 2017 dans la province du Guangxi**

Les 30 000 résidents, alimentés en énergies solaire et géothermique, devraient échapper à la pollution de l'air grâce au million de plantes et aux 4 000 arbres plantés sur tous les bâtiments. Pour les autorités chinoises, les « éco-cité » sont une réponse aux populations urbaines exaspérées par la pollution ; mais les réalisations et leurs succès sont très inégaux.

7 ▶ Le Sud, la solution des problèmes d'eau du Nord ?

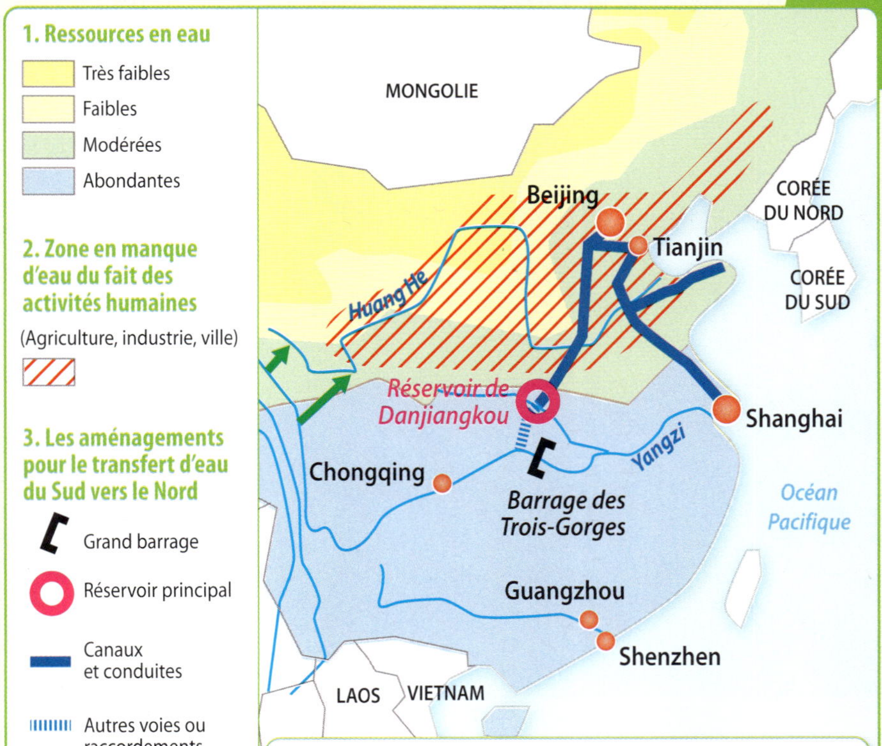

Depuis 2014, les aménagements permettent le transfert de 5 milliards de mètres cubes d'eau par an. Cependant, l'eau étant chère, les Pékinois continuent d'épuiser la nappe phréatique de la capitale. Par ailleurs, des problèmes de manque d'eau sont apparus dans les régions de captage du Sud.

Doc bac

Analyse d'une carte

Identifier la carte

1. Quelles inégalités naturelles la carte met-elle en évidence ?
   → *Utilisez les* ***Repères spatiaux*** *p. 276.*
2. Qu'est-ce qui aggrave le problème de l'eau au Nord ?
   → *Utilisez les* ***Repères spatiaux*** *p. 277.*
3. Comment les autorités chinoises essaient-elles de pallier l'insuffisance des ressources en eau au Nord ? Avec quels résultats ?

Comprendre la carte

4. Les grands aménagements peuvent-ils résoudre les problèmes engendrés par de trop fortes pressions sur les ressources et l'environnement ?

DOSSIER

POUR APPROFONDIR

LA CHINE face au défi de la transition énergétique

En Chine, la transition énergétique est-elle vraiment en marche ?

- Premier consommateur d'énergie et premier pollueur de la planète, la Chine a lancé en 2015 un plan quinquennal pour soutenir les énergies propres et réduire la consommation des énergies fossiles, notamment de charbon. Elle a confirmé ces nouvelles priorités lors de la COP 21 à Paris la même année.
- La Chine est le premier producteur d'énergies renouvelables. Cependant, il semble difficile de concilier la poursuite de la croissance économique avec une transition rapide vers un mix énergétique décarboné.

1 ▶ Un symbole des nouvelles priorités : la plus grande ferme solaire flottante du monde à Huainan (province de l'Anhui), dans l'Est de la Chine

Implantée sur un ancien site minier inondé, la ferme solaire produit de l'électricité depuis juin 2017. 120 000 panneaux photovoltaïques, installés sur 86 hectares, peuvent alimenter 15 000 maisons : une révolution énergétique dans cette province charbonnière.

2 ▶ Une transition à plusieurs vitesses ?

Ce sont des images satellites qui font le tour du monde ces jours-ci et qui mettent à mal l'image d'un pays qui aimerait apparaître comme champion de la lutte contre le réchauffement climatique. Elles montrent que la Chine continue de construire des centrales à charbon dans certaines régions. Il semble que ce soit des gouverneurs locaux qui n'obéissent pas aux ordres de la capitale. Les photos sont parlantes, on y voit des tours de refroidissement en fonction et des fumées qui s'échappent d'usines normalement fermées.

Il est difficile de savoir quelle importance exacte ont ces dérapages, d'autant plus que les centrales les plus récentes sont plus propres, mais la Chine produit autant de charbon que le reste du monde, et la découverte est un signal inquiétant.

Quelles leçons en tirer? La première est que la Chine peut être à la fois championne des renouvelables et de la pollution. Sa croissance la plus spectaculaire s'est appuyée sur une consommation d'énergie démultipliée: la production des centrales à charbon est passée de 350 à 1000 gigawatts en une dizaine d'années. Mais rien qu'en 2017, Pékin a aussi installé une capacité solaire de 50 gigawatts, soit la capacité cumulée déjà installée de la France et de l'Allemagne.

La 2e leçon est qu'il existe une opinion publique dans les grandes villes chinoises (il n'y a plus de charbon à Pékin), mais peu dans les régions, et il y a du coup peu de contrôles.

La 3e leçon est que c'est bien en Asie que se jouera l'avenir du réchauffement climatique.

Dominique Seux, « Charbon, le mensonge chinois », *France inter*, 1er octobre 2018.

3 ▶ Consommation d'énergie primaire* 2009-2017

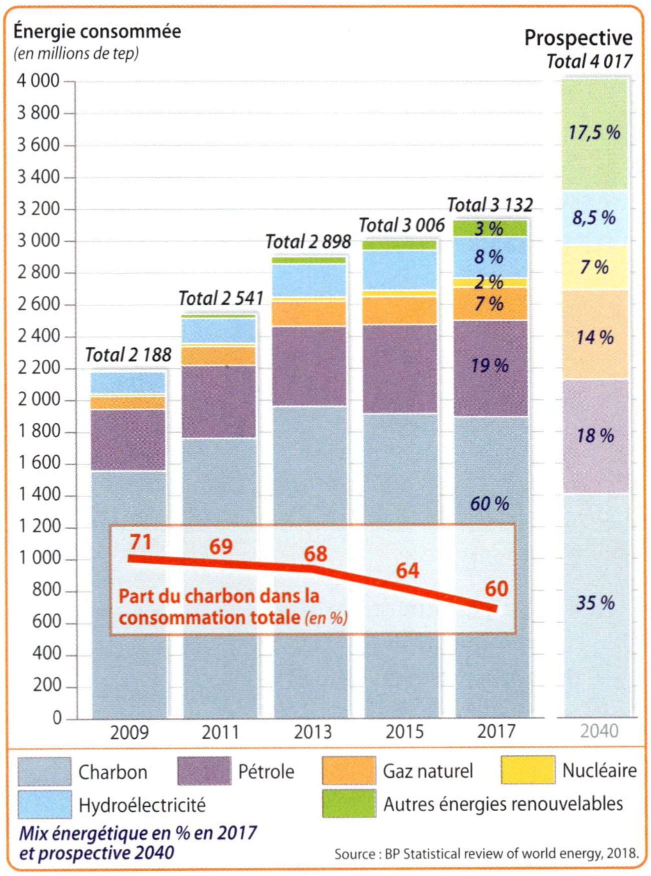

Prolonger le cours

Documents 1 et 4

1. Quel tournant important de la politique énergétique chinoise ces installations illustrent-elles ?

Document 3

2. Quels changements peut-on relever dans l'évolution de la consommation depuis 2009 ? Quelle est la part des énergies fossiles dans le mix énergétique en 2017 ?
3. D'après les prévisions de BP, quelles seraient les principales évolutions d'ici 2040 ? La Chine en aurait-elle fini avec les énergies fossiles ?

Document 2

4. Quels facteurs peuvent freiner la transition énergétique ?

SYNTHÈSE

Montrez qu'il y a des avancées importantes, mais que la transition énergétique risque d'être une longue marche en Chine.

4 ▶ Fuqing, première centrale nucléaire de 3e génération achevée en 2017

La Chine mise aussi sur l'énergie nucléaire pour réduire ses émissions, avec l'objectif de décupler ses capacités installées d'ici 2050, y compris avec de petites installations flottantes le long des côtes.

S'ENTRAÎNER AU BAC 26

CAPACITÉS
- Réaliser des productions cartographiques
- Transposer un texte en croquis

Méthode BAC p. 14-15
↘ **Réaliser un croquis**

Sujet À l'aide du texte, réalisez le croquis : « La Chine, organisation du territoire et recompositions spatiales ».

La Chine, un territoire en cours de recomposition

La Chine littorale, un espace intégré à la mondialisation

Depuis déjà plusieurs décennies, le littoral de la Chine est densément peuplé, urbanisé et industrialisé. Sur une large bande maritime s'élaborent les produits manufacturés distribués ensuite dans le monde. Pas étonnant de trouver ici de vastes conurbations composées de métropoles de rang mondial : Beijing, Tianjin au Nord, Shanghai, Hangzhou au centre et, au Sud, l'ensemble urbain de la Rivière des Perles (Guangzhou, Hong Kong, Shenzhen).

L'intérieur, un espace en cours de recomposition

Vers l'intérieur, l'espace qui englobe les villes de Chongqing, Chengdu, Xi'an jusqu'à Harbin au Nord, bénéficie de la diffusion de la croissance des régions côtières vers l'intérieur. Bien peuplée, cette Chine est intégrée au système productif du pays.

Plus vers l'Ouest, les densités faiblissent, l'espace rural prédomine. Chine plus pauvre, peu peuplée, mais riche en minerais et énergie. Espace stratégique aussi car tourné vers le continent eurasiatique.

Actuellement, la Chine planifie un rééquilibrage de son territoire par la « reconquête » de son intérieur. À cette fin, plusieurs grandes villes sont désignées pôles de développement à l'image de Chongqing, mais aussi de Lanzhou, Chengdu ou Xi'an ; le fleuve Yangzi est l'objet de grands aménagements, tandis que de nouvelles routes et lignes ferroviaires sont destinées à désenclaver l'Ouest chinois et l'ouvrir sur l'Europe (axe ferré Chongqing-Duisbourg) et l'Asie méridionale via le Pakistan. Ce sont les « nouvelles routes de la soie » vers l'Europe.

Conseils

- Notez le **titre** du texte, il indique celui du croquis.
- Repérez la localisation des villes et régions citées dans le texte et indiquées sur le croquis. Définissez « conurbation » en utilisant le **lexique** p. 298.
- Localisez les « nouvelles routes de la soie » sur la **carte enjeux 1** p.278.

ÉTAPE 1

Lire le sujet et le texte d'accompagnement

1. **Lisez le sujet.**
   - À quel territoire le sujet s'applique-t-il ?
   - Que faut-il comprendre par « organisation du territoire » et « recompositions spatiales » ?
2. **Lisez le texte d'accompagnement.**
   - Quels sont les thèmes des deux parties ?
   - Quelle est l'organisation du territoire chinois ?
   → *Utilisez les phrases surlignées.*
   - Expliquez la phrase surlignée en vert.

ÉTAPE 2

Organiser la légende et choisir les figurés

3. **Classez les informations.**
   - Reproduisez le tableau et complétez avec les informations du texte.

	La Chine littorale intégrée à la mondialisation	*L'intérieur en cours de recomposition*
Population	Exemple : *Forte densité de population*	....
Villes	....	....
Économie	....	....
Aménagements : villes, axes de communication…	....	Exemple : *Nouvelles routes de la soie* ....

Croquis interactif

www.lienmini.fr/geo1-71

Croquis et légende imprimables

www.lienmini.fr/geo1-70

▶ Croquis : ....

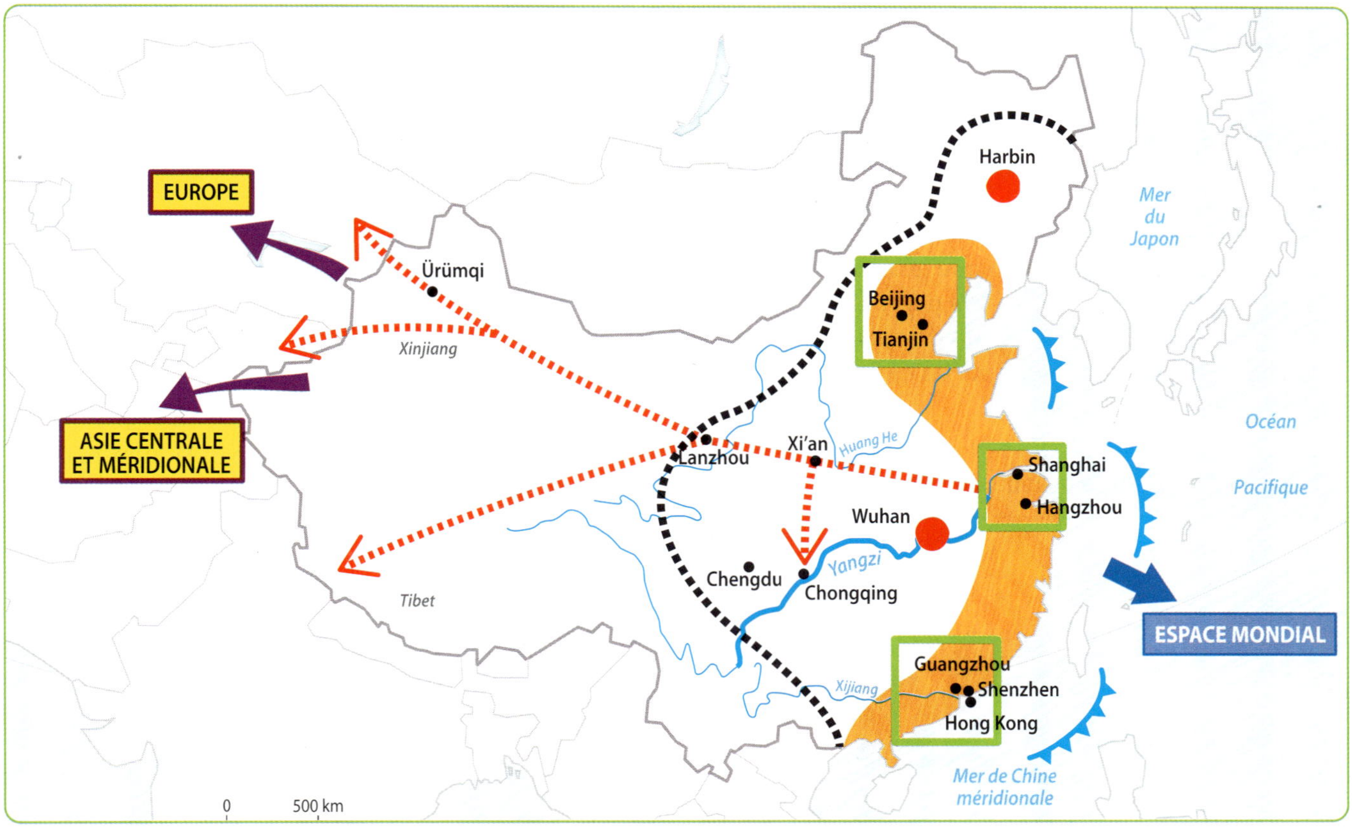

1. La Chine littorale intégrée à la mondialisation

.... Grande conurbation

.... Littoral urbain, portuaire et industriel ouvert sur l'océan mondial

.... Exportations

2. L'espace intérieur en cours de recomposition

– + Espaces intégrés et industrialisés

Rééquilibrage du territoire vers l'Ouest

Métropole relais du développement vers l'Ouest

• Grande ville

Aménagement du Yangzi

.... Axe de communication modernisé

Ouverture des « Nouvelles routes de la soie »

ÉTAPE 3

Réaliser le croquis

4. Choisissez les figurés.

– Quels sont les différents types de figurés utilisés ? Sont-ils conformes aux règles du langage cartographique ?

5. Reproduisez ou téléchargez le croquis et sa légende.

6. Mettez en forme la légende et dessinez le croquis.

– Observez le croquis, puis complétez la 1re rubrique de la légende.

– Reportez, sur le croquis et dans la légende, les figurés de la 2e rubrique.

→ *Aidez-vous des tracés en pointillés noirs (Espaces Intégrés et industrialisés), et rouges (Axe de communication).*

– Donnez un **titre** au croquis.

7. Vérifiez si le croquis possède tous les attributs d'un bon croquis.

→ *Aidez-vous de la* ***méthode*** *p. 15.*

Conseils

- Observez le fond du croquis pour connaître les limites de l'espace à cartographier.
- Utilisez le langage cartographique (rabat arrière du manuel).

S'ENTRAÎNER AU BAC 27

CAPACITÉS

- Savoir lire, comprendre et critiquer des documents
- Produire un écrit construit et argumenté

Analyser une carte et un texte

Méthode BAC : p. 12-13

Analyse des documents

Sujet Les défis environnementaux de la Chine

Questions

1. Quel est le type de pollution que les documents mettent en évidence ?
2. Quelle partie du territoire est la plus polluée ? Pourquoi ?
3. La Chine s'engage-t-elle vers un développement durable ?
4. Les documents montrent-ils tous les défis environnementaux de la Chine ?

Doc. 1 ▶ La Chine à bout de souffle

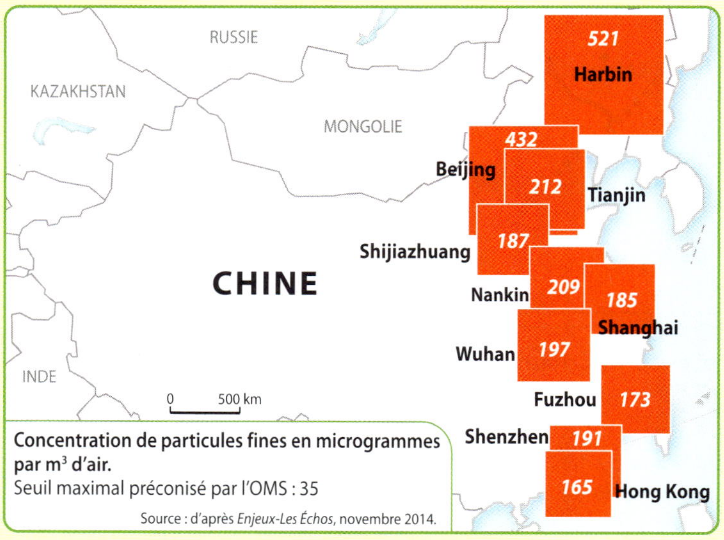

Concentration de particules fines en microgrammes par m³ d'air.
Seuil maximal préconisé par l'OMS : 35

Source : d'après *Enjeux-Les Échos*, novembre 2014.

Doc. 2 ▶ Shenzhen, sur la voie du développement durable ?

Une des villes les plus peuplées de Chine, Shenzhen, est aussi à la pointe de la technologie. Les 12 millions d'habitants de la mégapole peuvent y circuler dans une flotte de bus entièrement électrisée. Shenzhen a décidé de supprimer les moteurs diesel et essence de ses bus. Fini aussi le ronronnement caractéristique des autobus.

Outre le bruit, c'est aussi la fumée des pots d'échappement qui a disparu. Et, par fumée, on entend bien sûr pollution. La compagnie de bus a estimé que le remplacement de son parc de bus par des véhicules électriques permettra de réduire les émissions annuelles de dioxyde de carbone de 440 000 tonnes.

Shenzhen veut aller plus loin : la mégapole a imposé aux 22 000 taxis qui circulent en ville de passer à l'électrique. La *Shenzhen Bus Company*, qui a 4 600 taxis, a déjà converti sa flotte.

Florentine Franche, *geeko.lesoir.be*, 14 décembre 2018.

ÉTAPE 1 — Identifier les documents

1. Indiquez le titre et la nature des documents.
2. Localisez Shenzhen.
3. Quelles informations donne la légende de la carte ? Que faut-il comprendre par « La Chine à bout de souffle » ?
4. Quel est le thème du texte ? Définissez « développement durable ».

ÉTAPE 2 — Analyser les documents

5. Quelle pollution montre la carte ? Les zones où l'air est très pollué sont-elles : densément peuplées ? urbanisées ? industrialisées ? → *Utilisez la* ***Carte enjeux 3*** *p. 279.*
6. Comment la ville de Shenzhen lutte-t-elle contre la pollution ? Relevez et citez des chiffres.

ÉTAPE 3 — Exercer un regard critique

7. Les documents informent-ils sur l'ensemble des dégradations environnementales de la Chine (surexploitation des ressources, émissions de gaz à effet de serre) ? → *Utilisez le* ***Cours 3*** *p. 290.*

Rédiger la réponse au sujet

À l'aide du travail effectué sur les documents, rédigez la réponse au sujet en l'organisant en deux paragraphes.

1er paragraphe : *Un environnement fortement dégradé*

2e paragraphe : *Le développement durable, défi majeur pour la Chine*

RÉVISER POUR LE BAC

Idées clés pour répondre à une question problématisée

IDÉE 1

Les nouveaux défis de la Chine : développement et inégalités

1 Une puissance économique mondialisée

– Deuxième puissance économique, premier producteur industriel et exportateur du monde.

2 Les défis de la croissance

– L'objectif est de construire une véritable puissance dans les secteurs de pointe et les services.

– Volonté de rééquilibrer la croissance au profit de la consommation des ménages.

3 Vieillissement et inégalités

– La Chine fait face au problème du vieillissement de la population et à la fin du **dividende démographique**.

– De fortes inégalités subsistent : clivage littoral/intérieur.

IDÉE 2

La Chine, un territoire en permanente recomposition

1 Croissance urbaine et mutation des espaces urbains

– Intense **transition urbaine** en quarante ans (afflux des migrants ruraux).

– Formation de très grandes régions urbaines, moteurs du développement.

2 Mutation de l'agriculture et des espaces ruraux

– L'agriculture se modernise afin de nourrir 20 % de la population mondiale.

– Les très petites exploitations familiales sont maintenues.

3 Révolution des transports et des nouvelles technologies

– Les transports sont la clé de voûte de l'aménagement du territoire (TGV).

– Émergence d'une dynamique économie numérique.

IDÉE 3

Les défis des ressources et du développement durable

1 Une crise environnementale

– Il existe une forte pression sur les milieux et les ressources.

– Les problèmes sanitaires sont liés à cette crise environnementale.

2 Un acteur majeur du réchauffement climatique

– La Chine est le premier émetteur mondial de **gaz à effet de serre** (à l'origine de 27 % des émissions mondiales).

– Les énergies vertes se développent malgré la prédominance du charbon.

3 Une quête pour les ressources

– Dépendance aux importations d'hydrocarbures : volonté de sécuriser les approvisionnements (**nouvelles routes de la soie**).

– La Chine est le premier importateur mondial de produits agricoles.

Mots clés

À l'aide du cours p. 280, 286 et 290, définissez les termes suivants :

- ☑ Conurbation
- ☑ Décollectivisation
- ☑ Dividende démographique
- ☑ Gaz à effet de serre
- ☑ Puissance économique
- ☑ Pollutions de l'air
- ☑ Sécurisation des approvisionnements
- ☑ Transition urbaine
- ☑ Zone économique spéciale (ZES)

Schéma pour comprendre et retenir

Schéma – L'organisation de l'espace chinois

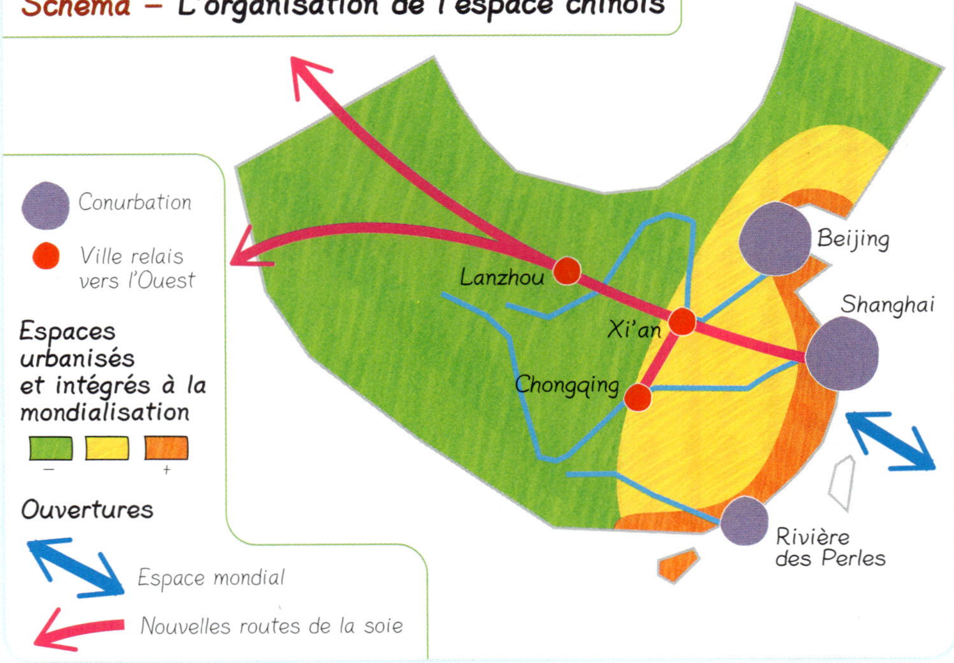

LEXIQUE

A

Accaparement des terres (*Land grabbing*) : achat ou location de terres à l'étranger par des États ou des entreprises.

Agribusiness (ou Agrobusiness) : voir p. 210

Agriculture biologique : système de production agricole qui n'utilise pas de produits chimiques de synthèse, employés par l'agriculture industrielle et intensive.

Agriculture paysanne (ou familiale) : mode de production agricole qui repose essentiellement sur une main-d'œuvre familiale même si la taille des exploitations peut varier (de la petite à la grande).

Agriculture raisonnée : voir *Culture raisonnée*.

Agritourisme : tourisme favorisant la découverte d'un territoire agricole (paysages, activités, produits du terroir…)

Agro-carburants : carburants conçus à partir de produits issus de l'agriculture (maïs, canne à sucre, colza, palmier à huile…).

ASEAN : fondée en 1967, l'ASEAN (*Association of South East Asian Nations*) ou ANSEA (Association des Nations du Sud-Est asiatique) est une organisation régionale de coopération économique, politique et culturelle qui rassemble 10 pays du Sud-Est asiatique (Indonésie, Malaisie, Philippines, Singapour, Thaïlande, Brunei, Vietnam, Laos, Myanmar, Cambodge).

B

Banlieue : commune à la périphérie d'une ville, en continuité de bâti avec elle. L'ensemble constitue l'agglomération.

Bassin de production agricole : aire géographique spécialisée dans une production agricole et animée par les différents acteurs des filières agroalimentaires.

Bidonville : quartier d'habitat précaire caractérisé par des logements dégradés constitués initialement en partie de matériaux de récupération. L'accès à l'eau salubre, à l'assainissement et aux infrastructures n'est pas assuré.

Biodiversité : diversité des espèces vivantes d'un milieu.

Brexit : construit sur *Britain* et *exit*, le nom désigne la procédure de sortie Royaume-Uni de l'Union européenne.

C

CBD (*Central business district*) : dans les grandes métropoles, quartier des affaires qui concentre les fonctions économiques et financières ; se caractérise par un paysage de gratte-ciel.

CEI : communauté des États indépendants.

Centre-ville : noyau central et quartier dense à l'intérieur d'une ville. Il concentre des activités commerciales, culturelles, politiques et administratives.

Chaîne de valeur ajoutée : voir p. 122

Cloud : désigne l'ensemble des données numériques stockées dans les *data centers*.

Cluster : voir p. 176

Communauté fermée : espace résidentiel fermé et sécurisé (murs, grillages et équipements de protection) abritant le plus souvent des populations aisées.

Communauté multipolarisée (p. 80) : commune dont 40 % au moins de la population active est attirée par plusieurs bassins d'emplois.

Conflits d'usage : voir p. 260

Cop 21 : voir p. 290

Cultures pluviales : cultures sans irrigation et qui dépendent donc du rythme des pluies.

Culture raisonnée : culture qui réduit l'usage d'intrants d'origine industrielle sans perdre de vue la rentabilité économique de l'exploitation. Elle se veut « écologiquement intensive ».

D

Data center : un *data center* ou centre de données est un endroit physique où sont rassemblées de nombreuses machines qui hébergent les données informatiques. L'ensemble des *data centers* interconnectés constitue le cloud.

Décentralisation : processus dans lequel l'État transfère aux collectivités territoriales certaines compétences et les ressources correspondantes.

Décollectivisation : voir p. 280

Développement durable : notion apparue à la fin des années 1980 et reprise au sommet de Rio de 1992, qui vise à promouvoir un mode de développement qui réponde aux besoins du présent sans compromettre la capacité des générations futures à répondre à leurs besoins.

Districts industriels : concentration de certaines industries dans une aire donnée ; terme voisin de *cluster*.

Division internationale du travail (DIT) : processus de spécialisation des pays participant à la production et aux échanges mondiaux.

Downtown : partie centrale, souvent dégradée, des villes aux États-Unis.

E

Éco-cité : voir p. 290

Économie résidentielle : voir p. 208

Écotourisme : voir p. 234

Edge city : voir p. 62

Énergie primaire : énergie disponible dans l'environnement et directement exploitable sans transformation.

Entreprise de taille intermédiaire (ETI) : catégorie d'entreprises situées entre les petites et moyennes entreprises (PME) et les grandes entreprises.

Espace hyper-rural : voir p. 260

Espace productif : voir p. 120

Exode rural : migration définitive de populations rurales vers les villes.

Extensif/intensif : se rapporte au rendement (production rapportée à la surface ou à l'animal). Les rendements sont élevés dans les systèmes intensifs et faibles dans les systèmes extensifs.

F

Fécondité (indice de) : nombre moyen d'enfants qu'une femme peut avoir durant sa vie féconde.

Firme transnationale (FTN) : entreprise exerçant ses activités dans plusieurs pays par l'intermédiaire de filiales.

Fonds monétaire international (FMI) : institution crée en 1944 pour aider les pays à éviter les désordres monétaires. Favorable aux mécanismes du marché, il a souvent conditionné son intervention à des choix de type libéral à mettre en œuvre par les Etats qui sollicitent son aide.

Fonctions de commandement : ensemble d'acteurs, d'activités et d'institutions de décision et de direction dans les secteurs économiques, politiques, culturels.

Fonctions périproductives : ensemble des activités nécessaires au fonctionnement des entreprises (banques, gestion, publicité, transport…).

Fragmentation urbaine : coupure économique et sociale entre les différents quartiers et les habitants d'une ville.

Fragmentation rurale : voir p 258

French Tech : label attribué, depuis 2014, aux métropoles reconnues pour l'importance de leurs entreprises innovantes.

Gaz à effet de serre : gaz présents dans l'atmosphère (CO2, méthane, ozone) qui absorbent le rayonnement infrarouge émis par la surface de la Terre, l'atmosphère et les nuages, et à leur tour émettent dans l'atmosphère. Cela pourrait favoriser le réchauffement climatique du fait de l'accélération de la production de gaz par les activités humaines.

« GAFA » : acronyme désignant les quatre géants américains de l'Internet fixe et mobile que sont Google, Apple, Facebook et Amazon, parfois élargi en GAFAM avec Microsoft.

Gentrification (embourgeoisement urbain) : voir p. 90

Gentrification rurale : voir p. 260

G 20 : regroupement des 19 pays les plus industrialisés du monde et de l'Union européenne.

Grand Paris : projet visant à transformer l'agglomération parisienne en une grande métropole mondiale, tout en améliorant le cadre de vie des habitants, en corrigeant les inégalités territoriales et en construisant une ville durable.

H

Han : principale ethnie présente en *Chine* : elle constitue environ 92 % de la population chinoise.

Hinterland : équivalent d'arrière-pays.

Hub : voir p. 146

Hyper-ruralité : espaces ruraux marqués par une faible densité de population, le vieillissement, l'enclavement et le manque d'équipement et de services.

I

Industrie 4.0 : voir p. 174

Industries agroalimentaires (IAA) : industries qui transforment les produits agricoles avant leur mise sur le marché.

Inégalités socio-spatiales : voir p. 66

Intelligence artificielle : techniques basées sur des programmes informatiques capables de reproduire certains traits de l'intelligence humaine : raisonnement, apprentissage…

Intrants : éléments nécessaires à la production agricole et provenant de l'extérieur de l'exploitation (engrais, semences, pesticides, machines).

Investissements directs à l'étranger (IDE) : mouvement international de capitaux réalisé par une firme dans le but de créer, de développer ou de maintenir une filiale à l'étranger.

J

« Juste à temps » : chaîne de production conçue pour éliminer le stockage des composants.

L

Labellisation : attribution d'un signe distinctif (logo, par exemple) pour garantir l'origine et la qualité d'un produit.

Land grabbing : voir *Accaparement des terres*.

LEADER (programme) (Liaison entre les actions de développement de l'économie rurale) : programme européen destiné à soutenir des projets « pilotes » en zones rurales. Ce programme est alimenté par le fonds européen agricole de développement (FEADER).

Littoralisation : voir p. 148

M

Malnutrition : notion qualitative. Déficit ou excès dans la composition et l'équilibre de la ration alimentaire.

Maquiladoras : ateliers installés par les firmes transnationales d'abord au Mexique puis dans d'autres pays d'Amérique latine.

Maritimisation : voir *Littoralisation*.

Marketing territorial : voir p. 42

Mégalopole : conurbation qui rassemble plusieurs métropoles, créant ainsi d'immenses régions métropolitaines.

Mégapole : agglomération d'au moins 10 millions d'habitants (seuil fixé par l'ONU).

Métropole : voir p. 88

Métropole régionale : métropole dont les fonctions de commandement ne rayonnent que dans une partie de son pays, ce qui témoigne d'une intégration partielle et incomplète dans la métropolisation.

Métropolisation : voir p. 40

Mix énergétique : répartition des différentes sources d'énergies primaires utilisées pour répondre aux besoins d'un pays.

Modèle productiviste : agriculture qui recherche une production maximum et des rendements élevés grâce à l'utilisation de machines et d'intrants.

Mondialisation : processus d'ouverture des économies nationales sur un marché mondial, entraînant une interdépendance croissante des pays.

Multimodal : combinaison de plusieurs modes de transport : maritime, terrestre (routier, ferroviaire, fluvial), aérien.

N

Nœud logistique multimodal : hub combinant différents modes de transport.

Nouvelles routes de la soie : « une ceinture, une route » (*OBOR* en anglais). Programme lancé en 2013 par le gouvernement chinois, qui vise à relier la Chine au Proche-Orient, à l'Afrique et à l'Europe, à la fois par terre et par mer, pour favoriser le commerce et les investissements de la Chine dans le monde.

O

Organisation mondiale du commerce (OMC) : créée en 1995, elle constitue un cadre de négociation des règles régissant le commerce international et un lieu de règlement des différends.

Organisation Non Gouvernementale (ONG) : association sans but lucratif constituée par des personnes privées dont le champ d'action est international.

OGM (Organisme génétiquement modifié) : organisme vivant dont on modifie le patrimoine génétique en y insérant un ou plusieurs gènes issus d'un autre organisme vivant.

P

Pays émergent : pays connaissant un développement rapide, son PIB se rapprochant de celui des pays développés.

Patrimonialisation : voir p. 236

LEXIQUE

Périurbanisation : voir p. 206

Périphéries intégrées : espace qui participe aux flux mondiaux mais qui reste largement dépendant des centres de l'économie mondiale.

Petites et moyennes entreprises (PME) : entreprise de moins de 500 salariés.

Plantation : grande exploitation en pays tropical, spécialisée dans une seule production destinée à l'exportation et employant une nombreuse main-d'œuvre salariée.

Polarisation : voir p. 42

Pôle de compétitivité : sur un même territoire, regroupement et mise en relation d'entreprises, de laboratoires de recherche… pour favoriser l'innovation.

Politique Agricole Commune (PAC) : politique agricole mise en place dès le traité de Rome (1957) qui a permis à l'Union européenne de devenir autosuffisante et même excédentaire en termes de production.

Porte-conteneurs : navires spécialisés dans le transport de conteneurs, dont la capacité est exprimée en EVP (Équivalent vingt pieds, soit la dimension d'un conteneur) ou en nombre de boîtes.

Productivité : production rapportée généralement à la main-d'œuvre mobilisée.

Produit intérieur brut (PIB) : valeur de la production réalisée pendant un an à l'intérieur d'un État par l'ensemble des agents économiques (y compris les entreprises étrangères installées dans le pays).

Produit urbain brut (PUB) : voir p. 150

R

Ranching : domaines spécialisés dans des formes d'élevage très extensifs à visée commerciale.

Réchauffement climatique global : élévation de la température moyenne de l'atmosphère terrestre. Le réchauffement global peut entraîner paradoxalement une baisse de la température moyenne dans certaines régions de la planète aux échelles régionales et locales.

Recherche et développement (R&D) : voir p. 150

Région métropolitaine : aire d'influence et de rayonnement d'une métropole, composée de la métropole-centre, de ses périphéries et de son arrière-pays.

Région ultrapériphérique (RUP) : région intégrée à l'Union européenne, qui bénéficie de mesures pour favoriser son développement.

Révolution numérique : voir p. 124

Révolution verte : terme utilisé pour l'Asie pour qualifier l'intensification de l'agriculture par l'emploi de variété de céréales à haut rendement, de quantités importantes d'intrants d'origine industrielle.

Ruralité : voir p. 258

S

Services publics : ensemble des activités exercées directement par l'autorité publique (Etat, collectivité territoriale) ou sous son contrôle, dans le but de satisfaire un besoin d'intérêt général.

Skyline : voir p. 64

Slum : habitat précaire (bidonville) en Inde.

Solde migratoire : différence entre le nombre de personnes qui sont entrées sur un territoire et le nombre de personnes qui en sont sorties au cours de l'année.

Solde naturel : évolution de la population correspondant à la différence entre le nombre de naissances et le nombre de décès en un an.

Starchitecte : architecte de renommée mondiale dont la signature est positive pour l'image de la métropole qui l'emploie.

Start-up : jeune entreprise dotée d'un fort potentiel d'innovation et de croissance qui s'appuie sur les nouvelles technologies.

Système productif : voir p. 120

T

Taux d'urbanisation : pourcentage de la population d'un pays qui habite en ville.

Technopôle : voir p. 176

Technopole : métropole fortement orientée vers les nouvelles technologies qui associe la recherche, les universités et les entreprises innovantes.

Télétravail : activité professionnelle exercée à distance grâce aux outils de télécommunication.

Tourisme vert : forme de tourisme durable centrée sur la découverte de la nature et des espaces ruraux.

Transition alimentaire : voir p. 232

Transition démographique : passage, en deux phases, d'un régime démographique traditionnel de forte natalité et de forte mortalité, à un régime moderne de faible natalité et faible mortalité. La mortalité baisse d'abord, puis la natalité, ce qui diminue la forte croissance démographique.

Transition urbaine : voir p. 38

U

Urbanisation : processus de concentration de la population dans les villes.

V

Ville globale : métropole très puissante sur le plan économique et politique à l'échelle du monde.

Ville mondiale : ville qui rayonne dans le monde par son histoire, son patrimoine architectural, ses productions culturelles et artistiques, sans être forcément un nœud économique ou politique majeur de la métropolisation.

Vivrier-marchand : ensemble des produits destinés à la consommation familiale et dont le surplus est vendu sur les marchés.

Z

Zone économique spéciales (ZES) : Espaces créées en Chine au début des années 1980 afin de développer les échanges et d'introduire des capitaux et des technologies. Ils bénéficient alors de dispositions économiques et fiscales favorables pour attirer les investisseurs.

Zone franche : espace délimité dans lequel les activités bénéficient de dispositions fiscales et réglementaires plus favorables que dans le reste du territoire.

Zone industrialo-portuaire (ZIP) : zone aménagée près d'un port et accueillant des activités portuaires et industrielles.

Crédits iconographiques

Couverture : Reddy Architecture + Urbanism ; VUSLimited/Istock/Getty Images ; Bloomberg/Getty Images ; MsLightBox/Istock/Getty Images

p. 4 : Orbon Alija/Istock/Getty Images ; Dinodia/123RF ; Güller/Lou Kat et Gaël Morin - **p. 5** : Kyodo News/Getty Images-Photo12/Alamy ; Tanger MED ; Sybille Aoudjhane/Usine Nouvelle - **p. 6** : A. Pistolesi/hemis.fr ; Y. Luthy/Alamy/Hemis ; E. Cabanis/AFP - **p. 7** : courtesy Safdie Architects - **p. 13** : Chappatte - **p. 18** : Courier International/Photographie de Nois7, alias Robert Jahns, artiste digital, @Nois7,nois7.com ; C. Uwiringiyimana/Reuters - **p. 19** : Alternatives Economiques ; Diplomatie - **p. 20** : LAVA/Bitscapes - **p. 24** : Chaunu ; Economist Intelligence Unit-The Economist/David Simonds - **p. 25** : S. Zhou/Featutrechina/ROPI-REA ; Alternatives économiques - **p. 26** : Orbon Alija/Istock/Getty Images - **p. 30** : P. Fridman/Getty Images - **p. 31** : P. Whitaker/Reuters ; Sao Paulo-Anuario 2013-Anàlise - **p. 32** : filipefrazao/Istock/Getty Images - **p. 33** : Georges Million ; Nacho Doce/Reuters - **p. 34** : NASA - **p. 35** : Domaine Public - **p. 36** : © L'Express/2018 - **p. 39** : T. Barrat/Shutterstock - **p. 43** : Vancouver City ; B. Jaubert/Getty Images - **p. 44** : dr - **p. 45** : Courtesy of Le Louvre Abu Dhabi - **p. 52** : Dinodia/123RF - **p. 54** : Commission Air/Alamy/Hemis ; dr - **p. 55** : dr - **p. 56** : Bénédicte - **p. 57** : A.P.S.(UK)/Alamy/Hemis - **p. 58** : A. Loke/Panos-Rea ; Global Cities Initiative - **p. 59** : Milind A. Ketkar/Dreamstime - **p. 60** : Good Morning Mumbai ! Rajesh Thakare & Troy Vasanth-National Institute of Design Ahmedabad - **p. 63** : www.peakaerials.com - **p. 65** : Robert Harding/Alamy Stock Photo - **p. 67** : Photo by Beppe Giardino/Architecte Luciano Pia ; southerlycourse/Istock/Getty Images - **p. 68** : N.Chutchikov/Adobe Stock - **p. 69** : Gräfenhain Günter/Sime/Photononstop ; Sophia Miroedova - **p. 70** : A. Todorovic/Shutterstock - **p. 78** : Güller/Lou Kat et Gaël Morin - **p. 79** : Metropole du Grand paris - **p. 84** : Paris 2024/ph.guignard@air-images.net/Populous/Luxigon - **p. 85** : SIAE-2015 - **p. 86** : F. Mori/POOL/AFP - **p. 87** : ©Unibail-Rodamco-Westfield/Christian de Portzamparc/L'Autre Image - **p. 89** : Sogelym Dixence - **p. 91** : Ville de Saint Etienne - **p. 92** : Richard Bonnet - **p. 93** : dr ; N. Calimoutou/Max PPP - **p. 94** : pca-stream.com - **p. 95** : Lille Métropole 2020, Capitale Mondiale du Design - **p. 99** : Ivinst/Istock/Getty Images - **p. 102** : E. Meseret/AP/Sipa - **p. 104** : Arvalis-Glass Valle ; Coffez.com - **p. 105** : dr ; Société BIC – **p. 106** : Kyodo News/Getty Images ; Photo12/Alamy ; Photo12/Alamy - **p. 112** : J.Boethling/Alamy Stock Photo - **p. 113** : Tiksa Negeri/Reuters - **p. 116** : H. Blossey/Alamy/Hemis ; Stanford Business, spring 2016 - **p. 117** : Apple - **p. 118** : Dessin de Kak pour L'Opinion (France) ; doc 6, DR - **p. 119** : dr - **p. 121** : HO/SQM/AFP - **p. 123** : Tata Motors - **p. 125** : Courtesy of UBER-Marcel ; Allan Rios/toonpool.com - **p. 126** : Apple - **p. 127** : Stringer/Imaginechina/AFP - **p. 128** : JournalDuGeek - **p. 129** : dr - **p. 136** : © Tanger MED - **p. 140** : Jordan Tan/Shutterstock - **p. 141** : Withiwat/Shutterstock - **p. 142** : MPA ; Chinnaphong Mungsiri/Getty Images - **p. 143** : Bloomberg/Getty Images - **p. 144** : dr - **p. 145** : F. Dubessy/Econostrum - **p. 147** : Dpa picture alliance/Alamy Stock Photo - **p. 149** : F. J. Brown/AFP - **p. 151** : Courrier international - **p. 152** : Cl. Almodovar/Divergence ; CMA CGM-2016 - **p. 154** : dpa picture alliance/Alamy/Hemis - **p. 155** : CZ-MC - **p. 159** : Xinhua/AFP - **p. 162** : Sybille Aoudjhane/Usine Nouvelle - **p. 166** : Airbus S.A.S. 2016 - photo by F. Lancelot/master films - **p. 167** : J-P. Bouchard/Gamma-Rapho ; Airbus S.A.S. 2012-photo by em company/JB. Accariez - **p. 168** : Mem'Orens-N°240 Janv_Fev 2018 - **p. 169** : M. Blondeau/Corbis/Getty Images ; Airbus/Céline Sadonnet (Master Films) - **p. 170** : EPA Paris-Saclay/Drone Press SAS - **p. 172** : Institut d'Optique Graduate School ; 20180226_Brochure-IAU_ChiffresCles_ParisSaclay - **p. 173** : Communauté d›agglomération Paris-Saclay ; Mairie de Massy - **p. 175** : Adam. Quotidien marocain L›Economiste - **p. 177** : Nouvelle Aquitaine - **p. 178** : B. Decout/Rea ; dr - **p. 179** : Cosmetic Valley, photo Arnaud Lombard - **p. 180** : P. Guittet/Usine Nouvelle - **p. 181** : Smoby ; Hamilton/REA; P. Guittet/Usine Nouvelle - **p. 182** : Samuel Dhote ; F. Lo Presti/AFP - **p. 183** : Photopqr/Le Courrier Picard/Maxppp ; Sébastien Scherrer - **p. 187** : dr - p. 190 : Zhao Jian Kang/ShutterStock ; **p. 192** : Population et Avenir; Chen Gang/XINHUA-REA - **p. 193** : Ph. Tastet ; J.-M. Loos©PHOTOPQR/L'ALSACE/MaxPPP - **p. 194** : A. Pistolesi/hemis.fr - **p. 198** : IDEI - **p. 200** : Amul ; Government Of India - **p. 201** : Satish Acharya/India ; Vivek Bendre/The Hindu Images - **p. 202** : G. Steinmetz/Cosmos - **p. 203, doc 4** *Atlas des États-Unis, un colosse aux pieds d'argile*, Christian Montès et Pascale Nédélec, cartographie Cyrille Suss © Éditions Autrement - **p. 204** : Chris Madden ; Newsweek-David Paul Morris/Bloomberg/Getty - **p. 207** : LoweStock/Istock/Getty Images - **p. 209** : John Burk - **p. 211** : Vaara/Istock/Getty Images ; Samson/Iconovox - **p. 212** : P. Hilton/Greenpeace - **p. 214** : P. Maitre/Panos Pictures - **p. 215** : D. Driedger/Istock/Getty Images ; **doc. 2** *Atlas de l'Afrique, un continent émergent ?*, Gérard Magrin, Alain Dubresson, Olivier Ninot, cartographie Aurélie Boissière © Éditions Autrement - **p. 217** : J. Jin/Panos Pictures - **p. 220** : Y. Luthy/Alamy/Hemis - **p. 224** : Azienda Agricola Santa Chiara ; **doc. 2** *Atlas de l'Italie contemporaine, en quête d'unité*, Aurélien Delpirou et Stéphane Mourlane, cartographie Aurélie Boissière © Éditions Autrement - **p. 226** : Presidio No inc-No aero/pianacontronocivita.noblogs.org/D.R. ; pianacontronocivita.noblogs.org/D.R. ; dr - **p. 228** : J. Hanus/Shutterstock - **p. 230** : T. Korol/Reuters ; Ch. Åslund/Greenpeace - **p. 231** : W. Bibikow/Agefotostock - **p. 233** : Shutterstock ; N.Oxford/The New York Times-REDUX-REA - **p. 235** : NACC ; B. Desrus/Photo12/Alamy - **p. 237** : Population et Avenir ; Ruralités - **p. 238-239** : Laurent Rieutord - **p. 240** : D. Marti/Getty images - **p. 241** : C. McCreesh/Getty Images ; **doc. 2** : Bulletin de l'association de géographes français, 2017 -2 (p. 306-329, Association-de-geographes-francais.fr.) - **p. 243** : Chappatte - **p. 246** : E. Cabanis/AFP - **p. 250** : C. Guy/Hemis.fr - **p. 251** : SARL JFM Concept - **p. 252** : photo-aerienne-France/P.Blot ; Camping La Nouzarède - SPL Cévennes d'Ardèche - **p. 253** : Illustration Pierre-Marie Valat, Encyclopédie du voyage Parc national des Cévennes © Gallimard Loisirs, 2017. - **p. 254** : photo Aero-Plass - **p. 255** : Ph. Devanne/Adobe Stock - **p. 256** : IBB-Le réseau de l'Initiative Bio en Bretagne ; Jean-Michel Choquet - **p. 259** : Gaëlle Bouvais-Douet - http://gaellebouvais-douetphotographe.weebly.com - **p. 261** : R. Rozencwajg/Photononstop - **p. 262** : ectm.fr - **p. 263** : PhotoPQR/L'Est Républicain/Max PPP ; doc 4, DR - **p. 264** : VVF - **p. 265** : Deligne/Iconovox ; David Commenchal/www.villagemagazine.fr - **p. 266** : European Union 2011/EC-Audiovisual Service/Jean-Michel André - **p. 267** : Europe-Label des Régions Ultra-périphériques - **p. 271** : Geoportail-IGN ; Geoportail-IGN - **p. 274** : courtesy Safdie Architects - **p. 281** : Wei Yao - Imaginechina/AFP - **p. 282** : Li yong-Imaginechina/AFP - **p. 284** : Getty Images - **p. 285** : Paresh Nath/ Cagle Cartoons, Inc. - **p. 287** : Shutterstock - **p. 288** : Yang Wei Chen/IStock/Getty Images - **p. 289, doc. 3** *Atlas de la Chine, Les nouvelles échelles de la puissance*, Thierry Sanjuan, cartographie Madeleine Benoit-Guyod © Éditions Autrement - **p. 291** : Stefano Boeri Architetti, Liuzhou Forest City - **p. 292** : Chen Bin/Imaginechina/AFP - **p. 293** : jiang Kehong/Xinhua/AFP - **p. 296** : doc 2, DR

rfi **Page 125, doc. 6** : extrait de l'émission « Afrique économie », sujet de Sarah Tétaud, « Madagascar se lance sur le marché des centres d'appel », RFI, 15 novembre 2016. http://www.rfi.fr/emission/20161115-madagascar-marche-centre-appel-teleconseiller

Responsable éditoriale : Aurélie Joubert-Mérandat
Éditrices : Élisabeth Fišera, Chloé Sylvestre
Conception de la maquette intérieure : Maestro
Mise en page : Béatrice Gallo, Barbara Tamadonpour
Responsable iconographies et vidéos : Virginie Dauvet

Iconographes : Sidonie Reboul avec le soutien d'Ingrid Milhaud
Cartographie MAGNARD : – coordination : Marie-Christine Liennard avec le soutien de Florent Amat
– réalisation : Valérie Goncalves, Christel Parolini
Pour le numérique : pôle numérique Magnard (dga)

ISBN 978-2-210-11222-3

PEFC
PEFC/18-31-407

Achevé d'imprimer en mai 2019 par Bona SpA en Italie
Dépôt légal : Avril 2019 - N° éditeur : MAGSI20211261

IMPRIM'VERT

REPÈRES SPATIAUX

La répartition de la population dans le monde

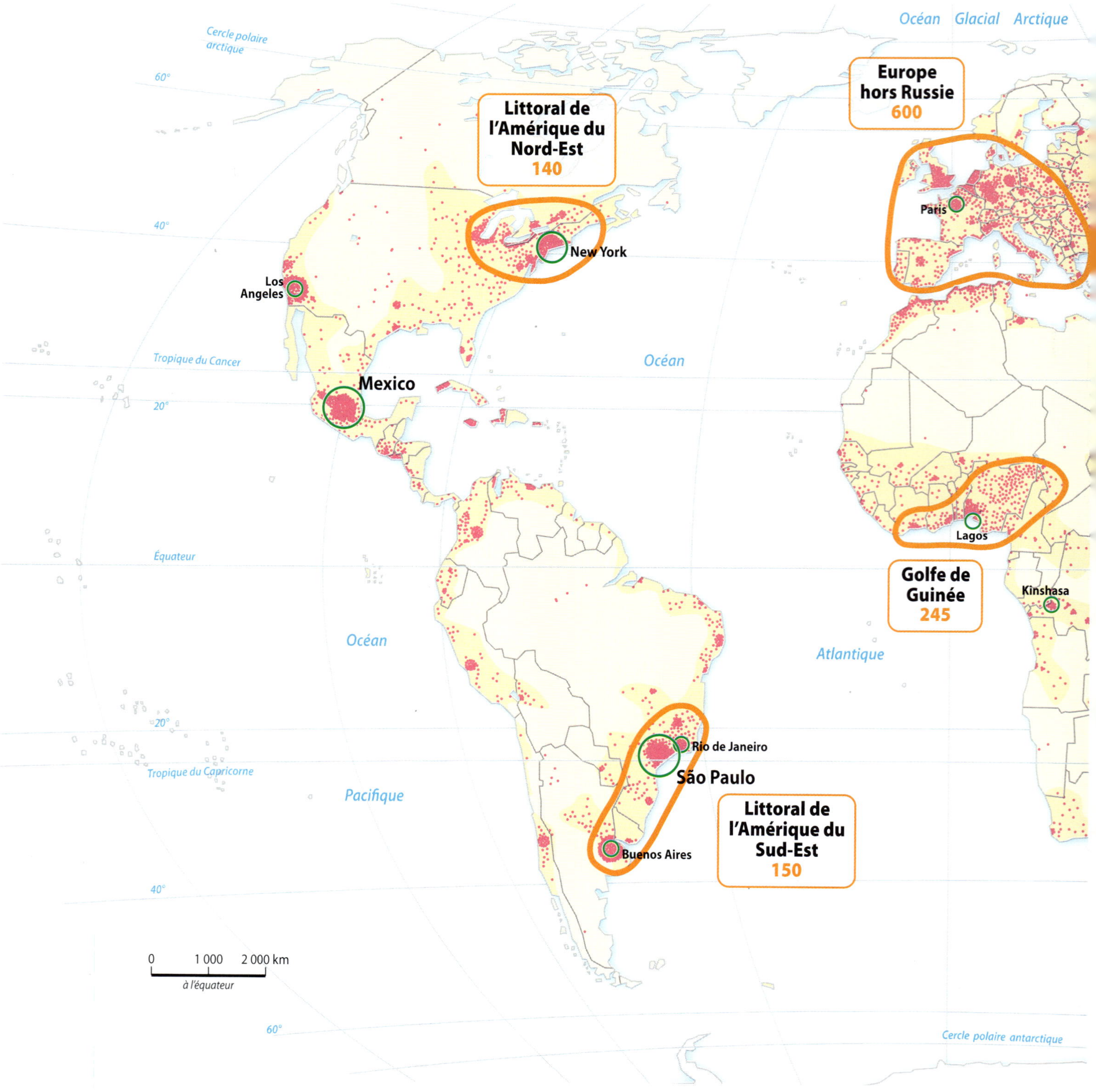

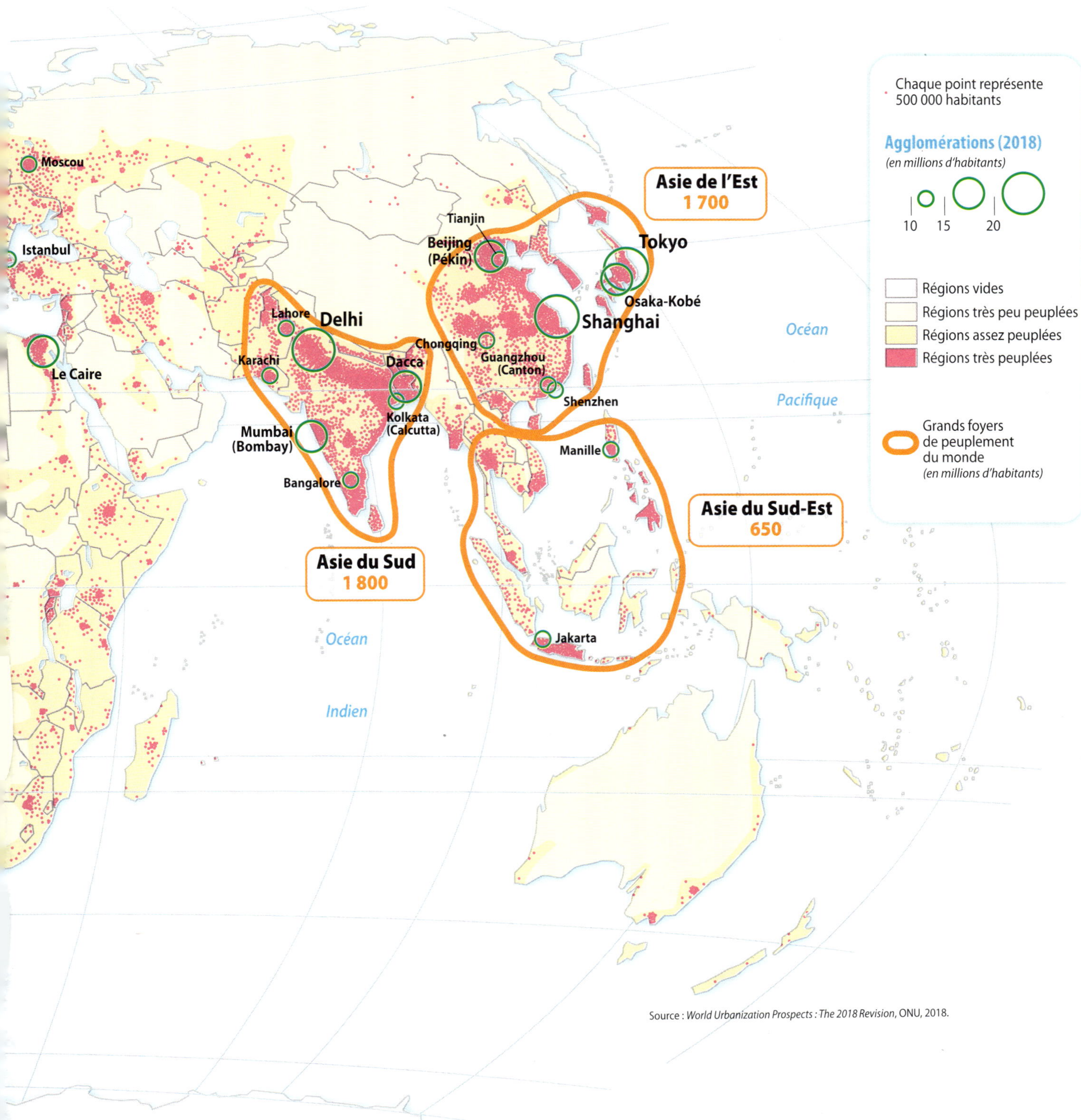

Source : *World Urbanization Prospects : The 2018 Revision*, ONU, 2018.

Reconnaître les types de cartes

Carte par plages colorées

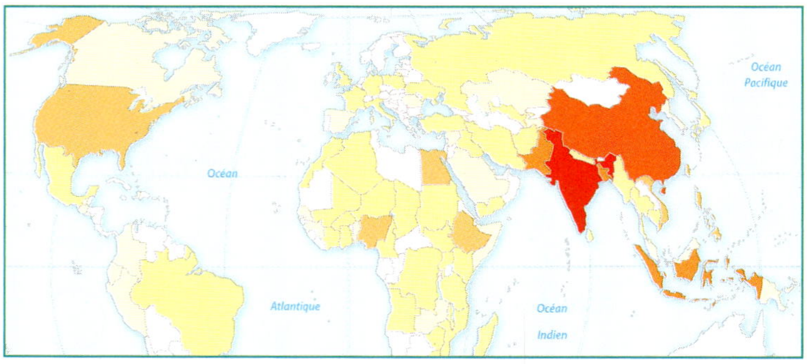

La **surface** de chaque unité est colorée selon :
- le **type de l'information** (espace agricole, urbain, organisation économique régionale…) ;
- la **valeur de l'information** (densité de population, PIB/habitant…).

Carte par figurés ponctuels

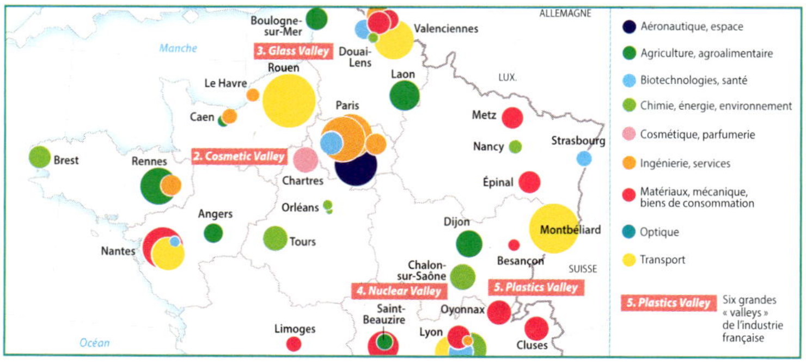

Les **figurés ponctuels** peuvent correspondre à :
- des **informations de nature différente** (ville, port…) ;
- des **valeurs hiérarchisées** (taille des villes, des ports…).

Carte par anamorphoses

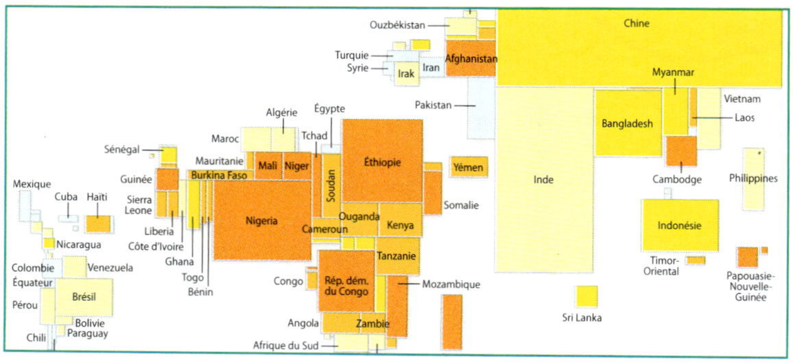

L'information est représentée par des **formes géométriques** (le plus souvent carrés, rectangles…) dont les surfaces sont **proportionnelles** à l'importance du phénomène (population, superficies, PIB des États…).

Carte de flux

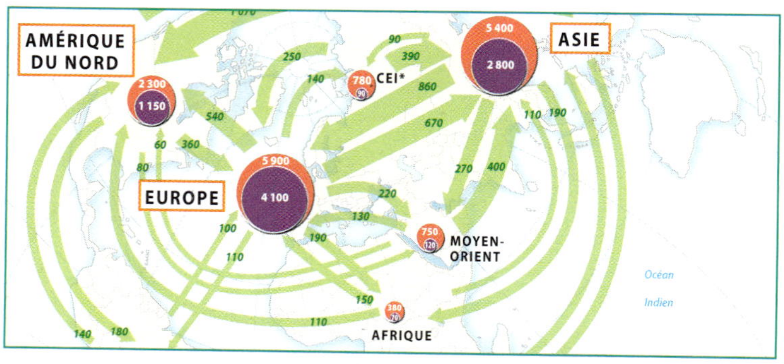

Des traits ou des flèches d'épaisseur différente traduisent les valeurs de l'importance des flux (population, marchandises, investissements…).